다산번역총서

譯註

論語古今註

논어고금주

정약용 저
이지형 역주

4

사암

| 이지형 | 1931년 경남 밀양에서 태어나 성균관대학교 교수와 같은 대학교 사범대학장을 역임하였다.
많은 유학 경전 및 경학 관계 문헌을 정리·해제하였으며 평생을 다산학 연구에 바쳤다.
주요 역주서로 『역주 목민심서』(공역), 『역주 맹자요의』, 『역주 매씨서평』 등이 있고, 주요 저서로 『다산 경학 연구』가 있다.
2000년에 다산학술문화재단이 수여하는 제1회 다산학술상 학술 대상을 수상하였다. |

다산의 호號 〈사암俟菴〉은 『중용』의 한 구절 '百世以俟聖人而不惑'에서 유래한 것으로, 자신의 학문을 후세 누구에게 내놓아도 손색이 없을 것이라는 학문적 자신감이 배어 있는 말이다.

이 책은 SK 네트웍스의 지원을 받아 출간되었다.

譯註 論語古今註

책을 내면서

이 책은 다산茶山 정약용丁若鏞(1762~1836) 선생의 저술인《논어고금주論語古今註》를 역주한 것이다. 다산의《논어고금주》는 유가儒家의 기본 경전經典인《논어》에 대한 고금의 주석을 광범하게 수집하여, 이를 논평하면서 자신의 독창적인 경학經學의 견해를 밝힌 저술이다. 다산의 저술 가운데서도 이《논어고금주》는 그가 가장 심혈을 기울여 다룬 역작이며, 특히 이 저술은 우리나라뿐만 아니라 동양 삼국三國의 학술사와 경학사經學史에서 일정한 위치를 점유하는 보전寶典이라고 감히 단언할 수 있는 저작이다.

다산은 조선왕조 후기의 봉건사회가 붕괴되던 시대를 살면서 실학實學을 토대로 한 사회 개혁을 주창하며 양심적으로 살아간 실학자이자 경학자이다. 나는《논어고금주》의 해제에서 구체적으로 언급하였지만, 유교 경전을 연구하고 주석하는 학문인 경학이 다산 이전의 학자들에서는 대체로 한漢·당唐의 구주舊注와 송대宋代의 신주新注(今注)를 따라서 양분되는 경향이었으며, 사고도 그 범주를 탈피하지 못하였다. 그러나 다산의 경학은 근대지향적인 사고에 입각하여 관념적 사고에서 경험적 사고로 전환하여, 그의 경전 주석은 실학에 바탕을 둔 창의적인 경학관에서 도출되었다.

나는 다산의 경학에 관심을 가지고 연구한 지도 꽤 오래되었다. 그동안《맹자요의孟子要義》와《매씨서평梅氏書評》을 역주하였고, 뒤를 이어 이번에《논어고금주》의 역주를 탈고하였다.《논어고금주》는 책의 분량이 방대하므로 이를 우리말로 번역하고 주석을 내는 일이 쉽지 않는데, 다행히도 이 작업을 무난히 완수할 수 있었던 것은 다산학술문화재단에서 물심으로 지원해 주었기에 가능하였다. 재단에 진심으로 감사를 드리는 바이다.

《논어고금주》를 역주하면서 대본으로 사용한 신조선사본新朝鮮社本과 규장각본奎章閣本에는 오자낙서가 많아, 이를 원전과 대교하여 하나하나 교감을 하였으나 그래도 미진한 곳이 있을 것이다. 또한 번역도 완벽을 기하려고 치력하였으나 더러는 오역도 있을 것이다. 사계와 동학의 질정을 바란다.

끝으로 이 역주본을 책으로 내는 데에 정성을 다해 준 도서출판 사암의 여러분께 고마운 마음을 전한다.

2010년 2월
竹夫之室에서 李篪衡

일러두기

1. 이《역주 논어고금주》는 신조선사新朝鮮社에서 간행한《여유당전서與猶堂全書》속에 들어 있는《논어고금주論語古今註》(全 5冊 10卷 1936년 간행)를 대본으로 하여 번역·주석한 것이다.
2. 한문 원문은 다산학술문화재단에서 새로이 작업한 정본定本《여유당전서》의 표점본을 수록하였다.
3. 원문에 충실한 번역을 위해 직역直譯을 위주로 하였으나, 경우에 따라서는 혹 의역意譯도 하였다.
4. 《논어論語》원문의 번역에는 다산茶山의 견해를 반영하였다.
5. 인명人名·서명書名·지명地名 등에서 역자 나름대로 각주가 필요하다고 판단되는 것과 학술學術상 중요한 용어에 대해서는 각주를 붙였다.
6. 《논어고금주》에 인용된 글에서 그 출전出典을 밝힐 수 있는 것은 가급적 각주에서 밝혀 놓았다.
7. 번역에서는 한글 전용을 원칙으로 하였으되, 이해를 돕기 위하여 한자漢字를 병기하기도 하였다. 그러나 원주原註와 각주에서는 한자 표기를 우선시하였다.
8. 원문의 약자·속자·고자 등은 현재 독자를 위해 가급적 정자正字로 바꾸었으나, 고자古字는 특별한 경우 그대로 두어야 하기 때문에 글자를 만들었다.
9. 인명·서명·지명 및 중요한 용어에 대해서는 뒤에 찾아보기를 작성하여 붙였다.

10. 이 책에 나오는 표기 부호는 다음과 같이 사용하였다.
    《 》: 서명.
    〈 〉: 편명.
    ( ) : 번역한 글의 원문을 제시할 경우 또는 내용의 이해를 돕기 위해 넣은 글.
    [ ] : 원주原註로 처리한 글.
    " " : 인용 또는 대화.
    ' ' : 강조 또는 인용 속의 인용.
    { } : 인용문 또는 대화의 안에 3차 인용문.

차 례

▨ 책을 내면서 ································· 4
▨ 일러두기 ································· 6

《논어고금주》권 7
31. 헌문憲問 제십사 ························· 9
32. 헌문憲問 下 ···························· 76
33. 위령공衛靈公 제십오 ···················· 245

《논어고금주》권 8
34. 위령공衛靈公 下 ························ 278
35. 계씨季氏 제십육 ························ 433
36. 계씨季氏 中 ···························· 462

▨ 색인 ································· 514

憲問 第十四

憲問 第十四
【凡四十七章 ○胡云: "此篇疑原憲所記."】

憲問恥. 子曰: "邦有道, 穀; 邦無道, 穀, 恥也."

邢曰: "憲, 謂弟子原憲."【問曰: "人之行, 何爲可恥辱也?"】

○孔曰: "穀, 祿也."

○補曰 君子之道, 方而不圓, 合於治世, 違於亂世. 若治世·亂世, 無往而不食祿, 則其人可知, 是恥也.

孔曰: "邦有道, 當食祿. 君無道而在其朝, 食其祿, 是恥辱."

○案 孔說似乎無病, 然失本旨矣. 義理雖本如此, 語勢不然也. '恥也'二字, 上承八字, 不可中截爲二段.

○君子之道, 可以仕則仕,【執鞭之士, 吾亦爲之】可以止則止.【如不可求, 從吾所好】邦有道則羽儀, 邦無道則色擧.▶

---

1)《正義》14.
2) 위로 여덟 자: "邦有道, 穀. 邦無道, 穀"을 가리킴.
3)〈述而〉편에 나오는 말이다.
4) 同上.

헌문 제십사

【모두 47장이다. ○胡寅은 이르기를
"이 편은 原憲이 기록한 것인 듯하다"라고 하였다.】

원헌原憲이 부끄러움에 대해서 물으니, 공자는 말하기를 "나라에 도道가 있을 때도 녹祿을 먹고, 나라에 도가 없을 때도 녹을 먹는 것이 부끄러움이다."라고 하였다.

○형병: 헌憲은 제자 원헌을 말한다. [(孔子에게) 묻기를 "사람의 행실에서 어떤 것이 恥辱이 될 수 있습니까?"라고 하였다.[1)]
○공안국: 곡穀은 녹祿이다.
○보충: 군자의 도道는 모나고 둥글지 아니하니, 치세治世와는 합하나 난세亂世와는 어긋난다. 만약 치세이고 난세이고 할 것 없이 아무 때고 가서 녹을 먹는다면 그 사람은 알 만하니, 이것이 부끄러운 것이다.
○공안국: 나라에 도가 있을 때는 당연히 녹을 먹어야 한다. 그러나 군주가 도가 없는데도 그 조정에서 녹을 먹으면 이는 치욕恥辱이다.
○살펴보건대, 공안국의 설이 병폐가 없는 것처럼 보이나 본지本旨를 잃은 것이다. 뜻은 비록 본래 이와 같더라도 문장의 어세語勢는 그렇지 않다. '치야恥也' 두 자는 위로 여덟 자[2)]를 받들고 있으니, 중간에 끊어서 두 단락으로 해서는 안 된다.
○군자의 도는 벼슬할 만하면 벼슬하고, [(治世 때면 비록) 채찍을 잡는 천직이더라도 내가 또한 하겠다.[3)]] 그만둘 만하면 그만두는 것이다. [만약 구해서는 안 되는 (亂世 때면) 내가 좋아하는 바를 따르겠다.[4)]] 나라에 도가 있으면 의용을 갖추어 조정에 출사하고, 나라에 도가 없으면 조짐을 살펴 떠나야 한다.▶

憲問 第十四

◀或爲禹·稷之胼胝, 或爲顏回之簞瓢, 斯之謂義也. 若夫削觚爲圜, 同流合汚, 自守胡廣之中庸, 以取馮道之富貴者, 君子之所恥也. 鄕人善者好之, 鄕人惡者好之, 孔子恥之. 治亂之皆食祿, 猶善惡之皆見好, 斯其所以爲恥也.

質疑 《集注》云: "邦有道, 不能有爲; 邦無道, 不能獨善, 而但知食祿, 皆可恥也."

○案 邦有道, 不能有爲, 而但知食祿, 則是尸位素餐也. 只穀一字之中, 無以含此 '尸位素餐' 四字之意, 恐本旨不然也. 然且邦有道, 不能有爲, 君子有時乎不恥; 邦無道, 不能獨善, 君子有時乎不恥. 故孔子謂 '甯武子邦有道則智, 邦無道則愚. 其智可及, 其愚不可及'. 智者, 韜晦以全身也. 愚者, 殫竭而忘身也.【義見前】各擧一事, 未必爲恥, 必也通執二句, 爲治亂皆祿之意, 然後方得本旨.

---

5) 胡廣의 中庸을 지키고 馮道의 富貴를 취하는 일: 《譯註 論語古今註》1〈公冶長〉下 582쪽의 脚註 38)와 39)에 상세하게 언급하였음.
6) 尸位素餐: 官位에 있기만 하고 職責을 수행하지 않으며, 功은 없이 俸祿만 받는 것.
7)〈公冶長〉에 나온다.
8) '邦有道穀'을 가리킴.

◀때로는 우禹와 후직后稷처럼 손발에 군살이 박히도록 부지런히 애쓰고, 때로는 안회顔回처럼 한 도시락밥과 한 표주박의 물로써 곤궁히 살아가는 것, 이를 의義라고 한다. (이와 달리) 억지로 모난 것을 깎아서 둥글게 하고, 함께 휩쓸려 더러운 것에 영합하며, 스스로 호광胡廣의 중용中庸을 지키고 풍도馮道의 부귀를 취하는 일[5] 등은 군자로서 수치로 여기는 것이다. 향인鄕人 가운데 선한 사람도 그를 좋아하고 악한 사람도 그를 좋아하는 것을, 공자는 이를 부끄럽게 여겼다. 치세이든 난세이든 할 것 없이 다 녹을 먹는다는 것은, 마치 선한 사람이나 악한 사람이나 할 것 없이 다 좋게 보이는 것과 같으니, 이런 것이 부끄러움이 된다.

【질의】《논어집주》: 나라에 도가 있을 때 유익하고도 보람 있는 일을 하지 못하고, 나라에 도가 없을 때 홀로 착하지 못하면서 다만 녹만 먹을 줄 아는 것이 모두 부끄러울 만한 것이다.

○살펴보건대, 나라에 도가 있을 때 유익하고도 보람 있는 일을 하지 못하고 다만 녹만 먹을 줄 알면, 이는 '시위소찬尸位素餐'[6]이다. 다만 '곡穀' 한 글자 안에 이 '시위소찬'이란 넉 자의 뜻을 포함시킬 수 없고 아마도 본지本旨는 그렇지 않은 듯하나, 나라에 도가 있을 때 유익하고도 보람 있는 일을 하지 못하여도 군자가 때로 부끄럽게 여기지 못함이 있으며, 나라에 도가 없을 때 홀로 착하지 못하여도 군자가 때로 부끄럽게 여기지 못함이 있다. 그러므로 공자는 "영무자甯武子가 나라에 도가 있을 때는 지혜롭고, 나라에 도가 없을 때는 어리석었으니, 그 지혜로움은 따를 수 있으나 그 어리석음은 따를 수 없다"[7]라고 하였다. 지혜롭다는 것은 벼슬에서 물러나 은거해서 제 몸을 온전히 하는 것이고, 어리석다는 것은 목숨을 바쳐 충성을 다해 자기 몸을 잊는 것이다. [뜻은 앞에 나타나 있다.] 각각 한 일만을 든다면 반드시 부끄러움이 되지는 않으나,[8] (그러나 이 글은) 반드시 두 구句를 통틀어 가지고 치세나 난세에 다 녹을 먹는 것으로 한 뒤에라야 바야흐로 본지本旨에 맞다.

質疑 《集注》云: "憲之狷介, 其於邦無道穀之可恥, 固知之矣; 至於邦有道穀之可恥, 則未必知也."【又云: "小廉曲謹, 濟得甚事?"】○《語類》云: "原憲只是一個喫菜根的人, 一事也做不得."】

○王草堂曰: "原思在聖門亦表表者, 《集注》以爲無用之人. 不知夫子當日何以使之爲宰. 豈夫子知漆雕開之可使, 子羔之不可使, 而獨不知思? 昔汪信民云, '人咬得菜根, 則百事可做.' 此一語胡文定贊之, 司馬溫公述之, 朱子又採入《小學》〈善行〉篇, 而獨于思, 則雖咬得菜根, 亦做事不得乎? 范淳夫云, '原思不受非分之祿, 能事斯語, 故以告之.' 尹和靖云, '原思甘貧守道, 可以語此.'"

胡曰: "此篇疑原憲所記."

○毛曰: "南宮适·陳亢【字子禽】·牢曰, 皆稱名, 若憲則他書亦多稱名. 〈檀弓〉, '仲憲言于曾子.'【仲憲即原憲】▶

---

9) 《論語集註大全》卷14〈憲問〉제14 小註에 나온다.
10) 王草堂: 淸 仁和人. 字는 需人, 名은 復禮, 草堂은 그의 號. 저서로는 《家禮辨定》·《武夷九曲志》·《季漢五志》·《王子定論》이 있다.
11) 汪信民: 宋 臨川人(江西). 名은 革, 信民은 그의 字. 家貧好學하였고 孝友가 극진하였음. 저서로는 《靑谿類藁》·《論語直解》가 있다.
12) 胡文定: 1074~1138. 宋 建寧(福建) 崇安人. 字는 康侯, 名은 安國, 文定은 그의 諡. 官은 太常博士·太常少卿·給事中 등을 역임. 저서로는 《資治通鑑擧要補遺》200권과 《文集》15권이 있다.
13) 《禮記》〈檀弓〉上에 나온다.

【질의】《논어집주》: 원헌原憲의 굳은 지조가 나라에 도가 없을 때 녹을 먹는 것이 부끄러울 만한 일이라는 것에 대해서는 본래부터 알고 있었으나, 나라에 도가 있을 때 녹만 먹는 것이 부끄러운 일이라는 것에 대해서는 아직은 반드시 알지 못하였다. [또 (주자는) 이르기를 "(나라에 道가 있을 때 보람 있는 일을 하지 못하고 다만) 小節에 구애되어 謹愼하는 데에만 힘쓴다면 무슨 일을 할 수 있겠는가?"라고 하였다.[9] ○《朱子語類》에 이르기를 "原憲은 다만 나물 뿌리만 먹고 생활한 사람이나, 그는 한 가지 일도 해낼 수 없었다"라고 하였다.]

○왕초당:[10] 원사原思는 성인의 문하에서도 또한 인물이 눈에 띄게 두드러진 사람인데,《집주集注》에서는 쓸데없는 사람이라 하였다. 그렇다면 공자가 당시 무엇 때문에 그를 가신家臣으로 삼았는지 알 수 없는 일이다. 공자가 어찌 칠조개漆雕開는 벼슬할 수 있고 자고子羔는 벼슬할 수 없음을 알았으면서, 다만 원사原思에 대해서만 알지 못하였겠는가? 옛날에 왕신민汪信民[11]이 이르기를 "사람이 먹을 것이라고는 채소뿐인 가난한 생활에 견딘다면 무슨 일이든 해낼 수 있다"라고 하였는데, 이 한마디 말을 호문정胡文定(胡安國)[12]은 찬탄하였고, 사마온공司馬溫公(司馬光)은 기록해 놓았으며, 주자는 또《소학小學》의〈선행善行〉편에 채입採入해 놓았다. 그런데 홀로 원사原思에게만은 비록 나물 뿌리만 먹고 생활하였는데도 또한 이런 일을 해낼 수 없었겠는가? 범순부范淳夫(范祖禹)는 이르기를 "원사는 분수가 아닌 녹을 받지 않아 공자의 이 말을 따를 수 있었기 때문에 이 말을 하였다"라 하고, 윤화정尹和靖(尹焞)은 이르기를 "원사는 가난을 달게 여기고 도道를 지켰으니, 이를 말할 수 있었다"라 하였다.

○호인: 이 (〈헌문憲問〉)편은 원헌原憲이 기록한 듯하다.

○모기령: '남궁괄南宮适이 말하기를' '진항陳亢 [字는 子禽이다.] 이 말하기를' '금뇌琴牢가 말하기를'에서 모두 이름을 불렀고, 원헌 같은 이는 다른 책에서도 또한 대부분 이름을 불렀다.《예기》〈단궁檀弓〉에 "중헌仲憲이 증자曾子에게 말하다"[13]로 되어 있고, [仲憲은 곧 原憲이다.]

◀又《史記》, '原憲亡草澤中, 子貢相衛, 結駟連騎, 過謝原憲.'【《家語》同】 皆子貢稱字, 獨憲稱名, 豈皆憲自記耶?"

○案 趙氏三證, 【見《大全》】 其言明覈, 毛說粗矣. 原憲本以名行, 然不書姓何故?

考異 《史記》, 子思問恥. 子曰: "國有道, 穀; 國無道, 穀, 恥也."【即接 '子思曰, 克伐怨欲不行焉', 作一章】

○案 子思者, 憲字也. 邦避漢 高諱, 故稱國.

引證 子曰: "天下有道則見, 無道則隱. 邦有道, 貧且賤焉, 恥也; 邦無道, 富且貴焉, 恥也."【〈泰伯〉篇】

○案 孔注據是也. 然此經之義, 通執二事, 承之以一 '恥' 字, 然後其義乃明, 與彼章不同.

---

14) 毛奇齡, 《論語稽求篇》 '憲問恥' 章에 나온다.
15) 趙順孫: 宋 縉雲人. 字는 和仲. 學者로서 格齋先生이라 불렸음. 官은 福建按撫使. 저서로는 《四書纂疏》·《近思錄精義》·《格齋集》 등이 있다.
16) 三證說: 姓을 쓰지 않고 바로 이름을 쓰는 것이 자기가 직접 기록하였다는 증거의 하나이다. 제자가 자기 스승을 기록할 때는 曾子·有子처럼 '子'라 하고 스승이 아닐 때는 字를 부르는데, 이와 달리 이름을 썼을 때는 자기가 기록한 증거의 다른 하나이다. 또 이 下章에 '克伐怨慾不行'을 묻는 것처럼 上章과 下章이 한 사람의 말로 이어질 때 자기가 기록한 증거의 또 다른 하나라고 보는 것이 趙順孫의 三證說이다.
17) 《史記》 〈仲尼弟子列傳〉에 나온다.

◂또 《사기》에 "원헌原憲이 도망쳐 풀이 우거진 늪지대에 은거해 있으니, 자공子貢이 위衛나라 재상이 되어 사마駟馬의 마차를 타고 기마 호위병을 거느리고 원헌에게 인사차 들렀다"고 하였으니, [《孔子家語》도 내용이 같다.] 여기에 모두 자공에게는 자字를 부르고 홀로 원헌에게만 이름을 불렀다. 그런데 어떻게 모두를 원헌이 스스로 기록한 것이라 할 수 있겠는가?[14]

○살펴보건대, 조순손趙順孫[15]의 삼증설三證說[16] [《論語集註大全》에 보인다.] 은 그 말이 명백하나 모기령의 설은 정밀하지 못하고 거칠다. 원헌은 본래 이름으로써 세상에 행하였다. 그러나 성姓을 쓰지 않은 것은 무슨 까닭일까?

【고이】《사기》: 자사子思가 부끄러움에 대해서 물으니, 공자는 말하기를 "나라에 도道가 있을 때도 녹祿을 먹고, 나라에 도가 없을 때도 녹을 먹는 것이 부끄러움이다"라고 하였다.[17] [곧 '子思曰, 克伐怨欲不行焉'과 이어져서 한 章이 되어 있다.]

○살펴보건대, '자사子思'란 원헌原憲의 자字이다. (《사기》에서는) 한漢나라 고조高祖(劉邦)의 휘諱(인 방邦 자)를 피하였기 때문에 (방유도邦有道라 하지 않고) 국國 자로 (고쳐 국유도國有道라) 일컬은 것이다.

【인증】공자: 천하에 도가 있으면 나타나고 도가 없으면 숨는다. 나라에 도가 있을 때 가난하고 천한 것이 부끄러움이고, 나라에 도가 없을 때 부富하고 귀貴한 것이 부끄러움이다. [〈泰伯〉편에 있다.]

○살펴보건대, 공안국의 주注는 이에 근거한 것이다. 그러나 이 경문의 뜻은 두 가지 일을 통틀어 하나의 '치恥' 자에 연결시킨 뒤에라야 그 뜻이 곧 명백해지며, 저 (〈태백〉) 장의 경문과는 같지 않다.

"克伐怨欲, 不行焉, 可以爲仁矣?" 子曰: "可以爲難矣, 仁則吾不知也."

補曰 克, 剋也. 伐, 攻也.
○補曰 恨己之所無曰怨, 貪人之所有曰欲. 君子不怨天, 不尤人, 不忮不求.
○補曰 '克伐怨欲'者, 去惡也. 爲善然後乃爲仁, 克己而無復禮之功, 其仁未熟也.
○案 此節亦憲問而答之也.【邢云: "原憲復問曰, '若此四者不行焉, 可以爲仁人矣乎?'"】《集解》與上節別爲二章,【《集注》亦二章】邢疏合釋之, 似合爲一章. 馬曰: "克, 好勝人.【邢云: "《左傳》僖九①年, 秦②伯將納晉 惠公, 謂公孫枝曰, '夷吾其定乎?' 對曰, '言多忌克, 難哉!' 公曰, '忌則多怨, 又焉能克?'"】伐, 自伐③其功.【邢云: "《書》曰, '汝惟不伐, 天下莫與汝爭功.'《老子》曰, '自伐者無功.' 言人有功, 誇示之, 則人不與, 乃無功也.▶

---

① 九: 新朝本·奎章本에는 '元'으로 되어 있으나《春秋左傳》僖公 9年에 따라 바로잡는다.
② 秦: 新朝本·奎章本에는 '奉'로 되어 있으나《春秋左傳》僖公 9年에 따라 바로잡는다.
③ 伐: 新朝本에는 '代'로 되어 있으나 奎章本에 따라 바로잡는다.
1)《正義》14.
2) 公孫枝: 春秋時代 秦나라 大夫.
3)《正義》14.
4)〈大禹謨〉에 나온다.
5)《道德經》제24장에 나온다.

"원욕怨欲의 싹을 이겨내 행해지지 않게 한다면 인仁이라 할 수 있습니까?" 하니, 공자는 말하기를 "어렵다고 할 수는 있으나, 인仁인지는 내가 알지 못하겠다."라고 하였다.

○보충: 극克은 이긴다는 뜻이고, 벌伐은 친다는 뜻이다.
○보충: 자신에게 없는 것을 한恨스럽게 여기는 것이 원怨이고, 남에게 있는 것을 탐내는 것이 욕欲이다. 군자는 하늘을 원망하지 않고, 사람을 허물하지 않으며, 해치지도 않고 탐내지도 않는다.
○보충: '극벌원욕克伐怨欲'이란 악惡을 제거하는 것이다. 선善해진 뒤에라야 곧 인仁해지니, 극기克己하고서 복례復禮의 공부가 없으면 이는 인仁이 아직 미숙한 것이다.
○살펴보건대, 이 (경문의) 구절도 원헌原憲이 묻고 공자가 답한 것이다. [邢昺은 "原憲이 다시 묻기를 '만약 이 네 가지(克·伐·怨·欲)가 행해지지 않게 하면 仁人이라 할 수 있습니까?'라 했다"고 하였다.[1]] 《논어집해論語集解》는 위의 경문 구절과 구분하여 두 장章으로 하였고, [《論語集註》도 역시 二章이다.] 형병의 소疏는 이를 합해서 해석하였으니, (두 경문 구절을) 합하여 한 장章으로 한 듯하다.
○마융: '극克'은 남을 이기기를 좋아하는 것이고, [邢昺은 이르기를《左傳》僖公 9년에 秦伯(秦나라 穆公)이 晉나라 惠公(公子 夷吾)을 晉나라에 들여보내고는 公孫枝[2]에게 말하기를 "夷吾가 晉侯가 되어 晉나라를 잘 다스릴 수 있을까?" 하니, 公孫枝가 대답하기를 "夷吾의 말에는 忌克(猜忌心이 있어 남에게 이기기를 좋아하는 것)이 많으니, 그가 잘 다스리기는 어렵습니다"라고 하였다. 穆公이 말하기를 "남을 猜忌하면 원망이 많으니, 또 어찌 남을 이길 수 있겠는가?"라고 하였다.[3]] '벌伐'은 스스로 자기의 공功을 자랑하는 것이고, [邢昺이 이르기를《書經》에 '그대는 자랑하지 않으니(女惟不伐) 천하에는 그대와 功을 겨룰 사람이 없다'[4]라 하고,《老子》에 '스스로 자랑하는 자는 참다운 功이 없다(自伐者無功)'[5]라 하였다. 사람이 스스로 功이 있다고 이를 자랑하면 남이 인정해 주지 않으니, 이는 곧 功이 없는 것이다.▶

憲問 第十四

◀是伐去其功, 若伐去樹木然."】怨, 忌小怨.【《集注》云忿恨】欲, 貪欲也."

○案 先儒皆以克伐怨欲, 爲四事, 然好勝自伐, 何以謂之不行焉? 鬪而不勝, 則好勝之心不行矣; 誇而不信, 則自伐之言不行矣.【由於人】含怨而施其毒, 則怨斯行矣; 從欲而施其貪, 則欲斯行矣.【由於己】由是言之, 克伐之不行, 由於人; 怨欲之不行, 由於己, 四者非一類也. 克伐怨欲者, 克伐其怨欲之萌, 使之不行也.

○又按 伐者, 鳴也.【有鍾鼓曰伐】《易》所謂 '鳴謙'·'鳴豫', 皆自伐之意. 或曰: "克己爲仁, 夫子所言.【見上篇】今不許仁, 克伐非克己也."

○駁曰 非也. 克己, 則凡由己之惡, 無所不克, 其功全也. 克伐怨欲, 則所克只怨欲而已,【又克者, 己勝之名. 克伐者, 方戰之名】其功未全也.▶

---

6)《正義》14.
7)《左傳》莊公 29년조에 나온다.
8) 鳴謙: 겸손함이 세상에 울려 퍼진다는 뜻.〈謙卦〉六二의 爻辭에 나온다.
9) 鳴豫: 혼자만의 즐거움을 울린다는 뜻.〈豫卦〉初六의 爻辭에 나온다.

◀그러므로 功을 베어 버리기를 마치 나무를 베듯이 하라고 말한 것이다"라고 하였다.[6)]
'원怨'은 작은 원한을 미워하는 것이고, [《論語集註》에는 怨을 忿恨이라 하였다.]
'욕欲'은 탐욕이다.

○살펴보건대, 선유先儒들은 모두 극벌원욕克伐怨欲을 네 가지 일로 삼았다. 그러나 이기기를 좋아하고 자신을 자랑하는 것(好勝自伐)에 대해 어떻게 '행하지 않는다(不行)'는 말을 쓸 수 있겠는가? 싸워서 이기지 못하면 이기기 좋아하는 마음이 행해지지 않을 것이고, 자랑해도 믿지 않으면 자랑하는 말이 행해지지 않을 것이다. [이는 남에게서 말미암는 것이다.] 그리고 원한을 품고 해독을 주면 원한이 이에 행해질 것이고, 욕심을 좇아 탐욕하면 탐욕이 이에 행해질 것이다. [이는 자기로부터 말미암는 것이다.] 이를 토대로 하여 말하면, 이기고 자랑하는 것(克伐)이 행해지지 않는 것은 남에게서 말미암는 것이고, 원한과 탐욕(怨欲)이 행해지지 않는 것은 자기로부터 말미암는 것이니, 이 네 가지(극克·벌伐·원怨·욕欲)는 같은 유類의 것이 아니다. 여기 '극벌원욕'이란 그 원욕怨欲의 싹을 극벌克伐해서 이것이 행해지지 않게 한다는 말이다.

○또 살펴보건대, '벌伐'이란 울린다(鳴)는 뜻이다. [(처들어갈 때) 鍾과 북을 울리는 것을 '伐'이라 한다.[7)]《역경易經》의 이른바 '명겸鳴謙'[8)]과 '명예鳴豫'[9)]는 모두 (자신을 자랑한다는) 자벌自伐의 뜻이다.

○혹자: 극기克己를 인仁이라 한 것은 공자가 말한 바인데, [上篇에 보인다.] 지금 이 경문에서 인仁을 허락하지 않으니, 극벌克伐은 극기克己가 아니다.

○반박: 아니다. 극기克己는 무릇 자기로부터 말미암은 악惡은 모두 이겨내지 아니함이 없으니, 이는 그 공부가 온전한 것이다. (그러나) 원욕怨欲을 극벌克伐하는 것은 그 이겨내는 바가 다만 원욕에 한할 뿐이니, [또 '克'이란 자기가 이긴다는 명칭이고, '克伐'이란 바야흐로 싸운다는 명칭이다.] 그 공부가 아직 온전하지 못한 것이다.▶

憲問 第十四

◀且不行者, 遏絕杜塞而已, 在內之根, 未盡淸也, 安得與克己同功乎? 且去惡未足爲仁, 故門人所言, 每以去惡爲能事, 而孔子所答, 每以爲善爲全功. 聖賢高下之級, 正在於此. 子貢以無諂無驕自多, 而孔子益之以樂道好禮.【卽所謂如切如磋】子路以不忮不求自多, 而孔子斥之曰: "何足以臧?" 其答顏淵之問, 亦必於克己之下, 繼言復禮, 然後乃得爲仁, 只此克己, 何嘗爲仁?

朱子曰: "此原憲以其所能而問也."

○荻曰: "此章首, 必有闕文. '克伐怨欲不行焉'者, 或人稱當時賢者之行也. '可以爲仁'者, 或人自陳其所見也. '矣'者, 決辭, 非問辭也. 言此者, 不知其何人.【言未必原憲】所稱賢者, 亦不知其何人, 若管仲者近之."

○案 荻說未必然.

---

10) '克伐怨欲不行焉'을 茶山은 怨欲의 싹을 克伐해서 행해지지 않게 하는 것으로 보았으나, 朱子는 이기기를 좋아하고 자신을 자랑하며 남을 원망하고 욕심을 잘 부리는 일을 하지 않는 것으로 보았다. 荻生雙松도 '克伐怨欲'에 대해서는 朱子의 해석과 같았으나, '克伐怨欲不行焉, 可以爲仁矣'를 말한 자는 原憲이 아니라고 보았다.

11) '矣란 결단하는 말이지 疑問詞가 아니다'라는 말은, 可以爲仁矣는 '仁이라 할 수 있을 것이다'이지 '仁이라 할 수 있겠는가'라는 말이 아니라는 것이다.

12) 太宰純,《論語古訓外傳》14-1b~2a.

◂또 ('극벌원욕불행克伐怨欲不行'이라 할 때) '불행不行'이란 밖에서 막아 끊는 것일 뿐 안에 있는 뿌리는 다 맑게 없애지 못한 것이니, 어떻게 극기克己와 더불어 똑같은 공부가 될 수 있겠는가? 또 악을 제거하는 것만으로는 인仁이 될 수 없다. 그러므로 문인들이 말한 바는 매양 악을 제거하는 것으로써 능사能事로 삼았으나, 공자가 대답한 바는 매양 선善을 하는 것으로써 온전한 공부로 삼았던 것이다. 성현聖賢 고하高下의 등급은 바로 여기에 있다. 자공子貢은 가난하면서도 아첨하지 않고 부유하면서도 교만하지 않음으로써 스스로 지극하다고 여겼으나, 공자는 이에 도를 즐거워하고 예禮를 좋아하는 것으로써 더 보충해 주고, [곧 이른바 이것이 如切如磋이다.] 자로子路는 해치지도 않고 탐내지도 않는 것으로써 스스로 지극하다고 여겼으나, 공자는 "그것이 어찌 족히 착하다 하겠는가?"라 하여 이를 물리치며, 안연顏淵의 물음에 대답한 것도 또한 반드시 '극기克己' 아래에 '복례復禮'를 이어 말한 뒤에라야 인仁이 될 수 있었으니, 어찌 다만 이 극기克己만으로 일찍이 인仁이라 할 수 있겠는가?

○주자: 이것은 원헌原憲이 자기의 능한 것으로써 물은 것이다.

○적생쌍송(오규 나베마츠): 이 장章의 첫머리에 반드시 빠진 글이 있을 것이다. '극벌원욕불행언克伐怨欲不行焉'[10]이란 어떤 사람이 그 당시에 어진 사람의 행실을 일컬은 것이고, '가이위인可以爲仁'이란 어떤 사람이 스스로 그 자신의 의견을 진술한 것이며, '의矣'란 결단하는 말이지 의문사가 아니다.[11] 이를 말한 사람이 누구인지는 알지 못하겠고 [말한 이가 반드시 原憲이라고는 보지 못하겠다.] 여기에서 일컬은 바의 어진 사람도 또한 누구인지 알지 못하겠으나, 아마도 관중管仲과 같은 이가 이에 가까울 것이다.[12]

○살펴보건대, 적생荻生의 설과는 다르며 반드시 그렇지는 않다.

子曰: "士而懷居, 不足以爲士矣."

補曰 懷, 戀也. 居, 謂室家生居之樂.
何曰: "士當志道, 不求安, 而懷其居, 非士也."
○朱子曰: "居, 謂意所便安處也."
○胡曰: "懷居, 與小人懷土相似, 與聖人安土樂天相反."
○純曰: "重耳適齊, 齊 桓公妻之, 公子安之. 姜氏曰, '懷與安, 實敗名.'【僖廿三】又晏桓子曰, '子家其亡乎! 【即歸父】懷于魯矣.'【宣十四年】懷居者, 戀其所居, 而不忍離也. 〈射義〉曰, '男子生, 桑弧·蓬矢六, 以射天地四方①. 天地四方者, 男子之所有事也.' 由是觀之, 凡男子當必有四方之志. 衆人尚然, 況爲士者乎!"
○案 居者, 身所處也. 室家團欒之樂, 田園植藝之利, 蓋人情之懷戀也. 孔子轍環天下, 孟子歷聘諸侯, 斯之謂不懷居.

---

① 天地四方: 新朝本·奎章本에는 빠져 있으나 《禮記注疏》卷62 〈射義〉에 따라 보충한다.
1) 《論語集註大全》卷14 〈憲問〉 제14 小註에 나온다.
2) 晏桓子: 春秋時代 齊나라 사람. 晏嬰의 父.
3) 歸父: 春秋時代 魯나라 莊公의 孫인 公孫歸父이다. 그 後係이 子家氏이다.
4) 太宰純, 《論語古訓外傳》14-3a.

공자는 말하기를 "선비로서 가정생활의 안락만 그리워한다면, 선비라고 하기에는 부족하다."라고 하였다.

○보충: 회懷는 그리워함이고, 거居는 가정생활의 안락이다.
○하안: 선비는 마땅히 도道에 뜻을 두고 편안함을 구하지 않아야 하는데, 편안함을 생각한다면 선비가 아니다.
○주자: 거居는 뜻을 편안하게 여기는 것을 이른다.
○호병문: 회거懷居는 소인小人의 회토懷土(거처의 안락을 생각함)와 서로 같으며, 성인聖人의 안토낙천安土樂天과는 상반된다.[1)]
○태재순(다자이준): 중이重耳가 제齊나라로 가자 제齊 환공桓公이 딸을 중이의 아내로 삼게 하니, 공자公子인 중이는 이에 안주安住하려 하였다. (중이의 아내인) 강씨姜氏가 말하기를 "그리움에 끌려 편안하게 지내고 있으면 실로 공명功名을 이루지 못하고 무너지고 만다"라 하였고, [《左傳》 僖公 23년조에 나온다.] 또 안환자晏桓子[2)]가 말하기를 "자가子家 [곧 歸父[3)]이다.]는 반드시 망할 것이다. 노魯나라에서의 자기 지위에 집착하여 이를 그리워하네"라 하였다. [宣公 14년조에 나온다.] '회거懷居'란 그 거처의 편안함만을 그리워하여 거기서 차마 떠나지 못하는 것이다. 《예기》〈사의射義〉에 말하기를 "남자가 태어나면 뽕나무 활과 6개의 쑥대 화살로써 천지 사방을 쏜다. 천지 사방이란 남자가 일을 행하는 장소이기 때문이다"라고 하였다. 이를 통해 보건대, 무릇 남자는 마땅히 반드시 천지 사방에 웅대한 뜻을 두어야 한다. 일반 사람도 오히려 그러한데 하물며 선비인 자야![4)]
○살펴보건대, '거居'란 몸이 거처하는 것이다. 단란한 가정생활의 즐거움과 원예園藝를 하는 전원생활의 이로움은 대개 사람들의 마음에 모두 그리워하는 것이다. 공자가 천하를 주유하고, 맹자가 제후들을 두루 순방한 것, 이를 회거懷居하지 아니한 것이라 이른다.

子曰: "邦有道, 危言危行; 邦無道, 危行言孫."

包曰: "危, 厲也.【朱子云: "危, 高峻也."】邦有道, 可以厲言行也."
○何曰: "孫, 順也.【朱子云: "卑順."】厲行不隨俗, 順言以遠害."
○饒曰: "行無時而不危, 所謂'國有道, 不變塞焉; 國無道, 至死不變'; 言有時而或遜, 所謂'國①有道, 其言足以興; 國無道, 其默足以容'."
劉廷振云: "如孔子不見陽貨, 危行也. 遇諸塗而據理以答, 不與深辨, 言孫也."

子曰: "有德者必有言, 有言者不必有德. 仁者必有勇, 勇者不必有仁."

---

① 國: 新朝本에는 빠져 있으나 奎章本에 따라 보충한다.
1)《中庸》제10장에 나오는 말이다.
2)《中庸》제27장에 나오는 말이다.
3)《論語集註大全》卷14〈憲問〉제14 小註에 나온다.
4) 劉廷振: 未詳.

공자는 말하기를 "나라에 도道가 있을 때는 말을 엄격하게 하고 행동도 엄격하게 하며, 나라에 도가 없을 때는 행동은 엄격하게 하되 말은 공손하게 해야 한다."라고 하였다.

○포함: 위危는 엄격하게 하는 것이다. [朱子는 이르기를 "危는 高峻한 것이다"라고 하였다.] 나라에 도가 있으면 언행言行을 엄격하게 할 수 있다.
○하안: 손孫은 따른다(順)는 뜻이다. [朱子는 이르기를 "孫은 卑順하는 것이다"라고 하였다.] 행동을 엄격하게 하여 세속世俗을 좇아 아부하지 않고, 말을 공손히 하여 해害를 멀리한다.
○요쌍봉: 행실은 어느 때이든지 엄격하게 하지 않으면 안 되니, 이른바 '나라에 도가 있을 때는 그 궁색窮塞할 때의 의지를 변치 않고, 나라에 도가 없을 때는 죽음에 이르러도 지조를 변치 않는다'는 것¹⁾이 그것이다. 그러나 말은 때로 혹 겸손해야 할 때가 있으니, 이른바 '나라에 도가 있을 때는 그 말이 족히 쓰일 수 있고, 나라에 도가 없을 때는 그 침묵이 족히 화를 면할 수 있다'는 것²⁾이 그것이다.³⁾
○유정진:⁴⁾ 예를 들면 공자가 양화陽貨를 만나지 않은 것이 '위행危行'이고, (공자가 양화를) 길에서 만났을 때 (양화의 질문에) 순리대로 대답만 하고 깊은 변론을 하지 않은 것이 '언순言孫'이다.

공자는 말하기를 "덕이 있는 사람은 반드시 훌륭한 말이 있지만, 훌륭한 말이 있는 이라고 해서 반드시 덕이 있지는 않다. 인仁한 사람은 반드시 용기가 있지만, 용기가 있는 이라고 해서 반드시 인仁함이 있지는 않다."라고 하였다.

補曰 有言, 謂立言垂後.

○補曰 忠孝至極曰仁, 禍難無懼曰勇.

何曰: "德不可以億中, 故必有言."【邢云: "德不可以無言億中."】

○邢曰: "辯佞口給, 不必有德."

○案 億中, 與此經①無當, 且所謂有言, 非辯給也.

質疑 和順積中, 英華發外者, 樂也. 所謂樂者, 德之華也, 豈所以②論言語乎? 申·韓·鄧·呂無不立言垂後, 有言者不必有德, 恐是此類.

邢曰: "仁者見危授命, 殺身成仁, 是必有勇也. 勇者暴虎馮河, 不必有仁也."

○案 篤於君親, 則不期乎勇而臨難不懼; 役於血氣, 則無與乎仁而殺身無悔.

---

① 與此經: 新朝本에는 '此與經'으로 되어 있으나 奎章本에 따라 바로잡는다.
② 以: 新朝本에는 빠져 있으나 奎章本에 따라 보충한다.
1) 億中: 마음에 臆測한 것이 的中하는 것을 말함. 《論語》〈先進〉편에 "賜不受命, 而貨殖焉, 億則屢中"이라는 말이 있다.
2) 《正義》 14.
3) 同上.
4) 《禮記》〈樂記〉편에 나오는 말이다.
5) 申不害: ?~B.C. 337. 戰國時代 韓나라 京人(河南省). 思想家. 政治家. 韓나라 昭公의 丞相이었으며, 刑名으로써 통치하는 法思想을 주장하였음.
6) 鄧析: ?~B.C. 501. 春秋時代 名家 최초의 思想家. 鄭나라 大夫.
7) 呂不韋: ?~B.C. 235. 戰國時代 末期의 大商人이며 政治家. 저술로 《呂氏春秋》가 있음.
8) 《正義》 14.

○보충: 유언有言은 후세에 수훈垂訓이 되는 입언立言을 이른다.

○보충: 충효忠孝가 지극한 것을 인仁이라 하고, 화난禍難에 두려움이 없는 것을 용勇이라 한다.

○하안: 덕德은 억중億中[1]만 할 수 없기 때문에 반드시 말이 있는 것이다. [邢昺은 이르기를 "德은 말없이 億中만 할 수 없다"라고 하였다.[2]]

○형병: 입으로 말만 잘하는 것은 반드시 덕이 있지는 않다.[3]

○살펴보건대, 억중億中은 이 경문에 해당되지 않는 말이고, 또 이른바 '유언有言'은 말을 잘하는 것이 아니다.

【질의】 화순和順이 마음속에 쌓여서 영화英華가 밖에 나타나는 것은 낙樂이다. 이른바 낙樂은 덕德의 꽃이니,[4] 이를 어떻게 말로 깨우칠 수 있겠는가? 신불해申不害[5]·한비자韓非子·등석鄧析[6]·여불위呂不韋[7] 등도 입언立言이 후세에 전하지 아니함이 없었으나, '말이 있는 이라고 해서 반드시 덕이 있지는 않다(有言者不必有德)'라는 것은 아마도 이런 부류일 것이다.

○형병: 인仁한 자는 나라에 위태로움을 보면 목숨을 바치고 몸을 죽여 인仁을 이루니, 이렇게 하는 것이 반드시 용기가 있는 것이다. 용기가 있는 자는 맨손으로 범을 쳐서 잡고 배도 없이 하수河水를 건널 수 있으나, 반드시 인仁함이 있지는 않다.[8]

○살펴보건대, 임금과 어버이에게 돈독히 하면 용기를 기약하지 않아도 어려움에 임해서 두려워하지 않으나, 혈기에 사역使役이 되면 인仁에 참여할 수도 없고 몸을 죽이면서 후회도 없다.

南宮适問於孔子曰: "羿善射, 奡盪舟, 俱不得其死. 然禹·稷躬稼而有天下." 夫子不答. 南宮适出, 子曰: "君子哉若人! 尚德哉若人!"

孔曰: "适, 南宮敬叔, 魯大夫."
○孔曰: "羿, 有窮國之君, 篡夏后相之位. 其臣寒浞殺之."
○補曰 奡通作傲, 【《說文》云】 丹朱之黨也. 盪, 推轉也. 《書》曰: "罔水行舟."
○孔曰: "奡多力, 能陸地行舟. 此二子者, 皆不得以壽終."
○馬曰: "禹盡力於溝洫, 稷播百穀, 故曰躬稼. 【邢云: "〈益稷〉云, '暨稷播, 奏庶艱食.' 故總曰躬稼."】 禹及其身, 稷及後世, 皆王."
○補曰 适所問者, 福善禍淫之理也. 命與天道, 夫子罕言, 故不答.
○純曰: "夫子嘉适之言, 而不可面諛, 故俟其出而贊美之."

---

1) 有窮: 夏나라 시대의 제후국.
2) 相: 夏의 王名. 中康의 子.
3) 丹朱: 傳說的 인물인 堯의 嗣子. 茶山이 奡를 丹朱의 무리라고 한 것은 《尙書》〈皐陶謨〉에 나오는 "無若丹朱傲"에서 '傲'를 《說文》처럼 '奡'와 통용되는 글자로 보고 '丹朱傲'를 '丹朱의 오만함'으로 해석하지 않고 '丹朱와 奡'로 해석한 것에서 나온 말이다. 丹朱는 堯의 嗣子, 奡(傲)는 堯의 庶子 9명 가운데 한 사람으로 기록에 남아 있음.
4) 《尙書》〈皐陶謨〉에 나온다. 梅賾의 僞古文은 이 글이 〈益稷〉편에 있는 것으로 되어 있음.
5) 艱食: 익혀서 먹는 음식. 날로 먹는 鮮食에 對가 되는 말이다.
6) 《正義》14.
7) 太宰純, 《論語古訓外傳》14-4b

남궁괄南宮适이 공자에게 묻기를 "예羿는 활쏘기를 잘하고, 오奡는 힘이 세어 뭍에서 배를 끌고 다녔으나, 모두 제 명에 죽지 못하였습니다. 그러나 우禹와 직稷은 몸소 농사짓되, 천하를 소유하였습니다."라고 하자 공자는 대답하지 않더니, 남궁괄이 물러가자 공자가 말하기를 "군자로구나, 이 사람이여! 덕을 숭상하는구나, 이 사람이여!"라고 하였다.

○공안국: 괄은 남궁경숙南宮敬叔이니, 노魯나라의 대부大夫이다.
○공안국: 예는 유궁有窮[1] 나라의 군주로 하夏나라의 임금인 상相[2]의 왕위王位를 찬탈하였으나, 그 신臣인 한착寒浞이 또 그를 죽였다.
○보충: 오奡는 오傲와 통용되니, [《說文》에 그렇게 말하였다.] 단주丹朱[3]의 무리이다. 탕盪은 전轉의 뜻이니, 《서경書經》에 "물이 없는 데서 무리하게 배를 움직여 가게 하다(罔水行舟)"[4]라고 하였다.
○공안국: 오奡는 힘이 세어 능히 뭍에서 배를 가게 하였다. (예羿와 오奡) 이 두 사람은 모두 제대로 수를 누리고 죽지 못하였다.
○마융: 우禹는 (치수治水를 위해) 구혁溝洫(도랑)에서 힘을 다하고, 직稷은 백곡을 파종하였기 때문에 몸소 농사지었다고 하였다. [邢昺은 이르기를 "〈益稷〉에 '(禹는) 稷과 함께 씨를 뿌리고 백성에게 여러 艱食[5]을 제공하였다'라고 하였다. 그러므로 이를 총칭하여 '躬稼'라고 한 것이다"라 하였다.[6]] 우禹는 그 자신에 와서 왕이 되고, 직稷은 그 후대에 와서 왕이 되었다.
○보충: 남궁괄이 물은 내용은 착한 이에게는 복을 주고 음란한 이에게는 화를 준다는 것이다. 명命과 천도天道는 공자가 드물게 말하였기 때문에 대답하지 않았던 것이다.
○태재순: 공자는 남궁괄의 말을 가상하게 여겼으나, 그의 면전에서 아첨할 수 없기 때문에 그가 나가기를 기다리고 나서 그를 칭찬하였다.[7]

憲問 第十四

○補曰 尚, 上也. 尚德者, 貴有德也.
○補曰 '君子哉'者, 嘉其言也. '尚德哉'者, 美其志也.
邢曰: "适即南宮縚也, 字子容. 鄭注〈檀弓〉云, '敬叔, 魯 孟僖子之子, 仲孫閱. 是也.'"【《集注》云: "适即南容."】
○案 若如漢儒之說, 則斯人有四名二字. 一名說, 一名閱, 一名縚, 一名适; 一字子容, 一字敬叔, 天下其有是乎?【詳見〈公冶長〉】余謂當分作三人, 其一曰南宮縚, 字子容, 即孔子之姪壻也. 其一曰南宮閱, 字敬叔, 即仲孫貜之子, 閱·說, 同也. 其一曰南宮适, 別是一人. 此經特謂之'問於孔子',【書孔子之姓】則大夫也. 或曰: "宋人, 即南宮長萬之族." 長萬弒君而見殺, 其子南宮牛, 與其黨猛獲, 作亂而見殺,【莊十二】是皆以多力亡身者也. 适爲其遺族, 故其言如此, 然無確據, 姑從孔注.
孔曰: "寒浞殺之, 因其室而生奡.【納后羿之妻】奡多力, 能陸地行舟, 爲夏后少康所殺."

○보충: 상尙은 숭상한다(上)는 뜻이다. '상덕尙德'이란 덕이 있음을 귀히 여기는 것이다.
○보충: '군자재君子哉'란 그 말을 가상하게 여긴 것이고, '상덕재尙德哉'란 그 뜻을 아름답게 여긴 것이다.
○형병: 괄适은 남궁도南宮縚이니, 자字는 자용子容이다. 정현의 《예기》 〈단궁〉 주注에 이르기를 "경숙敬叔은 노魯나라 맹희자孟僖子의 아들 중손열仲孫閱이 그이다"라고 하였다. [《論語集註》에는 이르기를 "适은 곧 南容이다"라고 하였다.]
○살펴보건대, 만약 한유漢儒의 설과 같다면 이 사람은 이름 네 개와 자字 두 개가 있다. 이름은 열說·열閱·도縚·괄适이고, 자字는 자용子容 또는 경숙敬叔이니, 천하에 이런 것이 있겠는가? [〈公冶長〉에 상세히 나타나 있다.] 나는 마땅히 세 사람으로 나누어 보아야 한다고 생각한다. 그 하나는 남궁도南宮縚로서 자字가 자용子容이니, 이는 곧 공자의 질서姪壻이다. 다른 하나는 남궁열南宮閱로서 자가 경숙敬叔이니, 이는 곧 중손확仲孫貜의 아들인데 열閱과 열說은 같은 사람의 이름이다. 또 하나는 남궁괄南宮适이니, 이는 또 다른 한 사람이다. 이 경문에서 특별히 '공자에게 묻기를(問於孔子)'이라고 한 것을 보면, (그는 신분이) 대부大夫일 것이다. 어떤 이는 말하기를 "(그는) 송宋나라 사람이니, 곧 남궁장만南宮長萬의 일족이다"라고 하였다. 장만은 군주를 시해하려다가 주살誅殺을 당하고, 그 아들 남궁우南宮牛는 그 당黨의 맹획猛獲과 난을 일으켰다가 주살을 당하였으니, [《左傳》 20년조에 나온다.] 이들은 모두 힘이 세어 몸을 망친 자들이다. 남궁괄은 그 유족이기 때문에 그 말이 이와 같다. 그러나 정확한 근거가 없으니 잠시 접고서 우선 공안국의 주注를 따른다.
○공안국: 한착寒浞은 후예后羿를 죽이고 그 아내를 맞아 오奡를 낳았다. [后羿의 아내를 받아들인 것이다.] 오奡는 힘이 세어 능히 뭍에서 배를 밀어 가게 하였으나, 하夏나라 왕인 소강少康에게 주살을 당하였다.

○邢曰: "孔注《尚書》云 '羿, 諸侯名', 杜注《左傳》云 '羿, 有窮君之號', 則與孔不同也. 《說文》云, '羿, 帝嚳射官也.' 賈逵①云, '羿之先祖, 世爲先王射官, 故帝嚳賜羿弓矢, 使司射.' 《淮南子》云, '堯時十日竝生, 堯使羿射九日而落之.' 《楚辭》〈天問〉云 '羿焉彈日, 烏焉②解羽.' 《歸藏易》亦云, '羿彈十日.' 《說文》云, '彈, 射也.' 此三者, 言雖不經, 難以取信, 要言帝嚳時有羿, 堯時亦有羿, 則羿是善射之號, 非復人之名字. 信如彼言, 則不知此羿名爲何也."

○又曰: "《左傳》曰, '寒浞殺羿, 因羿室, 生澆及豷.'【襄四年】澆即奡也, 聲轉字異, 故彼此不同."

○又曰: "哀元年《左傳》曰, '夏 少康邑諸綸, 以收夏衆, 使女艾諜澆, 使季杼誘豷, 遂滅過·戈,【二國名】復禹之績.'"

---

① 賈逵: 新朝本·奎章本에는 '陸賈'로 되어 있으나《論語注疏》卷14〈憲問〉에 따라 바로잡는다.
② 焉: 新朝本·奎章本과《論語注疏》卷14〈憲問〉에는 빠져 있으나《楚辭》〈天問〉에 따라 보충한다.
8)《淮南子》〈本經訓〉에 나온다.
9)《歸藏易》: 三易의 일종.《易》에는《連山》·《歸藏》·《周易》이 있다. (《周禮》〈春官·大卜〉참조.)
10)《正義》14.
11) 同上.
12) 同上.

○형병: 공안국의《상서尙書》주注에는 "예羿는 제후의 이름이다"라 하였고, 두예杜預의《좌전左傳》주注에는 "예는 유궁有窮의 군주 이름이다"라 하였으니, 이는 공안국의 주와는 같지 않다.《설문說文》에는 "예는 제곡帝嚳의 사관射官이다"라 하고, 가규賈逵는 "예의 선조는 대대로 선왕의 사관射官이었다. 그러므로 제곡이 예에게 활과 화살을 하사하여 그에게 활 쏘는 일을 맡게 했다"라 하였다.《회남자淮南子》에는 "요堯임금 때 10개의 해(日)가 함께 솟아올라, 요임금이 예羿를 시켜 활을 쏘게 하여 9개의 해를 떨어뜨렸다"라 하고,[8]《초사楚辭》〈천문天問〉에는 "예는 무엇 때문에 해를 쏘았으며, 이때 까마귀는 무엇 때문에 날개를 떨어뜨렸을까?"라 하며,《귀장역歸藏易》[9]에도 또한 "예는 10개의 해를 쏘았다"라 하였다.《설문》에 "필㢙은 활을 쏘는 것이다"라 하였다. 이 세 가지 (문헌의) 것은 그 말이 비록 떳떳한 이치에 맞지 않아 믿기는 어렵더라도, 요컨대 제곡帝嚳의 시대에도 예羿가 있었고 요堯의 시대에도 또한 예가 있었으니, 예는 활을 잘 쏘는 이를 호칭하는 것이지 사람의 이름이 아닌 것이다. 진실로 저 (문헌의) 말대로라면 이 예羿의 이름은 무엇인지 알지 못하겠다.[10]

○또 형병:《좌전》에 "한착寒浞이 예를 죽이고 예羿의 아내를 맞아 요澆와 희豷를 낳았다"고 하였는데, [襄公 4년조에 나온다.] 요澆가 곧 오奡이다. 이는 성음聲音이 전이轉移되어 글자가 달라졌기 때문에 그것이 서로 같지 않은 것이다.[11]

○또 형병:《좌전》애공哀公 원년(B.C. 494)에 "하夏나라 소강少康(夏나라 王인 相의 아들)이 윤綸에 도읍하여 하나라 사람들을 거두어들이고, (신하인) 여애女艾로 하여금 요澆를 살피게 하고, (그의 아들인) 계저季杼를 시켜 (澆의 동생인) 희豷를 유인하게 하여, 드디어 과過와 과戈 [두 나라의 이름이다.] 를 멸망시키고 우禹임금의 치적을 회복하였다"라고 하였다.[12]

○王應麟曰: "《說文》, '奡, 嫚也.' 引〈虞書〉'若丹朱奡', 《論語》'奡盪舟.' 按《書》有'罔水行舟'之語, 則'奡盪舟'者, 恐卽謂丹朱."【困學紀聞】
○案 羿之事實, 莫詳於《左傳》, 豈可以賈逵③·劉安荒唐之說, 疑其爲嚳·堯時人, 或疑其善射之通稱乎?
○又按 奡之爲澆, 絶無證據, 音義旣別,【奡五報反, 澆五弔反】不得相用, 當從王應麟之說. 但訓奡爲嫚, 則不得爲人名. '無若丹朱·奡'者, 丹朱與奡, 結爲朋比, 故得竝稱也. 下文曰: "朋淫于家, 用殄④厥世." 可見兩人朋比作淫, 皆被殄滅也. 《左傳》再言澆·豷之事, 無'盪舟'語, 何得以澆爲奡?

引證 《竹書紀年》: "帝相二十七年, 澆伐斟鄩, 大戰于濰, 覆其舟, 滅之."
○《楚辭》〈天問〉: "覆舟斟尋, 何道取之?"【王逸注云: "少康滅斟尋氏, 奄若覆舟."】

---

③ 賈逵: 新朝本·奎章本에는 '陸賈'로 되어 있으나 앞에 인용한 邢昺의 疏에 따라 바로잡는다.
④ 殄: 新朝本에는 '珍'으로 되어 있으나 奎章本에 따라 바로잡는다.
13) 劉安: B.C. 179~B.C. 122. 前漢 沛郡 豊人(江蘇省). 漢 高祖 劉邦의 손자이고, 阜陵侯에 봉해졌다가 뒤에 淮南王이 되었다. 그는 많은 知識人과 食客을 불러 모아 이들에게 命하여 《淮南子》를 편찬하게 하였음.
14) 無若丹朱奡: 眞古文尙書에는 〈皐陶謨〉에 있고, 僞古文尙書에는 〈益稷〉에 있다. 그래서 '無若丹朱奡(傲)'의 해석도 두 가지이다. 하나는 '丹朱와 奡(傲) 같지 말라'는 것이고, 다른 하나는 '丹朱처럼 오만하지 말라'는 것이다. 茶山은 前者를 따랐다.
15) 斟鄩: 古代의 國名. 夏나라 때 夏와 同姓의 諸侯國. 지금의 山東省 濰縣의 西南에 위치하였음.
16) 顧炎武, 《日知錄》卷7〈奡盪舟〉에 나온다.

○왕응린:《설문》에 "오奡는 오만하다(嫚)는 뜻이다"라고 하여, 〈우서虞書〉의 '단주의 오만함과 같다(若丹朱奡)'는 말과《논어論語》의 '오가 뭍에서 배를 밀어 가게 하다(奡盪舟)'란 말을 인용하였다.《서경》에 '물 없는 뭍에서 배를 밀어 가게 한다'는 말이 있는 것을 살펴볼 때, '오奡가 뭍에서 배를 밀어 가게 하다'란 아마도 단주丹朱를 가리키는 듯하다. [《困學紀聞》에 나온다.]

○살펴보건대, 예羿의 사실은《좌전》보다 더 상세한 것이 없는데, 어찌 가규賈逵·유안劉安[13]의 황당한 말에 그만 (예羿가) 제곡帝嚳과 요堯 시대의 사람으로 의심하고, 혹 또 활을 잘 쏘는 사람을 통칭하는 것으로 의심할 수 있겠는가?

○또 살펴보건대, 오奡를 요澆라고 하는 것은 전혀 근거가 없고, 음의音義가 이미 달라서 [奡는 五와 報의 半切이고, 澆는 五와 弔의 半切이다.] 서로 통용될 수 없으니 마땅히 왕응린의 설을 따라야겠지만, 다만 오奡를 풀이하여 오만하다는 만嫚이라 한 것은 사람의 이름이 될 수 없다. '무약단주오無若丹朱奡'[14]란 단주丹朱와 오奡가 인연을 맺어 붕당朋黨을 만들었기 때문에 (단주와 오를) 병칭並稱하게 된 것이다. (《서경》의 이) 아래 글에 "붕당을 하여 집안에서 음탕함을 일삼다가 그 후손도 끊기고 말았다"라는 말이 있으니, (단주와 오) 둘은 붕당을 해서 음탕한 짓을 하여 모두 멸망당한 것을 알 수 있다.《좌전》에서 두 번이나 요澆와 희豷의 일을 말하였으나 '탕주盪舟'라는 말은 없으니, 어떻게 요澆를 오奡라 할 수 있겠는가?

【인증】《죽서기년》: 제상帝相(夏나라의 帝王 相) 27년에 요澆가 짐심斟鄩[15]을 쳐서 유유(地名, 지금의 山東省 濰縣)에서 크게 싸워, 배를 뒤집어엎고서 그들을 멸망시켰다.[16]

○《초사》〈천문〉: 짐심斟鄩(斟鄩이라고도 함)의 배를 뒤집어엎어서 이를 멸망시켰으나, 무슨 방법으로 그 나라를 취하였겠는가? [王逸의 注에 이르기를 "少康이 斟鄩氏를 멸망시키기를 갑자기 배를 뒤집는 것처럼 하다"라고 하였다.]

憲問 第十四

○顧炎武曰: "漢時《竹書》未出, 故孔安國注爲陸地行舟, 而後人因之. 王逸亦以不見《竹書》, 而强爲之說."

○又曰: "古人以左右衝殺爲盪陣,【《宋書》〈顔師伯傳〉: "單騎出盪." 〈孔覬傳〉: "每戰以刀楯直盪."】其銳卒謂之跳盪, 別帥謂之盪主.【《陳書》〈高祖紀〉: "盪主戴冕⑤·曹⑥宣等."《後周書》〈侯莫陳崇傳〉·〈王勇傳〉有直盪都督,〈楊紹傳〉有直盪別將】《晉書》〈載紀〉, '〈隴上健兒歌〉曰, {丈八⑦蛇矛左右盤, 十盪十決無當前.}'《唐書》〈百官志〉, '矢石未交, 陷堅突衆, 敵因而敗者曰跳盪.' 盪舟蓋兼此義, 與 '蔡姬之乘舟蕩公' 者不同."【僖三年】

○案 覆舟·盪舟, 可相爲證, 但澆·奡之必相通, 其在《說文》諸家, 終無確據, 恐不如禀傲之爲無礙也. 至於盪陣跳盪之義, 此是後世之言, 不可曰夏后之世, 其言亦同也.

---

⑤ 冕: 新朝本·奎章本에는 '晃'으로 되어 있으나《陳書》〈高祖本紀〉上에 따라 바로잡는다.
⑥ 曹: 新朝本·奎章本에는 '徐'로 되어 있으나《陳書》〈高祖本紀〉上에 따라 바로잡는다.
⑦ 八: 新朝本·奎章本에는 '人'으로 되어 있으나《晉書》〈載記 三·劉曜〉에 따라 바로잡는다.
17) 顧炎武,《日知錄》卷7〈禀盪舟〉에 나온다.
18) 顔師伯: 南北朝時代 南朝 宋 琅邪 臨沂人. 字는 長淵, 諡는 荒. 어려서 외롭고 가난하였으나《書傳》을 涉獵하였음. 官은 主簿·尙書右僕射·尙書侍中事 등을 역임.
19)《宋書》卷77〈列傳〉제37에 나온다.
20) 孔覬: 南北朝時代 南朝 宋 山陰人. 字는 思遠. 官은 明帝 때 太子詹事.
21)《宋書》卷84〈列傳〉제44에 나온다.
22) 戴冕: 南北朝時代 南朝 陳 高祖인 陳霸先 때의 사람. 상세한 인적 사항은 未詳.
23) 曹宣: 陳 高祖인 陳霸先 때의 사람. 상세한 인적 사항은 未詳.
24)《陳書》卷1〈本紀〉제1에 나온다.
25) 侯莫陳崇: 北周의 사람. 字는 尙樂, 諡는 躁, 뒤에 莊閔으로 개諡하였음. 官은 西魏 恭帝 때 寧州刺史·尙書令 등을 거쳐 北周 孝閔帝 때 梁國公에 봉해졌음.
26) 王勇: 北周 武川人. 성격이 雄猛하였으며 功에 의해 大將軍이 되었음.
27) 楊紹: 北周 華陰人. 字는 子安, 諡는 信. 西魏 때 功이 있어 輔國將軍이 되고, 北周 孝閔帝 때 大將軍에 이름.
28) 隴上健兒歌: 通稱〈隴上歌〉라고 함. 樂府〈雜歌謠辭〉의 曲名.
29) 十盪十決: 戰法의 하나인 듯하나 그 동작을 알 수 없음.
30)《晉書》卷103〈載記〉제3에 나온다.
31)《唐書》卷46〈志〉제36,〈百官〉1에 나온다.

○고염무: 한대漢代에는 《죽서기년竹書紀年》이 출현하지 않았기 때문에 공안국의 주注에서 (탕주盪舟를) '육지에 배를 움직여 가게 하는 것'이라고 한 이후로 사람들이 이 말을 따르게 되었고, 왕일도 또한 《죽서기년》을 보지 못하였기 때문에 이런 억지의 말을 하였다.[17]

○또 고염무: 옛사람은 좌우에서 협공하여 죽이는 전투를 탕진盪陣이라 하고, [《宋書》〈顔師伯傳〉[18]에 "單騎로서 나가 부딪쳤다"[19]라 하고, 〈孔覬傳〉[20]에 "매양 싸울 때는 칼과 방패로써 바로 부딪쳤다"[21]라 하였다.] (군사에는) 그 예졸銳卒을 도탕跳盪, 별수別帥를 탕주盪主라 하고, [《陳書》〈高祖本紀〉에 "盪主는 戴冕[22]·曹宣[23] 등이다"[24]라 하고, 《後周書》〈侯莫陳崇傳〉[25]과 〈王勇傳〉[26]에는 直盪都督이 있고, 〈楊紹傳〉[27]에는 直盪別將이 있다.] 《진서晉書》〈재기載紀〉에는 "농상건아가隴上健兒歌[28]에 '일장팔척一丈八尺이 되는 큰 사모蛇矛가 좌우에 서려 있고, 십탕십결十盪十决[29]에 앞에서 당할 수가 없다'고 했다"라 하고,[30] 《당서唐書》〈백관지百官志〉에는 "시석矢石의 교전이 일어나기 전에 견고한 성을 함락시키고 군사를 돌격하여 적이 이로 인해 패하는 것을 도탕跳盪이라 한다"고 하니,[31] 탕주盪舟란 대개 이러한 의미를 겸하고 있는 것이며, '채희[32]가 배를 타고 공公(齊나라 桓公을 가리킴)을 흔들었다(蔡姬之乘舟盪公)' [《左傳》僖公 3년조에 나온다.] 라고 할 때의 흔든다(盪)는 것과는 같지 않다.[33]

○살펴보건대, '복주覆舟'와 '탕주盪舟'는 (뜻이 통하는 것이) 서로 증거가 될 수 있으나, 다만 요澆와 오奡가 반드시 서로 통한다는 것은 《설문說文》에 나오는 여러 사람의 말에서도 끝내 아무 확실한 근거가 없으니, 아마도 오奡는 오傲와 서로 통한다는 것이 아무 구애 없이 무방한 것만 같지 못하다. '탕진盪陣'이니 '도탕跳盪'이니 하는 말의 뜻에 이르러서는 이것이 후세의 말이니, 하후夏后의 시대에도 그 말이 또한 같다고는 말할 수 없다.

---

32) 蔡姬: 春秋時代 齊나라 桓公의 夫人. 蔡나라에서 桓公에게 시집왔기에 蔡姬라 함.
33) 顧炎武, 《日知錄》卷7〈奡盪舟〉에 나온다.

引證 《關尹子》云: "善弓者, 師弓不師羿; 善舟者, 師舟不師奡."
○案 古文皆作奡, 不作澆.

馬曰: "适意欲以禹·稷比孔子. 孔子謙, 故不答也."【邢云: "适意言孔子勤行道德, 亦當王有天下也."】

○朱子曰: "适意, 蓋以羿·奡比當世有權力者, 而以禹·稷比孔子也."【葉云: "是時, 田恒篡齊, 六卿分晉, 三家專魯, 孰非欲爲羿·奡者?"】

○案 孔子未嘗躬稼, 亦無王天下之兆, 南宮适何必以禹·稷比孔子乎? 善射多力, 足以禦患, 而不免兵死, 濬畎播穀, 若是卑約, 而卒受大命, 所問者天理也.【且多力與權力不同】

蔡淸云: "适之言, 似問而非問也. 答固當, 不答亦可."

---

34) 關尹子: 戰國時代 秦나라 사람 尹喜의 저술이라고 하나 실은 尹喜에 假託한 책으로서, 《漢書》〈藝文志〉에는 《關尹子》9편을 著錄해 놓고 있다. 《四庫提要》에는 唐과 五代 사이의 方士가 지은 것이라고 함.
35) 《正義》14.
36) 葉夢得: 1077~1148. 宋代의 理學者. 江蘇省 吳縣人. 字는 少蘊, 號는 石林. 官은 翰林學士·龍圖閣直學士 등을 지냄. 《春秋》에 造詣가 깊고, 저서로는 《春秋傳》·《春秋考》·《春秋指要總例》·《石林春秋》등이 있다. 앞에 나왔음.
37) 六卿: 春秋時代 晉의 六卿은 韓·魏·趙와 范·中行·知伯의 六氏.
38) 《論語集註大全》卷14〈憲問〉제14 小註에 나온다.
39) 蔡淸, 《四書蒙引》卷7에 나온다.

【인증】《관윤자》:³⁴⁾ 활을 잘 쏘는 자는 활을 스승으로 삼지 예羿를 스승으로 삼지 않고, 배를 잘 부리는 자는 배를 스승으로 삼지 오奡를 스승으로 삼지 않는다.

○살펴보건대, 고문古文에는 모두 오奡로 되어 있지 요澆로 되어 있지 않다.

○마융: 남궁괄南宮适의 생각은 우禹와 후직后稷을 공자에게 견주어 보고자 한 것인데, 공자는 겸손하였기 때문에 대답하지 않았다. [邢昺은 이르기를 "南宮适의 생각은 孔子가 부지런히 道德을 행한 것도 또한 王이 천하를 소유한 것에 해당됨을 말한 것이다"라고 하였다.³⁵⁾]

○주자: 남궁괄의 생각은 대개 예羿와 오奡를 당세當世의 권력자에게 견주어 보고, 우와 후직을 공자에게 견준 것이다. [葉夢得³⁶⁾은 이르기를 "이 당시 田恒은 齊나라를 찬탈하고, (晉나라의) 六卿³⁷⁾은 晉의 영토를 분할하며, (魯나라의) 三家는 魯의 정권을 專斷하였으니, 이 가운데 어느 누구인들 羿와 奡가 되고자 한 것이 아니겠는가?"라고 하였다.³⁸⁾]

○살펴보건대, 공자는 일찍이 몸소 농사짓지 않았고, 또한 천하에 왕 노릇할 조짐도 없었는데, 남궁괄이 어찌하여 우禹와 후직后稷을 공자에다 견주었겠는가? (예羿와 오奡처럼) 활을 잘 쏘고 힘이 세면 족히 환난을 막을 수 있는데도 환난과 죽음에서 면하지 못하였다. (우와 후직은) 도랑을 파고 밭을 갈고 씨를 뿌리고 하여 이처럼 비천하고 군색하였으나 마침내 큰 명命을 받았으니, (남궁괄이) 물은 바는 천리天理이다. [또 힘이 세다는 것과 權力은 같지 않다.]

○채청: 남궁괄의 말은 질문인 듯하나 질문이 아니다. 대답하는 것이 본래 당연하나, 대답하지 않아도 또한 괜찮다.³⁹⁾

憲問 第十四

○案 記者之意, 明以爲當答而不答, 故上文云 '問於孔子', 下文云 '夫子不答', 明不答有意也.【王顯甫云: "說到禍福上來, 恐應驗有未必然, 則小人反得以藉口, 恣行無忌, 此夫子不答意也." ○聞人氏云: "夫子不答, 是以福善禍淫之理, 默聽之于天."】

馬孟河云: "禹有天下, 而羿篡之, 奡亂之; 稷有天下, 而爲羿·奡者, 又繼踵也.【謂春秋亂臣賊子】适之所言, 大有慨者. 但謹言之人, 自是微婉不盡耳, 夫子何容答得?"

○案 此說似好, 然奡非澆也, 又非篡夏者也. 且陳恒·趙·魏不篡周室, 其義無所立矣.

子曰: "君子而不仁者有矣夫, 未有小人而仁者也."

補曰 君子·學識周通, 足以爲民上者也. 小人利欲是循, 甘於爲人下者也.
【處下流】

---

40) 王顯甫: 未詳.
41) 聞人氏: 聞人이란 複姓을 가진 어떤 사람인 듯하다.
42) 馬孟河: 未詳.

○살펴보건대, 이 경문을 기록한 이의 생각은 당연히 대답해야 한다고 여겼는데 대답하지 않은 것을 밝히려 하였기 때문에, 상문上文에서는 '문어공자問於孔子'라 하고, 하문下文에서는 '부자부답夫子不答'이라 하여, 대답하지 않은 데에는 어떠한 뜻이 내재해 있음을 밝혀 놓았다. [王顯甫⁴⁰⁾는 이르기를 "禍福이 오는 것에 대해 운운할 때, 그 應驗이 그렇지 아니함이 있을까 두려워하면 小人은 도리어 핑계 거리를 얻어서 악한 짓을 꺼림 없이 마구 자행하니, 이것이 공자가 대답하지 않은 의도이다"라고 하였다. ○聞人氏⁴¹⁾는 이르기를 "공자는 대답하지 않았으니, 이 때문에 善行에 福을 주고 淫行에 禍를 주는 이치를 하늘에 묵묵히 듣게 된다"라고 하였다.]

○마맹하:⁴²⁾ 우禹가 천하를 소유함에 예羿가 이를 찬탈하고 오奡가 이를 어지럽히며, 직稷이 천하를 소유함에 예와 오 같은 자 [《春秋》의 亂臣賊子를 이른다.] 가 또 그 뒤를 이었다. 남궁괄이 말한 바는 크게 개탄한 것은 있으나 다만 말을 삼가는 사람이어서 스스로 이렇게 약간 완곡하게 하고 다 표현하지 못했을 뿐이니, 공자가 어떻게 답할 수 있었겠는가?

○살펴보건대, 이 설은 좋은 듯하지만, 오奡는 요澆가 아니고, 또 하夏나라를 찬탈한 자도 아니다. 또 진항陳恒과 조趙·위魏도 주周나라 왕실을 찬탈하지 않았으니, 그의 주장은 성립할 수 없다.

공자는 말하기를 "군자로서 인仁하지 못한 자는 있어도, 소인小人으로서 인仁한 자는 있지 않다."라고 하였다.

○보충: 군자는 학식이 두루 통달하니 족히 백성의 윗사람이 될 수 있고, 소인은 이욕利欲만 따르니 남의 아랫사람이 되는 것을 달게 여기는 것이다. [下流에 처하게 된다.]

○補曰 仁者, 人倫之至也. 孝於親, 忠於君, 慈於衆, 謂之仁.
○補曰 大體雖善, 而成德實難, 本領旣誤, 則至行不附.
孔曰: "雖曰君子, 猶未能備."
○邢曰: "管仲九合諸侯, 不以兵車, 可謂仁矣, 而鏤簋朱紘, 山節藻梲, 是不仁也."【又云: "小人性不及仁道, 故未有仁者."】
○駁曰 非也. 所言荒矣.

質疑 仁不是心德, 不是天理, 謝氏之說, 不可摸捉. 今之學者, 雖欲從事於仁, 奈渾融無象何哉?【仁者, 人倫之至也, 小人未有實心篤於人倫者. 若是心德之謂, 則初不必議到. 且所謂君子·小人, 非必如歐陽①氏〈朋黨論〉中所言也. 若直以惡人爲小人, 則此經之義, 却有難解者】

韓曰: "仁當爲備字之誤也. 豈有君子而不仁者乎? 旣稱小人, 又豈求其仁耶? 吾謂君子才行, 或不備者有矣. 小人求備, 則未之有也."

---

① 歐陽: 新朝本·奎章本에는 '蘇'로 되어 있으나〈朋黨論〉은 歐陽修의 글이므로 바로잡는다.
1)《禮記》〈禮器〉편에 보면, "管仲鏤簋朱紘, 山節藻梲, 君子以爲濫矣"라는 말이 있음.
2)《正義》14.
3) 同上.
4)《論語筆解》卷下〈憲問〉제14에 나온다.

○보충: 인仁이란 인륜의 지극한 것이다. 어버이에게 효도하고 임금에게 충성하며 대중에게 자애를 베푸는 것을 인仁이라 한다.

○보충: 대체大體는 비록 선善하더라도 덕을 이루는 것은 실로 어려우니, 본령本領이 이미 잘못되어 있으면 지극한 행실이 거기에 의지하지 못한다.

○공안국: 비록 군자더라도 오히려 능히 갖추지 못하였다.

○형병: 관중管仲이 제후를 규합하는 데에 병거兵車를 사용하지 않은 것은 인仁이라 할 수 있으나, 제기祭器에 조각하여 장식하고 면관冕冠의 갓끈을 붉게 하며 사당의 기둥머리에 산 모양을 조각하고 동자기둥에는 마름 풀을 그려 놓았으니,[1] 이는 불인不仁한 것이다.[2] [또 이르기를 "小人은 性向이 仁道에 미칠 수 없기 때문에 仁한 자가 있지 않다"라고 하였다.[3]]

○반박: 아니다. 이는 말한 바가 황당하다.

【질의】 인仁은 심덕心德도 아니고 천리天理도 아니다. 사상채謝上蔡의 설은 (인仁이 어떤 것인지를) 모착摸捉할 수가 없다. 지금의 배우는 이들은 비록 인仁에 종사하려 해도 그것이 혼융渾融해서 아무 형상이 없으니 어떻게 하겠는가? [仁이란 人倫의 지극한 것이고, 小人은 人倫에 돈독한 實心이 있지 않은 자이다. 만약 (仁을) 心德이라고 하면 애초부터 논의할 필요도 없고, 또 여기 이른바 君子와 小人은 歐陽脩의 〈朋黨論〉에서 말한 것과는 반드시 같은 것이 아니다. (그리고 또) 만약 바로 惡人을 小人으로 하면 이 經文의 뜻은 도리어 이해하기 어려움이 있을 것이다.]

○한유: ('군자이불인자君子而不仁者'라고 한 말의) 인仁은 마땅히 '비備' 자의 잘못일 것이다. 어떻게 군자로서 불인不仁한 자가 있겠는가? 이미 소인小人이라고 일컬었으면 또 어떻게 그 인仁을 구하겠는가? 나는 이렇게 생각한다. 군자로서 재행才行을 혹 갖추지 못한 자도 있거니와, 소인으로서 갖추기를 구하는 것은 있지 않다.[4]

憲問 第十四

○純曰: "君子‧小人, 以位言, 仁安民之功也. 世固有居②君子之位, 無安民之功者焉. 未有小人而有安民之功者也."
○駁曰 兩說皆非也.

子曰: "愛之, 能勿勞乎? 忠焉, 能勿誨乎?"

補曰 勞, 謂疲其筋骨. 誨, 謂責其過失.
○補曰 '能勿'者, 安得不然之意, 情之所至, 不得不然.
孔曰: "言人有所愛, 必欲勞來之."
○駁曰 非也. 勞來與誨責, 不類也. 《詩》云: "心乎愛矣, 遐不謂矣."
【〈隰桑〉篇】鄭箋引此經. 誠以勞與誨, 皆受者之所厭苦, 而我之所以不得不勞之誨之者, 以愛與忠在心, 自不能忍住也. 知此, 則服勞者宜不怨, 承誨者宜不惰矣.

---

② 居: 新朝本·奎章本에는 빠져 있으나《論語古訓外傳》卷14〈憲問〉에 따라 보충한다.
5) 太宰純,《論語古訓外傳》14-4a.
1) 勞來: 위로하고 오게 하는 것이다.《孟子》〈滕文公〉上에 보면, "放勳曰, 勞之來之. …"라는 글이 있다.

○태재순: 군자와 소인은 벼슬의 지위로써 말하는 것이고, 인仁은 백성을 편안하게 하는 공으로써 말하는 것이다. 세상에는 본래 군자의 지위에 거하고 있으면서 백성을 편안하게 하는 공이 없는 자도 있거니와, 소인으로서는 백성을 편안하게 하는 공이 있는 자는 없다.[5]
○반박: (한유와 태재순) 두 사람의 설은 모두 잘못된 것이다.

공자는 말하기를 "사랑한다면 (어떻게) 수고를 해주지 않을 수 있겠는가? 충성한다면 (어떻게) 가르쳐주지 않을 수 있겠는가?"라고 하였다.

○보충: 노勞는 그 근골筋骨을 피로하게 하는 것을 말하고, 회誨는 그 과실을 질책하는 것을 말한다.
○보충: '능물能勿'이란 어떻게 그렇지 않을 수 있겠느냐는 뜻이니, 정情이 지극해지면 그렇지 않을 수 없는 것이다.
○공안국: 사람이 사랑하는 이가 있으면 반드시 그를 노래勞來[1]하고자 함을 말한 것이다.
○반박: 아니다. 노래勞來와 회책誨責(가르치고 꾸짖음)은 유를 달리한다.《시경》에 이르기를 "마음에 사랑하니, 멀리 있어도 어찌 생각하지 않으리오?"라고 하였는데, [〈小雅·隰桑〉에 나온다.] 정현의《모씨전毛氏箋》에는 《논어》의 이 경문을 인용하였다. 진실로 수고로움과 가르침을 받는 쪽에서는 모두 싫고 괴롭지만 내가 수고를 해주고 가르쳐주지 않을 수 없는 것은, 사랑하고 충성하는 것이 내 마음속에 있어 스스로 차마 멈출 수 없기 때문이다. 이런 것을 알면 수고로운 일에 복무服務하는 자는 마땅히 원망하지 않아야 하고, 가르침을 받든 자는 마땅히 게으르지 않아야 한다.

憲問 第十四

蘇曰:"愛而勿勞, 禽犢之愛也. 忠而勿誨, 婦寺之忠也."【蔡云: "愛不但是父之愛子也. 兄之愛弟, 士之愛友, 師之愛弟子, 亦有此意. 忠不但是臣之忠君也. 子忠於父, 士忠於友, 凡爲人謀, 亦有盡其忠處."】

○案 蘇說是衍義, 非註釋也.

子曰: "爲命, 裨諶草創之, 世叔討論之, 行人子羽修飾之, 東里 子産潤色之."

補曰 命者, 鄰國朝聘之文. 〈聘禮〉云: "使者載旜, 以受命于朝.【又云: "使者受圭以受命."】旣述命, 同面授上介."【鄭云: "述命者, 循君之言, 重失誤."】旣云述命, 明有文字, 如今之國書.《公羊傳》曰: "〈聘禮〉'大夫受命不受辭'."【辭者, 到彼應對之言】

---

2) 婦寺: 婦人과 內寺.
1) 裨諶: 春秋時代 鄭나라 大夫.
2) 世叔: 春秋時代 鄭나라 大夫. 游吉(子大叔)을 말함. 子産을 이어 正卿으로서 鄭나라의 政事를 맡았음.
3) 行人: 官名. 使者로서 外國에 가기도 하고, 外國의 使者를 접대하기도 함.
4) 子羽: 春秋時代 鄭나라 大夫. 公孫揮의 字.
5) 東里: 子産이 살던 마을 이름.
6) 子産: 春秋時代 鄭나라 大夫 公孫僑. 鄭나라의 名宰相.

○소식: 사랑하기만 하고 수고를 해주지 않는 것은 새나 짐승의 사랑이고, 충성하기만 하고 가르쳐주지 않는 것은 부시婦寺[2]의 충성이다. [蔡淸은 이르기를 "사랑이란 다만 아비가 자식을 사랑하는 것뿐만이 아니라, 형이 아우를 사랑하고 선비가 벗을 사랑하며 스승이 제자를 사랑하는 것도 또한 이 뜻이 있다. 충성이란 다만 신하가 임금에게 충성하는 것뿐만이 아니라, 자식이 아비에게 충성하고 선비가 벗에게 충성하며 무릇 남을 위해 일을 도모하는 데에도 또한 그 충성을 다하는 곳이 있다"라고 하였다.]

○살펴보건대, 소식의 설은 넓은 범위의 의미로 한 연의衍義이지 주석註釋은 아니다.

공자는 말하기를 "(정鄭나라는) 외교문서를 작성할 때, 비침裨諶[1]이 초고를 만들고, 세숙世叔[2]이 검토해 의견을 제시하고, 행인行人[3]인 자우子羽[4]가 수정하고, 동리東里[5]의 자산子産[6]이 그것에 윤색을 했다."라고 하였다.

○보충: '명命'이란 이웃나라를 조빙朝聘할 때 가져가는 (외교外交의) 글이다. 《의례儀禮》〈빙례聘禮〉에 이르기를 "사신은 전旜(旗의 이름)을 싣고 조정에서 명命을 받는다. [또 이르기를 "使者는 圭를 받고 命을 받는다"라고 하였다.] 이미 명을 진술하고는 이것을 마주 향해 서서 상개上介에게 준다"라고 하였다. [鄭玄은 이르기를 "述命하는 사람은 君主의 말을 그대로 따르고 실수가 있을까 조심해야 한다"라고 하였다.] 이미 술명述命한다고 말한 것을 보면, 지금의 국서國書처럼 분명히 거기에는 문자가 있는 것이다. 《공양전公羊傳》에 이르기를 "〈빙례聘禮〉에 '대부大夫는 명命을 받고 사辭를 받지 않는다'고 했다"라고 하였다. [辭란 저쪽 나라에 도착하여 응대하는 말이다.]

憲問 第十四

○孔曰: "裨諶, 鄭大夫."

○馬曰: "世叔, 鄭大夫游吉.【朱子云: "《春秋傳》作子大叔."】行人, 掌使之官.【邢云: "〈秋官〉有大行人·小行人, 掌朝覲會同之禮."】子羽, 公孫揮.【當作翬】子產居東里, 因以爲號. 更此四賢而成, 故鮮有敗事."

○朱子曰: "草, 略也; 創, 造也, 謂造爲草槀也."

○馬曰: "討, 治也. 世叔復治而論之, 詳而審之."【補云: "討者, 論其疵病, 故曰治也."】

○補曰 修飾謂刪補之,【刪改曰修, 補益曰飾】潤色謂光①澤之.【邢云: "使華美."】

○補曰 孔子嘗適鄭,【哀三②年】聞此事, 歸而美之.

孔曰: "裨諶, 謀於野則獲, 於國則否.【《左傳》文】鄭國將有諸侯之事, 則使乘車以適野, 而謀作盟會之辭."【邢云: "鄭國將有諸侯之事, 作盟會政命之辭, 則使裨諶適草野以創制之."】

○馬③曰: "裨諶旣造謀, 世叔復治而論之."

---

① 光: 新朝本에는 '先'으로 되어 있으나 奎章本에 따라 바로잡는다.
② 三: 新朝本에는 '傳'으로 되어 있으나 奎章本에 따라 바로잡는다.
③ 馬: 新朝本에는 '爲'로 되어 있으나 奎章本에 따라 바로잡는다.
7)《正義》14.
8) 同上.
9)《左傳》襄公 31년조에 나온다.
10)《正義》14.

○공안국: 비침裨諶은 정鄭나라 대부大夫이다.

○마융: 세숙世叔은 정나라 대부인 유길游吉이고, [朱子는 이르기를 "《春秋傳》에는 子大叔으로 되어 있다"라고 하였다.] 행인行人은 사신을 관장하는 관官이며, [邢昺은 이르기를 "《周禮》〈秋官〉에 大行人·小行人은 朝覲과 會同의 禮를 관장한다"라고 하였다.[7]] 자우子羽는 공손휘公孫揮이고, [揮는 마땅히 翬로 해야 한다.] 자산子産은 동리東里에 살았기 때문에 동리자산東里子産이라 부르게 되었다. 이 네 어진 이를 거쳐서 이루어지기 때문에 실패하는 일이 거의 없었던 것이다.

○주자: 초草는 대략이란 뜻이고, 창創은 만든다는 뜻이니, 초고草稿를 만드는 것을 이른다.

○마융: 토討는 치治의 뜻이다. 세숙世叔이 다시 다듬고 논의하여 상세히 그것을 살폈다. [補充하여 말한다. 討란 그 흠이 되는 곳을 논하기 때문에 治라고 한다.]

○보충: 수식修飾은 산삭刪削하거나 보충하는 것을 이르고, [깎아서 고치는 것을 修라 하고, 보충하여 보태는 것을 飾이라 한다.] 윤색潤色은 빛나고 윤택하게 하는 것을 이른다. [邢昺은 이르기를 "빛나고 아름답게 하는 것이다"라고 하였다.[8]]

○보충: 공자는 일찍이 정鄭나라에 가서 [哀公 3년이다.] 이 사실을 듣고 돌아와서 이를 아름답게 여겼다.

○공안국: 비침裨諶은 (도시를 벗어나) 시골에 가서 계획을 세우면 성공하고, 도시에서 계획하면 실패하였다. [《左傳》의 글이다.[9]] 정나라에서는 장차 제후의 일(外交의 문제)이 있으려고 하면, 말을 타고 (도시를 벗어나) 시골에 가서 회맹會盟의 외교문서를 계획하여 작성하도록 하였다. [邢昺은 이르기를 "鄭나라에서는 장차 다른 나라와 外交의 문제가 일어나 會盟 政命의 辭令을 만들려고 하면, 裨諶으로 하여금 草野에 가서 만들도록 했다"라고 하였다.[10]]

○마융: 비침이 (사명辭命을) 계획하여 만들면 세숙이 다시 다듬고 논의하였다.

○駁曰 非也. 孔以野作爲草刱, 非曲解乎? 孔氏得《左傳》爲奇貨私藏, 其注《論語》, 輒引《左傳》以自重, 故以澆爲堯, 以野謀爲草創, 皆奇貨爲病也. 曰謀曰辭, 周章首鼠, 何以立矣?《春秋》隱四年: "公及宋公遇于淸." 杜注云: "遇者, 草次之期." 草者, 野也. 然《易》曰: "天造草昧." 斯之謂草創也.《漢書》〈淮南王傳〉云: "常召司馬相如等, 視草." 【注④云: "爲文之草槀."】《後漢書》〈陳寵傳〉云: "蕭何草律."【草者, 荒雜之意】此皆古之遺言, 豈可訓之爲野乎?

○又按 辭與命不同. 辭者, 使臣專對之言語也. 命者, 使臣受賚之文字也. 言語無形, 草創討論, 修飾潤色, 無所傳焉. 若盟會之辭, 雖亦有文, 不稱命也. 先儒混稱辭·命, 亦疎矣.

---

④ 注: 新朝本에는 '邢'으로 되어 있으나 奎章本에 따라 바로잡는다.
11) 野謀를 草創으로 여긴 것은:《左傳》에 "神讙謀於野則獲"이라고 한 것을 孔安國이 끌어와서 《論語》의 이 經文에 나오는 '草創之'와 연관시킨 것을 말함.
12) 草次之期: 杜預는 두 나라가 창졸히 길에서 서로 만난 것을 草次之期라고 한 듯한데, 茶山은 草次를 野宿으로 보았다.
13) 天造草昧:《易經》〈屯卦〉에 나오는 말인데, 天造는 하늘의 일. 天運 또는 時運이라고 하는 것과 같다. 草는 풀이 나서 무성해 난잡한 것이고, 昧는 어두운 것이다. 草昧는 세상이 어지러워 질서가 없고 어두워 밝지 못한 것을 이름.
14) 淮南王: 漢 高祖의 孫인 劉安. 앞에 나왔음.
15) 司馬相如: B.C. 179~B.C. 117. 前漢의 文人. 四川省 成都人. 字는 長卿. 官은 景帝 때 武騎常侍. 辭賦를 싫어하는 景帝에게 실망하고는, 文學을 좋아하는 梁의 孝王에게로 갔다. 그의 대표적인 작품은 〈子虛賦〉·〈上林賦〉·〈長門賦〉·〈封禪文〉 등이다.
16) 陳寵: 後漢 沈人. 陳咸의 曾孫. 字는 昭公. 官은 肅宗 때 尙書.

○반박: 아니다. 공안국은 야작野作을 초창草創이라고 해석하였는데, 이는 곡해曲解가 아니겠는가? 공안국은 《좌전》의 글을 얻어 이를 기화奇貨로 여겨 사장私藏하여 두었다가, 《논어》를 주석하면서 문득 여기에 《좌전》의 구절을 인용하여 스스로 (학식이) 무거운 척하였다. 그러므로 요澆를 오奡로 여기고, 야모野謀를 초창草創으로 여긴 것[11]은 모두 그 기화奇貨가 병이 된 것이다. '모謀'니 '사辭'니 하는 말을 경솔하게 양다리 걸치는 격으로 사용하였으니, 어찌 성립할 수 있겠는가? 《춘추春秋》 은공隱公 4년에 "공(隱公)이 송공(宋나라 殤公)과 청(衛나라 땅. 지금의 山東省 陽穀 부근)에서 만나다(公及宋公遇于淸)"라고 하였는데, 두예의 주注에 이르기를 "'우遇'란 초차지기草次之期[12]이다"라고 하였으니, '초草'란 들(野)이다. 그러나 《역경易經》에 말하기를 "천조초매天造草昧"[13]라 하였으니, 여기의 초草는 초창草創의 뜻이다. 《한서漢書》〈회남왕전淮南王傳〉[14]에 "항상 사마상여司馬相如[15] 등을 불러 초고草藁를 보여주었다"라 하였고, [注에 "(草는) 글의 草藁가 된다"라고 하였다.] 《후한서後漢書》〈진총전陳寵傳〉[16]에 "소하蕭何는 법률을 초초草草하였다"라 하였으니, [여기 '草'란 (정돈이 안 되고) 荒雜하다는 뜻이다.] 이 말들은 모두 옛사람이 남겨 놓은 말인데, 어떻게 (초초草草를) 야野라고 풀이할 수 있겠는가?
○또 살펴보건대, 사辭와 명命은 같지 않다. 사辭란 사신이 (외국에 가서) 전대專對하는 언어言語(말)이며, 명命이란 사신이 상대방의 나라에 주고 상대방 나라에서 받는 (외교의) 문자文字(글)이다. 언어는 형체가 없으므로 초창草創하고 토론討論하고 수식修飾하고 윤색潤色하는 과정이 필요 없다. 회맹會盟의 사辭 같은 것은 비록 또한 문자가 있기는 하나 명命이라 일컫지 않는다. (그런데) 선유先儒들은 사辭와 명命을 혼동하여 일컫고 있으니, 또한 본뜻에 거리가 먼 것이다.

引證 襄三十一年《左傳》云:"子產之從政也, 擇能而使之. 馮簡子能斷大事, 子大叔美秀而文, 公孫揮知四國之爲, 而辨於大夫之族姓·班位·貴賤, 而又善爲辭令. 裨諶能謀, 謀於野則獲, 謀於邑則否.【此才性之蔽】鄭國將有諸侯之事, 子產問四國之爲於子羽, 且使多爲辭令, 與裨諶乘以適野, 使謀可否, 而告馮簡子使斷之. 事成, 乃授子大叔使行之, 以應對賓客. 是以鮮有敗事."

〇案 此通論四子之才猷, 孔子專言爲命之事, 孔以此注彼, 謬.

蘇紫溪云:"此不專在一辭之善上, 妙在同心協謀以濟國事. 各擴所見, 各集所長, 不妬人之長, 不忌己之短, 而惟知有君, 夫子所以有取也."

【인증】《좌전》: 양공襄公 31년(B.C. 542)조에 다음과 같은 글이 있다. (정鄭나라) 자산子産이 정사를 할 때 그는 유능한 사람을 골라서 썼다. 풍간자馮簡子는 중대한 일에 대해 결단력이 뛰어났고, 자대숙子大叔(世叔)은 풍채가 의젓하고 사교성이 있었고, 공손휘公孫揮(子羽)는 사방 이웃나라의 사정을 잘 알아 각국 대부大夫들의 가족과 친족 관계·조정의 서열과 귀천貴賤의 정도 등을 잘 구분하고 또 사령辭令을 잘 지었고, 비침裨諶은 계획을 잘 세웠으나 (도시를 벗어나) 시골에 가서 계획을 세우면 성공하고 도시에서 계획하면 실패하였다. [이는 才性의 부족한 일면이다.] 정鄭나라에서는 장차 제후의 일(外交의 문제)이 있으려고 하면, 자산은 외국의 사정을 자우子羽에게 묻고 또 그에게 여러 가지 사령辭令을 짓게 하며, 그리고는 비침과 함께 수레를 타고 시골로 나가 그에게 (사령의 내용에 대한) 가부可否를 검토하게 하고, (이리하여 그 결과를) 풍간자에게 알려 가장 좋은 계책을 단정하게 하였다. 모든 일이 이루어지면, 곧 그것을 자대숙에게 주어 이를 실행에 옮기게 하여 (외국의) 빈객賓客(外國의 使者)에게 응대하였다. 이렇게 함으로써 (외교에는) 거의 실패하는 일이 없었다.

○살펴보건대, 이것은 네 사람의 재주와 지모智謀를 통론通論한 것이고, 공자는 (이 경문에서) 오로지 위명爲命(외교문서를 작성하는 것)에 대한 일을 말했는데, 공안국은 이 (《좌전》의) 글을 끌어다가 저 (《논어》의) 경문을 주석하였으니, 잘못되었다.

○소자계: 이는 오로지 하나의 사명辭命을 최상의 것으로 만드는 데에 그 목적이 있지 않고, 그 묘妙는 마음을 같이하고 꾀를 합하여 나라의 일을 이루어 나가는 데에 있는 것이다. 각자가 자기의 소견을 펴 그 장점이 되는 것을 모으며, 남의 장점을 질투하지 않고 자신의 단점을 꺼리지 말며, 오직 임금이 존재함을 알게 하는 데에 있으니, 이러한 점을 공자는 취택한 것이다.

或問子產. 子曰: "惠人也." 問子西. 曰: "彼哉彼哉!" 問管仲. 曰: "人也, 奪伯氏騈邑三百, 飯疏食, 沒齒無怨言."

補曰 好施曰惠.

○馬曰: "子西, 鄭大夫."【邢云: "子駟之子公孫夏."】
○補曰 彼哉彼哉, 指斥之辭.【猶言將焉用彼相也】
○補曰 '人也'之上, 疑落一字, 如謂子產曰惠人也.
○孔曰: "伯氏, 齊大夫. 騈邑, 地名."
○補曰 齒者, 齡也. 沒齒, 謂盡其年齡而死.
○朱子曰: "桓公奪伯氏之邑以與管仲, 伯氏自知己罪, 而心服管仲之功, 故窮約以終身, 而無怨言. 荀卿所謂'與書社三百,【胡云: "《周禮》, '二十五家爲社. 書社謂以社之戶口, 書於版圖者, 凡三百社.'"】而富人莫之敢拒'者, 即此事也."

馬曰: "子西, 或曰, '楚令尹子西.'"【邢云: "公子申也, 爲白公勝所殺."】

---

1)《正義》14.
2)《論語》〈季氏〉제1장에 나온다.
3) 騈邑: 지금의 山東省 臨朐縣에 있는 邢城이 그 故址라 함.
4) 書社三百: 社는 戶口 25家를 말하고, 書社란 戶籍簿에 기재된 社의 數이다. 書社三百이라 하면 7500家를 가진 領地이다.
5)《論語集註大全》卷14〈憲問〉제14 小註에 나온다.
6)《荀子》〈仲尼篇〉에 나온다.
7) 白公勝: 春秋時代 楚나라 사람. 太子 建의 아들이며, 平王의 孫이다. 뒤에 亂을 일으켜 子西·子期를 살해하였음.
8)《正義》14.

어떤 사람이 자산子産에 대해 물으니, 공자는 말하기를 "혜택을 베푼 사람이다."라고 하였다. 자서子西에 대해 물으니, (공자는) 말하기를 "그런 사람이고 그런 사람이야!"라고 하였다. 관중管仲에 대해 물으니, (공자는) 말하기를 "…한 사람이다. 백씨伯氏의 병읍騈邑 300호戶를 빼앗았는데, (백씨는) 거친 밥을 먹으며, 나이가 다하여 죽어도 그를 원망하는 말이 없었다."라고 하였다.

○보충: 남에게 베풀기 좋아하는 것을 혜惠라고 한다.
○마융: 자서는 정鄭나라 대부이다. [邢昺은 이르기를 "(子西는) 子駟의 아들 公孫夏이다"라고 하였다.[1)]]
○보충: '피재피재彼哉彼哉'는 지적하여 배척한 말이다. [장차 저런 相을 어디에 쓰겠느냐고[2)] 말한 것과 같다.]
○보충: 자산을 혜인惠人이라고 말한 것과 같이 ("問管仲. 曰, 人也, …"에서) '인야人也' 위에 아마도 한 글자가 빠진 듯하다.
○공안국: 백씨는 제齊나라 대부이고, 병읍[3)]은 지명이다.
○보충: '치齒'란 나이이고, 몰치沒齒는 연령을 다하여 죽은 것을 이른다.
○주자: (齊나라) 환공桓公이 백씨의 고을을 빼앗아 관중에게 주었으되, 백씨는 스스로 자기의 죄를 알고 관중의 공에 심복하였다. 그러므로 곤궁하게 살면서 몸을 마쳤으나 원망하는 말이 없었다. 순경荀卿의 이른바 '관중에게 서사삼백書社三百[4)]의 영지領地를 주었으나, [胡炳文(雲峯)이 이르기를 "《周禮》에 25家가 社가 되고, 書社는 社의 戶口가 版圖에 기재된 것이 모두 300社임을 말한다"라고 하였다.[5)]] 부호富豪들도 감히 그를 거부하지 못하였다'[6)]는 것이 바로 이 일이다.
○마융: 자서를 어떤 이는 초楚나라 영윤令尹(宰相)인 자서子西라고 하였다. [邢昺은 이르기를 "(楚의) 公子 申인데, 白公勝[7)]에게 살해당했다"라고 하였다.[8)]]

憲問 第十四

○朱子曰: "子西, 楚公子申, 能遜楚國, 立昭王, 而改紀其政, 亦賢大夫也."【《左傳》昭二十六年云: "楚平王卒. 令尹子常欲立子西, 子西讓之, 乃立昭王."】

○吳曰: "當時有三子西, 鄭 駟夏·楚 鬪宜申·公子申也. 駟夏未嘗當國, 無大可稱; 宜申謀亂被誅, 相去又遠, 皆所不論者. 獨^①公子申, 與孔子同時."

○盧東元曰: "或人以子西與子産連問, 且與上〈爲命〉節連記, 則必是鄭之子西可知."

○毛曰: "或人方物, 當不出齊·晉·鄭·衛之鄕, 荊 楚曠遠, 焉得連類? 況其人皆在定·哀以前, 風徽未沫, 可加論隲. 楚 申後夫子而死, 安能及之?"

○又曰: "古凡論人, 必有倫物. 齊稱管·晏, 衛道圉·鮀^②, 不嫌竝名. 當襄之十年, 鄭盜五族, 故殺子西·子産之父于西宮, 子西不儆而出, 先臨尸而後追盜."

---

① 獨: 新朝本·奎章本에는 빠져 있으나 《四書通》卷7〈憲問〉과 《論語集註大全》卷14〈憲問〉의 小註에 따라 보충한다.
② 鮀: 新朝本·奎章本에는 '鮑'로 되어 있으나 《論語稽求篇》卷6〈問子西〉에 따라 바로잡는다.
9) 吳氏: 吳棫을 말함. 앞에 나왔음.
10) 盧東元: 明代의 學者. 상세한 인적 사항은 未詳. 毛奇齡의 《論語稽求篇》과 《四書賸言》에 여러 번 나온다.
11) 毛奇齡,《論語稽求篇》〈問子西〉에 나온다.
12) 그들: 鄭나라의 子西와 子産, 그리고 齊나라의 管仲을 가리킴.
13) 楚申: 楚나라의 公子 申을 가리킴.
14) 《論語稽求篇》에는 毛奇齡이 그 仲氏의 말을 인용한 것으로 되어 있음.
15) 仲叔圉: 孔文子를 말함.〈公冶長〉편에 나왔음.
16) 祝鮀: 衛나라 大夫.〈雍也〉편에 나왔음.
17) 五族:《左傳》襄公 10년의 기록에 나오는 司氏·堵氏·侯氏·子師氏와 尉止를 가리킴.

○주자: 자서는 초나라 공자公子 신申으로, 능히 초나라를 사양하고 소왕昭王을 세워서 정치를 개혁하고 기강을 세웠으니, 또한 어진 대부이다.
[《左傳》昭公 26년조에 이르기를 "楚 平王이 죽자 슈尹 子常이 子西를 왕으로 세우고자 하였으나, 子西가 사양하여 이에 昭王을 세웠다"라고 하였다.]

○오씨:[9] 당시 세 사람의 자서子西가 있었다. 정鄭나라의 사하駟夏·초楚나라의 투의신鬪宜申(楚의 大夫)·공자公子 신申(昭王의 아우)이다. 사하는 국정을 맡아본 일이 없으니 크게 칭송할 만한 것이 없고, 투의신은 반란을 모의하여 주살誅殺을 당했으므로 (이 경문과는) 서로 또 거리가 머니, 이 두 사람은 모두 논의 대상에 해당되지 않는 자들이며, 다만 공자 신만이 공자와 동시대 사람이다.

○노동원:[10] (이 경문에서) 어떤 이가 자서와 자산子産을 연이어 물었고, 또 이 위의 〈위명절爲命節〉과 연이어 기록한 것을 볼 때, 반드시 이는 정나라의 자서子西임을 알 수 있다.

○모기령[11]: (이 경문에서) 어떤 이가 인물을 비교한 것은 마땅히 (그 인물이) 제齊·진晉·정鄭·위衛의 나라를 벗어나지 않았을 것이다. 형초荊楚는 멀고도 먼 나라인데, 어떻게 같은 유로 연이어 비교할 수 있겠는가? 더구나 그들[12]은 모두 (노魯의) 정공定公·애공哀公 이전에 살았던 사람으로 그 아름다운 풍휘風徽가 남아 있으므로 인물 논평을 할 수 있으나, 초신楚申[13]은 공자 뒤에 죽었는데 어떻게 언급할 수 있겠는가?[14]

○또 모기령: 옛날에는 무릇 사람을 논할 때 반드시 그 대등한 인물을 두고 논하였다. 제나라에는 관중管仲과 안영晏嬰, 위나라에는 중숙어仲叔圉[15]와 축타祝鮀[16]를 칭도稱道할 때 이름을 병칭하는 것을 꺼리지 않았다. 양공襄公 10년(B.C. 563)에 정鄭나라의 도적 오족五族[17]이 고의故意로 자서子西와 자산子産의 부친을 서궁西宮(당시 朝廷이 있던 곳)에서 죽이자, 자서는 (누구의 호위도 기다리지 않고) 경계함이 없이 서궁에 나가 부친의 사체를 수습하고는 도적을 추격하였다.▶

憲問 第十四

59

◀臣妾多逃, 器物盡喪. 子産置門氏司, 蓋藏守備, 倉卒成列, 然後臨尸追盜, 而渠魁授首, 賊衆死亡. 當時原以此定二子之優劣. 其後二子先後聽政, 竝持國事. 如襄之二十五年, 鄭公孫帥師伐陳, 卽子西也. 時子産獻捷于晉, 晉詰之, 賴子産辭命得解. 其年子西復伐陳, 陳及鄭平, 仲尼曰, '鄭入陳, 非文辭不爲功.' 美子産也. 明年, 鄭使子西如晉聘. 二十七年, 鄭伯享趙孟于垂隴, 子西·子産竝從. 子西賦〈黍苗〉, 子産賦〈隰桑〉. 二十九年, 鄭大夫盟于伯有氏. 裨諶曰, '政將歸子産, 天又除之, 奪伯有魄. 子西卽世, 將焉避之?' 次年, 子産遂相鄭.▶

---

18) 垂隴: 地名. 鄭나라 領地. 지금의 河南省 滎陽 부근.
19) 趙孟: 春秋時代 晉나라 卿.
20) 伯有: 春秋時代 鄭나라 穆公의 玄孫 良霄의 字.

◀(그렇게 한 뒤 자서가 집에 돌아오니) 집에는 노비가 많이 도망가고 가재도구들이 다 없어졌다. 자산은 (반란이 있다는 소식을 듣고) 집의 문을 굳게 설치하고 가신들을 모아 일을 분담시켜 창고를 봉하고 수비를 빈틈없이 하고서, 창졸히 군대를 편성한 뒤 우선 부친의 사체를 수습하고 도적을 추격하였는데, 그 도적의 우두머리가 목이 잘리고 도적의 무리들이 모두 죽었다. 그 당시 이 일로써 (자서·자산) 두 사람의 우열을 정하였고, 그 뒤 두 사람은 앞뒤로 이어 정사를 맡았으며, 또 국사國事를 가지게 되었던 것이다. 이들 두 사람에 대한 기록을 예로 들어보면 다음과 같다. (《춘추》) 양공襄公 25년에 "정나라 공손公孫이 군사를 거느리고 진陳나라를 정벌하였다"고 한 기록에 (정나라 공손은) 바로 자서子西이며, 이 당시 자산이 (진陳나라를 쳐서 얻은) 전리품을 진晉나라에 바치니, 진나라는 (자산에게 진陳나라를 친 이유와 무장을 하고 와서 전리품을 바치는 무례함 등) 여러 가지를 따져 물었는데, (이런 난관들이) 자산의 사명辭命에 힘입어 해결이 되었다. 이리하여 그해에 자서가 다시 진陳을 정벌하여 진陳과 정鄭이 강화를 맺게 되자, 공자가 "정鄭나라가 진陳나라를 쳐들어갔는데, 만약 아름다운 문장(文辭)이 아니었다면 변해辨解할 공을 이루지 못하였을 것이다"라고 하였으니, 이는 자산을 칭찬한 말이다. 그 이듬해 정나라는 자서로 하여금 진晉나라에 가서 빙문聘問하게 하고, 27년에는 정백鄭伯(정鄭나라 莊公)이 수롱垂隴[18]에서 조맹趙孟[19]에게 향연을 베풀었는데, 자서와 자산이 함께 정백을 시종侍從하여 가서, 자서는 《시경》의 〈서묘黍苗〉편을 읊고 자산은 〈습상隰桑〉편을 읊었으며, 29년에는 정나라 대부들이 백유씨伯有氏의 집에서 맹세할 때 비침裨諶이 말하기를 "정권은 장차 자산에게 돌아갈 것이다. 하늘도 자산에게 길을 열어 주려고 하여 백유伯有[20]의 넋을 빼앗아 버렸으니, 여기에 자서가 세상을 떠나면 장차 정권이 어떻게 자산을 피해 갈 수 있겠는가?"라 하였고, 그 이듬해 자산은 드디어 정나라의 재상이 되었다.▶

憲問 第十四

◀是子西·子産, 本係兄弟, 又往往以同事, 而竝見優劣, 且相繼聽政, 其兩人行事, 齊·魯間人熟聞之, 故連問如此."

○案 人之賢·不肖, 必死而後乃定, 所謂蓋棺而事已也. 楚申未死, 孔子何得斷其平生? 其爲鄭 子西無疑.

引證 《荀子》〈仲尼篇〉云: "齊 桓公見管仲之能足以託國也, 是天下之大智也. 遂立以爲仲父, 是天下之大決也. 立爲仲父, 而貴賤莫之敢妬也. 與高·國之位, 而本朝之臣, 莫之敢惡也.【高氏·國氏, 齊世卿】與之書社三百, 而富人莫之敢距也. 貴賤少長, 莫不秩秩然從桓公而貴敬之, 是天下之大節也."

○案 孔注以爲 '管仲奪之', 朱子改之曰 '桓公奪之', 據此文也.【何大復云: "北服山戎易, 南服荊楚易, 而服伯氏之心寔難." ○此本東坡語】

---

21) 毛奇齡,《論語稽求篇》〈問子西〉에 나온다.
22) 仲父: 齊 桓公이 管仲을 존경하여 부른 이름인데, 仲은 管仲의 字이고, 父는 아비처럼 섬긴다는 뜻이다. 그래서 齊 桓公이 管仲을 仲父라고 불렀다.
23) 何大復: 明 河南 信陽人. 字는 仲黙, 名은 景明, 大復은 그의 號이다. 詩文을 잘하였고, 弘治十才의 한 사람. 저서로는 〈大復論〉·〈雍大記〉·《大復集》이 있다.
24) 山戎: 春秋時代 지금의 河北省 북방 遷安縣 지방의 山中에 살고 있던 종족. 北戎이라고도 한다.

◂그러니 이는 자서子西와 자산子産이 본래 동종형제同宗兄弟이며, 또 가끔 같은 일에서 우열을 보이며 서로 이어 정나라의 정사를 맡았으니, 그 두 사람의 행적을 제齊·노魯 사이의 사람들은 누구든 익히 들었기 때문에 이렇게 연이어 물은 것이다.[21]

○살펴보건대, 사람의 어질고 어질지 못함에 대한 평가는 반드시 그 사람의 사후에라야 정해지는 것이다. 이른바 '관棺을 덮고 나야 일이 끝난다'는 것이다. 초신楚申은 그 당시에 아직 죽지 않았는데, 공자가 어떻게 그의 평생을 단정하여 논평할 수 있었겠는가? (여기 경문에 나오는) 자서子西는 정鄭나라의 자서임에 의심이 없다.

【인증】《순자》〈중니편〉: 제齊 환공桓公은 관중管仲이 능히 나라를 위탁할 수 있는 인물임을 알았으니, 이는 천하의 큰 지혜요. (자신의 목숨을 노렸던 관중을 잊고) 드디어 그를 세워 중보仲父[22]라고 부르며 존경하였으니, 이는 천하의 큰 결단이요. 세워서 중보라고 불러 존경해도 혈연의 귀족들이 감히 투기하지 않고, 그에게 고씨高氏·국씨國氏라는 제나라의 명족名族과 같은 지위를 주었어도 조정의 구신舊臣들이 감히 미워하지 않고, [高氏와 國氏는 齊나라의 世卿이다.] 관중에게 서사삼백書社三百의 영지領地를 주었으나 부호富豪들도 감히 그를 거부하지 않고, 신분의 고하나 연령의 다소에 관계없이 정연整然하게 환공을 따라 그를 높이고 공경하지 않음이 없었으니, 이는 천하의 큰 절의節義이다.

○살펴보건대, 공안국의 주注는 (백씨의 병읍을) '관중이 이를 빼앗다(管仲奪之)'라고 하였는데, 주자가 이를 고쳐 '환공이 이를 빼앗다(桓公奪之)'라고 한 것은, 이 (《순자》〈중니〉의) 글에 근거한 것이다. [何大復[23]이 이르기를 "北으로 山戎[24]을 복종시키기는 쉽고, 南으로 荊楚를 복종시키기는 쉬우나, 伯氏의 마음을 복종하게 함은 진실로 어렵다"라고 하였다. ○이는 본래 蘇東坡의 말이다.]

孔曰: "惠, 愛也. 子産, 古之遺愛."【《左傳》昭二十年, 子産卒. 仲尼聞之, 出涕曰: "古之遺愛也."】

○邢曰: "惠, 愛也. 言子産仁恩被物, 愛人之人也."【朱子云: "子産之政, 以愛人爲主."】

○案《記》曰: "子産猶③衆人之母也④." 言其能愛而不能教也. 然惠與愛不同. 孔氏直訓爲愛, 此亦奇貨爲病也.【古之遺愛者, 謂古人之愛民也】

馬曰: "彼哉彼哉, 言無足稱."【邢云: "彼指子西也. 言如彼人哉! 如彼人哉! 無足可稱."】

○朱子曰: "彼哉者, 外之之詞."

○純曰: "《公羊傳》定八年, '陽虎謀弑季氏, 不得見公斂處父之甲, 哦而曰, 彼哉彼哉!'【何休云: "再言之者, 切遽意."】《鹽鐵論》曰: '車丞相即周魯之列, 當軸處中, 括囊不言, 容身而去, 彼哉彼哉!'"【〈雜論〉篇】

○案'彼哉'者, 擯斥之詞也.

《四書備考》曰: "陳士元《韻注》云, '彼, 《廣韻》作佊, 邪也.'"【《埤倉》云: "佊者, 邪也."】

---

③ 猶: 新朝本·奎章本에는 빠져 있으나 《禮記》〈仲尼燕居〉에 따라 보충한다.
④ 也: 新朝本·奎章本에는 빠져 있으나 《禮記》〈仲尼燕居〉에 따라 보충한다.
25) 옛사람의 遺愛: 옛사람이 후세에 끼친 仁愛의 遺風.
26) 《正義》14.
27) 同上.
28) 公斂處父: 春秋時代 魯나라 大夫.
29) 陳士元: 明 應城人. 字는 心叔, 號는 江漢潛夫 또는 養吾子. 官은 灤州知州, 저서로는 《論語類考》·《五經異文》·《孟子雜語》·《古俗字略》·《名疑》 등이 있다.
30) 《埤倉》: 字書의 一種.《隋書》〈經籍志〉에 3권으로 기록되어 있으나 現存하는 것은 1권뿐이다. 魏의 張揖이 撰한 것인데, 체재는 許慎의 《說文》의 例에 따라 編次되었음.

○공안국: 혜惠는 사랑한다는 뜻이다. 자산子産의 사랑은 옛사람의 유애遺愛[25]이다. [《左傳》昭公 20년조에 "子産이 죽으니 仲尼(孔子)가 이를 듣고는 눈물을 흘리면서 말하기를, '(그의 사랑은) 옛사람의 遺愛이다'라고 했다"고 하였다.]

○형병: 혜惠는 사랑한다는 뜻이다. 자산의 인혜仁惠가 백성들에게 입혀진 것을 말하니, 그는 남을 사랑한 사람이다.[26] [朱子는 이르기를 "子産의 정사는 남을 사랑하는 것을 主로 했다"라고 하였다.]

○살펴보건대, 《예기》에 "자산은 (그 인애仁愛가) 오히려 중인衆人의 어머니와 같다"라고 하였는데, 이는 그가 능히 사랑하기만 하고 가르치지 못한 것을 말한다. 그러나 혜惠와 애愛는 그 뜻이 같지 않다. 공안국은 (혜惠를) 바로 애愛라고 주석하였으나, 이 또한 기화奇貨처럼 기이하게 생각한 것이 병이 된 것이다. ['古之遺愛'란 古人이 백성을 사랑한 것을 이른다.]

○마융: 피재피재彼哉彼哉는 족히 일컬을 만한 것이 없음을 말한다. [邢昺은 이르기를 "彼는 子西를 가리킨 것이다. 저 같은 사람! 저 같은 사람 말이야! 족히 일컬을 만한 것이 못됨을 말한 것이다"라고 하였다.[27]]

○주자: '피재彼哉'라고 한 것은 그를 도외시한 말이다.

○태재순: 《공양전公羊傳》 정공定公 8년(B.C. 502)에 양호陽虎가 계씨季氏를 시해하려고 모의할 때 공렴처보公斂處父[28]의 병갑兵甲을 볼 수 없게 되자, 잠깐 있다가 "피재피재彼哉彼哉"라 하였고, [何休는 이르기를 "(彼哉)를 두 번 되풀이 한 것은 절박한 뜻이다"라고 하였다.]《염철론鹽鐵論》에 "차승상車丞相은 곧 노魯·주周의 반열로서, 그 중추에 처하여 있었는데도 입을 다물고 말하지 않고 겨우 몸을 붙이고 떠나가 버리니, 그런 사람이고 그런 사람이구나(彼哉彼哉)"라고 하였다. [〈雜論〉篇에 있다.]

○살펴보건대, '피재彼哉'란 배척하는 말이다.

○《사서비고》: 진사원陳士元[29]의《운주韻注》에 이르기를 "피彼가《광운廣韻》에서는 피佊로 되어 있으니, (피佊는) 간사하다는 뜻이다"라고 하였다. [《埤倉》[30]에 이르기를 "'佊'란 간사하다는 뜻이다"라고 하였다.]

○郭忠恕《佩觹集》曰: "彼, 甫委·冰義二翻.《論語》, 子曰, '彼哉!'"
○荻曰: "彼當作伿."
○駁曰 非也.
何曰: "人也, 猶《詩》言'所謂伊人'."【邢云: "'人也', 指管仲, 猶云此人也."】
○朱子曰: "'人也', 猶言此人."【猶《莊子》所謂'之人也'】
○或曰: "'人也'者, 人也, 如管仲者, 方可謂之人也."【問, '人也.' 范·楊皆以爲盡人道, 如何?" 朱子曰: "若作盡人道說, 除管仲是箇人, 他人便都不是人, 更管仲未盡得人道."】
○沈蛟門云: "管仲尊周攘夷, 在春秋也, 算得個人, 故稱之曰'人也'."
○江玄液云: "人字, 如云論人于春秋, '仲到'是個人."
○案 舊說未安, 或說雖好, 亦異乎君子之言.
孔曰: "伯氏食邑三百家, 管仲奪之, 使至疏食, 而沒齒無怨言, 以其當理也."

---

31) 郭忠恕: 宋 洛陽人. 字는 恕先, 號는 國寶. 官은 後周 廣順 연간에 宗正丞이 되고, 宋 建隆 初에는 乾州司戶參軍을 지냈음. 字學에 精通하여 魏晉 이래의 字學을 정리하여 歷代의 字書를 간행하였음. 저서로《佩觹集》이 있다.
32) 彼가 甫와 委의 半切일 때는 上聲에 해당, 冰과 義의 半切일 때는 去聲에 해당.
33)《詩經》〈秦風·蒹葭〉에 나오는 말.
34)《正義》14.
35) 之人也:《莊子》〈逍遙遊〉편에 나오는 말인데, '이 사람'이란 뜻이다.
36)《論語集註大全》卷14〈憲問〉제14 小註에 나오는 朱子의 말이다.
37)《論語集註大全》卷14〈憲問〉제14 小註에 나온다.
38) 沈蛟門: 明代의 學者. 字는 宗伯. 상세한 인적 사항은 未詳.
39) 江玄液: 未詳.

○곽충서[31]의《패휴집》: 피彼는 보甫와 위委의 반절半切이고, 빙冰과 의義의 반절이다.[32]《논어》에 "자왈子曰, 피재彼哉"라 하였다.
○적생쌍송: (피재피재라고 한) 피彼는 마땅히 피佊로 되어야 한다.
○반박: 아니다.
○하안: 인야人也는《시경詩經》에 나오는 "소위이인所謂伊人"[33]의 이인伊人(저 사람 또는 이 사람, 그 사람)과 같은 말이다. [邢昺은 이르기를 "'人也'는 管仲을 가리킨 것인데, '此人(이 사람)'이라고 말한 것과 같다"라고 하였다.[34]]
○주자: 인야人也는 이 사람이라고 말한 것과 같다. [《莊子》의 이른바 '之人也'[35]라고 한 것과 같다.[36]]
○혹자: '인야人也'란 사람이란 뜻이니, 관중管仲 같은 사람이라야 바야흐로 사람이라고 이를 만하다. [管仲을 물으니 공자가 "이 사람, …"라고 한 것에 대해 范祖禹와 楊時는 모두 管仲이 人道를 다한 사람으로 여겼는데, 그렇게 본 것이 어떠한가? 朱子는 말하기를 "만약 人道를 다한 사람이라는 說로 만들면 管仲 한 사람을 제외한 다른 사람은 모두 이러한 사람이 되지 못한다는 것이고, 또 더욱이 管仲은 人道를 다하지 못한 사람이다"라고 하였다.[37]]
○심교문:[38] 관중은 주周나라를 높이고 오랑캐를 물리쳤는데, 이는 춘추시대에서 세어 보면 그 한 사람뿐이었기 때문에 이를 칭찬하여 '인야人也'라고 한 것이다.
○강현액:[39] (여기의) '인人' 자는 만약 춘추시대의 인물을 논한다면 '중도仲到' 이 한 사람뿐이라는 말과 같다.
○살펴보건대, 구설舊說은 타당하지 않으며, 혹자의 설은 비록 좋더라도 또한 군자의 말과는 다르다.
○공안국: 백씨伯氏의 식읍食邑 삼백가三百家를 관중이 빼앗아서 그로 하여금 거친 밥을 먹게 하는 데에 이르게 했어도 나이가 다하여 죽을 때까지 원망하는 말이 없었던 것은, (관중이 처리한 것이) 당연한 이치였기 때문이다.

○蔡曰:"馮氏以爲三百家, 胡氏以爲三百社. 大抵古者, 皆以戶計, 如二十五家, 以至萬二千五百家, 皆以戶計. 其曰'書社三百'者, 亦只云戶口書於社版者, 三百戶耳."
○案 孔氏謂管仲自奪, 謬矣.
○又按《易》曰:"其邑人三百戶无眚."【〈訟卦〉文】三百戶者, 十二社也. 古制似以十二社爲一邑. 蔡說是也.

子曰:"貧而無怨難, 富而無驕易."

補曰 憂患切身, 故志難平. 操縱在心, 故氣易伏.
○補曰 此爲富者說也, 易而犯之, 其罪彌重.
江熙曰:"顏淵無怨, 不可及也. 子貢不驕, 猶可能也."【見邢疏】
○案 先言貧, 後言富, 則重在富矣.

---

40) 蔡淸,《四書蒙引》卷7〈或問子産節〉에 나온다.

○채청: (경문에 나오는 삼백三百이란 말을) 풍후재馮厚齋는 삼백가三百家로 보고, 호운봉胡雲峯은 삼백사三百社로 보았다. 대저 옛날에는 모두 호구戶口로 계산하였다. 예를 들면 25가家에서부터 12,500가家까지 모두 호구로 계산한다. '서사삼백書社三百'이란 것은 또한 호구가 사판社版에 기록된 것이 다만 300호임을 말한 것이다.[40)]

○살펴보건대, 공안국은 관중 자신이 빼앗은 것으로 말하였는데, 이는 잘못 본 것이다.

○또 살펴보건대, 《역경》에 "그 고을 사람 300호도 아무 일 없을 것이다"라고 하였으니, [〈訟卦〉의 글이다.] 300호란 십이사十二社이다. 옛날의 제도에 십이사十二社를 일읍一邑으로 한 것과 같다. 채청의 설은 옳다.

공자는 말하기를 "가난하면서 원망함이 없기는 어렵고, 부유하면서 교만함이 없기는 쉽다."라고 하였다.

○보충: (가난한 자는) 우환이 몸에 절실하기 때문에 마음을 평온하게 하기 어렵고, (부유한 자는) 다루고 부리는 것이 마음에 달려 있기 때문에 기운을 누그러지게 하기 쉽다.

○보충: 이는 부자를 위해 경계하는 말이다. (교만함이 없기가) 쉬운데도 이를 범하면 그 죄가 더욱 무겁다.

○강희: 안연顔淵의 원망함이 없는 것은 미칠 수 없으나, 자공子貢의 교만하지 않음은 오히려 가능한 일이다. [邢昺의 疏에 보인다.]

○살펴보건대, 먼저 가난에 대해 말하고 뒤에 부자에 대해 말한 것은 (둘 가운데 경계해야 할) 중한 것이 부富에 있는 것이다.

王曰: "貧者善怨富怨, 富者善驕, 二者之中, 貧者人難使不怨." 【見皇疏】
○案 '富怨'二字衍.
荻曰: "此章當屬上爲一章."
○案 若如荻說, 管仲爲富而驕者, 伯氏爲貧而無怨者. 問者旣問管仲, 而答之以伯氏之善, 恐無是理."

子曰: "孟公綽爲趙·魏老則優, 不可以爲滕·薛大夫."

孔曰: "公綽, 魯大夫. 趙·魏, 皆晉卿. 家臣稱老.【朱子云: "老, 家臣之長."】滕·薛小國."
○朱子曰: "優, 有餘也."
○補曰 趙·魏當時勢成而地廣, 其家宰職務之煩, 倍於滕·薛之大夫. 然公綽爲人, 能制煩理劇, 而無卿大夫之體貌, 故曰 '於彼則優, 於此則短', 蓋卑之也.

---

1) 많이 원망하며(富怨): 지금 傳하는《論語集解義疏》에는 王肅의 注가 없고, 본래의 皇侃本에는 王肅의 注가 있는데, 그 注에는 '善怨' 뒤에 '富怨'이란 말이 있었던 듯하다. 茶山은 王肅의 注에 나오는 '富怨'를 衍文으로 보았다.

○왕숙: 가난한 자는 잘 원망하고 많이 원망하며(富怨)[1] 부유한 자는 잘 교만하니, 이 둘 가운데 가난한 자에게는 사람이 원망하지 않게 하기가 어렵다. [皇侃의 疏에 보인다.]
○살펴보건대, '부원富怨' 두 글자는 연문衍文이다.
○적생쌍송: 이 장章은 마땅히 위의 장에 붙여서 한 장으로 만들어야 한다.
○살펴보건대, 만약 적생의 설과 같다면 관중은 부유하면서 교만한 자이고, 백씨伯氏는 가난하면서 원망함이 없는 자이다. 묻는 이는 이미 관중에 대해 물었는데 이에 백씨의 착함을 가지고 대답한 것이 되니, 아마도 이럴 리는 없을 듯하다.

공자는 말하기를 "맹공작孟公綽이 조씨趙氏·위씨魏氏의 가로家老가 되기에는 넉넉하지만, 등滕나라와 설薛나라의 대부는 될 수 없으리라."라고 하였다.

○공안국: 맹공작은 노魯나라 대부大夫이고, 조·위는 모두 진晉나라의 경卿이다. 가신家臣을 '노老'라고 일컫고, [朱子는 "老는 家臣의 長이다"라고 하였다.] 등·설은 작은 나라이다.
○주자: 우優는 여유가 있는 것이다.
○보충: 조·위는 그 당시에 권세가 형성되어 있고 채지采地도 넓었으니, 그 가재家宰의 직무의 번거로움은 등·설의 대부보다 갑절이나 되었다. 그러나 맹공작의 사람됨이 번잡하고 급한 일들은 척척 잘 처리했으나 경대부卿大夫의 체모가 없었기 때문에, 저기 (조趙·위魏의 가로家老가 되기)에는 넉넉하지만 여기 (등滕·설薛나라의 대부가 되기)에는 부족하다고 한 것이니, 이는 대개 그를 낮추어 본 것이다.

孔曰: "公綽性寡慾, 趙·魏貪.【句】賢家老無職, 故優. 滕·薛小國, 大夫職煩, 故不可爲."

○朱子曰: "大家勢重, 而無諸侯之事. 家老望尊, 而無官守之責. 滕·薛國小政繁, 大夫位高責重. 然則公綽蓋廉靜寡慾, 而短於才者也."

○案 下章云 '公綽不欲', 故先儒善其廉約, 釋之如是. 然孔子語意, 必不如此, 何也? 孔子必擧最大之家, 以較至小之國, 則明大家難治, 而所易在家臣也; 小國易治, 而所難在大夫也. 若謂公綽德厚而才短, 不能理煩, 則孔子但當擧小家以況大家, 或擧小國以況大國, 何必擧大家以況小國乎? 廉約自廉約, 其威儀動作之間, 別有可賤者存, 故孔子之言如此.

饒曰: "公綽爲魯大夫, 想不稱職, 故聖人云云."

---

1) 趙·魏가 그를 탐냈다: 孔安國의 註釋으로 나와 있는 '趙·魏貪賢家老無職故優'라는 글을 何晏·皇侃·邢昺과 일본의 太宰純 등은 모두 '趙·魏가 어진 이를 (재물 탐내듯이) 탐냈으며, 家老는 맡은 직무가 없기 때문에 (孟公綽이 趙·魏의 家老가 되기에) 넉넉하다(趙·魏貪賢, 家老無職, 故優)'라고 주석하였다. 그런데 茶山은 孔安國의 이 글을 '趙·魏가 그를 탐냈으며, 어진 家老는 맡은 직무가 없기 때문에 (孟公綽이 趙·魏의 家老가 되기에는) 넉넉하다(趙·魏貪, 賢家老無職, 故優)'라고 해석하여, '貪賢'을 '貪'에서 句讀하였다.
2) 《論語集註大全》卷14〈憲問〉제14 小註에 나온다.

○공안국: 맹공작은 성품이 욕심이 적었으므로 조趙·위魏가 그를 탐냈다.[1] 어진 가로家老는 맡은 직무가 없기 때문에 (조·위의 가로가 되기에는) 넉넉하지만, 등滕·설薛은 작은 나라로 대부의 일이 번잡하게 많기 때문에 (등·설의 대부는) 될 수 없는 것이다.

○주자: 대가大家는 세력은 무거우나 제후諸侯의 일이 없고, 가로家老는 명망은 높으나 관직을 맡아 수행할 책임이 없다. 등滕·설薛은 나라는 작으나 정사가 번거롭고, 대부는 지위가 높고 책임이 중하다. 그렇다면 맹공작은 대개 청렴하고 고요하며 욕심은 적으나 재능에 부족함이 있는 사람인 듯하다.

○살펴보건대, 아래 장章에서 "공작公綽은 탐욕하지 않는다"라고 하였기 때문에 선유先儒들은 그 청렴하고 검약儉約함을 칭찬하여 이렇게 해석한 것이다. 그러나 공자가 여기서 말한 뜻은 반드시 이와 같지 않는데, 그것은 무엇인가? 공자가 여기에서 하필 가장 큰 대가大家(卿大夫의 家를 가리킴)를 들어서 지극히 작은 나라에 비교한 것은, 대가는 다스리기 어려우나 그 자리에 있기 쉬운 것이 가신家臣이며, 소국小國은 다스리기 쉬우나 그 자리에 있기 어려운 것이 대부大夫임을 밝힌 것이다. 만약 공작公綽이 덕은 후厚하되 재능이 부족하여 번거로운 일을 다스릴 수 없었다고 한다면, 공자는 다만 마땅히 소가小家를 들어서 대가大家에 비교하거나 혹은 소국을 들어서 대국에 비교하였을 것인데, 어찌 반드시 대가를 들어서 소국에 비교하였겠는가? (공작이) 청렴하고 검약한 것은 그것대로 별개의 것이며, 그의 위의威儀와 동작에 따로 천박하게 여길 만한 것이 존재했기 때문에 공자의 말이 이와 같았던 것이다.

○요쌍봉: 공작公綽이 노魯나라 대부가 되기에는 그 직위에 걸맞지 않다고 생각하였기 때문에 성인聖人(孔子)이 그렇게 말한 것이다.[2]

○王觀濤云: "此章只是 '才望' 二字. 有雅望, 則坐鎭流競而有餘; 無長才, 則分理幾務而不足, 重在下句."

---

3) 王觀濤: 明代의 學者. 陸隴其의 《四書講義困勉錄》에 王觀濤의 說을 많이 인용하였음.

○왕관도:³⁾ 이 장章은 (그 내용이) 다만 '재망才望(才能과 人望)' 두 글자이다. 고아한 인망이 있으면 앉아서 사람들을 진압하고도 남음이 있으나, 뛰어난 재능이 없으면 기무幾務(곧 중요한 政務)를 나누어 다스려도 제대로 되기에는 부족하다. (여기에서) 중요한 것은 아래 구절에 있다.

憲問 第十四

憲問(下)

子路問成人. 子曰: "若臧武仲之知, 公綽之不欲, 卞莊子之勇, 冉求之藝, 文之以禮樂, 亦可以爲成人矣." 曰: "今之成人者何必然? 見利思義, 見危授命, 久要不忘平生之言, 亦可以爲成人矣."

朱子曰: "成人, 猶言全人."
○馬曰: "武仲, 魯大夫臧孫紇.【文仲之孫, 宣叔之子】公綽, 孟公綽."【見上章】
○周曰: "莊子, 卞邑大夫."【卞, 魯邑】
○補曰 藝, 謂多才能.【〈雍也〉篇孔註】
○補曰 兼此四子之長以爲質, 又以禮樂文飾之.
○胡曰: "'今之成人'以下, 乃子路之言."
○馬曰: "義然後取, 不苟得."
○^①補曰 君子, 見得思義.
○邢曰: "見君親有危難, 當致命以救之."【補云: "授命, 猶言捨命也."】
○孔曰: "久要, 舊約也."

---

① ○: 新朝本·奎章本에는 없으나 문맥에 따라 보충한다.
1) 〈雍也〉편 '季康子問' 章에서 "求也藝, 於從政乎何有?"의 구절에 '藝'에 대한 孔安國의 注가 十三經의 《論語注疏》에서는 "藝謂多才藝"로 되어 있고, 皇侃本에는 "藝謂多才能也"로 되어 있다. 茶山이 皇侃本에 나오는 孔安國의 注를 인용한 것을 보면, 皇侃의 《論語集解義疏》를 茶山이 이미 入手하였던 것이 아닌가 한다.

헌문 (하)

자로子路가 성인成人을 물으니, 공자는 말하기를 "장무중臧武仲의 지혜와 공작公綽의 탐욕스럽지 않음과 변장자卞莊子의 용감함과 염구冉求의 재예才藝에, 예악禮樂으로 문채를 낸다면 또한 성인成人이 될 수 있을 것이다." 라고 하였다. (자로가) 말하기를 "지금의 성인成人은 어찌 반드시 그러할 것이 있겠습니까? 이利를 보면 의義를 생각하고, 위태로움을 보면 목숨을 바치며, 오래된 약속일지라도 평소 그 말을 잊지 않으면 또한 성인이 될 수 있을 것입니다." 라고 하였다.

○주자: 성인成人은 전인全人(온전한 사람)이라는 말과 같다.
○마융: 무중武仲은 노魯나라 대부 장손흘臧孫紇이고, [文仲의 孫이며 宣叔의 아들이다.] 공작公綽은 맹공작孟公綽이다. [위의 章에 나타나 있다.]
○주생렬: 장자莊子는 변읍卞邑의 대부이다. [卞은 魯나라 邑이다.]
○보충: 예藝는 재능이 많음을 이른다. [〈雍也〉편 孔安國의 주석이다.[1]]
○보충: 이 네 사람의 장점을 합하여 질質로 삼고, 여기에 또 예악禮樂으로 문채를 꾸미는 것이다.
○호인: '금지성인今之成人' 이하는 곧 자로子路의 말이다.
○마융: 의義이고 나서 취해야 구차하게 얻지 않는다.
○보충: 군자는 이득이 되는 것을 보면 의義를 생각한다.
○형병: 임금과 어버이를 보았을 때 위태롭고 어려움이 있으면 마땅히 목숨을 바쳐 구해야 한다. [補充하여 말한다. '授命'은 목숨을 버린다는 말과 같다.]
○공안국: 구요久要는 옛날에 맺은 약속이다.

○朱子曰:“平生, 平日也.”
○按 此章孔子譏子路不務禮樂, 以戲答之, 而門人譏子路自述其所能, 不遵聖師之誨也. 臧武仲要君, 其知不足多也. 孟公綽不中滕·薛大夫, 其廉不足多也. 卞莊子暴虎, 其勇非君子之勇也.【事見《戰國策》】冉求百乘之家, 可使治其賦②, 其藝不及子路. 然冉子亦常受誨責者也. 孔子必舉四子而言之者, 譏子路也. 子路以不知爲知,【子謂子路曰: "知之爲知之, 不知爲不知, 是知也." 又曰: "君子於其所不知, 蓋闕如也."】以不求爲廉,【"不忮不求, 何用不臧?"子路終身誦之】負暴虎之勇,【子曰: "暴虎馮河, 死而無悔者, 吾不與也."】恃治賦之藝,【子曰: "由也, 千乘之國, 可使治賦."】孔子所言四子之長, 皆子路之所自許也. 然且子路於禮樂, 有所未備, 故 '由也之不知禮', 見於〈禮器〉;

---

② 治其賦:《論語》〈公冶長〉에는 '爲之宰'로 되어 있으나 여기서는 修正하지 않고 그대로 두었다.
2)〈憲問〉편에 그 사실이 나온다.
3)〈憲問〉편에 나온다.
4)〈述而〉편에 그 사실이 나온다.
5)《戰國策》에 그 사실이 보이지 않는데, 다른 典籍이 아닌지 모르겠다.
6) '冉求는 百乘의 家에 家宰가 되게 할 수는 있다'라고 해야 할 듯하다.〈公冶長〉편에 보면 "求也, 千室之邑, 百乘之家, 可使爲之宰也"로 되어 있다.
7)〈爲政〉편에 나온다.
8)〈子路〉편에 나온다.
9)〈子罕〉편에 나온다.
10)〈述而〉편에 나온다.
11)〈公冶長〉편에 나온다.

○주자: 평생平生은 평일平日이란 뜻이다.
○살펴보건대, 이 장章은 공자가 자로에게 예악禮樂에 힘쓰지 않는 것을 기롱譏弄하여 농담으로 답변하고, 문인들은 자로가 스스로 자신의 능한 바를 말로 늘어놓으며 성사聖師의 가르침을 따르지 않은 것을 기롱한 것이다. 장무중臧武仲은 임금을 위협하여 강요하였으니[2] 그 지혜는 칭찬할 것이 아니고, 맹공작孟公綽은 등滕·설薛의 대부에 적합하지 않았으니[3] 그 청렴은 칭찬할 가치가 없고, 변장자卞莊子는 맨손으로 호랑이를 잡았으나[4] 그 용맹은 군자의 용기가 아니고, [그 사실은《戰國策》에 나타나 있다.[5]] 염구冉求는 백승百乘의 가家에 그 부세賦稅를 맡아 다스리게 할 수 있으나[6] 그 재예才藝는 자로子路에 미치지 못한다. 그러나 염자冉子는 또한 항상 가르침과 꾸짖음을 받은 사람이다. 공자가 반드시 이 네 사람을 들어 말한 것은 자로를 기롱한 것이다. 자로는 알지 못하는 것을 앎처럼 하고, [孔子가 子路에게 말하기를 "아는 것을 안다고 하고, 알지 못하는 것을 알지 못한다고 하는 것, 이것이 앎이다"라 하였고,[7] 또 "(由여!) 君子는 자기가 알지 못하는 것에는 비워 놓고 말하지 않는 법이다"라 하였다.[8]] 탐내지 않는 것을 청렴함으로 여겼으며, [(孔子가) "해치지도 않고 탐내지도 않으면 어찌 착하지 않겠는가?"라고 하였는데, 子路가 항상 이 (시구)를 외웠다.[9]] 맨손으로 호랑이를 잡는 용맹을 자부하고, [공자는 "맨손으로 호랑이를 잡으러 달려들고 맨발로 黃河를 건너려다가 죽어도 후회하지 않는 자와는 함께하지 않을 것이다"라고 하였다.[10]] 부세賦稅를 다스릴 수 있는 재능을 믿었으니, [孔子는 "由는 千乘의 나라에 그 賦稅를 맡아 다스리게 할 수 있다"[11]라고 하였다.] 이는 공자가 말한 바 네 사람의 장점을 모두 자로가 스스로 인정한 것이다. 그러나 또 자로가 예악에 대해서는 미비한 바가 있었던 것이다. 그러므로 '자로의 禮를 알지 못한다'는 것이《예기禮記》의〈예기禮器〉에 나타나 있으며,

◀【子路爲季氏宰, 與祭, 質明而始, 晏朝而退. 孔子聞之, 曰: "誰謂由也而不知禮乎?"】 '由之瑟, 某之門', 見於前篇. 孔子譏之曰: "爾以知·廉·勇·藝自負自恃, 而其所謂知·廉·勇·藝, 亦不過四子者類. 然苟於是文之以禮樂, 猶可以爲成人." 蓋於子路, 愛之之切, 旣莫救於四病, 猶冀其勉進於禮樂也. 子路知孔子譏己, 乃自言其廉·勇·信三德曰: "今世之人, 何必皆禮樂? 但於廉·勇·信三者, 眞有踐履, 亦可以爲成人矣."

邢曰: "必也, 知如武仲, 廉如公綽, 勇如莊子, 藝如冉求, 復以禮樂文成之, 雖未足多, 亦可以爲成人矣."

○朱子曰: "兼此四子之長, 則知足以窮理, 廉足以養心, 勇足以力行, 藝足以汎應."▶

---

12) 《禮記》〈禮器〉편에 나온다.
13) 〈先進〉편을 가리킨다.
14) 《正義》 14.

◀[子路가 季氏의 家宰가 되었을 때 季氏의 제사에 관여하였다. 質明(날이 샐 무렵)에 제사를 거행하기 시작하여 늦은 아침에 마치고 물러 나왔는데, 孔子가 이 말을 듣고는 "누가 由(子路)를 禮를 알지 못한다고 하였는가?"라고 하였다.[12]] '由유가 비파를 어찌 내 문에서 연주하는가?'라는 말은 (이 경문의) 전편前篇[13]에 나타나 있다. 공자는 자로를 기롱하여 "너는 지혜·청렴·용맹·재예로써 자부하고 스스로 믿으나, 그 이른바 지혜·청렴·용맹·재예도 또한 이 네 사람 정도에 불과하다. 그러나 만약 여기에 예악禮樂으로써 문채를 낸다면, 그래도 오히려 성인成人이 될 수 있을 것이다"라고 말한 것이다. 이 말은 아마도 (공자가) 자로에 대해 그를 사랑하는 절실함이 이 네 가지 병폐에서 구제하는 것보다 더한 것이 없었던 것이며, 그리고 오히려 (자로가) 예악에 힘써 나아갈 것을 바랐던 것으로 보인다. (그런데) 자로는 공자가 자기를 기롱하는 것을 알고, 이에 스스로 청렴·용기·신의 삼덕三德을 내세워 말하기를 "지금 세상 사람이 어찌 반드시 모두 예악만 필요합니까? 다만 청렴과 용기와 신의 삼덕을 진실로 실천함이 있다면, 또한 성인成人이 될 수 있을 것입니다"라고 한 것이다.

○형병: 반드시 지혜는 장무중臧武仲과 같고, 청렴은 공작公綽과 같고, 용맹은 변장자卞莊子와 같고, 재능은 염구冉求와 같으며, 여기에다 또 예악으로써 문채를 이룬다면, 비록 훌륭하다고 칭찬할 것은 되지 않으나 또한 성인成人이 될 수 있다.[14]

○주자: 이 네 사람의 장점을 겸하면 지혜는 이치를 궁구함에 족하고, 청렴은 마음을 기르기에 족하고, 용기는 힘써 행함에 족하고, 재능은 넓게 응용함에 족할 것이다.▶

◀而又節之以禮, 和之以樂, 使德成於內, 而文見乎外, 則材全德備, 渾然不見一善成名之跡, 中正和樂, 粹然無復偏倚駁雜之蔽, 而其爲人也亦成矣."

○案 知者亦多, 何必要君者乎? 勇者亦多, 何必暴虎者乎? 廉者亦多, 何必趙·魏之老乎? 藝者亦多, 何必鳴鼓之徒乎? 所擧四子, 皆夫子平日所嘗非毀者,【冉子在他門, 則亦在所善, 以其門人, 故與三子者竝擧之】而今爲子路願之, 則其譏切諷刺之意, 箴肌砭骨, 是豈平坦和順之言哉? 且成人者, 必孝弟忠信爲之本質, 然後方可文之以禮樂, 今所擧四子之長, 都闕德行, 豈可爲成人乎?《詩》云: "善戲謔兮, 不爲虐兮." 聖人亦有時乎善謔, 先儒奉之爲眞實之言, 恐不然也.

邢曰: "夫子鄕言成人者, 是古之人也, 又言今之成人, 不必如此."

○朱子曰: "復加'曰'字者, 旣答而復言也."

---

15) 鳴鼓의 律: 이 책 〈先進〉中 '季氏富於周公' 章의 脚註 4)에 그 설명이 있음.
16) 《詩經》〈衛風·淇奧〉에 나온다.
17) 《正義》14.

◀거기에다 또 예禮로써 절문節文하고 악樂으로써 조화하여, 덕을 안에서 이루고 문채를 밖에 나타나게 하면, 사람으로서 재목이 온전하고 덕이 갖추어져서 혼연히 한 가지 착한 것으로만 이름을 이룬 자취가 보이지 않을 것이며, 중정中正하고 화락和樂하여 수연粹然히 다시는 편벽되고 잡박한 것이 가려서 막는 일이 없어져 그 사람됨이 또한 온전한 사람으로 이루어질 것이다.

○살펴보건대, 지혜로운 자가 또한 많은데, 하필이면 임금을 위협하여 강요한 자를 들어 말하였을까? 용감한 자가 또한 많은데, 하필이면 맨손으로 호랑이를 잡는 자를 들었을까? 청렴한 자가 또한 많은데, 하필이면 조씨趙氏·위씨魏氏의 가로家老가 될 자를 들었을까? 재능이 있는 자가 또한 많은데, 하필이면 명고鳴鼓의 율律[15]로 다스리려고 한 무리를 들었을까? 여기에 거론한 네 사람은 모두 공자가 평일에 일찍이 나무랐던 사람들이다. [冉子가 다른 사람의 門下에 있었으면 또한 착한 바에 해당될 것인데, 공자의 門人이었기 때문에 세 사람과 함께 나란히 여기에 들어 놓았다.] 그런데 지금 자로를 위해 이렇게 되기를 원하였다면, 이는 그 통절하게 기롱하고 풍자하는 뜻이 살을 찌르고 뼈를 깎는 것이니, 이 어찌 평탄하고 화순한 말이겠는가? 또 성인成人이란 반드시 효제충신孝弟忠信을 본질로 한 뒤에야 비로소 예악禮樂으로 문채를 낼 수 있는 것이다. 지금 거론한 네 사람의 장점에는 모두 덕행이 빠져 있으니, 어찌 성인成人이 될 수 있겠는가? 《시경》에 이르기를 "해학을 잘하니 지나침이 되지 않도다"[16]라고 하였으니, 성인聖人도 또한 때로는 해학을 잘하였는데 선유들은 이를 진실한 말로 받아들였으니, 이는 아마도 그렇지 않은 듯하다.

○형병: 공자가 앞에서 성인成人이라고 말한 것은 곧 옛사람(옛 成人)이며, 또 지금의 성인成人은 반드시 이와 같은 것을 구비할 필요가 없다고 말한 것이다.[17]

○주자: 다시 '왈曰' 자를 더한 것은 이미 대답하고 다시 말한 것이다.

○胡曰: "'今之成人'以下, 乃子路之言, 蓋不復聞斯行之之勇, 而有終身誦之之固矣."【朱子云: "未詳是否."】

○趙曰: "'何必然'三字, 似以前說爲疑, 三者皆子路之所能, 故胡氏疑其爲子路之言."【胡氏云: "此子路所已能. 夫子方進子路於成人之域, 豈又取其已能者而重奬之?"】

○馮曰: "夫子蓋以子路之所知者, 使之捨短集長, 增益其所未至, 非謂成人之道盡於是也. 子路猶以爲此古之成人之道, 居今之世, 有不必盡然者."

○蔡曰: "胡氏以後節爲子路之言, 較是, 但有一疑. 子路當時旣如此云云, 夫子安得都無說話?"【如子路終身誦之, 夫子便云: "是道也何足以臧?"】

○案 夫子所擧四人, 都是今人, 邢以爲古之人, 何也?【葛屺瞻云: "夫子原就今人中, 勉以學問, 子路便承說, '今人何須禮樂? 只能信義無虧, 便好了.'"】

---

18) 〈先進〉편에 나온다.
19) 〈子罕〉편에 나온다.
20) 趙氏:《四書纂疏》를 撰한 宋代의 經學家인 趙順孫이다. 앞에 나왔음.
21) 세 가지: "見利思義, 見危授命, 久要不忘平生之言"을 가리킴.
22)《論語集註大全》卷14〈憲問〉제14 小註에 나온다.
23) 同上.
24) 同上.
25) 蔡淸,《四書蒙引》卷7〈見利思義見危授命節〉에 나온다.

○호인: '금지성인今之成人' 이하는 곧 자로의 말인데, 내 생각에 이는 또 '들으면 곧 행한다(聞斯行之)'[18]는 그런 용기는 아니며, '항상 (그 시구를) 외운다(終身誦之)'[19]는 굳은 의지가 있다고 여겨진다. [朱子는 이르기를 "(이 말이) 옳은지 그른지 상세하지 않다"라고 하였다.]

○조씨:[20] '하필연何必然' 석 자는 앞의 말을 의아하게 여긴 듯하다. (그리고 이) 세 가지[21]는 모두 자로의 능한 바이다. 그러므로 호인이 자로의 말이라고 한 듯하다.[22] [胡寅은 이르기를 "이 (세 가지)는 子路의 이미 능한 바이다. 孔子는 바야흐로 子路를 成人의 경지에 나아가게 하려고 하면서, 어찌 또 그의 이미 능한 바를 취하여 거듭 이를 권장하였겠는가?"라고 하였다.[23]]

○풍후재: 공자는 자로가 알고 있는 것을 토대로 하여, 그로 하여금 단점을 버리고 장점만 쌓아 그가 아직 이루지 못한 바를 더욱 증진케 하고, 성인成人의 도道가 여기에서 다한다고 말하지 않았다. 그런데 자로는 오히려 이것은 옛 성인成人의 도이며 지금 세상에는 반드시 그러할 것이 없다고 여겼다.[24]

○채청: 호인이 (이 경문의) 뒤 구절을 자로의 말로 한 것은 비교적 옳은 듯하나, 다만 한 가지 의문이 있다. 자로가 당시 이미 이와 같이 말하였다면 공자가 어찌 전혀 아무 말이 없었겠는가?[25] [子路가 항상 (이 '不忮不求'의 詩句를) 외웠던 것처럼, 孔子가 (이 經文 끝에) 곧 "이 道가 어찌 족히 착하겠는가?"라고 하였을 것이다.]

○살펴보건대, 공자가 거론한 바 네 사람은 모두 지금 사람들인데, 형병이 옛사람이라고 한 것은 무슨 까닭인가? [葛屺瞻은 이르기를 "孔子는 원래 今人에 대해서 學問으로써 힘쓰게 한 것인데, 子路가 곧 그 말을 받아서, 今人에게 어찌 禮樂을 기대하겠는가? 다만 능히 信이 있고 義가 있어 사람이 모자람이 없으면 좋다고 한 것이다"라고 하였다.]

○又按 '何必然' 三字, 明是子路口氣. 子路於孔子之言, 本以 '何必' 二字句當. '何必讀書然後爲學', '何必公山氏之之[③]', '今之成人何必然', 亦此一例, 胡氏之說牢不可破. 蔡·毛二子, 何爲而擊之也? 今詳經文, 邢所謂古之成人, 反不如今之成人, 使我擇於斯二者, 則臧之知·孟之廉·卞之勇, 吾所不願, 而下節所言廉·勇·信三德, 眞是君子之所惓惓也. 何得云上節所言, 邈然難及, 而下節所言, 却在其次乎? 其爲子路自負之言, 昭昭然矣. 且夫子於門人之問, 本多對病發藥, 今乃以廉·勇·信三者, 爲子路加勉之, 可乎? 不忮不求, 則子路能見利而思義者也; 死於孔悝, 則子路能見危而授命者也; 無宿諾, 則子路能不忘久要者也. 孔子何爲而加勉也?

---

③ 之: 新朝本·奎章本에는 '往'으로 《論語》〈陽貨〉의 經文에 따라 바로잡는다.
26) 〈先進〉편에 나온다.
27) 미리 승낙하는 일이 없었으면: 茶山은 '無宿諾'을 朱子처럼 그 승낙한 것을 묵혀 놓지 않는다는 것이 아니라, 미리 승낙하는 일이 없다는 것으로 해석하였다. 《論語古今註》〈顏淵〉下 참조.

○또 살펴보건대, '하필연何必然' 석 자는 분명히 자로의 구기口氣(입김, 말씨, 말투)이다. 자로는 공자의 말에 본래 '하필何必'이라는 두 글자의 구句로써 응대한 것이다. '어찌 반드시 글을 읽은 뒤에라야 학學이 되는가(何必讀書然後爲學)'[26)]라는 말과 '하필이면 공산씨에게 가려 하는가(何必公山氏之之)'라는 말 같은 것이니, (여기 이 경문에) '지금의 성인은 어찌 반드시 그리할 것이 있겠는가(今之成人何必然)'라는 것도 역시 이것들과 같은 한 예문例文이다. (자로의 말이라고 고집한) 호인의 설은 단단해서 깨뜨릴 수 없는 말인데, 채청과 모기령 두 사람은 무엇 때문에 그를 공격하는가? 이제 경문을 자세히 살펴보니, 형병의 이른바 옛 성인成人은 도리어 지금의 성인만 같지 못하다. 나로 하여금 이 둘 가운데 택하게 한다면, 장무중의 지혜와 맹공작의 청렴과 변장자의 용기는 내가 원하지 않는 바이며, 아래 구절에서 말하는 염廉·용勇·신信의 삼덕三德은 진실로 이것이 군자가 독실하게 힘써 행해야 할 바이니 (내가 이를 택할 것인데), 어떻게 위의 구절에서 말하는 바는 아득히 멀어서 거기에 미치기 어렵고, 아래의 구절에서 말하는 바는 도리어 그 다음에 있는 것이겠는가? 아래 구절은 자로가 자부한 말임이 분명하다. 또 공자는 문인의 물음에 대하여 본래 (문인의) 단점에 이를 치유하는 약을 말해주는 역할을 하였는데, 여기에는 이에 염廉·용勇·신信 세 가지로써 자로를 더욱 힘쓰게 하였으니, 되겠는가? 해치지도 않고 탐내지도 않았으면 자로는 능히 이利를 보고 의義를 생각한 사람이며, 공회孔悝의 난에 죽었으면 자로는 능히 위태로움을 보고 목숨을 바친 사람이며, 미리 승낙하는 일이 없었으면[27)] 자로는 능히 '구요久要'를 잊지 않은 사람이다. (염·용·신을 갖춘 사람인데) 공자가 무엇 때문에 더욱 힘쓰라 하였겠는가?

憲問下

○蔡以夫子之不復言, 疑胡說之誤. 然子貢問惡, 孔子答之以四惡, 其下承以'曰'字, 而子貢自言其三惡, 孔子無所答.【〈陽貨〉篇】正與此章同例, 將謂彼所言三惡, 亦夫子所言耶?

事實《左傳》襄二十三年, 臧孫紇出奔邾. 又以防求爲後於魯, 致防而奔齊, 齊侯將爲臧紇田.【將與之田邑】臧孫聞之, 見齊侯, 與之言伐晉.【齊侯自言伐晉之功】對曰: "多則多矣, 抑君似鼠. 夫鼠, 晝伏夜動, 不穴於寢廟, 畏人故也. 今君聞晉之亂, 而後作焉."【杜云: "臧孫知齊侯將敗, 不欲受其邑, 故以比鼠, 使怒而止."】乃弗與田. 仲尼曰: "知之難也. 有臧武仲之知,【謂能辟齊禍】而不容於魯國, 抑有由也. 作不順, 而施不恕也."【謂爲季孫廢長立庶】

---

28) 세 가지 미워함: 子貢의 "惡徼以爲知者, 惡不孫以爲勇者, 惡訐以爲直者"를 가리킴.〈陽貨〉편에 나온다.
29)《春秋經傳集解》杜預의 註에 나온다.

○채청은 (호인의) 공자가 다시 말하지 않았다는 것을 가지고 이는 아마도 호인의 설이 잘못된 듯하다고 의심하고 있다. 그러나 자공子貢이 미워하는 것에 관하여 물었을 때 공자가 이에 네 가지 미워하는 것을 가지고 대답하고 그 아래 글에 '왈曰' 자로써 이었는데, 여기에는 자공이 스스로 자신의 세 가지 미워하는 것을 말하고 공자는 답변한 것이 없다. [〈陽貨〉篇에 나온다.] (이는 그 문장의 문례文例가) 바로 이 문장과 같은 예이니, (그렇다면) 장차 그 문장에서 말한 '세 가지 미워함'[28]도 또한 공자가 말한 것이겠는가?

【사실】《좌전》: 양공襄公 23년에 장손흘臧孫紇(臧武仲)은 주邾나라로 도망갔다가 또 방防(地名, 臧武仲에게 封한 邑)이라는 고을을 근거지로 하여 그의 후계자를 세워 달라고 노魯나라에 요구하였다. (그 뒤) 방읍防邑을 반환하고 제齊나라로 도망갔는데, 제나라 군주가 그에게 전田을 주려고 하였다. [장차 臧孫紇에게 田邑을 주려고 하였다.] 장손흘이 이 말을 듣고 나서 제나라 군주를 만나 그와 더불어 진晉나라를 정벌한 공로에 대해 이야기하였다. [齊侯는 스스로 晉을 친 자신의 功을 늘어놓았다.] (장손흘이 제나라 군주가 자신의 공을 늘어놓는 것에 대해) 대답하여 말하기를 "진나라를 친 것은 훌륭합니다만, 임금께서는 쥐(鼠)를 닮은 듯합니다. 대저 쥐는 낮에는 엎드려 있다가 밤에는 활동하지만, 사람의 침실이나 묘당廟堂 같은 곳에는 들어가서 구멍을 파지 못하니, 이는 사람을 두려워하기 때문입니다. 지금 임금께서는 진晉나라에 내란이 있다는 소문을 듣고 군사를 일으켰습니다" 라고 하니, [杜預는 이르기를 "臧孫紇은 齊侯가 장차 敗할 것을 알아 그 邑을 받고자 하지 아니했기 때문에, 齊侯를 쥐에 비유하여 그를 怒하게 하고 그친 것이다" 라고 하였다.[29]] 이에 (제후齊侯(莊公)는) 그에게 전田을 주지 않았다. 공자가 이에 대해 평하기를 "지혜가 있어도 이를 활용하기란 어렵다. 장무중 정도의 지혜가 있어도 [齊나라의 禍를 (미연에) 피할 수 있었던 것을 말한다.] 노魯나라에서는 용납되지 않은 것은 아마도 그만한 이유가 있었던 것이다. 그의 행위가 순리롭지 못하고, 그의 남에게 베풂이 (추기급인推己及人) 서恕가 되지 못했다" 라고 하였다. [季氏를 위해 長子를 폐하고 庶子를 세운 것을 말한다.]

憲問 下

○案 武仲之以知見稱, 都是奸譎, 何足多乎?

事實 劉向《新序》曰: "莊子養母, 戰而三北. 及母死, 齊伐魯, 莊子赴鬪, 三獲甲首以獻, 曰, '此塞三北.'【塞, 報也】遂赴齊師, 殺十人而死."

○《戰國策》曰: "卞莊子欲刺虎, 館豎子止之, 曰, '兩虎方且食牛, 食甘必鬪. 鬪則大者傷, 小者死, 從傷而刺之, 一擧必有兩獲.'"

○案 卽此二事, 其爲匹夫之勇可知, 雖於此文之以禮樂, 豈可用乎? 前言戲之耳.

鄭曰: "卞莊子, 秦大夫."【見《釋文》】

○駁曰 非也.【洪云: "四子皆魯人, 而莊子與子路, 皆卞人, 取其近而易知者爾."】

孔曰: "平生, 猶少時."

○邢曰: "少時有舊約, 雖年長貴達, 不忘其言."

○駁曰 非也. 《史記》〈張耳傳〉曰: "泄公勞苦, 如平生懽."《後④漢書》〈馬援傳〉曰: "援見公孫述, 以爲當握手如平生." 平生者, 平日也.

---

④ 後: 新朝本·奎章本에는 빠져 있으나〈馬援傳〉은《後漢書》에 있으므로 보충한다.
30)《新序》〈義勇〉편에 나온다.
31) 여기에 인용한 글은《史記》卷70〈張儀列傳〉안의〈陳軫傳〉의 글이며,《戰國策》卷第4〈秦〉二에 나오는 글과는 人名을 비롯해 내용이 조금 다르다.《戰國策》에는 卞莊子를 管莊子라 하고, 館豎子를 管與라 하였다.
32) 洪氏: 宋 丹陽人 洪興祖이다. 앞에 나왔음.
33)《論語集註大全》卷14〈憲問〉제14 小註에 나온다.
34)《正義》14.
35) 張耳: 前漢 大梁人. 謚는 景. 官은 처음 戰國時代 魏의 外黃令으로 있다가 秦 末에 趙의 相國이 되었으며, 漢나라에 와서는 趙王에 封해졌다. 陳餘와는 刎頸之交가 있었음.
36) 泄公: 唐代 張守節의《史記正義》에는 前漢 때의 사람으로 泄私라는 사람이 있었다고 注를 하였다.
37) 馬援: 後漢 茂陵人. 字는 文淵, 謚는 忠成. 官은 都督郵. 王莽 때는 新城大尹, 後漢의 建武연간에는 伏波將軍이 되어 交趾를 征服하였고, 新息侯에 封해졌음.
38) 公孫述: 後漢 茂陵人. 字는 子陽. 王莽의 天鳳 연간에 한때 自立하여 蜀王이라 하였으나, 뒤에 後漢에 와서 刺殺되었음.

○살펴보건대, 장무중臧武仲이 지혜롭다고 칭찬받은 것은 모두 간교하고 속이는 것이니, 이것이 어떻게 칭찬할 만한 가치가 있겠는가?

【사실】 유향《신서》: 변장자卞莊子는 어머니를 봉양할 때 전쟁에 나가 싸워서 세 번이나 패배하였다. (그 뒤) 어머니가 돌아가고 나서 제齊나라가 노魯나라를 칠 때, 변장자는 싸움터에 나가 세 번이나 갑수甲首(갑옷을 입은 兵士의 首級)를 베어와 바치면서 말하기를 "이는 세 번이나 패배한 것에 대한 보답이다(此塞三北)"라 하고, [塞은 '보답하다'라는 뜻이다.] 드디어 제나라 군사를 나가서 쳐서 열 사람을 죽이고 자신도 죽었다.30)

○《전국책》: 변장자가 호랑이를 찔러 죽이려 하자 관수자館豎子가 그를 말리면서 말하기를 "두 마리의 호랑이가 소를 잡아먹으려 하는데, 맛있는 것을 먹을 때는 반드시 싸우는 법이다. 싸우면 큰 놈은 상처를 입고 작은 놈은 죽게 될 것이니, 상처를 입었을 때 이를 찌르면 반드시 일거양득一擧兩得이 있을 것이다"라고 하였다.31)

○살펴보건대, 이 두 일로써 보면 변장자는 한 사내의 용맹임을 알 수 있다. 이런 자에게 비록 예악禮樂으로써 문채를 낸다 한들 어찌 쓸 수가 있겠는가? (경문 가운데) 앞부분의 말은 해학의 말일 뿐이다.

○정현: 변장자는 진秦나라 대부이다. [《經典釋文》에 나타나 있다.]

○반박: 아니다. [洪氏32)는 이르기를 "네 사람은 모두 魯나라 사람이고, 卞莊子와 子路는 둘 다 卞邑 사람이므로, 가깝고 알기 쉬운 자들을 取擇한 것이다"33)라고 하였다.]

○공안국: 평생平生은 소시少時와 같은 뜻이다.

○형병: 소시少時에 옛 언약이 있으면, 이는 비록 나이를 먹고 높은 지위에 오르더라도 그 말을 잊지 않는다.34)

○반박: 아니다. 《사기史記》〈장이전張耳傳〉35)에 "설공泄公36)은 그의 고통을 위로하며 평일과 다름없이 기뻐하였다"라 하고,《후한서後漢書》〈마원전馬援傳〉37)에 "마원은 공손술公孫述38)을 보면 평일과 다름없이 악수해야 한다고 여겼다"라 하였으니, '평생平生'이란 평일平日이라는 뜻이다.

純曰: "四人學禮樂, 皆可以爲成人. 邢必合四人之材, 復文之以禮樂, 則 '求備於一人' 也. 周公所戒, 孔子豈爲之?"【本伊說】

○駁曰 非也. 成己則欲全德, 責人則不求備, 其可混之乎? 邢之誤, 不在是也.【胡云: "武仲之要君, 公綽之短才, 莊子之輕死, 冉求之聚斂, 皆有偏倚駁雜之敝, 非文之以禮樂, 固未見其渾然粹然也."】

朱子曰: "授命, 言不愛其生, 持以與人也."

○荻曰: "臨死之危, 能致其君命."

○純曰: "'見危授命' 者, 如解揚是已. 宣十五年《左傳》曰, '宋人使樂嬰齊告急于晉. 晉侯使解揚如宋, 使無降楚, 曰, {晉師悉起, 將至矣.} 鄭人囚以獻諸楚, 楚子厚賂之, 使反其言. 不許. 三而許之.▶

---

39) 〈微子〉편에 나오는 말이다.
40) 太宰純,《論語古訓外傳》14-8ab.
41) 伊藤維楨: 1627~1705. 日本의 古學派. 號는 仁齋. 저서로《論語古義》가 있다.
42) 要君은〈憲問〉편의 '雖曰不要君' 의 要君을 가리킴.
43) 短才는 孟公綽이 滕·薛의 대부가 될 수 없는 것을 가리킴.〈憲問〉편 "不可以爲滕·薛大夫" 라는 말을 참조.
44) 輕死는 敵과 싸워 가벼이 목숨을 버려 孝를 다하지 못한 것을 가리킴. 이 經文에 인용되어 있는 劉向의《新序》〈義勇〉편의 글을 참조.
45) 冉求의 聚斂은〈先進〉편의 "爲之聚斂而附益之" 를 가리킴.
46)《論語集註大全》卷14〈憲問〉제14 小註에 나온다.
47) 太宰純,《論語古訓外傳》14-9a.
48) 解揚: 春秋時代 晉나라 大夫. 字는 子虎. 晉 景公 때《左傳》宣公 15년의 기사처럼 君命을 다하여 이로써 上卿이 되었음.
49) 樂嬰齊: 春秋時代 宋나라 사람.

○태재순: 네 사람이 (모두 예악禮樂에 미달하니) 예악을 배우면 모두 성인成人이 될 수 있다는 (것이 공자의) 말인데, 형병은 (주를 하면서) 반드시 네 사람의 재주를 합하고 다시 여기에 예악으로써 문채를 내는 것이라 하였으니, 이는 (이른바) '한 사람에게 다 갖추어지기를 요구하는 것(求備於一人)'39)이다. ('구비어일인求備於一人'은) 주공周公(周나라 武王의 아우, 즉 伯禽)이 경계한 말인데, 공자가 어떻게 그것을 하였겠는가?40) [伊藤維楨41)의 說에 근거한 것이다.]

○반박: 아니다. 성기成己(자신을 완성함)에는 덕을 온전하게 하기를 바라고, 책인責人(남을 책망함)에는 다 갖추어지기를 요구하지 않는 법인데, 이를 뒤섞을 수 있겠는가? 형병의 잘못은 여기에 있지 않다. [胡雲峯은 이르기를 "臧武仲의 要君42)과 孟公綽의 短才43)와 卞莊子의 輕死44)와 冉求의 聚斂45)은 모두 편벽되고 잡박한 병폐가 있었으니, 이를 禮樂으로써 節文하지 않으면 진실로 그 渾然하고 粹然한 것을 나타내지 못한다"라고 하였다.46)]

○주자: 수명授命은 그 생명을 아끼지 않고 가져다 남에게 주는 것을 말한다.

○적생쌍송: 죽음에 임하게 된 위태로움에도 능히 그 임금의 명령을 다하였다.47)

○태재순: '견위수명見危授命'이란 해양解揚48)의 일과 같은 것이 이것이다. 선공宣公 15년(B.C. 594) 《좌전》에 송宋나라 사람이 악영제樂嬰齊49)를 진晉나라에 보내어 위급함을 고하게 하니, 진후晉侯는 (송나라를 구하기로 하고) 해양解揚을 송나라에 가게 하여 초楚나라에 항복하지 않도록 하면서 "진나라 군사가 모두 일어나서 장차 도착할 것이다"라고 말하게 하려 하였다. (그러나 도중에) 정鄭나라 사람이 그를 생포하여 초나라에 바쳤다. 초나라 제후는 해양에게 후하게 예물을 주고 그 말을 반대로 번복하게 하려 하였는데, 승낙하지 않다가 세 번 만에 승낙하였다.▶

◀登諸樓車, 使呼宋人而告之. 遂致其君命. 楚子將殺之, 對曰, {君能制命, 臣能承命. 死而成命, 臣之祿也.} 楚子舍之以歸."
○駁曰 非也. 見危授命, 見危致命,【〈子張〉篇】必言見危者, 示不輕死也. 若以致其君命, 謂之授命, 則何待見危而后授之?《易》曰: "致命遂志." 將亦曰致君命乎? 朱子之義, 不可易.

子問公叔文子於公明賈曰: "信乎, 夫子不言不笑不取乎?"
公明賈對曰: "以告者過也. 夫子時然後言, 人不厭其言; 樂然後笑, 人不厭其笑; 義然後取, 人不厭其取." 子曰: "其然? 豈其然乎?"

---
50) 太宰純,《論語古訓外傳》14-9ab.
51)《易經》〈困卦·大象〉에 나온다.

◀(그래서 그를) 누거樓車(수레 위를 樓臺처럼 만든 수레)에 올라가게 하여 송나라 사람들에게 큰 소리로 (구원하지 않을 것이라고) 고하게 하였으나, (해양은) 끝내 자기 임금의 명령을 다하였다. 초나라 제후가 장차 그를 죽이려 하니 대답하기를, "'임금은 능히 바른 명령을 내리고, 신하는 능히 명령을 받들어 전한다'고 하였는데, 죽어서라도 사명을 온전히 이루는 것은 저의 복록福祿입니다"라고 하였다. 초나라 제후는 그를 용서하고 놓아주어 진晉나라로 돌아갔다.50)

○반박: 아니다. '견위수명見危授命'과 '견위치명見危致命'[〈子張〉편에 있다.]이란 말에서 반드시 '견위見危'라고 한 것은, 죽음을 가벼이 하지 않는 점을 보여준 말이다. 만약 임금의 명령을 다하는 것을 '수명授命'이라 한다면, 어찌 위태로움을 본 뒤에 수명授命하겠는가?《역경易經》에 "목숨을 바쳐 자기 뜻을 이룬다(致命遂志)"51)라고 하였으니, 장차 이 또한 군명君命을 다하는 것이겠는가? 주자가 풀이한 뜻은 바꿀 수 없다.

공자가 공명가公明賈에게 공숙문자公叔文子의 인물됨을 묻기를 "정말로 그분은 말도 않고 웃지도 않으며 취하지도 않습니까?"라고 하였다. 공명가는 대답하기를 "말하는 사람이 지나쳤습니다. 그분은 말할 때가 되어야 말하므로 사람들이 그의 말을 싫어하지 않고, 즐거운 뒤에야 웃으므로 사람들이 그의 웃음을 싫어하지 않으며, 의로운 뒤에야 취하므로 사람들이 그가 취하는 것을 싫어하지 않습니다."라고 하였다. 공자는 말하기를 "그랬어요? 어찌 그가 그러했겠습니까?"라고 하였다.

孔曰:"公叔文子, 衛大夫公孫拔.【皇氏本】文, 諡."【邢云:"《諡法》, '慈惠愛民曰文.'"】

○朱子曰:"公明, 姓; 賈, 名; 亦衛人."【補云:"賈當是文子家臣, 或是弟子."】

○邢曰:"夫子指文子."

○邢曰:"孔子舊聞文子有此三行, 疑而未信, 故問於賈."

○邢曰:"賈言文子亦有言笑及取, 但無游言, 不苟笑, 不貪取."

○補曰 '其然' 者, 聞賈之言而欣得其實也.【合於理】'豈其然' 者, 覺前所聞者非理也.【釋前疑】人豈有全不言笑, 全不取物者乎?

孔曰:"公叔文子, 衛大夫公孫枝."【邢氏本】

○邢曰:"案《世本》云, '獻公生成子當, 當生文子枝, 枝生朱, 爲公叔氏.'"

○毛曰:"衛大夫竝無此名. 惟《左傳》文三年, 秦伯伐晉, 有秦大夫公孫枝, 曾薦孟明,《左氏》稱其爲子桑之忠, 子桑即枝字也."▶

---

1)《義疏》7-195.
2)《正義》14.
3) 同上.
4) 同上.
5) 同上.
6) 同上.

○공안국: 공숙문자는 衛위나라 대부 공손발公孫拔이니, [皇侃의 本에 그러하다.[1]] 文문은 시호諡號이다. [邢昺은 이르기를 "《諡法》에 慈惠愛民을 文이라 한다"고 하였다.[2]]
○주자: 공명公明은 성姓이고, 가賈는 이름이니, 그도 역시 衛위나라 사람이다. [補충하여 말한다. 公明賈는 마땅히 公叔文子의 家臣이든가 그 弟子일 것이다.]
○형병: 부자夫子는 공숙문자를 가리킨다.[3]
○형병: 공자는 예전에 공숙문자가 이 세 가지 (좋은) 품행이 있다는 것을 듣고 의아스럽게 여겨 믿지 않았으므로 공명가에게 이를 물은 것이다.[4]
○형병: (이는) 공명가가 공숙문자도 역시 말하고 웃고 취하고 하는 것이 있으나, 다만 유언游言(헛말) 같은 것이 없고 구차하게 웃지 않고 탐욕으로 취하는 일이 없다는 것을 말한 것이다.[5]
○보충: '기연其然'이란 공명가公明賈의 말을 듣고 (사리에 어긋나지 않는) 그 실상을 얻은 것에 대해 기뻐한 것이고, [그것이 사리에 합당한 것이다.] '기기연豈其然(어찌 그가 그러했겠는가)'이란 예전에 들은 말이 사리에 맞지 않았음을 깨달은 것이다. [전에 의심한 것을 푼 것이다.] 사람으로서 어떻게 전혀 말하지 않고 웃지 않고 물물을 취하지 않는 자가 있겠는가?
○공안국: 공숙문자는 衛위나라 대부 공손지公孫枝이다. [邢昺의 本에 그러하다.]
○형병: 《세본世本》을 살펴보니, 거기에 "헌공獻公은 성자당成子當을 낳고, 성자당은 문자지文子枝를 낳고, 문자지는 주朱를 낳으니, (이들은 성姓이) 공숙씨公叔氏이다"라고 하였다.[6]
○모기령: 衛위나라 대부大夫에는 모두 이러한 이름이 없다. 오직 《좌전》 문공文公 3년(B.C. 624)에 진백秦伯(秦 穆公)이 晉진나라를 정벌할 때, 진秦나라 대부 공손지公孫枝가 있어 일찍이 맹명孟明을 추천하였는데, 《좌전》에서는 (그를 추천한 것은) 자상子桑의 충忠이라고 칭찬하였으니, 자상은 곧 공손지의 자字이다.▶

◂若公叔文子, 則《傳》稱公叔發, 竝不名枝. 後見《禮》註, 引《世本》有曰, '衛 獻公生成子當, 當生文子拔.' 拔一名發, 始知枝即拔之誤, 枝與拔, 字形相近."

○純曰: "孔安國曰, '公孫拔.'【《釋文》云: "拔, 皮八反."】《注疏》·朱注諸本, 拔誤作枝葉之枝."

○案 皇氏本及陸德明《釋文》, 竝作公孫拔, 惟邢氏本首誤也.【毛氏又以公叔文子爲公子荊, 其說非也. 詳見余《檀弓箴誤》】

馬曰: "美其得道, 嫌不能悉然."【邢云: "嫌不能悉然, 故曰, '豈可盡能如此?'"】

○朱子曰: "此非禮義充溢於中, 得時措之宜者不能. 文子雖賢, 疑未及此. 但君子與人爲善, 不欲正言其非也, 故曰, '其然?【微疑之】豈其然乎?'"【深疑之】

○案 公明賈要之爲文子之家臣, 不然其門人也.【以其稱夫子】▸

---

7) 《禮記》〈檀弓〉下篇의 "公叔文子卒, 其子戍請諡於君. 君曰, …"이라는 句節에 대한 孔穎達의 疏에 나온다.
8) 太宰純, 《論語古訓外傳》14-10a.
9) 《正義》14.
10) 時措의 마땅함:《中庸》에 나오는 말인데, 때에 따라 알맞게 조처하는 時中之道를 말함.
11) 《孟子》〈公孫丑〉上에 나온다.

◂공숙문자公叔文子이면 《좌전》에서는 그를 모두 공숙발公叔發이라 칭하고 공숙지라고 부르지는 않았다. 뒤에 《예기》의 주注를 보니,[7] 거기에 《세본》에 있는 말을 인용하여 "위衛나라 헌공獻公이 성자당을 낳고, 당當은 문자발文子拔을 낳았다"고 하였다. 발拔은 일명 발發이라고도 한다. 여기에서 비로소 지枝는 곧 '발拔' 자의 오자임을 알게 된다. 지枝와 발拔은 글자 모양이 서로 비슷하다.

○태재순: 공안국은 "공손발公孫拔이다"라고 하였는데, [《經典釋文》에 "拔은 皮와 八의 半切音이다"라고 하였다.] 주소注疏와 주주朱注(朱子의 注) 등 여러 본본에는 '발拔'이 지엽枝葉의 지枝로 잘못되어 있다.[8]

○살펴보건대, 황간의 본본과 육덕명의 《경전석문經典釋文》에는 모두 공손발公孫拔로 되어 있는데, 오직 형병의 본에서 처음으로 잘못해 놓았다. [毛奇齡은 또 公叔文子를 公子 荊이라고 하였는데, 그 說은 잘못이다. 나의 《檀弓箴誤》에 상세히 나타나 있다.]

○마융: 도道를 터득한 것을 칭찬하는 한편, 다 그럴 수 없음을 의심한 것이다. [邢昺은 이르기를 "다 그럴 수 없음을 의심하였기 때문에 '어찌 다 능히 이와 같을 수 있겠는가?'"라고 한 것이다.[9]]

○주자: 이것은 예의禮義가 중中(中道)에 충일充溢하여 시조時措의 마땅함[10]을 얻은 자가 아니면 할 수 없는 것이다. 공숙문자公叔文子가 비록 어질다지만 여기에는 아마도 미치지 못할 듯하다. 다만 군자는 남이 선善을 하는 것을 도와주고(與人爲善)[11] 남의 그른 것을 바로 말하려고 하지 않으므로, "그러한가? [조금 의심한 것이다.] 어찌 그가 그러했겠는가?" [깊이 의심한 것이다.] 라고 한 것이다.

○살펴보건대, 공명가公明賈는 요컨대 공숙문자의 가신이었거나, 그렇지 않으면 그의 문인이었을 것이다. [公叔文子를 夫子라고 칭하였기 때문이다.]▸

憲問 下

◀自述其君師之行, 又非怪力亂神之違於事理者, 則聖人但當與而嘉之而已, 無故生疑曰: "其然? 豈然?" 惑也. 直對其人曰: "其然? 豈然?" 非禮也. 前旣懷疑, 今又深疑, 則公叔文子將終於不可知而止乎? '其然'者, 欣得其實實. '豈其然'者, 覺前所聞者非理也.【王充《論衡》, 改之曰: "豈其然乎? 豈其然乎?" 尤大誤】

○又按 公叔文子, 賢大夫也. 貞·惠·文三德, 見於〈檀弓〉; 大夫僎之事, 見於下章; 又史䲙之言曰: "富而不驕者鮮, 吾惟子之見."【定十三】本是賢人, 豈得不信其善行乎?

尹任卿云: "'其然'句, 自本節說; '豈其然', 打轉上節說. 言文子是這等時言樂笑義取也, 豈其不言不笑不取乎?"

○案 昔在乾隆戊戌之冬, 余在和順 東林寺讀書,【年十七】得斯義, 今三十七年矣. 今見徐氏《經說》, 古人已先得之.

---

12) "其然? 豈其然乎?"에 관해 朱子는 '其然'을 조금 의심하는 것으로 보고, '豈其然'을 깊이 의심하는 것으로 보았다. 이에 대해 茶山이 反論을 제기하는 대목이다.
13)《論衡》〈知實〉편에 나온다.
14)《禮記》〈檀弓〉下의 "公叔文子卒, 其子戍請諡於君"이라는 구절의 註에 보면, 公叔文子의 諡號를 처음에는 貞·惠·文의 三德을 넣어 貞惠文子라고 하였다가 뒤에 정혜를 빼고 文子로만 한 것은, 文이 貞·惠의 德을 겸하기에 족하기 때문이라고 하였다.
15) 史䲙: 春秋時代 衛나라 大夫. 字는 子魚. 史는 官名, 名은 䲙. 史魚라고도 한다. 곧은 이로 유명함.〈衛靈公〉편에 나온다.
16) 尹任卿: 未詳.
17) 本節: '公明賈對曰' 이하의 公明賈의 말을 가리킴.
18) 上節: '夫子不言不笑不取乎?'를 가리킴.
19) 徐氏의《經說》: 淸代의 學者 徐乾學이 唐代부터 明代에 이르는 經說을 모아《通志堂經解》를 편찬하였는데, 이를 가리키는 듯하다.
20)《俟菴年譜》에 따르면 茶山이《論語古今註》를 1813년 겨울 그의 나이 52세 때 완성했다고 하는데, 茶山의 이 글은 1815년 무렵에 쓰인 것이니,《論語古今註》는 1차 완성 이후에도 계속 수정·보완되었음을 알 수 있다.

◀스스로 그 군사君師의 선행을 자상하게 말하고, 또 그것이 사리에 어긋나는 괴怪·력力·난亂·신神이 아니면 성인聖人은 다만 마땅히 인정하여 가상하게 여겼어야 할 뿐인데, 아무 까닭 없이 의심하여 "그러한가? 어찌 그가 그러했겠는가?"라고 말하였다면 이는 의혹스러운 일이며, 또 바로 그 사람을 대하여 "그러한가? 어찌 그가 그러했겠는가?"라고 말하는 것은 예禮가 아니다. 전에 이미 의심을 품었고 지금 또 깊이 의심한다면,[12] 공숙문자는 끝내 어떤 인물인지 알 수 없는 사람인가? '기연其然'이란 (사리에 어긋나지 않는) 그 실상을 얻음에 기뻐한 것이고, '기기연豈其然'이란 예전에 들은 말이 사리에 맞지 않았음을 깨달은 것이다. [王充 의《論衡》에는 이 말을 고쳐서 "어찌 그가 그러했겠는가? 어찌 그가 그러했겠는가?"[13]라고 하였으니, 이는 더욱 크게 잘못된 것이다.]

○또 살펴보건대, 공숙문자는 어진 대부이다. 정貞·혜惠·문文의 삼덕三德이《예기》〈단궁檀弓〉에 나타나 있고,[14] 대부大夫 선僎(公叔文子의 家臣)의 일은 (이 경문의) 아래 장章에 나타나 있으며, 또 사추史鰌[15]의 말에 "부유하되 교만하지 않은 자가 드문데, 나는 오직 그대에게서만 이것을 본다"라고 하였으니, [《左傳》定公 13년조에 있다.] 그는 본시 어진 사람이었다. 어찌 그의 선행을 믿지 않을 수 있겠는가?

○윤임경:[16] '기연'이란 구句는 본절本節[17]을 가지고 말한 것이고, '기기연'이란 상절上節[18]에 돌려서 말한 것이다. 공숙문자에게는 '말할 때가 되어야 말하고 즐거운 뒤에야 웃고 의로운 뒤에야 취한다'는 이러한 행위들이 있었음을 말하였는데, 어떻게 그는 말도 않고 웃지도 않으며 취하지도 않았겠는가?

○살펴보건대, 건륭乾隆 무술년(1778) 겨울에 내가 화순和順의 동림사東林寺에서 글을 읽을 때 [나이 17세였다.] 이 구절의 뜻을 알았는데, 지금 37년이 되었다. 요즘 서씨徐氏의《경설經說》[19]을 보니, 옛사람이 이미 이러한 뜻을 먼저 터득하고 있었던 것이다.[20]

子曰:"臧武仲以防求爲後於魯, 雖曰不要君, 吾不信也."

孔曰: 防, 武仲故邑."【案, 孔子之祖父^①防叔, 爲防大夫】
○孔曰:"爲後, 立後也."
○朱子曰:"武仲得罪奔邾, 自邾如防, 使請立後【爲其先立後】而避邑, 以示若不得請, 則將據邑以叛, 是要君也."
○純曰:"要, 猶劫也, 謂約勒也."《孝經》曰:"要君者無上." 孔傳曰:"要, 謂約勒也."】

○案 據邑以叛, 古注無此說. 武仲旣見嫉於三家, 區區一邑, 若不足以謀叛者. 然防者, 邊邑也. 齊·邾者, 武仲之外交也. 據防以召兵, 容有是虞, 故必坐防而求後也.▶

---

① 祖父:《史記》〈孔子世家〉에는 '曾祖父'로 되어 있으나 茶山의 기록을 그대로 두었다.
1) 防: 山東省 費縣 동북쪽에 있는 華城이 그 故地라고 한다.
2) 防叔: 孔防叔. 周代 宋나라 사람. 微子의 後裔.《史記》의〈孔子世家〉에는 孔防叔이 孔子의 曾祖父로 기술되어 있는데, 茶山은 祖父라 했으니 잘못 적은 듯하나 그대로 두었음.
3) 太宰純,《論語古訓外傳》14-10b.
4)《孝經》'五刑' 章에 나온다.

공자는 말하기를 "장무중臧武仲이 방읍防邑을 가지고 노魯나라에 그의 후계자를 세워 달라고 요구하였으니, (사람들은 그가) 비록 임금을 위협하여 강요하지는 않았다고 하나, 나는 믿지 못하겠다."라고 하였다.

○공안국: 방防1)은 장무중의 고읍故邑이다. [살펴보건대, 孔子의 祖父인 防叔2)이 防 大夫였다.]

○공안국: 위후爲後는 후사後嗣를 세우는 것이다.

○주자: 장무중이 죄를 얻어 주邾 땅으로 달아났다가 주邾에서 방읍防邑으로 가서, 사람을 시켜 후계자를 세워 주면 [그 조상을 위하여 後嗣를 세우는 것이다.] 방읍을 떠나겠다는 청을 하게 하여, 만약 청을 들어주지 않으면 장차 방읍을 점거하여 반란을 일으키겠다는 뜻을 보인 것이니, 이는 임금을 위협하여 강요한 것이다.

○태재순: 요要는 겁박한다(劫)는 뜻과 같으니, 강요하여 누르는 것(約勒)을 이른다.3) [《孝經》에는 "임금을 위협하는 자는 임금을 업신여기는 것이다"라 하고,4) 孔安國의《孝經傳》에는 "要는 約勒을 이른다"고 하였다.]

○살펴보건대, (주자의 주에서) 방읍防邑을 점거하여 반란을 일으키겠다는 뜻을 보인 것이라 하였는데, 고주古註에는 이런 설說이 없다. 장무중臧武仲은 이미 삼가三家(三桓氏)에게 미움을 받았고, 또 자그마한 하나의 고을로써는 모반할 처지가 되지 않을 듯하다. 그러나 방防은 변방 고을이고, 제齊나라와 주邾나라는 장무중이 외교外交하던 나라이다. 방읍을 점거하여 병사를 불러 모으면 혹 이런 근심이 있을 수 있다. 그러므로 굳이 방읍에 앉아서 후사後嗣를 요구한 것이다.▶

◀其辭曰: "苟守先祀, 敢不辟邑?" 明先祀遂絕, 則不避邑也. 不召外寇, 無恃內援, 將何術以不避乎? 其意隱然使魯之君臣, 慮其畔而從其所請也. 朱子於是推究深切, 故曰: "示將據邑以叛也."

事實《左傳》襄二十三年, 季武子無適子, 公彌長, 而愛悼子,【紇】欲立之. 訪於申豐.【季氏屬大夫】不聽. 訪於臧紇,【即武仲】紇請飲酒. 召悼子, 降, 逆之.【待之以太子】召公鉏,【即公彌】使與之齒.【從庶子之禮】孟孫惡臧孫,【惡其使李氏廢長立庶】季孫愛之. 孟孫卒, 公鉏奉羯.【孟孫之次子】遂立羯.【約與之同讐臧孫】臧孫入哭, 甚哀. 孟孫告於季孫曰: "臧孫將爲亂." 季孫怒, 命攻臧氏. 乙亥, 臧紇出奔邾.▶

---

5)《左傳》襄公 23년조에 나오는 말이다.
6) 季武子: 春秋時代 魯의 大夫 季孫宿이다.
7) 申豐: 春秋時代 魯의 大夫이나 季氏의 家臣이다.
8) 孟孫: 春秋時代 魯의 大夫인 仲孫速, 곧 孟莊子이다.

◀그가 사람을 시켜 요구하는 말에 "만약 선조의 제사가 지켜진다면 방읍防邑을 떠나지 않겠는가?"⁵⁾라고 하였으니, 이는 분명히 선조의 제사가 드디어 끊어진다면 방읍을 떠나지 않겠다는 말이다. 그러나 외구外寇를 불러들이지 않고 내원內援에 의지하지 않으면, 무슨 수로 떠나지 않을 수 있겠는가? 그의 의도는 은연隱然히 노魯나라 군신君臣으로 하여금 그가 배반할 것을 염려하여 그의 청을 들어주게 한 것이다. 주자는 여기에 대해 추구함이 깊고 절실하였기 때문에, "장차 방읍을 점거하여 반란을 일으키겠다는 뜻을 보인 것이다"라고 하였던 것이다.

【사실】《좌전》: 양공襄公 23년(B.C. 550)조에 보면, 계무자季武子⁶⁾에게는 적자嫡子가 없었다. (서자로서는) 공미公彌가 장자長子였으나, (계무자는) 도자悼子 [이름이 紇이다.] 를 사랑하여 그를 세우고자 하고는 신풍申豊⁷⁾ [季氏에게 속한 大夫이다.] 을 방문하여 물으니 듣지 않았다. 장흘臧紇 [곧 武仲이다.] 을 방문하여 물으니, 장흘이 (도자를 세우겠으니) 자신에게 술을 대접하라고 하였는데, (계무자가 이에 응하여 연회를 베풀자 장흘은) 도자悼子를 불러서 (자신이 몸소 당상堂上에서) 내려가 그를 맞이하고, [그를 太子의 禮로써 대우하였다.] 공서공서公鉏 [곧 公彌이다.] 를 불러서는 그로 하여금 (당하堂下의 신하들의) 반열에 끼게 하였다. [庶子의 禮를 따랐다.] (그 뒤) 맹손孟孫⁸⁾은 장손臧孫(臧孫紇)을 미워하고, [그가 季氏로 하여금 長子를 폐하고 庶子를 세우게 한 것을 미워한 것이다.] 계손季孫은 그를 사랑하였다. 맹손이 죽자 공서는 갈羯 [孟孫의 次子이다.] 을 받들어 드디어 갈을 (후사로) 세웠다. [언약하여 그와 함께 臧孫을 함께 원수로 하였다.] 장손은 (맹손의 빈소에) 들어가서 곡을 하는데 매우 슬펐다. 맹손이 계손에게 "장손臧孫이 장차 난을 일으키려 한다"고 고하니, 계손이 (이 말을 믿고) 성을 내어 사람들에게 명하여 장손을 치게 하였다. 그래서 을해乙亥에 장흘臧紇은 노나라를 탈출하여 주邾로 도망쳤다.▶

◀初, 臧賈·臧爲【武仲之二兄】出在鑄.【依舅家】武仲自邾使告臧賈, 且致大蔡焉,【即寶龜】曰: "紇不佞, 失守宗祧. 紇之罪不及不祀.【應有後】子以大蔡納請, 其可."【爲先人立後】賈曰: "是家之禍也, 非子之過也." 再拜受龜, 使爲【賈之弟】以納請,【賈請立】遂自爲也.【爲自請】臧孫如防, 使來告曰: "紇非能害也, 知不足也.【慮事淺】非敢私請!【爲先人】苟守先祀, 無廢二勳,【文仲及宣叔】敢不辟邑?"【杜云: "據邑請後, 故孔子以爲要君."】乃立臧爲. 臧紇致防而奔齊.

---

9) 鑄: 지금의 山東省 泰安에 있었던 小國.
10) 大蔡: 吉凶을 점칠 때 쓰는 큰 거북(大龜). 蔡나라는 大龜의 所産地였기 때문에 龜를 蔡라고 칭하기도 한다.
11) 納請: 집안이 이어져 나갈 수 있도록 점을 쳐서 祈願하는 것.

◀처음에 장가臧賈와 장위臧爲 [臧武仲의 두 형이다.] 는 주鑄9) [外家에 의지해 있었다.] 에 나가 있었고, 장무중은 주邾나라에서 장가臧賈에게 사람을 보내 (자기의 소재를) 알리고, 또 대채大蔡10) [곧 家寶가 되는 점치는 큰 거북이다.] 를 주면서 말하기를 "장흘臧紇은 못나서 가묘家廟를 지킬 힘을 잃었으나, 장흘의 죄가 후사가 끊어져서 제사를 지내지 못하는 지경에까지 이르지는 않았을 것이니 [마땅히 後嗣가 있을 것이다.] 형께서 이 대채大蔡로써 (가문의 주인이 되어) 집안을 이을 수 있도록 빌어주면 좋겠다" 라고 하니, [先人을 위하여 後嗣를 세우는 것이다.] 장가臧賈가 말하기를 "이는 우리 집안의 화요, 자네의 잘못이 아니다" 라 하고는 두 번 절하고 거북을 받아 장위臧爲 [臧賈의 아우이다.] 를 시켜 납청納請11)하게 하였는데, [臧賈를 後嗣로 서도록 청하게 한 것이다.] 장위는 드디어 자신을 대를 잇게 해달라고 점을 쳐서 빌었다. [臧爲가 스스로 자신이 後嗣가 되게 기원하였다.] 장손이 (주邾로부터) 방읍防邑에 가서 사람을 보내 (조정에) 고하기를 "장흘이 (군중을 동원하였던 일이) 남을 해치려는 뜻을 품었던 것이 아닙니다. 사려가 부족하였던 것입니다. [생각하는 일이 얕은 것이다.] 또 감히 (장손 개인이) 사사로이 청하는 것이 아닙니다. [先人을 위한 것이다.] 만약 조상의 제사를 끊어지지 않게 지키고, 두 분 [조부인 臧文仲과 부친인 宣叔이다.] 의 공훈功勳이 없어지지 않는다면, 어찌 방읍을 떠나지 않겠습니까?" 라고 하였다. [杜預는 이르기를 "邑을 점거하여 後嗣를 청하였기 때문에, 孔子가 '要君'이라 했다"라고 하였다.] (그래서) 이에 (조정에서는) 장위를 세워 후사를 잇게 해주었으므로, 장흘臧紇은 방防을 노나라에 반환하고 제齊나라로 출분出奔하였다.

○案 臧武仲設計飲酒, 以亂季氏之宗統, 茲所謂作不順也.【逆長庶之序】責人則明, 以召孟氏之怨毒,【以立庶, 故哭之哀】茲所謂施不恕也. 於魯則要君, 於齊則辱君.【比於鼠】其奸回不正如此, 而猶爲子路願之, 非譏而何?

朱子曰: "要, 有挾而求也."

○案 曹沫劫桓公而盟,《公羊傳》謂之要盟.【云: "要盟可犯, 而桓公不欺曹子."】〈孔子世家〉云: "蒲人止孔子, 强與之盟, 孔子背盟而適衛, 曰, '要盟也, 神不聽.'"【盟曰: "毋適衛."】舅犯及河授璧,〈檀弓〉疏謂之要君.【《孝經》疏亦以授璧謂之要君】朱子所謂'有挾而求'者, 蓋據舅犯也. 然孔氏約勒之解, 最中經旨, 今所取也.《孝經》今註無此文, 而太宰純引之, 疑日本尚有古本《孝經》.

---

12) 作不順:《左傳》襄公 23년에 나오는 말이다.
13) 施不恕:《左傳》襄公 23년에 나오는 말이다.
14)《左傳》襄公 23년조에 보면, "齊侯將爲臧紇田. 臧孫聞之見齊侯, 與之言伐晉. 對曰, 多則多矣, 抑君似鼠"라는 기록이 있음.
15) 曹沫: 春秋時代 魯나라 사람. 뛰어난 勇力으로써 莊公을 섬겼음.《左傳》에는 曹劌로 되어 있다.《史記》卷86〈刺客列傳〉참조.
16)《公羊傳》莊公 13년조에 나온다.
17) 舅犯: 春秋時代 晉나라 大夫. 姓은 狐, 名은 偃, 字는 子犯. 文公의 舅(외三寸)였기 때문에 舅犯이라 하였음. 晉 文公(重耳)을 당시 覇者가 되게 한 功이 있다.
18)《禮記》〈檀弓〉下에 나오는 經文의 "其舅犯乎? 文子曰, 見利不顧其君, 其仁不足稱也"라는 구절의 鄭玄 注에 "謂久與文公辟難, 至將反國, 無安君之心, 及河授璧, 詐請亡. 要君以利, 是也"라는 말이 있다. 注의 요점은 舅犯이 본국에 돌아갔을 때 文公이 자기에게 利祿을 주지 않을까 염려하여, 보관하던 구슬을 반환하고 거짓으로 다른 나라로 달아나겠다고 하면서 文公의 마음을 떠보는 것이니, '要君'이라 할 수 있다.《左傳》僖公 24년의 기사 참조.
19) 太宰純이 자신의 저술인《論語古訓外傳》'臧武仲以防求爲後於魯' 章에《孝經》'五刑' 章에 나오는 말 '要君者無上'에 대한《孔安國傳》을 인용하여, "孔傳曰, 要, 謂約勒也"라고 한 것을 茶山이 지적한 것이다.

○살펴보건대, 장무중臧武仲이 자신에게 술을 먹이라고 꾀를 쓴 것은 계손씨季孫氏의 종통宗統을 어지럽힌 것이니, 이는 이른바 '행함이 순조롭지 못한 것(作不順)'[12]이고, [長子와 庶子의 次序를 거스른 것이다.] 남을 질책하는 데는 밝아서 맹손씨孟孫氏의 원독怨毒을 불러왔으니, [庶子를 (後嗣로) 세웠기 때문에 못하는 것이 슬펐다.] 이는 이른바 '베풂이 마음으로부터 동정하지를 못한 것이다(施不恕).'[13] (장무중이) 노魯에서는 임금을 위협하고(要君), 제齊나라에서는 임금을 욕보였으니, [齊侯를) 쥐에 비유하였다.[14]] 그의 간교하고 바르지 못함이 이와 같았는데도 (공자는) 오히려 자로子路를 위해 이것을 원하였다면, 이는 기롱이 아니고 무엇이겠는가?

○주자: 요要는 무엇을 끼고서 그것을 믿고 요구함이 있는 것이다.

○살펴보건대, 조말曹沫[15]이 환공桓公을 협박하여 맹약盟約을 맺었는데, 《공양전公羊傳》에서는 이를 요맹要盟이라 하고, [《公羊傳》에 이르기를 "要盟은 뒤엎어 버릴 수 있으나, 齊 桓公이 曹子(曹沫)와의 맹약을 배신하지 않았다"라고 하였다.[16]] 《사기》〈공자세가孔子世家〉에는 "포蒲의 사람들이 공자의 앞길을 막아서서 강제로 공자와 맹약을 하였는데, [衛나라로 가지 말라는 맹약이다.] 공자는 맹약을 배반하고 위나라로 가면서 '이는 강요된 맹약(要盟)이니 신神도 받아 주지 않는다'"라고 하며, 구범舅犯[17]이 (문공과 19년 동안의 망명에서 본국에 돌아오면서) 황하黃河에 이르러 (문공에게 자기가 보관하던) 벽璧(구슬)을 도로 바친 것(授璧)을 《예기》〈단궁檀弓〉의 (구범을 평가하는 글의) 주注에 (거론하여) 이런 것을 임금에게 강요한 것(要君)이라 하였으니,[18] [《孝經》의 疏에도 또한 '授璧'을 要君이라 하였다.] 여기에 주자의 이른바 '무엇을 끼고서 그것을 믿고 요구함이 있다(有挾而求)'는 것은 대개 구범舅犯의 일을 근거로 하여 말한 것이다. 그러나 공안국의 '(요要는) 강요하여 누르는 것(約勒)이다'라는 해석은 경문의 뜻에 가장 적중하는 말이므로 여기에 그 말을 취한다. 《효경孝經》의 금주今註에는 (약륵約勒이라는) 이런 문구가 없는데, 태재순이 이 문구를 인용하였으니,[19] 아마도 일본日本에는 아직 오히려 《고본효경古本孝經》이 있는 모양이다.

引證 〈表記〉, 子曰: "事君三違,【違者, 去君去國之名】而不出竟,【國之境】則利祿也. 人雖曰不要, 吾弗信也."

○案 〈表記〉所論, 恰與此經相類. 要者, 約勒以求之也. 要者, 約也.【腰者, 約束處】要之爲求, 假借之法也.

子曰: "晉 文公譎而不正, 齊 桓公正而不譎."

鄭曰: "譎者, 詐也.【朱子云: "詭也."】謂召天子而使諸侯朝之.【邢云: "僖二十八年, 冬, 會于溫."】仲尼曰, '以臣召君, 不可以訓.' 故書曰, '天王狩於河陽.'【亦彼《傳》文也】是譎而不正也."

○馬曰: "伐楚以公義, 責苞①茅之貢不入, 問昭王南征不還,【邢云: "《左傳》僖四年, 春, 齊侯以諸侯之師侵蔡, 遂伐楚問罪."】是正而不譎也."

---

① 苞: 新朝本·奎章本에는 '包'로 되어 있으나《春秋左傳》僖公 4年에 따라 바로잡는다.
1)《正義》14. 晉 文公이 僖公 28년 겨울에 諸侯들과 溫에서 會盟을 하였는데, 이 會盟에 周의 襄王을 오게 하여 諸侯들로 하여금 謁見케 하고, 襄王에게는 사냥을 하도록 하였다.
2) 河陽: 黃河 북쪽을 가리키는 듯하다.
3)《左傳》僖公 28년조에 나오는 말이다.
4) 苞茅: 띠(茅)의 일종. 祭酒로 쓰는 술은 이것을 사용하여 술을 걸러 濁한 것을 제거한 듯하다.
5)《左傳》僖公 4년조에 이에 대한 記事가 상세하다.
6)《正義》14.

【인증】《예기》〈표기〉: 공자는 말하기를 "임금을 섬기다가 세 번이나 떠나려고 하였으면서도 ['違'란 君主의 곁을 떠나고 나라를 떠난다는 뜻이다.] 국경 밖으로 나가지 않은 것은, [(竟은) 國境이다.] 봉록을 이롭게 여겨 단념하지 않기 때문이다. 사람들은 비록 이를 강요한 것은 아니라고 하나, 나는 믿지 않는다"라고 하였다.

○살펴보건대, 《예기》〈표기〉에서 논한 바는 흡사 이 경문과 서로 비슷하다. '요要'란 눌러 맺어서 강요하는 것이다. '요要'란 약約의 뜻이고 [(要는 腰이니) '腰'란 (띠를) 매어 묶는 곳이다.] 요要가 구求한다는 뜻이 되는 것은 가차假借의 법이다.

공자는 말하기를 "진晉나라 문공文公은 속이고 바르지 않으며, 제齊나라 환공桓公은 바르고 속이지 않았다."라고 하였다.

○정현: '휼譎'이란 속인다(詐)는 뜻이니, [朱子는 "(譎은) 속인다(詭)는 뜻이다"라고 하였다.] (진 문공의 휼이부정譎而不正은) 천자를 불러와서 제후들로 하여금 조현朝見하게 한 것을 가리킨 말이다. [邢昺은 이르기를 "僖公 28년 겨울에 溫에서 會盟한 것이다"라고 하였다.[1]] (그래서) 공자는 "신하로서 임금을 불러낸 것은 교훈이 될 수 없다"라 하고, 그러므로 "천왕天王이 하양河陽[2]에서 사냥을 하였다"라고 적어 놓았으니, [역시 저것도 《左傳》의 글이다.[3]] 이것이 속이고 바르지 못한 것이다.

○마융: (제齊 환공桓公이) 공의公義로써 초楚나라를 정벌하여, 포모苞茅[4]의 공물이 들어오지 않은 것과 (주周나라) 소왕昭王이 남쪽으로 순수하러 갔다가 돌아오지 않은 것을 문책하였으니,[5] [邢昺은 이르기를 "《左傳》僖公 4년 봄에 齊侯가 諸侯들의 군사를 거느리고 蔡나라를 치고 그 길로 드디어 楚나라를 정벌하다"라고 하였다.[6]] 이것이 바르고 속이지 않은 것이다.

○案 齊桓·晉文, 當時竝稱, 而孔子獨善桓公, 故辨其正譎也. 孔子屢稱管仲, 而晉文之事, 無所及焉.

質疑 朱子曰: "二公以力假仁, 心皆不正. 然桓公伐楚, 仗義執言, 不由詭道, 文公則伐衛以取楚, 陰謀以取勝, 其譎甚矣."

○案 孟子曰: "仲尼之徒, 無道桓·文之事者." 然考之《論語》, 仲尼親口贊美管仲之功, 不遺餘力, 奚待其徒之言之乎? 孔子當時, 灼見桓公處心行事, 正而不譎, 不可與晉文同歸者, 故八字打開, 辨之如是. 蓋桓公之於管仲, 赦讎而用, 翕然不疑; 文公之於狐偃, 結恩而歸, 怎焉相忌, 【及河授璧而盟】其人已可知矣. 桓公恭於受胙, 文公敢於請隧, 其論亦可定矣. 或曰: "桓公殺公子糾, 而文公無此惡." ▶

---

7) 《孟子》〈梁惠王〉上에 나온다.
8) 《左傳》僖公 24년조에 이에 대한 상세한 記事가 있음.
9) 《左傳》僖公 9년조에 이에 대한 상세한 記事가 있음.
10) 隧: 무덤 길(隧道). 棺을 무덤에 운반하기 위하여 平地에서 地下로 무덤의 안까지 파서 들어간 通路. 이른바 天子라는 신분에 한해서만 설치하는 墓道이다.
11) 《左傳》僖公 25년에 이에 대한 상세한 記事가 있음.
12) 公子 糾: 齊나라 桓公의 異母兄. 子糾라고도 함. 春秋時代 齊나라에서는 襄公(子糾의 兄)이 살해된 뒤, 桓公인 小白과 糾가 서로 後嗣를 다투다가 小白이 糾를 살해하고 齊侯의 지위를 차지하였다.

○살펴보건대, 제 환공과 진 문공은 그 당시 함께 세상에 일컬어진 제후인데, 공자는 오직 제 환공만 칭찬하였기 때문에 그들의 바름(正)과 속임(譎)에 대해 논변한 것이다. 공자는 여러 번 관중管仲을 칭찬하였으나, 진 문공에 대한 일은 언급한 바가 없다.

【질의】 주자: (제 환공과 진 문공) 두 공공은 힘으로써 인仁을 (거짓으로) 빌려서 마음이 모두 바르지는 못하다. 그러나 환공은 초楚나라를 칠 때 의義에 입각하여 말을 하고 속임수에 말미암지는 아니하였으며, 문공은 위衛나라를 칠 때 초나라를 싸움에 끌어들여 음모로써 이겼으니, 그 속임이 심하다.

○살펴보건대, 맹자가 말하기를 "중니仲尼의 문도들은 제 환공과 진 문공의 사적을 말하는 이가 없었다"[7]라고 하였으나, 《논어》를 고람하면 공자는 직접 자신의 입으로 관중의 공을 아낌없이 찬미하였으니, 어찌 그 문도의 말을 기다릴 필요가 있겠는가? 공자는 당시에 환공의 처심행사處心行事가 바르고 속임수를 쓰지 아니하여, 진 문공과는 함께 취급할 인물일 수는 없음을 분명히 보았던 것이다. 그러므로 명료하게 해명하여 이와 같이 분별해 놓은 것이다. 대개 환공과 관중의 관계는 관중이 원수인데도 이를 용서하고 등용하여 흡연翕然히 조금도 의심하지 않고, 문공과 호언狐偃(舅犯)의 관계는 은혜로 맺었으나 (망명에서 진晉나라로) 돌아올 때 두려워하며 서로 기피하였으니, [黃河에 이르러 (狐偃이 보관하고 있던) 璧玉을 (文公에게 도로) 바치고 (거짓으로 도망을 가려고 하니 문공이 狐偃에게 마음을 같이하자고) 맹세하였다.[8]] 그 인간을 이미 알 만하다. 환공은 (주周나라 양왕襄王이 하사하는) 제육祭肉을 공손히 받았으나,[9] 문공은 (주나라 양왕에게) 감히 수隧[10]를 청하였으니,[11] 이 말로도 또한 (환공과 문공의 평가가) 정해질 수 있다. 어떤 이는 말하기를 "환공은 공자公子 규糾[12]를 죽였으나, 문공은 이런 악惡이 없다"고 하였다. ▶

◀然文公歷聘四國, 以待四君之自斃, 其倖災樂禍之心, 挾詐飾言之跡, 屢見於《春秋傳》·〈檀弓〉諸記, 苟誅其心, 奚但一子糾而已? 二公之是非邪正, 夫子有定評矣.【朱子謂'心皆不正'者, 桓公亦內行不備】

考異《漢書》〈鄒陽傳〉云: "齊 桓公, 法而不譎."

子路曰: "桓公殺公子糾, 召忽死之, 管仲不死." 曰: "未仁乎?" 子曰: "桓公九合諸侯, 不以兵車, 管仲之力也. 如其仁, 如其仁."

補曰 桓公, 弟也. 子糾, 兄也.《史記》曰: "襄公次弟[①]糾, 次弟[②]小白.【即桓公】"

---

① 弟: 新朝本에는 '第'로 되어 있으나 奎章本에 따라 바로잡는다.
② 弟: 新朝本에는 '第'로 되어 있으나 奎章本에 따라 바로잡는다.
13) 鄒陽: 前漢 臨淄人. 景帝 때 枚乘·嚴忌와 함께 吳에 出仕하였다가 吳王 濞의 邪謀를 諫하였는데, 듣지 않기에 吳를 떠나 梁에 가서 孝王에게 벼슬하여 뒤에 上客이 되었음.
1) 召忽: 春秋時代 齊나라 大夫. 公子 糾의 師傅가 되어 公子 糾와 小白의 亂에 죽었다.
2)《史記》〈齊太公世家〉에 나온다.

◂그러나 문공은 네 나라를 두루 빙문하며 네 나라의 군주가 스스로 죽기를 기대하였으며, 또 남의 재앙을 요행으로 바라고 남의 화禍를 즐기는 마음과 속임수를 끼고 말을 꾸며댄 사적이《춘추전春秋傳》과《예기》〈단궁檀弓〉편의 여러 기사에 자주 보인다. 진실로 그의 마음을 주토誅討한다면, 어찌 다만 한 공자 규를 죽이는 데에 그칠 뿐이겠는가? 두 공공의 시비是非와 사정邪正에 대해서는 공자가 그 정평定評이 있는 것이다. [朱子가 (齊 桓公과 晉 文公에 대해) '마음이 모두 바르지는 못하다'고 한 것은 桓公도 역시 心行이 갖추어지지 않았다는 것이다.]

【고이】《한서》〈추양전〉:[13] 제 환공은 법대로 행하고 속이지 않았다.

자로子路가 말하기를 "환공이 공자 규糾를 죽이자, 소홀召忽[1]은 죽었는데 관중은 죽지 않았습니다. (관중은) 인仁하지 못합니까?"라고 하였다. 공자는 말하기를 "환공이 제후들을 아홉 번 회합會合하였으되 무력을 쓰지 않은 것은 관중의 힘이었으니, (이는 소홀의) 그 인仁함과 같고, (소홀의) 그 인仁함과 같다."라고 하였다.

○보충: 환공은 아우이고, 자규子糾는 형이다.《사기》에 "양공襄公의 바로 다음 아우는 규糾이고, 그 다음 아우는 소백小白이다"라고 하였다.[2] [(小白은) 곧 桓公이다.]

○孔曰: "齊 襄公立, 無常,【杜注云: "政令無常."】鮑叔牙曰, '君使民慢, 亂將作矣.' 奉公子小白出奔莒.【莊八年】襄公從弟公孫無知殺襄公, 管夷吾·召忽奉公子糾出奔魯.【莊八年】齊人殺無知. 魯伐齊, 納子糾.【納之使爲君】小白自莒先入, 是爲桓公,【莊九年】乃殺子糾. 召忽死之."
○邢曰: "莊九年《傳》云, '鮑叔帥師來言曰, {子糾, 親也, 請君討之;【請魯治其罪】管仲③, 讎也, 請受而甘心焉.}【欲生得管仲】乃殺子糾于生竇.【《管子》云: "魯人殺之."】召忽死之. 管仲請囚, 鮑叔受之, 及堂阜而稅之.'"
○補曰 子路謂召忽殺身成仁, 疑管仲未仁.
○補曰 九合者, 會諸侯至八至九也.《穀梁傳》曰: "衣裳之會十有一." 秖稱九者, 不取北杏及陽穀, 故減二也.

---

③ 仲: 新朝本·奎章本에는 '召'로 되어 있으나《論語正義》卷14〈憲問〉에 따라 바로잡는다.
3)衣裳之會: 平和의 會合을 말함. 兵車之會의 對가 되는 말이다. 兵車之會는 兵車를 출동시켜 武力을 행사하는 會盟을 말함.
4)《穀梁傳》莊公 27년조에 나온다.
5) 北杏과 陽穀: 두 곳이 모두 春秋時代 齊의 邑인데, 齊 桓公이 B.C. 681년에 北杏에서 諸侯들을 회합하고, B.C. 657년에는 陽穀에서 諸侯들을 불러 모아 회합하였다.

○공안국: 제齊 양공襄公이 들어서서 떳떳함이 없자, [杜預는 이르기를 "(無常은) 政令이 無常한 것이다"라고 하였다.] 포숙아鮑叔牙는 "군주가 백성 부리기를 제멋대로 하니, 난亂이 장차 일어날 것이다"라 하고는 공자公子인 소백小白을 받들고 거莒나라로 도망갔고, [《左傳》 莊公 9년이다.] 양공의 종제從弟인 공손무지公孫無知는 양공을 죽였으며, 관이오管夷吾(管仲)와 소홀召忽은 공자公子 규糾를 받들고 노魯나라로 도망갔는데, [莊公 8년이다.] 제齊나라 사람이 공손무지를 죽이자 노나라가 제나라를 쳐서 자규子糾를 제나라에 들여보냈으나, [들여보내 그로 하여금 군주가 되게 하였다.] 소백은 거莒로부터 (제나라에) 먼저 들어왔으니 이 사람이 환공이다. [莊公 9년이다.] 이에 자규를 죽이니, 소홀召忽은 순사殉死하였다.

○형병: 장공莊公 9년(B.C. 685)《좌전》에 이르기를 "포숙아가 군사를 거느리고 (노나라에) 와서 하는 말이 '공자 규는 (제齊나라 환공과는) 형제이므로, (환공이 차마 죽일 수 없으니) 노나라 임금께서 죽여주기를 청합니다. [魯나라가 그 罪를 다스리라고 청한 것이다.] 그리고 관중은 원수이므로, 청컨대 신병을 인수해서 마음대로 처분하겠습니다' [管仲을 살리고자 하는 것이다.] 라고 하였다. 그래서 이에 자규를 생두生竇(魯의 地名)에서 죽이고, [《管子》에 이르기를 "魯人이 그를 죽였다"라고 하였다.] 소홀은 순사殉死하였다. 관중은 (옥에) 가두자고 요청하여 포숙이 인수해, 당부堂阜(齊의 地名)에까지 데리고 가서는 방면했다"라고 하였다.

○보충: 자로가 소홀召忽은 살신殺身하여 인仁을 이루었는데, 관중管仲은 인仁하지 못하였다고 의심한 것이다.

○보충: '구합九合'이란 제후들을 회합한 것이 여덟 번, 아홉 번에 이르렀다는 것이다.《곡량전穀梁傳》에 "의상지회衣裳之會3)가 열한 번이었다"4)라고 하였는데, 다만 (이《논어》의 경문에) 아홉 번이라고만 말한 것은 북행北杏과 양곡陽穀5)의 회합을 취하지 않았기 때문에 둘을 제외한 것이다.

憲問 下

○補曰 不以兵車, 明信義相孚, 不設備也.
○補曰 如猶當也. '其仁', 謂召忽之仁也, 言管仲之功足以當召忽之仁.
【如其仁】再言之者, 較計秤量, 而終覺其可相當也.
質疑 程子曰: "桓公兄, 子糾弟, 襄公死, 則桓公當立."【《春秋》書桓公, 則曰 齊 小白, 言當有齊國也; 於子糾則止曰糾, 不言齊, 以不當有齊也】
○朱子曰: "仲之可以不死, 正以小白兄, 而子糾弟耳."
○毛曰: "子糾·小白, 皆齊 僖之子, 齊 襄之弟, 然子糾兄也, 小白弟也. 程·朱二子, 獨云'桓兄糾弟', 一以輕召忽之死, 一以減管仲之罪, 皆因 漢 薄昭上淮南王長書中, 有'齊 桓殺弟'語, 引之作據. 而薄昭此語, 因有忌諱, 以漢 文是兄, 淮南是弟, 不敢斥言殺兄, 故改兄作弟, 此見《漢書》與〈淮南本傳〉韋昭之注."

---

6)《論語集註大全》卷14〈憲問〉제14 小註에 나온다.
7) 同上.
8) 薄昭: 前漢 吳人. 漢 高祖의 妃이며 文帝의 母인 薄姬의 남동생. 官은 車騎將軍으로서 軹侯에 封해졌음.
9) 淮南王: 漢 高祖의 여섯째아들인 淮南厲王인 劉長과 그 아들 劉安을 모두 淮南王이라고 하나 여기서는 劉長을 가리킨다.
10)〈淮南本傳〉:《漢書》卷44에 나오는〈淮南衡山濟北王傳〉과《史記》卷118에 나오는〈淮南衡山列傳〉을 가리키는 듯하다.
11) 이 글은 茶山이 毛奇齡의《論語稽求篇》'桓公殺公子糾'章의 글과《春秋毛氏傳》莊公 9년에 나오는 주석을 요약한 것이다.

○보충: '무력을 쓰지 않았다(不以兵車)'는 것은 신의信義로써 서로 믿어 군비를 설치하지 않았음을 밝힌 것이다.

○보충: '여如'는 당當(해당하다)의 뜻과 같고, '기인其仁'은 소홀召忽의 인仁을 가리키는 것이니, ('여기인如其仁'은) 관중의 공이 족히 소홀의 인仁에 해당할 수 있음을 말한 것이다. [이것이 '如其仁'이다.] ('여기인'을) 두 번 말한 것은 비교하고 달아봐도 결국은 그것이 가히 서로 같을 만하다고 깨달은 것이다.

【질의】정자: 환공은 형이고 자규子糾는 아우이니, 양공襄公이 죽으면 환공이 마땅히 입후立後가 되어야 한다.[6] [《춘추春秋》에 桓公을 쓸 때는 '齊小白'이라 하였으니, 이는 마땅히 齊나라를 所有해야 함을 말한 것이다. 그러나 子糾에 대해서는 다만 '糾'라고만 하고 齊를 말하지 않았으니, 이는 마땅히 齊나라를 소유해서는 안 되기 때문인 것이다.[7]]

○주자: 관중이 죽지 않을 수 있었던 것은 바로 소백은 형이고 자규는 아우이기 때문이다.

○모기령: 자규子糾와 소백小白은 모두 제齊 희공僖公의 아들이며 제 양공襄公의 아우이다. 그러나 자규가 형이고 소백이 아우인데, 정자와 주자는 유독 환공이 형이고 자규를 아우라고 하여, 한편으로는 소홀召忽의 죽음을 가벼이 여기고 다른 한편으로는 관중의 죄를 덜게 하였으니, 이는 모두 한漢나라 박소薄昭[8]가 회남왕淮南王[9]에게 올린 장서長書 안에 '제 환공이 아우를 죽였다'는 말이 있기 때문에 이를 끌어와 증거로 삼은 것이다. 그런데 박소의 이 말은 (형을 죽였다는 말을) 기피함이 있는 데서 온 것이다. 한漢나라 문제文帝는 형이고 회남淮南은 아우이니, 감히 (아무 거리낌 없이) 형을 죽였다고 지적하여 말할 수 없기 때문에 (형을 죽였다는) 형兄 자를 고쳐서 (아우를 죽였다는) 제弟 자로 만든 것이다. 이는 《한서漢書》와 〈회남본전淮南本傳〉[10] 위소韋昭의 주注에 나타나 있다.[11]

○案 桓弟糾兄, 審矣. 然桓公本無殺糾事.《春秋經》曰: "齊人殺之."
《管子》曰: "魯人殺之."

引證《春秋傳》: "齊 小白入于齊." 杜氏注: "小白, 僖公庶子. 公子糾, 小白庶兄也."

○《公羊傳》曰: "齊 小白入于齊, 篡也." 又曰: "子糾貴, 宜爲君者也."

○《穀梁傳》曰: "小白不讓, 故惡之也."

○《管子》〈大匡〉篇曰: "齊 僖公生公④子諸兒·公子糾·公子小白." 又曰: "鮑叔傅⑤小白, 辭疾不出, 以爲棄我, 因小白幼而賤故也."【鮑⑥叔不欲傅小白】

○《荀子》〈仲尼〉篇曰: "桓公殺兄而返國." 又曰: "前事則殺兄而爭國."
○案 此諸文, 竝載陳氏《經典稽疑》.

引證《莊子》〈盜跖〉篇曰: "昔者桓公 小白殺兄入嫂, 而管仲爲臣, 田成子常殺君竊國, 而孔子受幣."

○《韓非子》云: "桓公五伯之上也. 爭國而殺其兄, 其利大也."

---

④ 公: 新朝本·奎章本에는 빠져 있으나《管子》卷7〈大匡〉에 따라 보충한다.
⑤ 傅: 新朝本·奎章本에는 '傳'으로 되어 있으나《管子》卷7〈大匡〉에 따라 바로잡는다.
⑥ 鮑: 新朝本에는 '飽'로 되어 있으나 奎章本에 따라 바로잡는다.
12)《春秋經》莊公 9년조에 나온다.
13)《管子》〈大匡〉편에 나온다.
14)《春秋經》莊公 9년조에 나온다.
15)《公羊傳》莊公 9년조에 나온다.
16) 同上.
17)《穀梁傳》莊公 9년조에 나온다.
18) 陳氏: 明代의 學者인 陳耀文인 듯하나 未詳. 陳耀文은 字는 晦伯, 號는 筆山. 官은 太僕卿. 저술로는《經典稽疑》·《正楊》·《學圃萱蘇》·《天中記》·《花草粹編》등이 있음.
19) 田成子常: 春秋時代 齊나라 사람. 齊의 簡公을 殺害하였음.
20)《韓非子》卷第16〈難四〉제39에 나온다.

○살펴보건대, 환공은 아우이고 규糾는 형임이 분명하다. 그러나 환공은 본래 규를 죽인 일이 없다. 《춘추경春秋經》에는 "제齊나라 사람이 그를 죽였다"[12]고 하고, 《관자》에는 "노魯나라 사람이 그를 죽였다"[13]고 하였다.

【인증】《춘추전》: "제齊 소백小白이 제나라에 들어가다"[14]라고 하였다. 이 말에 대한 두예杜預의 주注에 "소백은 희공僖公의 서자요, 공자公子 규糾는 소백의 서형이다"라고 하였다.

○《공양전》: "제 소백이 제나라에 들어간 것은 (군주의 자리를) 찬탈하기 위한 것이다"[15]라 하였고, 또 "자규는 존귀하니 마땅히 군주가 되어야 한다"[16]고 하였다.

○《곡량전》: 소백은 사양하지 아니하기 때문에 그를 미워한 것이다.[17]

○《관자》〈대광〉: "제齊나라 희공僖公은 공자公子 제아諸兒·공자 규糾·공자 소백小白을 낳았다"라 하였고, 또 "포숙鮑叔은 소백의 사부師傅로 임명되자 사양하고 병을 칭탈하고는 나가지 않으며 (결국은) 나를 버릴 것이라고 생각하였으니, 이는 소백이 어리고 천하기 때문이었다"라 하였다. [鮑叔은 小白의 師傅를 하고 싶지 않았다.]

○《순자》〈중니〉: "환공은 형을 죽이고 나라에 돌아왔다"라 하였고, 또 "(환공이 군주로 즉위하기) 그 이전의 일로서는 형을 죽여서 나라를 다투어 차지한 것이다"라 하였다.

○살펴보건대, 이 여러 글은 모두 진씨陳氏[18]의 《경전계의經典稽疑》에 실려 있다.

【인증】《장자》〈도척〉: 옛날에 환공桓公 소백小白은 그 형을 죽이고 형수를 (자기의 처로) 들여놓았는데도 (어진) 관중이 그의 신하가 되었고, 전성자상田成子常[19]은 임금을 죽이고 나라를 훔쳤는데도 (성인인) 공자가 그에게 폐백을 받았다.

○《한비자》: (제齊의) 환공은 오패五覇 가운데서 가장 상위上位이다. (그런데도) 나라를 다투어 그 형을 죽인 것은 그 이익이 컸기 때문이다.[20]

憲問下

○《越絕書》云: "管仲臣于桓公兄公子糾, 糾與桓爭國, 管仲張弓射桓公, 中其帶鉤."
○《說苑》〈尊賢〉篇云: "將謂桓公仁義乎? 殺兄而立, 非仁義也. 又鮑叔曰, '昔者公子糾在上而不讓, 非仁也.'"
○《尹文子》云: "齊人殺襄公, 立公孫無知, 而無知被殺, 二公子爭國, 糾宜立者也. 小白先入, 故齊人立之."
○鄧驥《左氏指縱》云: "桓公, 襄公之季弟也."
○案 此諸文, 竝載陳氏《經典稽疑》.

質疑 朱子曰: "九,《春秋傳》作糾, 古字通用.《左傳》僖二十六年, 齊 孝公伐我北鄙. 公使展喜犒師曰: '桓公糾合諸侯, 謀其不協.'"
○毛曰: "九與糾字, 果是相通. 然此是九通糾, 非糾通九也. 屈平〈天問〉亦曰 '齊 桓九會, 卒然身殺', 而朱子註〈天問〉, 據展喜一語, 而謂是糾字之通, 誤矣."

---

21)《越絕書》: 書名. 漢의 袁康이 지었는데 15권이다. 周代 越國의 흥망을 기록한 책으로서《吳越春秋》와 내용의 출입이 많으나, 文章의 博奧함이《吳越春秋》보다 뛰어나다고 함.
22) 帶劍: 여기서는 帶鉤를 말함. 革帶의 두 끝을 서로 끼어 맞추는 자물 단추.
23) '또 鮑叔은 … 仁이 아니다' 라는 글은《說苑》〈尊賢〉편에는 없다.
24)《尹文子》: 書名. 戰國時代 齊나라의 處士 尹文이 撰한 것이라 함.
25) 鄧驥: 未詳.
26) 毛奇齡의《論語稽求篇》'桓公殺公子糾' 章에 인용된 것을 재인용한 것임.
27) 展喜: 春秋時代 魯나라 大夫.
28) "九與糾字, 果是相通. 然此是九通糾, 非糾通九也. 屈平〈天問〉亦曰, 齊桓九會, 卒然身殺" 까지는 毛奇齡의《論語稽求篇》〈桓公九合諸侯〉에서 인용하였으나, 그 아래의 "而朱子註〈天問〉, 據展喜一語, 而謂是糾字之通, 誤矣"라는 글은 어디에서 인용하였는지 未詳.

○《월절서》:²¹⁾ 관중은 환공의 형 공자公子 규糾에게 신하 노릇을 하였는데, 공자 규와 환공이 나라를 (차지하려) 다툴 때 관중은 활을 당겨 환공을 쏘아 그의 대검帶劍²²⁾을 맞추었다.

○《설원》〈존현〉: 환공이 한 짓을 장차 인의仁義라 하겠는가? 형을 죽이고 (군주의 자리에) 섰으니 인의가 아니다. 또 포숙鮑叔은 "옛날에 공자 규는 윗자리에 있으면서 겸양하지 않았으니, 인仁이 아니다"라고 하였다.²³⁾

○《윤문자》:²⁴⁾ 제齊나라 사람이 양공襄公을 죽이고 공손무지公孫無知를 세웠으나 무지가 피살당하매, 두 공자가 나라를 다투었는데 (여기에는) 공자 규糾가 (그 군주의 자리에) 서야 할 사람이다. (그런데도) 소백小白이 먼저 나라에 들어왔기 때문에 제나라 사람이 그를 세운 것이다.

○등기鄧機²⁵⁾의《좌씨지종》: 환공은 양공襄公의 계제季弟(막내 아우)이다.²⁶⁾

○살펴보건대, 이 여러 글은 모두 진씨陳氏의《경전계의經典稽疑》에 실려 있다.

【질의】 주자: 구九는《춘추전春秋傳》에 규糾로 되어 있으니, 옛 글자에서는 통용되었던 것이다.《좌전》희공僖公 26년에 제나라 효공孝公이 우리 (노나라의) 북비北鄙(북쪽 변방)를 치매, 희공이 전희展喜²⁷⁾를 파견하여 (제나라) 군사들에게 잔치를 베풀어 위로하며 말하기를, "환공이 제후를 규합하는 것은, 협조하지 않고 평화를 어지럽히는 자들에 대한 것을 도모함이다"라고 하였다.

○모기령: '구九'와 '규糾'는 과연 이것이 서로 통하기는 하나, 이 구九는 규糾에 통하지만 규糾는 구九에 통하지 않는다. 굴평屈平의〈천문天問〉편에도 또한 "제 환공이 제후들을 아홉 번 회합하여 패자霸者가 되었으나, 끝에 가서는 반란 때문에 몸이 살해되었다(齊桓九會, 卒然身殺)"라고 하였는데, 주자는〈천문〉편을 주석하면서 (《좌전》에 나오는) 전희展喜의 한마디 말에 근거하여, 이 (구九)는 규糾 자와 통용되는 것이라고 말하였으니, 잘못된 것이다.²⁸⁾

憲問下

○案 糾者, 繩三合也.【徐鉉《說文箋》云: "調三股繩也."】與九相通, 本無是理. 《左傳》又曰: "召 穆公思周德之不類, 故糾合宗族于成周而作詩."【僖卄四】糾也者, 繆也. 宗族離心, 則宗臣糾而合之; 諸侯泮散, 則伯主糾而合之.《左傳》自是糾合,《魯論》自是九合, 何必強合之爲快乎? 後世字書, 或云 '糾與九通'. 皆據新義, 無經證也. 惟《莊子》〈天下〉篇云: "禹親操橐耜, 以九雜天下之川." 註讀九爲糾,【注云: "糾合錯雜, 使川流貫穿注海也. 九與鳩·糾竝通."】本是誤註. 九雜者, 鳩雜也. 鳩者, 聚也, 糾則何干?

引證《管子》曰: "兵車之會六, 乘車之會三."

○《國語》曰: "兵車之屬六, 乘車之會三"

○《史記》曰: "兵車之會三, 乘車之會六."【見邢疏】

○《呂覽》曰: "一匡天下, 九合諸侯."

○王逸《楚辭》注曰: "九合諸侯, 一匡天下."

---

29) 徐鉉: 宋 揚州人. 字는 鼎臣. 官은 처음에 南唐에서 吏部尙書를 지내고, 뒤에 宋으로 돌아와 太子率更令·散騎常侍를 역임. 小篆·隸書에 뛰어나고 小學에 정통함. 아우 鍇와 함께 文名이 있어 세간에서 二徐라 불렸다. 저서로는《文苑英華》를 編輯하고《說文箋》과《騎省集》이 있음.
30)《管子》〈小匡〉편에 나온다. 兵車의 會合은 군사적 회합이고, 乘車의 회합은 평화적 회합이다.
31)《國語》〈齊語〉에 나온다. '兵車之屬'의 屬은 會와 같은 뜻이다.

○살펴보건대, '규糾'란 새끼를 세 가닥에서 합치는 것이다. [徐鉉[29]의 《說文箋》에 "(糾는) 세 가닥의 새끼를 합치는 것이다"라고 하였다.] (규糾가) 구九와 서로 통한다니, 본래 이럴 리가 없다. 《좌전》에 또 말하기를 "(주周나라의 경사卿士인) 소召의 목공穆公이 주실周室의 덕이 쇠하여 친화하지 못하는 것을 염려하였기 때문에 종족宗族을 성주成周에 규합하고서 (〈상체常棣〉의) 시를 짓게 했다"라고 하였다. [僖公 24년조에 나온다.] 규糾란 얽는다(繆)는 뜻이다. 종족이 (화합하지 못하고) 마음을 흩어 버리면 종신宗臣이 이를 규합하고, 제후가 (화합하지 못하고) 흩어져 버리면 백주伯主가 이를 규합한다. 《좌전》은 《좌전》대로 그 자체가 '규합糾合'의 뜻이고, 《노론魯論》은 《노론》대로 그 자체가 '구합九合'의 뜻인데, 어찌 반드시 이것을 억지로 합해야 쾌하겠는가? 후세의 자서字書에 "규糾와 구九는 통한다"라고 혹 말하였다고 해서 모두 이 새로운 뜻에다 근거를 삼지만, 경전經傳에 그런 증거는 없다. 오직 《장자莊子》〈천하天下〉편에 "우禹는 몸소 쟁기와 삼태기 등을 가지고 작업하여, 천하의 개천 물을 모두 모아 큰 강으로 흐르게 하였다(禹親操橐耜, 以九雜天下之川)"라고 한 말에 '구九'를 '규糾'의 뜻으로 읽으라고 주석하였는데, [注에 이르기를 "錯雜한 것을 糾合하여 개천의 흐름을 뚫어서 바다로 트이게 하는 것이다. 九와 鳩·糾는 모두 통한다"라고 하였다.] 이는 본래 잘못된 주석이다. 구잡九雜이란 구잡鳩雜이다. '구鳩'란 모은다(聚)는 뜻이니, 규糾와 무슨 상관이 있겠는가?

【인증】《관자》: 병거兵車의 회합이 여섯 번이고, 승거乘車의 회합이 세 번이다.[30]

○《국어》: 병거의 회합이 여섯 번이고, 승거의 회합이 세 번이다.[31]

○《사기》: 병거의 회합이 세 번이고, 승거의 회합이 여섯 번이다. [邢昺의 疏에 나타나 있다.]

○《여람》: 천하를 일광一匡하고 제후를 구합九合하였다.

○왕일王逸《초사》의 주: 제후를 구합九合하여 천하를 일광一匡하였다.

憲問 下

○毛曰⁷⁾: "范甯《穀梁傳》注曰, '莊十三年, 會北杏. 十四年, 會鄄. 十五年, 又會鄄. 十六年, 會幽. 二十七年, 又會幽. 僖元年, 會檉. 二年, 會貫. 三年, 會陽穀. 五年, 會首止. 七年, 會甯母. 九年, 會葵丘.' 凡十一會, 《正義》曰, '祗稱九者, 不取北杏及陽穀, 故減二也.'"⁸⁾

○案 九合之證, 可謂備矣. 然孔子謂九合諸侯, 不以兵車, 則《管子》·《國語》·《史記》謂兵車或六或三者, 皆誤, 當以《穀梁傳》爲正. 衣裳之會十一, 而不計其二也. 【《國語》云: "甲不解纍, 兵不解翳, 韜無弓, 服無矢." 此所謂'不以兵車'】

引證《左傳》襄十一年云: "晉 悼公以鄭樂之半賜魏絳, 曰, '子敎寡人, 和戎狄, 八年之中, 九合諸侯.'"

○昭元年, 祁午謂趙文子曰: "子相晉以爲盟主, 于今七年矣. 再合諸侯, 三合大夫."

〈晉語〉魏絳曰: "八年七合諸侯, 君之靈也."

---

⑦ 毛曰: 新朝本·奎章本에는 빠져 있으나《論語稽求篇》卷6〈桓公九合諸侯〉의 내용이므로 보충한다.

⑧ 故減二也: 新朝本·奎章本에는 이 아래에 '見邢疏'라고 原註로 처리하고 있으나, 이는 편집 과정의 誤謬로 여겨져 삭제한다.

32) 甯母: 地名. 山東省 魚臺縣의 동쪽에 위치함. 여기의 다른 것도 모두 地名이다.

33)《國語》〈齊語〉에 나온다.

34) 魏絳: 春秋時代 晉나라 大夫. 諡는 莊子.

35) 祁午: 春秋時代 晉나라 사람. 祁奚의 아들. 父가 悼公에게 추천하여 軍尉가 됨.

36) 趙文子: 春秋時代 晉나라 사람. 文은 諡이며, 名은 武이다. 趙盾의 孫. 또 趙孟이라고도 함. 晉 悼公 때 宰相이 되었음.

37)《左傳》昭公 원년조에 나온다.

○모기령: 범녕范甯의《곡량전》주注에 말하기를 "(의상지회衣裳之會 열한 번은) 장공莊公 13년에 북행北杏에서 회합한 것을 비롯하여 14년에 견鄄에서, 15년에 또 견鄄, 16년에 유幽, 27년에 또 유幽, 희공僖公 원년에 정檉, 2년에 관貫, 3년에 양곡陽穀, 5년에 수지首止, 7년에 영모甯母,³²⁾ 9년에 규구葵丘에서 회합한 것이다"라고 하였다. 무릇 열한 번의 회합을 (형병의)《논어정의論語正義》에서는 "다만 아홉 번이라 한 것은 북행과 양곡의 회합을 취하지 않기 때문에 둘을 제외한 것이다"라고 하였다.

○살펴보건대, 구합九合에 대한 증거는 이것으로 갖추어졌다고 이를 만하다. 그러나 공자는 '제후들을 아홉 번 회합會合하였으되 무력을 쓰지 않았다'고 하였다. 그러니 (여기 구합九合의 해석에)《관자》·《국어》·《사기》에서 병거兵車의 회합이 여섯 번 또는 세 번이라고 하는 것을 끌어들이는 것은 모두 잘못이고, 마땅히《곡량전》에 나오는 것을 가지고 바른 것으로 삼아야 한다. 의상지회衣裳之會가 열한 번인데, 그 둘을 제외하고 계산하지 않았다. [《國語》에 이르기를 "갑옷은 상자에 넣고서 입지 않으며, 칼은 칼집에 넣고서 차지 않으며, 활집에는 활이 없고 화살 통에는 화살이 없는 차림을 하다"³³⁾라고 하였는데, 이것이 이른바 '不以兵車' 이다.]

【인증】《좌전》: 양공襄公 11년(B.C. 562)에 진晉나라 도공悼公이 정鄭나라 여악女樂과 악기樂器의 절반을 위강魏絳³⁴⁾에게 주면서 말하기를, "자네가 나를 가르쳐주어 (강화를 원하는) 여러 융적戎狄과 강화하고, 8년 동안 아홉 차례나 제후들을 회합했다"라고 하였다.

○소공昭公 원년(B.C. 541)에 기오祁午³⁵⁾가 조문자趙文子³⁶⁾에게 말하기를 "당신이 우리 진晉나라의 재상이 되어 (진나라 군주가 제후들에게) 맹주盟主가 된 지 7년이 되었소. (그 사이) 두 번 제후들을 회합하고, 세 번 대부大夫를 회합하였소"라고 하였다.³⁷⁾

○《국어》〈진어〉위강: 8년 동안 일곱 번이나 제후들을 회합한 것은 군주君主(悼公)의 덕이다.

憲問下

○案 九合之爲數目, 審矣.

孔曰: "誰如管仲之仁?"【邢云: "'如其仁'者, 子路言管仲未仁, 故爲說其行仁之事." 又云: "餘更有誰如其管仲之仁. 再言之者, 美之深也."】

○駁曰 非也. 添入'誰'字, 猶不自矣. 凡此物之數, 與彼物相當者, 曰'如其數'. 子路獨以召忽爲殺身成仁, 而不知管仲之功將仁覆天下, 故孔子盛稱其功曰: "管仲雖不死, 亦可以當召忽之死也." 秤其輕重, 細心商量, 而終不見其不相當, 故再言之曰'如其仁'.

質疑 朱子曰: "管仲雖不得爲仁人, 而其利澤及人, 則有仁之功矣."

○案 仁者, 非本心之全德, 亦事功之所成耳. 然則旣有仁功, 而不得爲仁人, 恐不合理. 然孔子於二子之問, 每盛言其功, 以拒未仁之說, 而亦未嘗親自口中直吐出一個仁字, 則孔子於此, 亦有十分難慎者. 朱子之言, 其以是矣.

李卓吾云: "子路以一身之死爲仁, 夫子以萬民之生爲仁, 孰大孰小?"

---

38) 《正義》14.
39) 두 사람: 여기서는 子路와 子貢을 가리킨다.
40) 李贄, 《四書評》〈論語〉卷7, 〈憲問〉제14에 나온다.

○살펴보건대, ('구합제후'라고 한) 구합九合이 수목數目이 됨이 분명하다.

○공안국: 누가 관중管仲의 인仁만 같겠는가? [邢昺은 이르기를 "(孔子가) '如其仁'이라고 한 것은, 子路가 管仲을 仁하지 않다고 말하였기 때문에 관중이 仁을 행한 일을 설명한 것이다"라고 하였다. 또 邢昺은 "뒤에 나머지 말로 다시 '누가 관중의 仁함과 같음이 있겠는가'를 두 번 말한 것은 깊이 찬미한 것이다"라고 하였다.[38)]

○반박: 아니다. (주석에) '수誰' 자를 첨가하여 넣은 것은 오히려 명백하지 못한 것이다. 무릇 이 물건의 수효와 저 물건의 수효가 서로 맞는 것을 '그 수와 같다(如其數)'라고 한다. 자로子路는 오직 소홀召忽만 살신성인殺身成仁했다고 여기고, 관중의 공로는 장차 인仁으로 천하를 덮으려 하는 것임을 알지 못하였기 때문에, 공자가 관중의 공을 성하게 칭찬하여 "관중은 비록 죽지 않았으나, 또한 소홀의 죽음에 해당할 수 있다"라고 한 것이다. 어느 것이 무겁고 가벼운지 달아보고 세심히 상량商量해도 마침내 그것이 서로 같은 것에 해당되지 않음을 볼 수 없기 때문에, 두 번 되풀이하여 말하기를 "(소홀의) 그 인仁함과 같다(如其仁)"라고 한 것이다.

【질의】주자: 관중이 비록 인仁한 사람은 될 수 없지만, 그 이택利澤이 사람들에게 미쳤으니, 인仁의 공功이 있는 것이다.

○살펴보건대, '인仁'이란 (선천적인) 본심本心의 온전한 덕(全德)이 아니라, 또한 이는 (후천적인) 사공事功에서 이루어지는 것일 뿐이다. 그렇다면 이미 인仁의 공功이 있는데 인仁한 사람이 될 수 없다는 것은 아마도 이치에 맞지 않는 듯하다. 그러나 공자가 두 사람[39)]의 질문에 매양 그 (관중의) 공을 성하게 말하여 인仁하지 않다는 설을 거부하였으나, 또한 일찍이 친히 입에서 바로 하나의 '인仁' 자를 토출吐出하지 않은 것으로 보면, 공자는 이 (인仁)에 대해 또한 십분 어렵게 여기고 조심하였던 것이다. 주자의 말은 이 때문에 그렇게 말한 것이다.

○이탁오: 자로는 일신의 죽음으로써 인仁을 삼고, 공자는 만민의 삶으로써 인仁을 삼았으니, 어느 것이 크고 어느 것이 작겠는가?[40)]

子貢曰: "管仲非仁者與! 桓公殺公子糾, 不能死, 又相之." 子曰: "管仲相桓公, 霸諸侯, 一匡天下, 民到于今受其賜. 微管仲, 吾其被髮左衽矣. 豈若匹夫匹婦之爲諒也, 自經於溝瀆而莫之知也?"【《後漢書》應劭奏, '莫'上有'人'字】

補曰 相者, 輔也. 一卿執政曰相.【《韓詩外傳》云: "諸侯一相."】
○朱子曰: "霸與伯同, 長也."【杜預云: "諸侯之長."】
○馬曰: "匡, 正也."
○①補曰 一匡, 謂天下當桓公之時, 一番匡正.【如云一番整頓了】
○補曰 '民到于今', 謂流澤遠也, 其間殆二百年.
○馬曰: "微, 無也."【案, 昭元年, 劉定公云: "微禹, 吾其魚乎!"】

---

① ○: 新朝本·奎章本에는 빠져 있으나 문맥에 따라 보충한다.
1)《後漢書》卷48〈列傳〉제38의〈應劭傳〉에 보면, 應劭의 奏議에 "孔子曰, 經於溝瀆, 人莫之知"라는 글이 인용되어 있다.
2) 一相: 一人의 宰相.
3) 劉定公: 春秋時代 周나라 大臣. 名은 夏.
4)《左傳》昭公 원년조에 나온다.

자공子貢이 말하기를 "관중管仲은 인仁한 사람이 아닐진저! 환공桓公이 공자 규糾를 죽였는데, 따라 죽지 못하고, 또 (환공을) 돕기까지 하였으니."라고 하였다. 공자는 말하기를 "관중이 환공을 도와 제후들에게 패자가 되게 하여 한 번 천하를 바로잡았다. 백성들이 지금에 이르도록 그 혜택을 받고 있으니, 관중이 없었다면 우리는 피발被髮을 하고, 옷섶을 왼쪽으로 여몄을 것이다. 어찌 필부匹夫·필부匹婦들이 조그마한 신의를 지키기 위하여 스스로 구덩이나 도랑에서 목매어 죽어 (사람들이) 아무도 알지 못하는 것과 같게 하겠는가?"라고 하였다. [《後漢書》의 應劭의 奏議에는 '莫' 字 위에 '人' 字가 있다.[1]]

○보충: '상相'이란 돕는다는 뜻이다. 한 사람의 경卿이 집정하는 것을 상相이라고 한다. [《韓詩外傳》에 이르기를 "諸侯는 一相[2]이다"라고 하였다.]
○주자: 패覇는 백伯과 같으니 우두머리이다. [杜預는 이르기를 "(覇는) 諸侯의 長이다"라고 하였다.]
○마융: 광匡은 바룬다는 뜻이다.
○보충: 일광一匡은 천하가 제齊 환공桓公 때를 당하여 한 번 광정匡正되었음을 말한다. [('一匡'은) '한 번 整頓되었다'고 하는 말과 같다.]
○보충: '백성들이 지금에 이르도록(民到于今)'이란 말은 그 유택流澤이 멀리까지 퍼져 나갔음을 이르니, 그 기간이 거의 200년이다.
○마융: 미微는 없다는 뜻이다. [살펴보건대, 昭公 元年에 劉定公[3]이 이르기를 "禹 임금이 없었다면 우리들은 물고기가 되어 있을진저!"라고 하였다.[4]]

憲問 下

131

○補曰 被髮, 謂髮蒙於頂而辮其末也. 中國之俗, 冠者髻, 童子丱角.

○邢曰: "衽, 謂衣衿. 衣②衿向左, 謂之左衽. 夷狄之人, 被髮左衽."

○朱子曰: "諒, 小信也." 【下篇云: "君子貞而不諒."】

○朱子曰: "經, 縊也."

○補曰 溝瀆, 塹渠也, 其地隱. 【純云: "無人處."】

○案 當時齊人, 用鮑叔之計, 欲生得管仲, 管仲雖欲死, 不可得也. 故以自經喻之, 終古以來, 聖賢無自殺者. 【非自經, 則管仲無以死】

王曰: "管仲·召忽之於公子糾, 君臣之義未正成, 故死之未③足深嘉, 不死未足多非. 死事旣難, 亦在於過厚, 故仲尼但美管仲之功, 亦不言召忽不當死."

---

② 衣: 新朝本·奎章本에는 빠져 있으나 《論語注疏》 卷14 〈憲問〉에 따라 보충한다.

③ 未: 新朝本에는 '夫'로 되어 있으나 奎章本에 따라 바로잡는다.

5) 丱角: 뿔 모양으로 머리를 두 가닥으로 묶은 것. 어린아이를 일컬을 때 丱角이라 함.

6) 《正義》14.

7) 〈衛靈公〉편에 나온다.

8) 太宰純, 《論語古訓外傳》 14-13b.

○보충: 피발被髮은 머리를 정수리에서부터 덮어 내려서는 그 끝만 땋은 것이다. 중국의 풍속에 관자冠者는 상투를 하고, 동자童子는 관각丱角[5]을 한다.
○형병: 임衽은 옷섶을 이른다. 옷섶을 왼쪽으로 향하게 하는 것을 좌임左衽이라 한다. 이적夷狄(오랑캐)의 사람들은 (풍속이) 피발좌임被髮左衽이다.[6]
○주자: 양諒은 작은 신의信義이다. [下篇에 이르기를 "君子는 곧되 조그마한 信義를 고집하지 않는다"라고 하였다.[7]]
○주자: 경經은 목매는 것이다.
○보충: 구독溝瀆은 구덩이나 도랑(塹渠) 같은 것이니, 그곳은 구석진 곳이다. [太宰純은 "(溝瀆은) 사람이 없는 곳이다"라고 하였다.[8]]
○살펴보건대, 당시 제齊나라 사람들은 포숙鮑叔의 계책으로써 관중管仲을 살려내려고 하였으니, 관중이 비록 죽으려고 하였으나 죽을 수 없었던 것이다. 그러므로 스스로 목매어 죽는 행위로써 비유하여 말한 것이다. 오랜 옛날부터 내려오면서 성현聖賢은 자살한 자가 없다. [스스로 목매어 죽는 것이 아니면 管仲은 죽을 수 없었다.]
○왕숙: 관중·소홀召忽이 공자公子 규糾에 대해 군신君臣의 의리가 아직 정식으로 성립되지 않았으므로, 죽는 것이 심히 가상할 것도 아니고 죽지 않는 것이 크게 비난할 것도 아니다. 죽는 일이란 어려운 것이며 또한 지나친 것이다. 그러므로 공자는 다만 관중의 공만 칭찬하고, 또한 (여기에) 소홀이 마땅히 죽어서는 안 된다는 것에 대해서는 말하지 않았다.

○顧炎武曰: "子糾於齊未成君, 於仲與忽則成爲君臣矣. 狐突之子毛及偃, 從文公在秦④, 而曰, '今臣之子, 名在重耳有年數矣.'【漢·晉已下, 太子諸王與其臣, 皆定君臣之分, 蓋自古相傳如此】若毛·偃爲重耳之臣, 而仲與忽不得爲糾之臣, 是以成敗定君臣也, 可乎? 又謂⑤'桓兄糾弟,' 此亦強爲之說."
○案 管仲爲孔子所與, 故子雍回護如是也. 然子糾·管仲, 實有君臣之義, 故桓公曰: "管仲射寡人中鉤." 鮑叔對曰: "夫爲其君動也.【人各爲其君】君若宥而反之, 夫猶是也."【謂移忠】此說載於〈齊語〉, 紀於《管子》, 則當時實以糾·管目爲君臣. 不惟是也, 管仲者, 子糾之傅也.【見《管子》】傅之爲職, 必致其死, 荀息·伍奢, 項背相望, 豈可以未成君臣, 得逭其咎? 但公室有難, 大夫不必皆死.▶

---

④ 秦: 新朝本·奎章本에는 '晉'으로 되어 있으나《日知錄》卷7〈管仲不死子糾〉에 따라 바로잡는다.
⑤ 又謂: 新朝本·奎章本에는 빠져 있으나《日知錄》卷7〈管仲不死子糾〉에 따라 보충한다.
9) 狐突: 春秋時代 晉나라 大夫. 狐偃의 父이며 公子 重耳의 外祖父이다. 字는 伯行.
10)《左傳》僖公 23년조에 나온다.
11) 荀息: 春秋時代 晉나라 公族. 大夫. 字는 叔. (《左傳》僖公 2·9년 참조.)
12) 伍奢: 春秋時代 楚나라 사람. 伍子胥의 父. 平王을 섬겨 太子太傅가 됨. (《史記》卷66〈伍子胥列傳〉참조.)

○고염무: 자규子糾가 제齊나라에서 아직 군주가 되지도 않았는데, 관중과 소홀은 (자규와) 군신 관계를 형성하였던 것이다. 호돌狐突[9]의 아들 호모狐毛와 호언狐偃이 문공文公(重耳)을 따라 진秦나라에 (망명하여) 있었는데, (회공懷公〈太子 圉〉)이 불러도 응하지 않자 호돌을 구금하니, (호돌이) 말하기를 "지금 내 아들들은 중이重耳에게 신하가 되어 섬기고 있는 것이 여러 해가 되었습니다"[10]라고 하였다. [漢·晉 이후로 太子의 여러 왕과 그 신하가 모두 君臣의 신분을 정해 놓고 있던 것은 대개 예부터 이와 같이 서로 전해 내려온 것이다.] 그런데 만약 호모와 호언은 중이의 신하가 되는데 관중과 소홀은 자규의 신하가 될 수 없다면, 이는 (태자로서 왕이 되고 되지 못한) 그 성패成敗로써 군신君臣을 정한 것이니, 옳다고 하겠는가? 또 환공桓公이 형이고 자규子糾가 아우라고 하는 이것도 또한 억지로 만든 말이다.

○살펴보건대, 관중이 공자에게 (인仁한 자라고) 인정을 받았기 때문에 자옹子雍(王肅의 字)이 이렇게 돌보아 감싸준 것이다. 그러나 자규子糾와 관중管仲 사이에는 실로 군신의 의리가 있기 때문에 환공이 "관중은 (나를 죽이려고 활을 쏘아) 내 혁대의 쇠 자물단추를 명중시킨 사람이다"라고 하니, 포숙鮑叔이 대답하기를 "그는 자신의 군주를 위해 한 짓입니다. [사람은 누구나 각각 그 군주를 위한다.] 임금께서 만약 그를 용서하여 (제나라로) 귀국시키면, 그는 (임금을 위해) 오히려 (자규에게 하던) 그때처럼 할 것입니다"라고 하였다. [충성하는 마음을 이쪽으로 옮기는 것을 이른다.] 이 이야기는 《국어》〈제어齊語〉에도 실려 있고, 《관자管子》에도 기록되어 있다. 당시는 실로 자규와 관중을 군신의 관계라고 지목하였다. 이뿐만 아니라 관중이란 이는 자규의 사부師傅였다. [《管子》에 나타나 있다.] 사부의 직책은 반드시 (그 군주를 위해) 목숨을 바쳐야 한다. 순식荀息[11]과 오사伍奢[12] 등은 (태자의 사부로서 태자와) 서로 의지하며 왕래가 빈번하였으니, 어찌 군신 관계를 이루지 못했다고 해서 그 허물을 피할 수 있겠는가? 다만 공실公室이 어려움이 있을 때도 대부大夫가 반드시 다 죽을 필요만은 없는 것이다.▶

◀歷觀《春秋》, 凡子弒其父, 弟弒其兄者, 前後何限? 惟當事之臣, 或奔或死. 其死者不必襃褒, 其奔者不必鈇誅, 而大夫·國人, 晏然移事. 若吳季札·衛 蘧瑗, 皆仲尼之所嘗亟稱爲君子者, 而每有國難, 身必不與, 豈皆無君臣之義於其前君乎? 公子·公弟, 法當君國, 旣正其位, 義不敢讎, 此《春秋》之義例也. 子糾·小伯, 均是僖公之子, 旣正其位, 斯我君也. 子糾之未死也, 我以子糾爲君, 故可以讎桓. 子糾旣死, 猶必讎之乎? 召忽之死, 固爲仁矣; 管仲之事, 未必爲不仁也. 王珪·魏徵, 亦其所秉者如此, 必以殉死爲仁者, 違於經也.

質疑 程子曰: "桓公, 兄也. 子糾, 弟也.【引《漢書》薄昭之書】故聖人不責其死. 若使桓弟而糾兄, 則管之與桓, 不可同世之讎也. 若計其後功, 而與其事桓, 聖人之言, 無乃害義之甚, 啓萬世反覆不忠之亂乎?"

---

13) 季札: 春秋時代 吳나라 사람. 吳王 壽夢의 넷째아들. 壽夢은 季札이 어질다는 것을 알고 傳位하려 하였으나, 받지 않아서 延陵에 封하여 延陵季子 또는 延陵來季子라 함. (《左傳》襄公 14·31년, 昭公 27년,《史記》卷31 참조)
14) 蘧瑗: 春秋時代 衛나라 大夫. 字는 伯玉. 당시 賢大夫로 일컬어졌음. (《論語》〈衛靈公〉편과 《左傳》襄公 14·26년 참조.)
15) 王珪: 唐나라 太宗 때의 政治家. 郿人. 字는 叔玠, 諡는 懿. 官은 太宗 때 禮部尚書·諫議大夫. 王珪는 唐 初의 功臣인데, 처음에 太子 建成을 섬기다가 太宗에게 불려 가서 諫議大夫가 되어 魏徵과 함께 太宗의 治政에 貢獻하였다. (《新唐書》卷98,《舊唐書》卷70 참조.)
16) 魏徵: 580~643. 唐나라 太宗 때의 政治家. 曲城人. 字는 玄成, 諡는 文貞. 독서를 좋아하여 群書를 博涉하였고, 官은 諫議大夫·左光祿大夫를 지냈고, 鄭國公에 封해졌음. 저서로는 《類禮》·《群書治要》가 있음. 魏徵도 王珪와 함께 唐 初의 功臣인데, 처음에 太子 建成을 섬겨 太子洗馬가 되었다가 太宗이 玄武門에서 建成을 죽인 뒤 불려 가서 諫議大夫가 되었다. (《新唐書》卷97,《舊唐書》卷71 참조.)
17)《漢書》卷44〈淮南衡山濟北王傳〉에 나오는 "昔者, 周公誅管叔, 放蔡叔, 以安周: 齊桓殺其弟, 以反國"이라는 글을 말함.

◂《춘추》를 두루 살펴보면, 무릇 자식이 아비를 죽이고 아우가 형을 죽인 사건들이 전후를 통하여 어찌 한정이 있겠는가? 사건에 직접 관여된 신하들이 어떤 이는 도망가기도 하고, 어떤 이는 죽기도 하였다. 그 죽은 자가 반드시 포상되지도 않고, 그 도망간 자가 반드시 주살誅殺되지도 않으며, 대부와 국인國人들은 태연하게 충성하는 마음을 옮겨서 섬겼던 것이다. 예를 들면 오吳나라의 계찰季札[13]과 위衛나라의 거원蘧瑗[14]은 모두 공자가 일찍이 자주 군자라고 칭찬한 자인데도 매양 국난이 있을 때 몸은 반드시 관여하지 않았으니, 어찌 그들이 모두 이전 임금에 대해 군신의 의리가 없었겠는가? 공자公子와 공제公弟는 법에 따라 마땅히 나라의 군주가 되니, 이미 그 군주의 지위에 바르게 정립定立하면 의리상 감히 원수가 될 수 없는 것, 이것이 《춘추》의 의례義例이다. 자규子糾와 소백小白은 모두 희공僖公의 아들이다. 이미 그 군주의 지위에 바르게 정립하였으면 이는 나의 군주이다. 자규가 아직 죽지 않았을 때는 자규를 군주로 삼았기 때문에 환공을 원수로 할 수 있으나, 자규가 이미 죽었는데도 오히려 반드시 그를 원수로 하겠는가? 소홀召忽의 죽음은 진실로 인仁이 될 수 있고, 관중의 일도 반드시 불인不仁하지는 않은 것이다. 왕규王珪[15]와 위징魏徵[16]도 또한 그 마음에 견지하고 있던 바가 이와 같았으니, 반드시 죽음을 바치는 것만을 인仁한 것으로 삼는 것은 경經에 위배되는 것이다.

【질의】 정자: 환공桓公은 형이고, 자규子糾는 아우이다. [《漢書》薄昭의 글을 인용하였다.[17]] 그러므로 성인聖人이 (관중에게) 그 죽음을 요구하지 않고 (그 공을 칭찬한 것이다.) 만약 환공이 아우이고 자규가 형이라면, 관중과 환공은 세상을 같이할 수 없는 원수이다. 만약 그 뒷날의 공을 계산하여 환공을 섬긴 것을 허여하였다면, 이는 성인의 말씀이 의義를 해침이 심하여, 만세萬世에 불충不忠의 난亂을 반복하는 길을 열어주는 것이 아니겠는가?

○案 武王殺紂, 箕子不能死, 又從而陳洪範輔王道, 無乃不仁乎? 武王殺紂, 微子不能死, 又從而受封以奉祀, 無乃不仁乎? 彼當革世之際, 猶且如此, 況子糾·小白, 均吾君之子, 管仲盡忠所事, 及糾之死, 入輔桓公, 以霸齊而尊周, 何謂之害義乎? 所貴乎聖經者, 凡義理當否, 質之於聖言也. 若旣聞聖言, 猶守己見, 亦奚以哉? 此不敢不辨.

引證 《說苑》子路問于孔子曰: "昔者, 管仲欲立公子糾而不能, 召忽死之, 管仲不死, 是無仁也." 孔子曰: "召忽者, 人臣之材. 不死則三軍之虜也, 死之則名聞于天下矣. 管仲者, 天下之佐, 諸侯之相也. 死之則不免於溝瀆之中, 不死則功復用于天下, 夫何爲死之哉?"

○案 此《魯論》之衍義也, 未必本孔子之言.

---

18) 洪範: 洪範九疇를 말함. 곧 1. 五行, 2. 五事, 3. 八政, 4. 五紀, 5. 皇極, 6. 三德, 7. 稽疑, 8. 庶徵, 9. 五福 六極이다.
19) 《說苑》〈善說〉편에 나온다.

○살펴보건대, 무왕武王이 주紂를 죽였는데, 기자箕子는 능히 죽지 못하고 또 (주周나라를) 따르며 홍범洪範[18]을 베풀어 왕도王道를 도왔으니, 어찌 불인不仁함이 없겠는가? 무왕이 주紂를 죽였는데, 미자微子는 능히 죽지 못하고 또 (주나라를) 따르며 (송宋나라에) 수봉受封되어 조상의 제사를 받들었으니, 어찌 불인함이 없겠는가? 그들은 왕조王朝가 바뀌는 때를 당해서도 오히려 또한 이와 같았는데, 하물며 자규와 소백은 모두 자기 임금의 아들이다. 관중이 충성을 다하여 섬기다가 자규가 죽자 환공에게 들어가 보필하여 제齊나라를 제후의 패자覇者로 만들고 주周나라를 높였으니, 어찌 의義를 해쳤다고 말하겠는가? 성경聖經에서 귀하게 여기는 것은 무릇 의리義理의 당부當否를 성인聖人의 말에 질정質正하는 것이다. 만약 이미 성인의 말을 듣고도 오히려 자기의 견해를 고집한다면 이 또한 무슨 까닭이겠는가? 이는 (그 곡직曲直을) 감히 논변하지 않을 수 없다.

【인증】《설원》: 자로子路가 공자에게 묻기를 "옛날에 관중管仲이 공자公子 규糾를 세우고자 하였다가 세우지 못하고, 소홀召忽은 죽었는데 관중은 죽지 않았으니, 이는 인仁함이 없는 것입니다"라고 하니, 공자는 "소홀이라는 이는 인신人臣의 재목材木이다. 죽지 않았다면 삼군三軍의 포로가 되었을 것이요, 죽었으니 그 명성은 천하에 들리게 될 것이다. 관중이라는 이는 천자天子를 보좌할 인재이며 제후의 재상감이다. 죽었으면 구덩이나 도랑 안에서 썩고 말 것을 면하지 못하였을 것이요, 죽지 않았으니 그 공은 다시 천하에 혜택을 입히게 되었다. 대저 어떻게 죽을 수 있겠는가"라고 하였다.[19]

○살펴보건대, 이는 《노론魯論》의 연의衍義이니, 반드시 공자의 말에 근본을 하지는 않았다.

引證《後漢書》〈應劭傳〉云:"劾駁尹次·史玉殺人當死, 而兄·母來代自縊. 議貰次·玉, 以爲刑罰不中, 因引經云, '昔召忽親死子糾之難, 而孔子曰, {經于溝瀆, 人莫之知.}'"

侃曰: "一匡天下, 一切皆正也."

○案《呂覽》及《楚辭》注, 皆以一匡·九合作對語, 故後儒或以葵丘之會, 謂之一匡, 今所不用.

引證《左傳》, 辛見有被髮而祭野者, 曰: "不百年, 吾其戎乎!"【竟爲陸渾氏】

○〈王制〉曰: "東方曰夷, 被髮文身; 南方曰蠻, 雕題交趾⑥; 西方曰戎, 被髮衣皮; 北方曰狄, 衣羽毛穴居."

○案 被髮與披髮不同. 披髮者, 散髮也.《虞衡志》所謂 '西原蠻俗, 親始死, 披髮慟哭' 者, 是也. 被髮者, 蒙被其髮而辮其末者也. 東方之俗, 我則知之.

引證《史記》〈趙世家〉云: "翦髮文身, 錯臂左衽, 甌越之民⑦也."

---

⑥ 趾: 新朝本에는 '距'로 되어 있으나 奎章本에 따라 바로잡는다.
⑦ 民: 新朝本·奎章本에는 '文'으로 되어 있으나《史記》〈趙世家〉에 따라 바로잡는다.
20) 尹次와 史玉:《後漢書》〈應劭傳〉에 보면, 尹次는 安帝 때 河閒人으로, 史玉은 穎川人으로 기록되어 있음.
21)《義疏》7-200.
22) 辛有: 周代 周나라 平王의 신하로 신분이 大夫였다.
23)《左傳》僖公 22년조에 나온다.
24) 陸渾氏: 陸渾은 黃河 上流 지방에 위치한 地名이다. 陸渾氏는 여기에 있던 被髮한 戎의 一部族이다. 이 部族을 秦·晉이 伊川 지방으로 移住시켰는데, 여기에서는 그것을 가리킴. (《左傳》僖公 22년조 참조.)
25)《虞衡志》: 虞衡에 관한 기록인 듯한데 未詳. 虞衡은《周禮》〈天官·大宰〉에 나오는 九職의 하나로서, 山澤을 맡고 있는 官名.
26) 甌越: 지금의 浙江省 일대를 가리킨다. 古代 越나라의 땅으로 境內에 甌江이 있기 때문에 붙여진 이름이다.

【인증】《후한서》〈응소전〉: 응소應劭는 윤차尹次와 사옥史玉[20]이 사람을 죽였으니 마땅히 사형에 처해야 한다고 논박하였는데, (윤차의) 형과 (사옥의) 어미가 와서 대신하여 스스로 목매어 죽었다. 그러자 윤차와 사옥의 죄를 사赦하여 주자는 논의가 나오매 (응소는) 형벌이 맞지 않는다고 하였으며, 따라서 경전을 인용하여 말하기를 "옛날에 소홀召忽이 친히 자규子糾의 난에 죽었는데, 공자는 '구덩이나 도랑에서 목매어 죽었으면 사람들이 아무도 알지 못하였을 것이다'라 했다"고 하였다.

○황간: '일광천하一匡天下'는 (천하가) 일체 다 바르게 되는 것이다.[21]

○살펴보건대, 《여람呂覽》과 《초사楚辭》의 주注에는 모두 '일광一匡'과 '구합九合'을 대어對語로 만들었기 때문에 후유後儒들이 혹 규구葵丘의 회합을 일광一匡이라고 이르기도 하는데, 지금은 그런 것에 적용하지 않는다.

【인증】《좌전》: 신유辛有[22]가 피발被髮을 하고 들에서 제사를 지내는 (오랑캐) 사람을 발견하고는 말하기를 "(앞으로) 백 년도 되지 못하여 우리는 오랑캐가 될진저!"라고 하였다.[23] [마침내 이곳은 陸渾氏[24]의 것이 되었다.]

○《예기》〈왕제〉: 동방東方에 살고 있는 자를 이夷라 하니, 피발을 하고 몸에 문신文身을 한다. 남방에 살고 있는 자를 만蠻이라 하니, 이마에 문신으로 단청을 하고 발을 꼬고 잔다. 서방에 살고 있는 자를 융戎이라 하니, 피발을 하고 가죽옷을 입는다. 북방에 살고 있는 자를 적狄이라 하니, 새의 깃과 털로 옷을 만들어 입고 땅굴에서 산다.

○살펴보건대, 피발被髮과 피발披髮은 같지 않다. 피발披髮이란 산발散髮을 말한다. 《우형지虞衡志》[25]의 이른바 "서원西原의 만족蠻族 풍속에 어버이가 처음 죽으면 머리를 풀어헤치고(披髮) 통곡한다"는 것이 이것이다. (그런데) 피발被髮이란 머리를 머리의 꼭대기에서부터 덮어 내려서는 그 끝만 땋는 것이니, 이는 동방의 풍속이므로 나는 그것을 안다.

【인증】《사기》〈조세가〉: 머리를 짧게 자르고 몸에 문신을 하고 팔에 무늬를 아로새기고 옷깃을 왼쪽으로 여미는 것은 구월甌越[26]의 백성들이다.

○《漢書》〈終軍傳〉云:"有解編髮, 削左衽, 襲冠帶, 要衣裳者."【又云: "單于犇幕, 昆邪右衽."】

○案 左衽者, 戎蠻之俗, 吾東無此俗.

事實 〈齊語〉曰:"桓公卽位數年, 東南多有淫亂者, 萊·莒·徐·夷·吳·越, 一戰帥服三十一國. 遂南征伐楚, 北伐山戎, 制令支, 斬孤竹而南歸, 西征攘白翟之地, 至於西河, 西服流沙·西吳."

劉基曰:"管仲攘夷狄, 說者指其責楚一事. 然當時楚人, 已入中國之冠裳, 不責楚, 豈遂有被髮左衽之事? 須知 山戎·白翟等國, 當時乘周室之衰而亂者, 甚多, 桓公經營刪削之功, 廣矣."

○案 討楚, 當爲攘夷之首.

尹任卿云:"管·鮑原係知心之友. 當兩公子亡時, 二人必有密約, 但有成事者, 必相與從之. 鮑從小白, 管知其必薦己以有爲也."

---

27) 終軍: 前漢 濟南人. 字는 子雲. 官은 武帝 때 諫大夫. 少時 때부터 好學하고 博辭能文하였다고 고을에 소문이 났다고 함. (《漢書》卷64,《蒙求》〈終軍棄繻〉참조.)
28) 編髮: 顔師古의 注에 '編'을 '辮(변)'으로 읽으라고 하였음. 辮髮과 같은 말이다. 머리를 길게 땋아 내리는 것. 夷狄의 머리 형태로서 夷狄을 가리킬 때도 쓴다.
29) 昆邪: 漢代 匈奴에 속해 있던 땅. 지금의 甘肅省의 張掖·山丹·武威·鎭番·永昌·古番·酒泉·高臺 등 여러 縣의 땅
30) 右衽: 中國人은 옷섶을 오른쪽으로 여민다. 여기서는 중국 풍속을 따른다는 말이다.
31) 山戎: 春秋時代 지금의 河北省 북방 遷安縣 지방의 산간에 살았던 蕃族. 또 이를 北戎이라고도 하고 鮮卑의 하나라고도 하며, 혹 또 蒙古族과 西藏系 種族의 雜種이라고도 함.
32) 白翟: 種族의 이름. 狄族으로서 흰 의복을 입고 있기 때문에 白翟이라 함. 翟은 곧 狄이다.
33) 流沙: 1. 모래가 흘러가는 물과 같다고 해서 붙여진 말인데, 넓은 서북방의 沙漠을 가리키기도 하며, 2. 河川의 이름인데, 沙河·楡河를 말함. 지금의 河北省 昌平縣 남쪽. 여기서는 河川의 이름으로 말한 듯하다.
34) 劉基: 元末明初의 學者 劉基(1311~1375)인 듯하나 未詳. 劉基는 靑田人. 字는 伯溫, 諡는 文成. 朱元璋을 도와 명나라를 건국하는 데 공을 세우고, 官은 御史中丞·太史令 등을 역임. 經史에 精通하고 특히 象緯學에 정통하였음. 저서로는 《郁離子》·《春秋明經》·《覆瓿集》·《黎眉公集》등이 있다.

○《한서》〈종군전〉:²⁷⁾ 변발編髮²⁸⁾을 풀고 좌임左衽을 없애고 관대冠帶를 하고 (중국의) 의상衣裳을 입은 자가 있었다. [또 이르기를 "單于는 幕숨로 달아나고, 昆邪²⁹⁾는 右衽³⁰⁾을 했다"라고 하였다.]

○살펴보건대, 좌임左衽이란 융만戎蠻의 풍속이니, 우리나라는 이런 풍속이 없다.

【사실】《국어》〈제어〉: 환공桓公이 즉위하여 몇 년이 되니 동남 지방에 음란한 자가 많았다. 내萊·거莒·서이徐夷·오吳·월越 등이었는데, 한 번 싸워 이들 31개국을 정복하고, 드디어 남쪽으로 초楚나라를 정벌하고 북쪽으로 산융山戎³¹⁾을 정벌하며, 영지令支(國名)를 공격하고 고죽孤竹(國名)을 치고는 남쪽으로 돌아왔다. 서쪽으로 백적白翟³²⁾의 땅을 쳐서 물리치고 서하西河에 이르고, 서쪽의 유사流沙³³⁾·서오西吳(國名)를 항복시켰다.

○유기:³⁴⁾ 관중이 이적夷狄을 물리친 것을 말하는 이들은 초楚나라를 정벌한 그 한 가지 일에다 구하여 가리킨다. 그러나 당시 초나라 사람들은 이미 중국의 의관을 착용하는 풍속으로 들어왔다. (하지만) 초나라의 풍속에 이런 것을 구하지 않으면 어디에 피발좌임被髮左衽하는 일이 있겠는가? 수지須知·산융山戎·백적白翟 등의 나라에서는 당시 주실周室이 쇠잔함을 틈타 난亂을 일으킨 자들이 매우 많았는데, 환공桓公이 이를 경영하여 쳐서 없앤 공이 컸던 것이다.

○살펴보건대, 초나라를 토벌한 것은 이적을 물리친 일의 첫 번째에 해당한다.

○윤임경: 관중管仲과 포숙鮑叔은 원래 서로의 마음을 아는 벗의 관계였다. 두 공자公子가 망명할 때를 당하여 두 사람은 반드시 밀약이 있었을 것이며, 단 일이 성사됨이 있으면 반드시 서로 함께하기로 하였을 것이다. (그런데) 포숙은 소백小白을 따랐으므로, 관중은 그가 반드시 자신을 추천하여 (환공을 위해) 일하게 하리라고 여겼던 것이다.

憲問下

◀無鮑在桓處, 豈遂不知死難之義哉? 夫子嘿揣得此義, 故不責其不死."

○駁曰 非也. 審如是也, 鮑與管, 皆不忠矣. 只到齊人欲生得時, 管仲知鮑叔必薦己, 所以請囚.

公叔文子之臣大夫僎, 與文子同升諸公. 子聞之, 曰: "可以爲文矣."

補曰 文子, 衛大夫公孫拔.【已見前】
○孔曰: "大夫僎, 本文子家臣, 薦之使與己并爲大夫, 同升在公朝."
○孔曰: "言行如是, 可諡爲文."
○邢曰: "《諡法》'錫民爵位曰文'."【朱子曰: "文者, 順理而成章也."】
毛曰: "臣大夫, 即家大夫也." 又曰: "《左傳》, '子伯季氏, 初爲孔氏臣,【即孔悝家臣】新登于公.'"
○案 臣大夫爲句, 恐未安也.《史記》〈晏嬰傳〉云: "晏嬰御者, 亦升爲大夫."

---

1) 公朝: 諸侯의 朝廷.
2) 子伯季氏: 春秋時代 衛나라 大夫.
3) 《左傳》哀公 16년조에 나온다.

◀포숙이 (만약) 환공의 곁에 있지 않았다면, 어찌 드디어 난難에 죽어야 할 의리를 알지 못하겠는가? 공자는 이런 의리를 묵묵히 헤아려 알고 있었기 때문에 그가 죽지 않음을 책責하지 않았다.
○반박: 아니다. 분명히 이와 같았다면 포숙과 관중은 모두 불충不忠한 것이다. 다만 제齊나라 사람들이 (관중을) 생포하고자 하였을 때에 이르러, 관중은 포숙이 자신을 추천하리라고 알았기 때문에 (제나라의 옥에) 구금되기를 청한 것이다.

공숙문자公叔文子의 가신 대부 선僎이 문자와 함께 공조公朝에 올랐다. 공자가 이를 듣고 말하기를 "(그의 시호를) 문文이라 할 만하다."라고 하였다.

○보충: 문자文子는 위衛나라 대부 공손발公孫拔이다. [이미 앞에 나타나 있다.]
○공안국: 대부 선은 본래 문자의 가신이었는데, (문자가) 그를 추천하여 자기와 함께 대부가 되게 하여, 같이 (신분이) 상승하여 공조公朝[1])에 있게 되었다.
○공안국: 언행이 이와 같으니, 시호를 문文이라고 할 만하다.
○형병: 《시법諡法》에 백성에게 작위爵位를 내려준 것을 문文이라 한다.
[朱子는 이르기를 "文이란 이치에 順하여 문채를 이루는 것이다"라고 하였다.]
○모기령: 신대부臣大夫는 곧 가대부家大夫이다. 또 《좌전》에 "자백계씨子伯季氏[2])가 처음에는 공씨孔氏의 신臣 [곧 孔悝의 家臣이다.] 이었으나, (지금은) 새로 공공(諸侯의 大夫)에 올랐다"[3])라고 하였다.
○살펴보건대, '신대부臣大夫'에서 구두句讀를 하는 것은 아마도 타당하지 않은 듯하다. 《사기》〈안영전晏嬰傳〉에 "안영晏嬰의 마부도 또한 (신분이) 올라서 대부가 되었다"라고 하였다.

引證 〈檀弓〉曰: "公叔文子卒, 其子戌請諡於君曰, '日月有時, 將葬矣. 請所以易其名者.' 君曰, '【節】夫子聽衛國之政, 修其班制, 以與四鄰交, 衛國之社稷不辱, 不亦文乎? 故謂夫子貞惠文子.'"

○案 文子之得諡文, 以是也.【馮云: "文子不因薦僎得諡. 夫子即此稱其不愧于諡耳."】

吳無障云: "人臣之病有二. 一種忌刻, 恐後進之士功名蓋我之上; 一種自尊, 不肯與若輩幷列. 此皆曖昧私情. 薦僎一事, 風度光明俊偉, 無此二病."

---

4) 《禮記》〈檀弓〉下에 나온다.
5) 《論語集註大全》卷14〈憲問〉제14 小註에 나온다.
6) 吳無障: 明代의 學者인 듯하나 未詳. 清 陸隴其의 《四書講義困勉錄》卷16〈子路〉에 吳無障의 주석이 한 구절 인용되어 있음. 茶山이 인용한 吳無障의 이 글의 出典도 未詳.

【인증】《예기》〈단궁〉: 공숙문자公叔文子가 죽으니, 그 아들 수戍가 임금에게 시호를 내려 달라고 청하여 말하기를 "장례 시일이 가까웠습니다. 청컨대, 생전의 이름에 바꿀 사후의 시호를 내려 주세요"라고 하였다. 임금이 말하기를, "…중략… 부자夫子(文子를 가리킴)가 우리 위衛나라의 국정을 맡게 되어서는, 상하의 질서를 정비하고 이웃나라와는 우호를 맺었기 때문에 위나라의 사직社稷이 욕되지 않았으니, 또한 문채가 나지 아니하겠는가? 그러므로 부자의 시호를 정혜문자貞惠文子라고 한다"라 하였다.[4]

○살펴보건대, 문자가 '문文'이란 시호를 얻은 것은 이 때문이다. [馮厚齋는 이르기를 "文子는 僎을 추천하였다는 이유로 (文이라는) 諡號를 얻지는 않았다. 孔子는 곧 이 (文이라고 한 公叔文子라는 이)가 그 시호에 부끄럽지 않음을 칭찬한 것일 뿐이다"라고 하였다.[5]]

○오무장:[6] 남의 신하로서의 병폐에는 두 가지가 있으니, 하나는 기각忌刻(남의 재능을 시기함)인데, 후진後進이 되는 사람의 그 공명功名이 나보다 위에 있을까 두려워함이다. 다른 하나는 자존심인데, 젊은이들과 서열을 나란히 하는 것을 달갑게 여기지 않는 것이다. 이는 모두 사리사정私利私情에 어두운 것이다. (그러나 문자文子가) 선僎을 추천한 일은 그 풍도가 광명光明하고 준걸스러우니, 이러한 두 가지 병폐가 없다.

子言衛 靈公之無道也, 康子曰: "夫如是, 奚而不喪?" 孔子曰: "仲叔圉治賓客, 祝鮀治宗廟, 王孫賈治軍旅. 夫如是, 奚其喪?"【陸氏《釋文》, '子言'作'子曰'. ○皇氏本, '道'下有'久'字】

朱子曰: "喪, 失位也."【義見前】

○朱子曰: "仲叔圉, 即孔文子."

○補曰 治賓客者, 大行人.【《周禮》中大夫】治宗廟者, 大祝.【《周禮》下大夫】治軍旅者, 司馬.

○補曰 仲叔圉亂倫,【見上篇】祝鮀爲佞, 王孫賈賣權,【欲夫子媚竈】皆非賢者. 然其才識足以保邦.【朱子曰: "三人雖未必賢, 而其才可用."】

孔曰: "所任者各當其才, 何爲當亡?"【邢云: "喪, 亡也. 季康子問曰, '何爲而國不亡也?'"】

○駁曰 非也. 喪者, 失位也. 屢見〈檀弓〉.

考異 陸氏《釋文》云: "'子曰', 一本作'子言'. 鄭本同."

---

1)〈公冶長〉편에 나오는 "孔文子何以謂之文也?"에 대한 茶山의 주석에 잘 나타나 있다.
2)〈雍也〉편에 "不有祝鮀之佞"이란 구절이 있다.
3)〈八佾〉편에 "與其媚於奧, 寧媚於竈"라는 구절이 있다.
4)《正義》14.

공자가 위衛 영공靈公의 무도함을 말하니, 강자康子가 말하기를 "이와 같은데도 어찌 (군주의 지위를) 잃지 아니합니까?"라고 하였다. 공자는 말하기를 "중숙어仲叔圉가 빈객을 다스리고, 축타祝鮀가 종묘를 다스리고, 왕손가王孫賈가 군사를 다스린다. 이와 같으니 어찌 (군주의 지위를) 잃겠는가?"라고 하였다. [陸德明의 《經典釋文》에는 '子言'이 '子曰'로 되어 있다. ○皇侃의 本에는 '道' 아래에 '久' 字가 있다.]

○주자: 상喪은 그 지위를 잃는 것이다. [뜻은 앞에 나타나 있다.]
○주자: 중숙어仲叔圉는 곧 공문자孔文子이다.
○보충: 빈객을 다스리는 자는 대행인大行人이고, [《周禮》의 中大夫 신분이다.] 종묘를 다스리는 자는 대축大祝이며, [《周禮》의 下大夫 신분이다.] 군사를 다스리는 자는 사마司馬이다.
○보충: 중숙어仲叔圉는 인륜을 어지럽혔고, [上篇에 나타나 있다.[1]] 축타祝鮀는 말재주를 부렸으며,[2] 왕손가王孫賈는 권세를 팔았으니, [孔子에게 竈에 아첨하기를 바랐다.[3]] 모두 어진 자가 아니다. 그러나 그 재능과 식견은 족히 나라를 보존할 만하였다. [朱子는 이르기를 "세 사람은 비록 반드시 어질지는 않았지만, 그 재능은 쓸 만했다"라고 하였다.]
○공안국: 소임을 맡은 자가 제각기 그 재능에 맞게 임명되어 있는데, 무엇 때문에 망하겠는가? [邢昺은 이르기를 "喪은 亡한다는 뜻이다. 季康子가 무엇 때문에 나라가 망하지 않느냐고 물은 것이다"라고 하였다.[4]]
○반박: 아니다. '상喪'이란 지위를 잃는 것이니, 이는 《예기》〈단궁〉에 여러 차례 나타나고 있다.
【고이】육덕명《경전석문》: '자왈子曰'이 어떤 본本에는 '자언子言'으로 되어 있는데, 정현의 본本도 같다.

○皇氏本, 亦作'子曰'.
○純曰: "<u>季康子</u>不待其言終, 遽問曰, '夫如是, 奚而不喪?'"
○駁曰 非也. <u>邢氏</u>本, 是也. <u>孔子</u>備言其無道,【如嬖<u>南子</u>召<u>宋朝</u>諸事】記者約之九字.【<u>蔡淸</u>說如此】
<u>胡</u>曰: "<u>圉</u>即敏學好問者."
○駁曰 非也. 義見前. 若<u>鮀</u>則有博古之才, 見《春秋傳》.

子曰: "其言之不怍, 則爲之也難."【<u>金</u>云: "《東漢書》引此句, 作'則其爲之也難'."】

<u>馬</u>曰: "怍, 慙也. 內有其實, 則言之不慙. 積其實者, 爲之難."
○補曰 言不過實, 乃無怍矣. 方其實也, 不亦艱乎?
《集注》曰: "大言不慙, 則無必爲之志, 而自不度其能否矣, 欲踐其言, 豈不難哉?"
○<u>陳</u>曰: "輕於言者, 必不務力於行也."

---

5) 太宰純,《論語古訓外傳》14-14b.
6) 宋朝: 春秋時代 宋나라의 公子인 朝이다.
7) 아홉 자: "子言衛靈公之無道也"를 가리킴.
8) 胡氏: 北宋의 胡寅이다.
9)《論語集註大全》卷14〈憲問〉제14 小註에 나온다.
1) 金履祥,《論語集註考證》卷7〈憲問〉에 나온다.
2)《論語集註大全》卷14〈憲問〉제14 小註에 나온다.

○황간의 본本에도 또한 '자왈子曰'로 되어 있다.
○태재순: 계강자季康子는 공자가 말을 마치기를 기다리지 않고 급히 묻기를 "이와 같은데도 어찌 (군주의 지위를) 잃지 아니합니까?"라고 하였다.[5]
○반박: 아니다. 형병의 본이 옳다. 공자가 그의 무도함을 자세히 말하였는데, [예를 들면 (衛 靈公의) 사랑하는 南子가 (자신과 간통이 있는) 宋朝[6]를 불러들이고 한 여러 가지 일들과 같은 것이다.] 기록하던 자가 요약해서 아홉 자[7]로 한 것이다. [蔡淸의 說이 이와 같다.]
○호씨:[8] 중숙어仲叔圉는 학學에 민첩하고 묻기를 좋아하는 사람이다.[9]
○반박: 아니다. 그 내용은 앞에 나타나 있다. 축타祝鮀 같은 이는 박고博古의 재주가 있었음이 《춘추전春秋傳》에 나타나 있다.

공자는 말하기를 "말하는 것을 부끄러워하지 않으면 실천하기 어렵다."라고 하였다. [金履祥은 이르기를 "《後漢書》에 이 구절을 인용하였는데, ('則爲之也難'이) '則其爲之也難'으로 되어 있다"라고 하였다.[1]]

○마융: 작怍은 부끄러워한다는 뜻이다. 안으로 그 실상이 있으면 말하는 것이 부끄럽지 않다. 그 실상을 쌓아 나가는 것은 실천하기가 어렵다.
○보충: 말하는 것이 실상을 지나치지 않아야 부끄러움이 없을 것이다. 바야흐로 그 실상대로 하는 것은 또한 어렵지 않겠는가?
○《논어집주》: 큰소리를 치고서 부끄러워하지 않는다면 반드시 그것을 해야 한다는 뜻이 없어, 스스로 그 할 수 있고 없음을 헤아리지 못하는 것이니, 그 말을 실천하고자 해도 어찌 어렵지 않겠는가?
○진력: 말을 가벼이 하는 자는 반드시 실천에 힘쓰지 않는다.[2]

○純曰: "〈里仁〉篇云, '古者言之不出, 恥躬之不逮也.' 與此正相表裏."
○案 舊說謂先行而後言也.《集注》謂先言而後行也. 二解皆好, 姑從舊說.

引證 子曰: "爲之難, 言之得無訒乎?"【見上篇】

案 上下 '爲之難', 宜無異義. 若從《集注》, 則不得同也.《集解》以積功爲難,【如云 '仁之難成, 久矣'】《集註》以人品爲難,【如云 '難乎①有恆矣'】豈可同乎? 以此推之, 當從舊說.【〈里仁〉篇云: "古者言之不出, 恥躬之不逮也." 謂作故不言也. 此章謂無怍然後可言】

○禹曰: "洪水滔天, 浩浩懷山襄陵, 下民昏墊. 予乘四載, 隨山刊木, 暨益奏庶鮮食. 予決九川, 距四海, 濬畎澮距川."

---

① 難乎: 新朝本·奎章本에는 '難乎其'로 되어 있으나《論語》〈述而〉의 經文에 따라 '其'를 생략한다.
3) 太宰純,《論語古訓外傳》14-15a.
4) 〈顏淵〉편에 나온다.
5) 《禮記》〈表記〉에 나온다.
6) 〈述而〉편에 나온다.

○태재순:《논어》〈이인里仁〉편에 이르기를 "옛날에는 말을 함부로 하지 않았던 것이니, 이는 몸소 실천함이 미치지 못할까 부끄러워서였다"라고 하였으니, 이는 이 말과 서로 표리表裏가 되는 것이다.[3]

○살펴보건대, 구설舊說은 선행후언先行後言을 말한 것이라 하고, (주자의)《집주集註》는 선언후행先言後行을 말한 것이라고 한다. 두 해석이 모두 좋으나 잠시 놓아두고 구설을 따른다.

【인증】공자는 말하기를 "실행하기가 어려우니, 말하기를 어렵게 여기지 않을 수 있겠는가?"라고 하였다. [上篇에 나타나 있다.[4]]

○살펴보건대, 상편과 하편에 나오는 '위지난爲之難'이란 말은 마땅히 그 뜻을 달리해서는 안 된다. 만약《논어집주》를 따른다면 뜻이 같을 수 없는 것이다.《논어집해論語集解》는 공을 쌓는 것으로써 어려움을 삼았고, ['仁을 이루기 어렵다는 것은 오랜 (옛날부터)이다'고 말한 것과 같다.[5]]《논어집주》는 인품으로써 어려움을 삼았으니, ['恒心이 있기 어려울 것이다'[6]고 말한 것과 같다.] 어떻게 같을 수 있겠는가? 이것으로써 미루어 보면, 마땅히 구설을 따라야 할 것이다. [《論語》〈里仁〉편에 이르기를 "옛날에는 말을 함부로 하지 않았던 것이니, 이는 몸소 실천함이 미치지 못할까 부끄러워서였다"라고 하였다. 이는 부끄럽기 때문에 말을 함부로 못하는 것을 이른다. 이 章은 부끄러움이 없는 뒤에라야 말할 수 있음을 말해 놓은 것이다.]

○우禹는 (말에 앞서 실천한 것을) 다음과 같이 말하였다. 홍수가 하늘에 닿을 정도로 질펀한 물이 산을 삼키고 언덕을 뒤덮었으며, (이로 인해) 백성들이 물에 빠져 허덕일 때, 나는 네 종류의 탈 것을 타고 (나라 안을 돌며 우선) 산에 가서는 나무를 베어 길을 내고, (조수鳥獸를 잡아) 익益과 더불어 백성들에게 날 음식 먹는 법을 가르쳐서 이를 먹게 하며, (평지에 내려와서는) 아홉 냇물을 터서 바다로 흐르게 하고, 도랑을 깊이 파서 물을 하천으로 이르게 하고,▶

◀暨稷播, 奏庶艱食鮮食. 懋遷有無化居. 烝民乃粒, 萬邦作乂."

陳成子弑簡公. 孔子沐浴而朝, 告於哀公曰: "陳恒弑其君, 請討之." 公曰: "告夫三子." 孔子曰: "以吾從大夫之後, 不敢不告也. 君曰'告夫三子'者." 之三子告, 不可. 孔子曰: "以吾從大夫之後, 不敢不告也."

馬曰: "成子, 齊大夫陳恒也."
○朱子曰: "簡公, 齊君, 名壬."
○馬曰: "將告君, 故先齊. 齊必沐浴."【邢云: "《左傳》云'齊而請'."】
○補曰 潔己致誠, 冀君聽己也.
○補曰 討, 治罪也.【〈皋陶謨〉: "天討有罪."】

---

7) 梅賾의 《僞古文》에는 이 글이 〈益稷〉편으로 되어 있으나, 茶山은 《眞古文》 28편 가운데 〈皋陶謨〉에 들어 있는 글로 간주하였다.
1) 《左傳》 哀公 14년조에 나온다.
2) 《正義》 14.

◀(농지를 정리하여) 직직稷과 더불어 곡식을 파종하여 백성들에게 얻기 어려운 식량을 제공하며, (여기에 또 각 지역의 물산의) 유무有無를 상통하는 무역에 힘썼으니, 이에 백성들이 쌀밥을 먹게 되고 온 나라가 잘 다스려졌다.[7]

진성자陳成子가 (제齊나라) 간공簡公을 시해하였다. 공자가 목욕하고 조정에 나아가 애공哀公에게 고하기를 "진항陳恒이 자신의 군주를 시해하였으니 그를 토벌하소서."라고 하였다. 애공은 말하기를 "저 삼자三子에게 고하시오."라고 하였다. 공자는 말하기를 "내가 대부大夫의 지위에 있었기 때문에 감히 고하지 않을 수 없었는데, 임금께서 '저 삼자에게 말하라'고 한 것이다"라 하였다. 삼자에게 가서 고하니 안 된다고 하자, 공자는 (삼자에게) 말하기를 "내가 대부의 지위에 있었기 때문에 감히 고하지 않을 수 없었다."라고 하였다.

○마융: 성자成子는 제齊나라 대부大夫 진항陳恒이다.
○주자: 간공簡公은 제나라 임금이고, 이름은 임任이다.
○마융: 장차 임금에게 고하려고 하였기 때문에 먼저 재계를 하였고, 재계할 때는 반드시 목욕을 한다. [형병邢昺은 이르기를 "《左傳》에는 ('목욕하고 朝廷에 나아가다(沐浴而朝)'를) '재계하고 청하다(齊而請)'[1]라고 했다"고 하였다.[2]]
○보충: 몸을 깨끗이 하고 정성을 다하여 임금이 들어주기를 바랐던 것이다.
○보충: 토討는 죄를 다스리는 것이다. [《尙書》〈皐陶謨〉에 "하늘은 죄 있는 이를 치다"라고 하였다.]

○孔曰: "三子, 三卿也."【邢云: "季孫·孟孫·叔孫, 三卿也."】

○朱子曰: "時政在三家, 哀公不得自專, 故使孔子告之."

○馬曰: "我禮當告君, 不當告三子. 君使我往, 故復往."

○馬曰: "孔子由君命, 之三子告, 不可, 故復以此辭語之而止."【補云: "語所以告君之意於三子."】

事實《左傳》哀十四年曰: "六月甲午, 齊 陳恒弒其君壬于舒州. 孔丘三日齊, 而請伐齊三.【三請之】公曰, '魯爲齊弱久矣, 子之伐之, 將若之何?' 對曰, '陳恒弒其君, 民之不與者半. 以魯之眾, 加齊之半, 可克也.' 公曰, '子告季孫.' 孔子辭, 退而告人, 曰, '吾以從大夫之後也, 故不敢不言.'"

○邢曰: "《左傳》小異者, 史官所錄, 記其與君言耳, 退後別告三子, 惟弟子知之, 故《傳》無文也."

---

3)《正義》14.

○공안국: 삼자三子는 삼경三卿이다. [邢昺은 이르기를 "季孫·孟孫·叔孫이 三卿이다"라고 하였다.]

○주자: 당시에 정권이 삼가三家에게 있어, 애공이 자기 마음대로 할 수 없었기 때문에 공자로 하여금 말하게 한 것이다.

○마융: 나는 예의상 마땅히 임금에게 고해야 하고, 삼자三子에게는 마땅히 고하지 않아야 하는데, 임금이 나로 하여금 가게 하였기 때문에 다시 간 것이다.

○마융: 공자는 임금의 명령을 말미암아 삼자에게 가서 고하니, 안 된다고 하였기 때문에 다시 이 말로써 삼자에게 말하고서 그쳤다. [補充하여 말한다. (여기에) 말한 것은 三子에게 임금의 뜻을 고하기 위한 것이다.]

【사실】《좌전》: 애공哀公 14년조에 다음과 같이 말하였다. 6월 갑오甲午에 제齊나라 진항陳恒이 그의 임금 임壬(簡公의 이름)을 서주舒州에서 시해하였다. (그래서) 노魯나라 공자는 사흘을 재계하고 세 번이나 제나라를 토벌하자고 청하였다. [三은 세 번 청한 것이다.] (그러나) 노나라 애공哀公은 말하기를 "(우리) 노나라가 제나라의 침략으로 쇠약해진 지가 오래되었다. 그대가 친다고 하면 장차 어떻게 하겠는가?"라고 하였다. (공자는) 대답하기를 "진항이 그 임금을 죽였으니, (제나라) 백성이 (진항에게) 동조하지 않는 자가 반수는 될 것입니다. (그래서) 노나라의 군사에다 제나라의 (동조하지 않는) 반수를 보태면 이길 수 있을 것입니다"라고 하였다. (그러자) 애공은 말하기를 "그대가 계손季孫에게 말해 보시오"라고 하거늘, 공자는 이를 사양하고 물러나 사람들에게 고하여 말하기를 "내가 대부의 지위에 있었기 때문에 감히 고하지 않을 수 없었다"라고 하였다.

○형병:《좌전》에 (내용이) 조금 다른 것은 사관史官이 기록한 바로서, 그 임금과 더불어 대화한 것을 기록하였을 뿐이니, 물러 나온 뒤에 따로 삼자三子에게 고한 말은 오직 제자만이 이를 알고 있는 것이다. 그러므로《전傳》에는 그 글이 없다.[3]

○程子曰: "此非孔子之言, 誠若此言, 是以力不以義也."
○案 子之所慎, 齊·戰·疾, 明秉義雖正, 凡戰在所慎也. 子曰: "我戰則克."【〈禮器〉文】明知己知彼, 度德量力, 慮勝而進, 如孫武子所云 '先勝而後戰' 者也. 故其答子路行三軍之問, 必曰 '暴虎馮河, 死而無悔者, 吾不與也. 必也臨事而懼, 好謀而成者也', 則孔子不惟量力, 兼且好謀, 豈可以董仲舒 '正其誼' 一語, 遂謂成敗在所不計? 先儒多以此章爲專警三家, 以杜放弑之謀, 故伊川亦以爲較計兵力, 不足以警三家也. 竊嘗思之, 魯 哀公之不能自斷, 孔子必逆揣之矣; 三子者之不欲往討, 孔子必逆揣之矣. 然且沐浴齊戒, 入告此義, 似乎不誠; 如云不然, 似乎不智. 然齊人之愛陳氏者, 皆小人鄙夫之懷惠者. 其故家大族, 隱憂竊歎如晏平仲者, 亦多矣.▶

---

4) "진항이 그 임금을 죽였으니, … 제나라의 (동조하지 않는) 반수를 보태면 이길 수 있을 것입니다"라고 대답한 孔子의 말을 가리킴.
5) 〈述而〉편에 나온다.
6) 孫武子: 春秋時代 齊나라 사람. 字는 長卿. 뛰어난 兵法을 가지고 吳王 闔廬를 섬겼으며, 吳나라를 諸侯의 霸者로 만들었다. 저서로《兵法》13편이 있다.
7)《論語》〈述而〉편에 나오는 말.
8)《漢書》卷56〈董仲舒傳〉에 보면 "夫仁人者, 正其誼不謀其利, 明其道不計其功"이라는 董仲舒의 말이 있다.

○정자: 이것은 공자의 말이 아니다.[4] 진실로 이 말과 같다면, 이는 힘으로써 하는 것이지 의義로써 하는 것이 아니다.

○살펴보건대, 공자의 삼간 바는 재계와 전쟁과 질병이었으니,[5] 분명히 의리에서는 비록 바르더라도 모든 전쟁은 삼가는 바에 있는 것이다. 공자가 "내가 전쟁을 하면 이긴다"라 한 것은 [《禮記》〈禮器〉의 글이다.] 이는 명확하게 자신을 알고 적을 알아서, 덕을 헤아리고 힘을 헤아려 이길 것을 알고 난 뒤에 진격한다는 것이니, 예를 들면 손무자孫武子[6]의 이른바 '이길 것을 먼저 안 뒤에 싸운다'는 것이다. 그러므로 공자는 자로의 삼군三軍을 거느리고 출정하는 것에 대한 질문에 답하기를 "맨손으로 범을 쳐서 잡으려 하고, 배가 없이 하수河水를 건너려 하여, 죽어도 후회하지 않을 자와는 내가 함께하지 않을 것이다. 반드시 일에 임해서는 두려워하고, 계획하기를 좋아해서 성취하는 자와 함께하겠다"[7]라고 하였다. 공자는 힘을 헤아릴 뿐만 아니라, 겸해서 또 계획하는 것까지 좋아하였으니, 어찌 동중서董仲舒처럼 '그 의誼(義와 같음)를 바르게 한다(正其誼)'[8]는 한마디 말만 내세워 드디어 성패成敗는 헤아리지 않는다고 말할 수 있겠는가? 선유先儒들은 대부분 이 (경문의) 장章을 오로지 삼가三家를 경계하여 시역弑逆의 모의를 막기 위한 것으로 여겼다. 그러므로 정이천程伊川도 또한 이를 병력兵力에다 비교하는 것은 족히 삼가三家를 경계하는 것이 못된다고 여긴 것이다. (그런데) 일찍이 내가 가만히 생각하건대, 노魯 애공哀公이 스스로 능히 결단하지 못하는 것을 공자는 필시 미리 짐작했던 것이고, 삼자라는 자들도 가서 치려고 하지 않는 것을 공자는 필시 예측했던 것이다. 그러나 또 목욕재계하고 들어가 이러한 뜻을 고하는 것은 성실하지 못한 듯하며, 만약 그렇지 않다고 하면 지혜롭지 못한 듯하다. 그러나 제나라 사람으로서 진항陳恒을 사랑하는 자들은 모두 소인小人과 비부鄙夫로서 그의 은혜를 입은 자들이지만, 안평중晏平仲(晏嬰)처럼 고가대족故家大族으로서 남몰래 근심하고 탄식한 사람들도 또한 많았던 것이다.▶

憲問下

◀孔子商量物情, 知齊人半分, 灼見其必勝必取之機, 森列眼前, 不忍終默, 庶幾積誠致虔, 得感悟君心, 若其不能自斷, 則非不知也. 觀於'吾從大夫之後, 不敢不告'一語, 其逆揣, 明矣. 賴有《左傳》魯眾齊半之說, 纔足以證明夫子之心, 至誠無僞. 若去此說, 則孔子此告, 其異乎張虛義以爲大言者幾希, 千載之下, 何以知當時事情? 有如是必勝無敗之勢乎?《左傳》不可攻也.

胡曰: "春秋之法, 弑君之賊, 人得而討之, 仲尼此舉, 先發後聞可也."

○毛曰: "夫子以致仕之老, 且七十餘歲, 手無寸鐵, 家無宿糧, 門弟子裒衣博帶, 不可爲兵, 焉能先發?"

○又曰: "上告天子, 下告方伯, 《論語》凡三見. 一則顏淵復匡人之讎而告之; 一則夫子將正名, 黜蒯瞶·公輒, 立公子郢而告之; 一則爲討陳恒而告之. 夫恒之弑君, 在哀十四年."▶

◀공자는 정세를 파악할 때 제나라 사람들이 반반으로 나뉠 것을 알았으며, 반드시 이기고 반드시 취할 수 있는 기미가 환하게 나타나고 눈앞에 선하게 늘어서 있으므로, 차마 끝내 침묵하지 못하고 정성을 쌓고 경건敬虔함을 다하여 임금의 마음이 깨우칠 수 있도록 바랐던 것이다. (그러나 애공이) 능히 스스로 결단하지 못할 듯한 것을 알지 못했던 것은 아니다. 이는 "내가 대부의 지위에 있었기 때문에 감히 고하지 않을 수 없었다"라고 말한 한마디에서 보면, 공자는 미리 짐작하고 있었던 것이 분명하다. 《좌전》의 '노나라의 군사에다 제나라의 (동조하지 않는) 반수를 보태면 이길 수 있다'는 설에 근거하여 보면, 겨우 공자의 마음이 지성스럽고 거짓이 없는 것을 증명할 수 있으나, 만약 (《좌전》의) 이 말이 없었다면 공자가 여기에 고한 말은 헛된 의리를 떠벌려 큰소리 친 자와 다를 것이 없었을 것이니, 천 년 뒤에 어찌 당시 사정에 이와 같이 반드시 이기고 패함이 없는 상황이 있었음을 알 수 있겠는가? 《좌전》의 설은 공박해서는 안 된다.

○호인: 《춘추》의 법에 임금을 시해한 역적은 사람으로서 누구나 토벌할 수 있으니, 공자의 이 거사도 먼저 출병出兵하고 뒤에 알려도 되는 일이다.

○모기령: 공자는 벼슬에서 물러난 늙은이로서 또 나이도 일흔 남짓이며, 그의 손에는 조그마한 병장기도 없고 그의 집에는 묵혀 놓은 식량도 없으며, (거기에다) 문제자들은 모두 유자儒者의 옷차림을 하고 있어 병사가 될 수 없으니, 어떻게 먼저 출병할 수 있겠는가?

○또 모기령: 위로 천자에게 고하고 아래로 방백方伯에게 고한 것이 《논어》에 무릇 세 군데에 보인다. 하나는 안연顔淵이 광匡 땅 사람들에게 원수를 갚으려 할 때 고하고, 다른 하나는 공자가 장차 명분을 바로잡으려고 하여 괴외蒯聵와 출공出公 첩輒을 축출하고 공자公子 영郢을 세우려 할 때 고하고, 또 하나는 진항陳恒을 토벌하기 위하여 고한 것이다. 대저 진항이 임금을 시해한 것은 애공 14년(B.C. 481)이다.▶

◁前一年吳已長晉, 爲諸侯之伯, 周王稱伯父, 魯君稱吳伯, 是方伯者, 吳 夫差也. 吳伯還國, 旋被越寇, 夫子此告, 未必能應. 若轉而告晉, 則魯之叛晉已久, 朝貢之絕, 將踰十年. 萬一伯主興師, 不討逆, 而先討叛, 將何禦之?"
○案 胡氏 春秋之說, 張虛義, 敢爲大言, 多此類也.

子路問事君. 子曰: "勿欺也, 而犯之."

補曰 隱情雍蔽曰欺,【不以直告之】冒威諫爭曰犯.【謂犯顏】《禮》曰: "事君, 有犯而無隱."【〈檀弓〉文】
○黃曰: "僞言不直, 謂之欺; 直言無隱, 謂之犯."

---

1) 犯顏: 싫어하는 顏色을 보여도 이에 상관하지 않고 直諫하는 것이다.
2) 얼굴빛을 범함이 있어도: '싫어하는 안색을 보여도 이에 상관하지 않고 얼굴을 맞대다'라는 말이다.
3) 《論語集註大全》卷14〈憲問〉제14 小註에 나온다.

◀그 1년 전에 오吳나라는 이미 진晉나라 위에 어른으로 있어 제후의 백伯(霸者)이 되었으니, 주周나라 왕은 (오나라 제후를) '백부伯父'라 일컫고, 노魯나라 군주는 '오백吳伯'이라 일컬었는데, 이 방백方伯이 오나라 부차夫差이다. 오백이 (노나라·진나라와 황지黃地에서 회합하고) 나라에 돌아오자, 얼마 되지 않아 곧 월越나라의 침략을 당하였으므로 공자의 이러한 권고를 반드시 받아들이지 못했을 것이다. 만약 이를 다른 데로 돌려 진晉나라에 고한다고 하면, 노나라가 진나라를 배반한 지 이미 오래이고 조공朝貢이 끊긴 지도 10년이 넘었으니, 받아들이지 않았을 것이다. 만의 하나라도 백주伯主(方伯)가 군사를 일으켜 반역叛逆을 토벌하지 않는데 (백주가 아닌 다른 나라가) 먼저 반역을 토벌하려 한다면, 장차 이를 어떻게 막을 수 있겠는가?

○살펴보건대, 호인의 《춘추》의 설은 헛된 의리를 떠벌려 감히 큰소리를 친 것으로 되어 있는데, 이런 유가 많다.

자로가 임금을 섬기는 도리를 물으니, 공자는 말하기를 "(임금을) 속이지 말고, 얼굴을 맞대고 간해야 한다."라고 하였다.

○보충: 실정을 숨기고 은폐하는 것을 기欺라 하고, [곧은 것으로써 고하지 아니하는 것이다.] (윗사람의) 위엄을 무릅쓰고 간쟁諫爭하는 것을 범犯이라 한다. [犯顏¹⁾을 이른다.] 《예기》에 말하기를 "임금을 섬김에, 얼굴빛을 범함이 있어도²⁾ 숨김이 없다"라고 하였다. [〈檀弓〉편의 글이다.]
○황면재: 말을 거짓되게 하여 곧지 못한 것을 기欺라 이르고, 말을 곧게 하여 숨김이 없는 것을 범犯이라 이른다.³⁾

范曰: "犯非子路之所難也, 而不欺爲難." 【朱子曰: "以使①門人爲臣一事觀之, 子路好勇, 恐未免於欺."】

○案 此章恐未必是對病發藥, 門人爲臣, 亦恐非欺罔. 孔子謂 '行詐欺天'者, 責厲之深, 不可以此案子路也. 子路生平, 以不欺見稱, 故小邾射以句繹來奔, 不信千乘之盟, 而欲信子路之一言, 況於欺君者乎?

子曰: "君子上達, 小人下達."

補曰 君子·小人, 其始皆中人也. 毫釐之差, 喩於義·利, 君子日進其德, 一級二級, 升而達乎最上之級; 小人日退其步, 一級二級, 降而達乎最下之級.

何曰: "本爲上, 【邢云: "德義也."】末爲下." 【邢云: "財利也."】
○邢曰: "此章言君子·小人, 所曉達不同也."

① 使: 新朝本·奎章本에는 빠져 있으나《論語》〈子罕〉에 따라 보충한다.
4)〈子罕〉편에 "子疾病, 子路使門人爲臣"이라는 구절이 있다.
5)《論語集註大全》卷14〈憲問〉제14 小註에 나온다.
6) 行詐欺天:〈子罕〉편에 孔子가 "久矣哉, 由之行詐也! 無臣而爲有臣, 吾誰欺? 欺天乎!"라고 하였다.
7) 小邾射: 小邾는 春秋時代 國名이고, 射은 人名.
8) 句繹: 地名. 春秋時代 邾의 땅 또는 小邾의 땅으로 되어 있음. 지금의 山東省 鄒縣의 동남쪽.
9)《左傳》哀公 14년조에 이에 대한 기사가 나온다.
1)《正義》14.
2) 同上.
3) 同上.

○범조우: 범犯은 자로에게 어려운 것이 아니나, 속이지 않는 것은 (자로에게) 어려운 것이 된다. [朱子는 이르기를 "門人을 臣이 되게 한 한 가지 일[4]로써 보면 子路는 용맹을 좋아하였으나, 아마도 속이는 것에서 면하지 못한 듯하다"라고 하였다.[5]]
○살펴보건대, 이 장章은 병에 대해 약을 말해주는 그런 글은 아마도 반드시 아닌 듯하며, 문인門人을 신臣이 되게 한 것도 또한 속이는 것이 아마도 아닌 듯하다. 공자가 '(유由는) 거짓을 행하고 하늘을 속인다(行詐欺天)'[6]고 한 것은 (자로를) 심히 엄하게 꾸짖은 것이지만, 이것으로써 자로를 (속이는 사람으로) 미루어 보아서는 안 된다. 자로는 평생 속이지 않는 이로 칭찬을 받았으므로, 소주小邾 역射[7]이 구역句繹[8]의 땅을 가지고 (노나라로) 도망쳐 와서 천승千乘의 나라와의 맹약을 믿지 않고 자로의 한마디 말을 믿고자 하였는데,[9] 하물며 임금을 속이겠는가?

공자는 말하기를 "군자는 위로 통달하고, 소인은 아래로 통달한다."라고 하였다.

憲問下

○보충: 군자와 소인이 그 처음에는 모두 중인中人(보통 사람)이다. (중인으로서 서로) 털끝만 한 차가 한쪽은 의義에 깨닫고 한쪽은 이利에 깨달아, 군자는 날로 덕德에 나아가 한 등급 두 등급 위로 올라가서 최상의 등급에 달하고, (이와 달리) 소인은 날로 퇴보하여 한 등급 두 등급 아래로 내려가서 최하의 등급에 달한다.
○하안: 근본이 상上이 되고, [邢昺은 이르기를 "(근본은) 德義이다"라고 하였다.[1]] 말단이 하下가 된다. [邢昺은 이르기를 "(말단은) 財利이다"라고 하였다.[2]]
○형병: 이 장章은 군자와 소인의 효달曉達하는 바가 같지 않음을 말한 것이다.[3]

○朱子曰: "君子循天理, 故日進乎高明; 小人徇人欲, 故日究乎汙下."
○案 朱子之義, 不可易.【注疏以爲曉達, 此謂喩於義喩於利日達也, 其義非】

瞿昆湖云: "上達是循天理, 造到天理極處; 下達是循人欲, 淪于人欲極處."

○湯霍林云: "爲善如登, 爲惡如崩. 君子一步高一步, 只管從上去; 小人一步落一步, 只管流下來."

純曰: "'君子上達'者, 君子, 謂士大夫, 言君子之道, 得上達王公也. 小人, 謂庶民也, 小人之道, 下達而已."【〈士昏禮〉曰: "昏禮下達." ○〈玉藻〉曰: "始冠緇布冠, 自諸侯下達. 居冠屬武, 自天子下達." ○〈表記〉曰: "事君不下達." ○《荀子》曰: "刑罰雖繁, 令不下通."】

○駁曰 非也.

---

4) 瞿昆湖: 明代의 文臣 學者. 常熟人. 名은 景淳, 字는 師道, 昆湖는 그의 號, 諡는 文懿. 官은 禮部左侍郎 겸 翰林學士. 永樂大全을 總校하고 嘉靖實錄을 修纂함.
5) 湯霍林: 未詳.
6) 太宰純, 《論語古訓外傳》14-18a.
7) 下達: 혼인하는 禮에서 '下達'은 신랑 측에서 신부 측에 중매쟁이를 통해 婚姻을 하고자 하는 의사를 전달하는 것을 말함.
8) 居冠: 평소에 아무 일이 없이 쉬고 있을 때 쓰는 冠.
9) 武: 관의 차양인데, 周代의 儀式用 冠은 冠의 본체와 차양이 따로따로 되어 있어 冠을 쓸 때는 이것을 한데 붙여서 쓴다. 그러나 居冠은 본체와 차양이 본래 한데 붙어 있다.
10) 《荀子》〈王霸篇〉에 나온다.

○주자: 군자는 천리天理를 따르기 때문에 날로 고명高明한 데에 나아가고, 소인은 인욕人欲을 따르기 때문에 날로 오하汙下(더러운 下流)에 이른다.
○살펴보건대, 주자의 뜻은 바꿀 수 없다. [注疏에 '曉達'이라고 한 것은, 이것이 義에 깨닫고 利에 깨닫는 것을 達이라 함을 이르는 것이니, 그 뜻은 잘못되었다.]
○구곤호:[4] 상달上達은 천리天理를 따라 하여 천리의 극처極處에 도달하는 것이고, 하달下達은 인욕人欲을 따라 하여 인욕의 극처에 빠지는 것이다.
○탕곽림:[5] 선善을 하는 것은 위로 오르는 것과 같고, 악惡을 하는 것은 아래로 무너지는 것과 같다. 군자는 한 걸음씩 위로 높게 오르며 다만 올라가는 것만 관장하고, 소인은 한 걸음씩 아래로 떨어지며 다만 아래로 흘러내리는 것만 관장한다.
○태재순: '군자상달君子上達'이란 것은, 군자는 사대부士大夫를 이르니, 군자의 도道는 왕공王公에 상달上達할 수 있음을 말한다. 소인은 서민庶民을 이르니, 소인의 도는 하달下達뿐이다.[6] [《儀禮》〈士昏禮〉에 말하기를 "昏禮는 下達[7]한다"라고 하였다. ○《禮記》〈玉藻〉에 말하기를 "처음 冠禮를 할 때는 緇布의 冠을 쓰는데, (이를 쓰는 것은) 諸侯로부터 아래 (士에)까지 이른다. (그리고) 居冠[8]은 武[9]에 연결되어 있는데, (이를 쓰는 것은) 天子로부터 아래 (士에)까지 이른다"라고 하였다. ○《禮記》〈表記〉에 말하기를 "(臣下가) 임금을 섬길 때는 사사로운 일로써 임금과 통해서는 안 된다"라고 하였다. ○《荀子》에 말하기를 "형벌은 비록 세밀하게 규정되어 있으나, 명령은 아래에까지 이르지 않는다"라고 하였다.[10]]
○반박: 아니다.

憲問 下

子曰: "古之學者爲己, 今之學者爲人." 【爲, 去聲】

孔曰: "爲己, 履而行之. 爲人, 徒能言①之." 【邢云: "空能爲人言②說之, 己不能行."】

○補曰 爲猶助也.

質疑 程子曰: "爲己, 欲得之於己也. 爲人, 欲見知於人也."

○案 躬蹈善行, 則我進德也; 口述善言, 則人聞道也. 爲己者, 益於己也; 爲人者, 益於人也. 若見知於人, 則雖不益我, 亦不益人, 何得曰爲人乎? 君子之道, 人不知而不慍, 不見是而无悶, 固有斯義. 然君子疾沒世而名不稱焉, 令聞令名, 豈亦君子之所惡哉? 子曰: "不患人之不己知, 求爲可知." 求爲可知, 則見知於人, 非君子之所惡也. ▶

---

① 言: 新朝本에는 '行'으로 되어 있으나 奎章本에 따라 바로잡는다.
② 言: 新朝本에는 '者'로 되어 있으나 奎章本에 따라 바로잡는다.
1) '爲'는 去聲이다: '爲'가 去聲일 때는 그 뜻이 '돕다' '위하여 하다' '위하다'로 된다.
2) 《正義》14.
3) 《論語》〈學而〉편에 나온다.
4) 《易經》〈乾卦·文言傳〉에 나온다.
5) 《論語》〈衛靈公〉편에 나온다.
6) 《論語》〈里仁〉편에 나온다.

공자는 말하기를 "옛날의 배우는 이는 자신을 위하여 하였는데, 요즘의 배우는 이는 남을 위하여 한다."라고 하였다. ['爲'는 去聲이다.[1]]

○공안국: 자신을 위하여 한다(爲己)는 것은 (자신을) 실천하여 행하여 나가는 것이고, 남을 위하여 한다(爲人)는 것은 (남에게) 한갓 능히 말만 해주는 것이다. [邢昺은 이르기를 "공연히 남을 위해 말만 하고 자기는 능히 행하지 않는 것이다"라고 하였다.[2]]

○보충: 위爲는 그 뜻이 조助(돕다)와 같다.

【질의】 정자: 자신을 위해 한다(爲己)는 것은 (덕德을) 자기 몸에 얻고자 함이고, 남을 위해 한다(爲人)는 것은 남에게 알려지고자 하는 것이다.

○살펴보건대, 몸소 착한 행실을 하면 내가 덕에 나아가게 되고, 입으로 착한 말을 하면 남이 도道를 듣게 된다. '위기爲己'라는 것은 자신에게 유익한 것이고, '위인爲人'이라는 것은 남에게 유익한 것이다. 만약 남에게 알려지는 것이 비록 나에게는 유익하지 않더라도, 또한 남에게도 유익하지 않다면 어떻게 위인爲人이라고 말할 수 있겠는가? 군자의 도道는 남이 알아주지 않아도 성내지 않고,[3] 남이 인정하지 않아도 조금도 답답하게 여기지 않으니,[4] 이는 진실로 (자신을 위하여 한다는) 이 뜻이 있다. 그러나 군자는 몸을 마칠 때까지 명성이 세상에 칭송되지 못함을 유감스럽게 여기니,[5] 아름다운 소문과 아름다운 명성이 어찌 또한 군자의 싫어하는 바이겠는가? 공자는 "남이 자기를 알아주지 않음을 근심하지 말고 알아줄 만하게 되기를 구할 것이다"[6]라고 하였으니, 알아줄 만하게 되기를 구하면 남에게 알려지게 되니, 이는 군자의 싫어하는 바가 아닌 것이다.▶

◀葉公問孔子於子路, 子路不對. 子曰: "汝奚不曰 '其爲人也, 發憤忘食, 樂以忘憂, 不知老之將至'云爾?" 則孔子未嘗不欲見知於人也. 要之, 實見得, 有爲人處, 然後方可曰爲人, 孔註, 恐不可易也.

引證 《顏氏家訓》云: "古之學者爲己, 以補不足也. 今之學者爲人, 但能說之也." 【又云: "古之學者爲人, 行道以利世也; 今之學者爲己, 修身以求進也."】

○案 顏氏上說, 與孔註合. 下說亦以求知爲爲己, 與程子說相反.

范曄曰: "爲人者, 馮譽以顯物; 爲己者, 因心以會道." 【見邢疏】

○駁曰 非也. 然馮譽顯物, 謂揚人之善也. 猶是益人, 不似求見知者, 仍是爲己也.

---

7) 《論語》〈述而〉편에 나온다.
8) 顏氏: 北齊의 顏之推를 가리킴.
9) 范曄: 南朝의 宋 順陽人. 范泰의 子. 字는 蔚宗. 널리 經史를 涉獵하였으며 屬文에 능하였다. 官은 尙書吏部郞·宣城太守·太子左衛將軍 등 역임. 저서로는 《後漢書》가 있다.

◀섭공葉公이 자로子路에게 공자에 관해 물으니 자로가 대답하지 못하였는데, 공자가 "너는 어찌 그의 사람됨이 (학문을 좋아해서) 분발하여 먹는 것을 잊고 즐거워서 근심을 잊어, 늙음이 장차 닥쳐오는 줄도 모른다고 말하지 않았는가?"[7]라고 하였으니, 공자는 일찍이 남에게 알려지고 싶지 아니함이 없었다. 요컨대, 실로 남에게 알려지고 남을 위하여 하는 것이 있게 된 뒤에라야 바야흐로 '위인爲人'이라 말할 수 있으니, 공안국의 주注는 아마도 바꿀 수 없을 듯하다.

【인증】《안씨가훈》: 옛날의 배우는 이는 자신을 위하여 부족한 것을 보완하였는데, 요즘의 배우는 이는 남을 위하여 다만 능히 남에게 말만 한다. [또 이르기를 "옛날의 배우는 이는 남을 위해 道를 행하여 세상을 이롭게 하였는데, 요즘의 배우는 이는 자신을 위해 몸을 닦아 (알아주기를) 구하여 나아간다"라고 하였다.]

○살펴보건대, 안씨顔氏[8]의 위의 말은 공안국의 주와 부합하고, 아래의 말은 알아주기를 구하는 것으로써 위기爲己로 삼았으니, 이는 정자程子의 설과는 상반된다.

○범엽:[9] '위인爲人'이란 자신의 명예가 널리 알려진 것에 의탁하여 남을 드러내주는 것이고, '위기爲己'란 자신의 마음에 따라 하여 도道를 알게 되는 것이다. [邢昺의 疏에 보인다.]

○반박: 아니다. 그러나 명예가 널리 알려진 것에 의탁하여 남을 드러내주는 것은 남의 선善을 떨치게 함을 이른다. 이는 오히려 남에게 유익한 것이므로, 알아주기를 구하는 것이 곧 위기爲己라고 하는 것과는 같지 않다.

憲問下

蘧伯玉使人於孔子. 孔子與之坐而問焉, 曰: "夫子何爲?" 對曰: "夫子欲寡其過而未能也." 使者出. 子曰: "使乎! 使乎!"

孔曰: "伯玉, 衛大夫蘧瑗."
○補曰 使者言伯玉修己, 常若不及.
○陳曰: "再言'使乎'者, 善之也, 言使得其人."【朱子云: "使者之言, 愈自卑約, 而其主之賢益彰."】

引證《莊子》曰: "伯玉行年六十而六十化, 未嘗不始於是之, 而卒詘之以非也."【〈則陽〉篇】
○《淮南子》曰: "蘧伯玉行年五十而知四十九年之非."
○朱子曰: "蓋其進德之功, 老而不倦."
○毛曰: "伯玉見于《春秋》. 在襄十四年, 衛 孫林父·甯殖將逐君, 問于蘧伯玉, 伯玉不對而出, 則此時已爲大夫, 且爲逆臣所敬憚如此, 此必在強仕之年可知矣."

---

1)《論語集註大全》卷14〈憲問〉제14 小註에도 이 글이 없으니, 出典 未詳.
2)《淮南子》〈原道訓〉에 나온다.
3) 孫林父: 春秋時代 衛나라 大夫, 곧 孫文子이다. 孫良夫의 아들.
4) 甯殖: 春秋時代 衛나라 大夫, 곧 甯惠子이다. 甯喜의 父.

거백옥蘧伯玉이 사자를 공자에게 보냈다. 공자가 그와 함께 앉아서는 묻기를 "선생은 무엇을 하고 계신가?"라고 하였다. 그가 대답하기를 "선생께서는 잘못을 적게 줄이려고 애쓰는데도 잘 안 되는 듯합니다."라고 하였다. 사자가 물러가자, 공자는 말하기를 "훌륭한 사자로다! 훌륭한 사자로다!"라고 하였다.

○공안국: 백옥은 위衛나라 대부 거원蘧瑗이다.
○보충: 사자使者는 거백옥이 몸을 닦아도 항상 미치지 못하는 듯이 한다고 말하였다.
○진력: 두 번이나 '사호使乎'라고 말한 것은 그를 칭찬한 것이니, 사자로서는 그 적임자를 얻었음을 말한다.[1] [朱子는 이르기를 "使者의 말이 더욱 스스로 낮추어 겸손하였으니, 그 주인의 어짊이 더욱 드러났다"라고 하였다.]

【인증】《장자》: 거백옥은 나이 예순에도 그 이전에 한 일에 대해 그것이 잘못되었다고 생각을 바꾸었다. 언제나 그해의 처음에는 옳다고 생각하였던 것이, 그해가 끝나고 보면 잘못된 것이었다고 하여 버리지 않으면 안 되었던 것이다. [《莊子》〈則陽〉편에 나온다.]
○《회남자》: 거백옥은 나이 쉰에도 49세까지 한 일이 잘못되었음을 알았다.[2]
○주자: (거백옥은) 대개 그 덕에 나아가는 공부가 늙었어도 게으르지 않았던 것이다.
○모기령: 거백옥蘧伯玉은 《춘추春秋》에 보인다. 양공襄公 14년(B.C. 559)에 위衛나라의 손림보孫林父[3]와 영식甯殖[4]이 장차 임금을 추방하려고 하여 거백옥에게 물으니, 백옥이 대답하지 않고 나가 버렸다. 이때 (거백옥은) 이미 대부가 되었고, 또 역신들에게까지도 공경을 받음이 이와 같았으니, 그는 이때 반드시 강사强仕(마흔)의 나이에 있었음을 알 수 있다.▶

◂乃後此九年, 而夫子始生, 又六十餘年, 當定公十四年, 夫子去魯之後, 再三適衛, 始主伯玉家, 則此時伯玉已百年餘矣." 【蔡邕《釋誨》云: "蘧瑗保生." 此長年之證】

質疑《集註》曰: "孔子居衛, 嘗主於其家, 旣而反魯, 故伯玉使人來也." ○案 孔子此時, 未及與伯玉相見, 故使者之答如此. 若相知旣深, 則不應作如此謙卑語. 且孔子自衛反魯, 伯玉年已百歲, 使者所答, 不宜如此.

王充曰: "'使乎使乎', 非之也. 說《論語》者曰, '非之者, 非其代人謙也.' 孔子之問使者曰, '夫子何爲?' 問所治爲, 非問操行也. 使者宜對曰, '夫子爲某事, 治某政.' 今反言欲寡其過而未能也."【《論衡》〈問孔〉篇】

○駁曰 非也.

王應麟曰: "蘧伯玉,《史記》謂孔子所嚴事. 不當弟子列.《禮殿圖》有之, 而唐·宋皆錫封從享."

---

5) 毛奇齡,《論語稽求篇》〈蘧伯玉使人節〉에 나온다.
6) 同上.
7) 使乎使乎: 여기《論衡》〈問孔〉편에 나오는 '使乎使乎'는 '使者가 뭐 그래! 使者가 뭐 그래!' 라는 뜻이다.
8)《史記》卷67〈仲尼弟子列傳〉에 나온다.
9)《禮殿圖》: 上海書店印行으로 되어 있는 四部叢刊三編子部에 나와 있는《困學紀聞》에는《禮殿圖》로 되어 있고, 程樹德의《論語集釋》에 인용해 놓은《困學紀聞》의 글에는《蜀禮殿圖》로 되어 있다.
10) 王應麟,《困學紀聞》卷7〈論語〉에 나온다.

◀그 9년 뒤 공자가 비로소 태어나고 또 60여 년 정공定公 14년(B.C. 496)이 되던 해 공자가 노魯나라를 떠난 뒤, 두서너 차례 위衛나라에 가서야 비로소 거백옥의 집에 주인을 삼아 있었으니, 이때는 거백옥이 이미 100여 세였을 것이다.[5] [蔡邕의《釋誨》에 "蘧瑗은 保生을 했다"라고 하였으니, 이는 오래 살았다는 증거이다.[6]]

【질의】《논어집주》: 공자가 위衛나라에 있을 때, 일찍이 그의 집을 주인으로 삼아 있다가 얼마 뒤 노魯나라에 돌아왔기 때문에 백옥이 사자를 보내온 것이다.

○살펴보건대, 공자가 이때는 아직 거백옥과 서로 만나지 못했기 때문에 사자의 대답이 이와 같았던 것이다. 만약 서로의 앎이 깊었다면 이렇게 겸손한 말로써 응대하지 않았을 것이다. 또 공자가 위衛나라에서 노나라로 돌아올 때 백옥의 나이가 이미 100세였다면 사자가 대답한 바가 마땅히 이와 같지 않았을 것이다.

○왕충: '사호사호使乎使乎'[7]는 (사자를) 비난한 것이다.《논어》를 해설한 자의 말에 "사자를 비난한 것은 그 사람을 대신해서 한 (쓸데없는) 겸손을 비난한 것이다"라고 하였다. 공자가 사자에게 묻기를 "선생은 무엇을 하고 계신가?"라고 한 것은, 치국治國에 대해 물은 것이지 조행操行에 대해 물은 것이 아니다. (공자의 이 물음에 대해) 사자는 마땅히 "(우리) 선생께서는 어떤 일을 하고 있고, 어떤 정사를 하고 있습니다"라고 대답해야 할 텐데, 여기에 그 반대로 "(선생께서는) 잘못을 적게 줄이려 애쓰는데도 잘 안 되는 듯합니다"라고 하였다. [《論衡》〈問孔〉편에 나온다.]

○반박: 아니다.

○왕응린:《사기》에 공자가 엄하게 섬기는 바는 거백옥이라고 하였으니,[8] 공자 제자의 대열에는 해당되지 않는데도《예전도禮殿圖》[9]에는 그를 (제자의 대열에) 두었으며, 당唐·송宋에서는 모두 그에게 봉호封號를 내리고 (문묘에) 종향從享하였다.[10]

子曰: "不在其位, 不謀其政." 曾子曰: "君子思不出其位."
【《集注》本, 分爲二章】

補曰 上節見前.【〈泰伯〉篇】

○朱子曰: "此〈艮卦〉之象辭."【謂下節】

○邢曰: "此章戒人之僭濫侵官也. 言若己不在此位, 則不得謀議此位之政事也. 曾子遂曰, '君子思不出其位.' 言思慮所及, 不越其職."

○案 邢氏本合之爲一章, 今從之.【曾子釋夫子①所言之意】

朱子曰: "曾子蓋嘗稱之, 記者類記之."

○或曰: "分作兩章, 則曾子突引此詞無謂. 不加②'象曰', 襲爲己語, 又無其事. 因有據宋儒范諤昌說, 以爲〈彖〉·〈象〉·〈文言〉, 皆非夫子所作, 謬矣."

---

① 子: 新朝本에는 빠져 있으나 奎章本에 따라 보충한다.
② 加: 新朝本에는 '知'로 되어 있으나 奎章本에 따라 바로잡는다.
1)《正義》14.
2) 范諤昌: 宋代 儒學者.

공자는 말하기를 "그 지위에 있지 아니하면 그 정사를 도모하지 않는다."라고 하였다. 증자는 말하기를 "군자는 생각이 자기 지위를 벗어나지 않는다."라고 하였다. [《論語集註》의 本에는 (이 경문을) 나누어 두 章으로 하였다.]

○보충: 위의 절節은 (그대로) 앞 편에 나온다. [〈泰伯〉편에 있다.]
○주자: 이는 《역경易經》〈간괘艮卦〉의 상사象辭이다. [아래 節에서 말해 놓았다.]
○형병: 이 장章은 사람으로서 권력을 참람僭濫하고 관직을 침범함을 경계한 것이다. 만약 자신이 이 지위에 있지 않으면, 이 지위의 정사를 모의할 수 없음을 말한 것이다. 증자曾子가 드디어 말하기를 "군자는 생각이 자기 지위를 벗어나지 않는다"라고 한 것은, 이는 생각이 미치는 바가 자기 직책을 넘지 않아야 함을 말한 것이다.[1]
○살펴보건대, 형병의 본本은 (이 경문을) 합하여 한 장章으로 하였으니, (나는) 여기에서 이를 따른다. [曾子는 공자가 말한 뜻을 풀이하였다.]
○주자: 증자가 일찍이 일컬은 것인데, 기록하는 자가 같은 유끼리 모아 기록한 것이다.
○혹자: (이 장章을) 나누어 두 장으로 하면, 증자가 아무 다른 말을 한 것도 없이 돌연히 이 말을 끌어온 것이다. 그리고 (《역경》의) '상사象辭에 말하기를(象曰)' 하는 (인용의 말을) 더하지 않고 그만 덮쳐서 자기의 말로 만드는 것도 또 그런 일은 없다. 따라서 송유宋儒 범악창范諤昌[2]의 설에 근거를 두어 《주역周易》의 〈단전彖傳〉·〈상전象傳〉·〈문언전文言傳〉은 모두 공자가 지은 것이 아니라고 하는 것은 잘못이다.

子曰: "君子恥其言而過其行."【皇氏本, '而'作 '之'】

邢曰: "君子言行相顧, 若言過其行,【謂有言而行不副】君子所恥也."
朱子曰: "恥者, 不敢盡之意.【補云: "'恥其言'者, 謂言之有怍色."】過者, 欲有餘之辭."【朱子曰: "猶'喪過乎哀, 用過乎儉'之過."】
○案 若如邢說, 則上'其'字似衍, 故朱子釋之如此.
引證 〈雜記〉曰: "有其言而無其行, 君子恥之."
○〈表記〉曰: "使民有所勸勉愧恥, 以行其言." 又曰: "君子恥有其辭而無其德, 有其德而無其行."【又云: "恥名之浮于行."】
○《史記》曰: "子貢見原憲, 慚而不懌, 終身恥其言之過也."
○《潛夫論》曰: "孔子疾夫言之過其行者."【〈交際〉篇】

---

1)《正義》14.
2)《論語集註大全》卷14〈憲問〉제14 小註에 나온다.
3)《史記》卷67〈仲尼弟子列傳〉에 나온다.
4)《潛夫論》: 後漢의 學者 王符의 저술.

공자는 말하기를 "군자는 그 말에 부끄러운 빛이 있고, 그 행실에 남음이 있어야 한다." 라고 하였다. [皇侃의 本에는 '而'가 '之'로 되어 있다.]

○형병: 군자는 말과 행실을 서로 돌아보고, 만약 말이 그 행실에 지나치면 [말만 있고 행실이 따르지 아니하는 것을 이른다.] 군자는 부끄러워한다.[1]
○주자: '치恥'란 감히 다하지 못하는 뜻이고, [補充하여 말한다. '恥其言'이란 말을 하는 데에 부끄러운 빛이 있는 것을 이른다.] '과過'란 남음이 있고자 하는 말이다. [朱子는 말하기를 "喪을 당해서는 슬퍼하는 데에 지나치고, 쓰임새에서는 검소하게 하는 데에 지나치는 그런 '過'의 뜻이다"라고 하였다.[2]]
○살펴보건대, 만약 형병의 설과 같다고 하면 위의 '기其' 자는 쓸데없는 것이 덧붙은 듯하다. 그러므로 주자는 이렇게 해석하였다.
【인증】《예기》〈잡기〉: 말이 있고 실천이 없으면 군자는 이를 부끄러워한다.
○〈표기〉: 백성으로 하여금 권면하고 부끄러워함이 있게 하여 그 말을 실천하게 한다. 또 다음과 같이 말하였다. 그 말이 있고서 그 덕이 없음을 부끄러워하고, 그 덕이 있고서 그 행실이 없음을 부끄러워한다. [또 이르기를 "이름나는 것이 실천을 통해 이룬 功績보다 지나치는 것을 부끄러워한다"라고 하였다.]
○《사기》: 자공子貢이 원헌原憲을 만나니 부끄럽고 마음이 쾌하지 않았고, (그 이후로 원헌에 대해) 종신토록 자신이 한 말이 지나쳤던 것을 부끄러워하였다.[3]
○《잠부론》:[4] 공자는 말이 행실에 지나치는 것을 미워하였다. [〈交際〉편에 나온다.]

○案 上篇云: "古者言之不出, 恥躬之不逮也." 皆舊說之確證.

考異 皇氏本曰: "君子恥其言之過其行."

○純曰: "恥者, 恥言之過行也."

○案 誠如是也, 都無事矣.

子曰: "君子道者三, 我無能焉. 仁者不憂, 知者不惑, 勇者不懼." 子貢曰: "夫子自道也."

補曰 道者, 人所行也. 君子之所以爲道者, 有三.

○朱子曰: "自責以勉人." 【《中庸》云: "君子之道四, 丘未能一焉."】

○朱子曰: "道, 言也." 【邢云: "夫子自道說也."】

○補曰 '自道'者, 言所謂仁·知·勇, 非別人之行.

○案 仁·知·勇三句, 義見前. 【〈子罕〉篇】

---

5) 《論語》〈里仁〉편에 나온다.
6) 《義疏》7-203.
7) 太宰純, 《論語古訓外傳》14-19b.
8) 皇本처럼 '而'가 실제 '之'로 되어 있으면 아무 문제가 없다는 말인 듯하다.
1) 《正義》14.

○살펴보건대, 상편上篇에 이르기를 "옛날에는 말을 함부로 하지 않았던 것이니, 이것은 몸소 실천함이 미치지 못할까 부끄러워서였다"라고 하였으니,[5] (여기에 열거한 말들은) 모두 구설舊說을 뒷받침하는 확실한 증거이다.
【고이】 황간의 본: 군자는 말이 행실에 지나치는 것을 부끄러워한다.[6]
○태재순: '부끄러워하다(恥)'란 말이 행실에 지나침을 부끄러워하는 것이다.[7]
○살펴보건대, 진실로 이와 같다면 아무 문제가 없을 것이다.[8]

공자는 말하기를 "군자의 도가 셋인데, 나는 능한 것이 없다. 인자仁者는 근심하지 않고, 지자知者는 미혹되지 않고, 용자勇者는 두려워하지 않는다."라고 하였다. 자공이 말하기를 "선생께서 겸사로 한 말씀이다."라고 하였다.

憲問下

○보충: '도道'란 사람이 행해야 하는 바이다. 군자가 도로 삼은 것은 셋이 있다.
○주자: 자신을 책責함으로써 다른 사람들을 힘쓰게 한 것이다. [〈中庸〉에 이르기를 "君子의 道가 넷인데, 나는 하나도 능하지 못하다"라고 하였다.]
○주자: 도道는 말한다(言)는 뜻이다. [邢昺은 이르기를 "공자가 스스로 겸양하여 말한 것이다"라고 하였다.[1]]
○보충: '자도自道'란 이른바 인仁·지知·용勇이 특별한 사람의 행실이 아님을 말한 것이다.
○살펴보건대, 인·지·용 세 구절은 그 뜻이 전편前篇에 나타나 있다. [〈子罕〉편에 있다.]

朱子曰:"道體無窮, 聖人未嘗見其有餘."【吳無障云:"縱使地位已到, 若心上曉得自己極至, 便不是極至了, 唯欲欿然虛, 忘其地位之所至, 方見純亦不已之心."】

○案 君子向道而行, 中道而廢, 未有君子而自足者也. 故君子之謙, 皆眞謙也.

子貢方人. 子曰:"賜也賢乎哉! 夫我則不暇."【皇氏本, '哉'作'我'】

補曰 方, 左右相比也.【〈大射禮〉: "左右曰方."】'方人'者, 取古今人, 兩兩相比, 議其長短也.
○補曰 賢, 愈也. 自修旣盡, 乃可議人, 子貢旣方人, 意已賢於我.
○補曰 '賢乎哉', 褎辭. 孔子深非之, 故作褎辭以譏之.
○補曰 我則自修未盡, 弗暇爲此閑漫.【蔡云: "急於自治者, 自不暇於方人."】

2)《論語集註大全》卷14〈憲問〉제14 小註에 나온다.
3) 純亦不已:《禮記》〈中庸〉에 나오는 말인데, 純一하고 잡되지 않음이 또한 그치지 않는다는 말이다.
1) 蔡淸,《四書蒙引》卷7에 나온다.

○주자: 도체道體는 무궁한데, 성인聖人(孔子)이 일찍이 (무궁한 도체의) 그 남음이 있는 것을 다 보지 못한 것이다.[2] [吳無障은 이르기를 "비록 설사 (일정한) 地位에 이미 이르렀더라도 마음에 만약 스스로 이미 그것이 極處에 이른 것임을 알면, 이는 곧 극처에 이른 것이 아니다. 오직 欲然히 마음을 虛하게 비우고 일정한 地位에 이른 것을 잊어버려야 바야흐로 '純亦不已'[3]의 마음을 볼 것이다"라고 하였다.]
○살펴보건대, 군자가 도道를 향해 가다가 중도에서 (지쳐) 쓰러지는데, 이는 군자로서 스스로 만족하게 여길 자가 없기 때문이다. 그러므로 군자의 겸손은 모두 참된 겸손이다.

자공이 사람을 비교하니, 공자는 말하기를 "사賜(子貢의 이름)는 나보다 나은가 보다! 나는 그럴 겨를이 없다."라고 하였다. [皇侃의 本에는 '哉'가 '我'로 되어 있다.]

○보충: 방方은 좌우로 서로 비교하는 것이니, [《儀禮》〈大射禮〉에 左右를 方이라 하였다.] '방인方人'이란 고금의 인물을 취하여 두 사람씩 서로 비교하며 그 장단을 논의하는 것이다.
○보충: 현賢은 낫다는 뜻이다. 스스로 닦음이 이미 극진해야 남을 논의할 수 있는데 자공은 (고금의) 사람을 비교하니, 이미 나보다 낫다고 보인다.
○보충: '현호재賢乎哉'는 칭찬하는 말이다. 공자는 심히 그를 잘못한다고 여겼기 때문에 칭찬하는 말처럼 하여 그를 기롱하였다.
○보충: 나는 스스로 닦음이 아직 미진하여, 이런 한가한 짓을 할 겨를이 없다. [蔡淸은 이르기를 "자신을 다스리는 데에 급한 자는 남을 비교할 겨를이 없다"라고 하였다.[1]]

孔曰: "比方人也."【邢云: "子貢多言, 嘗舉其人倫, 以相比方."】

○案 方者, 兩舟相併也.【《說文》云: "兩舟相併, 必比其長短."】通作物.【古作牣】 '比物四驪', 言相方也. 張華〈鷦鷯賦〉云: "上方不足, 下比有餘."

考異 皇氏本, 子曰: "賜也賢乎我夫! 我則不暇."

○純曰: "'賜也賢乎我夫' 六字, 絕句."

○案 '我' 字似是.

子曰: "不患人之不己知, 患其不能也."

王曰: "徒患己之無能."【純云: "士常患人之不己知, 而不自揣其才能者, 過矣. 人果知己, 而己材不足以酬其知, 是爲傷人之明."】

引證 子曰: "不患人之不己知, 患不知人也."〈學而〉篇

○子曰: "不患莫己知, 求爲可知也."【〈里仁〉篇】

---

2)《正義》14.
3)《詩經》〈小雅·六月〉에 나온다.
4) 張華: 232~300. 晉 范陽 方城人. 字는 茂先. 阮籍이 張華의〈鷦鷯賦〉를 보고는 감탄하여 王佐의 才가 있다고 한 뒤에 張華의 名聲이 세상에 알려지게 되었다고 함. 官은 晉 武帝 때 中書令, 惠帝 때 太子少傅·右光祿大夫. 博聞强記한 사람으로 알려졌으며, 저술로《博物志》가 있다.
5)《文選》卷第13에 나온다.
6)《義疏》7-204.
7) 太宰純,《論語古訓外傳》14-20b.
1) 太宰純,《論語古訓外傳》14-21a.

○공안국: 비比는 사람을 비교하는 것이다. [邢昺은 이르기를 "子貢은 말을 많이 하였는데, 일찍이 사람들을 거명하여 서로 비교했다"라고 하였다.[2]]

○살펴보건대, '방方'이란 두 배가 서로 나란히 있는 것이다. [《說文》에 이르기를 "배가 서로 나란히 있으면 반드시 그 길고 짧음을 견주게 된다"라고 하였다.] (방方은) 物物 자와 통하니, [物이 古字로는 牪로 되어 있다.] '힘을 똑같게 한 네 필의 검은 말(比物四驪)'[3]이란 시구에서 物物은 서로 비교하여 같게 하는 것을 말한다. 장화張華[4]의 〈초요부鷦鷯賦〉에 이르기를 "(자기의 존재를) 위의 것과 비교하니 부족하고, 아래의 것과 비교하니 남음이 있다"라고 하였다.[5]

【고이】 황간의 본: 공자는 말하기를 "사賜는 나보다 나은가 보다! 나는 그럴 겨를이 없다"라고 하였다.[6]

○태재순: '사는 나보다 나은가 보다(賜也賢乎我夫)'라는 여섯 자에다 구句를 끊어야 한다.[7]

○살펴보건대, ('재哉' 자보다) '아我' 자가 옳은 듯하다.

공자는 말하기를 "남이 나를 알아주지 않음을 걱정하지 말고, 자신의 능하지 못함을 걱정하라."라고 하였다.

○왕숙: 한갓 자신의 무능만 걱정할 뿐이다. [太宰純은 이르기를 "선비가 항상 남이 나를 알아주지 않음을 걱정하고, 스스로는 그 재능을 헤아리지 않는 것이 허물이다. 남이 과연 자기를 알아주었는데 자신의 재능이 족히 그 알아주는 것에 보답하지 못하면, 이는 남의 눈을 상하게 하는 것이 된다"라고 하였다.[1]]

【인증】 공자: 남이 자기를 알아주지 않음을 근심하지 말고 내가 남을 알지 못함을 근심할 것이다. [〈學而〉편에 있다.]

○공자: 자기를 알아주지 않음을 근심하지 말고 알아줄 만하게 되기를 구할 것이다. [〈里仁〉편에 있다.]

子曰: "君子病無能焉, 不病人之不己知也." 【〈衛靈公〉】
○朱子曰: "凡章①指同而文不異者, 一言而重出也. 文小異者, 累言而各出也. 聖人於此, 蓋屢言之, 其丁寧之意, 可見矣."

子曰: "不逆詐, 不億不信, 抑亦先覺者, 是賢乎!"

朱子曰: "逆, 未至而迎之也. 億, 未見而意之也." 【補云: "讀之如 '億則屢中'."】
○朱子曰: "詐, 謂人欺己. 不信, 謂人疑己."
○朱子曰: "抑, 反語辭. 【凡 '抑' 字, 皆略反上文之意】言雖不逆不億, 而於人之情僞, 自然先覺, 乃爲賢也."
○純曰: "逆・億, 皆有意, 如蘇秦揣摩是已. 覺則無心, 知幾之屬也, 故曰 '是賢乎'."

---

① 章: 新朝本・奎章本에는 빠져 있으나 《論語集註大全》 卷14 〈憲問〉에 따라 보충한다.
1) 億則屢中: 《論語》〈先進〉편에 나온다. '헤아리면 자주 들어맞았다'는 뜻이다.
2) 太宰純, 《論語古訓外傳》 14-21ab.

○공자: 군자는 자기의 무능함을 걱정하고, 남이 자기를 알아주지 않음을 걱정하지 않는다. [〈衛靈公〉편에 있다.]
○주자: 모든 장章에 그 뜻이 같고 글도 다르지 않은 것은 한 번 하였던 말이 거듭 나온 것이며, 글이 조금 다른 것은 여러 번 말하여 각각 나온 것이다. 성인聖人(孔子)이 이에 대하여 여러 번 언급하였으니, 그 간절한 뜻을 또한 볼 수 있다.

공자는 말하기를 "남이 나를 속일까 미리 짐작하지 말고, 남이 나를 믿지 않을까 억측하지 말라. 그러나 또한 (사람의 진정과 허위에 대해) 먼저 깨닫는 자가 어질도다!"라고 하였다.

○주자: 역逆은 아직 이르지 않았는데 이를 미리 맞이하는 것이고, 억億은 아직 나타나지 않았는데 이를 생각하는 것이다. [補充하여 말한다. (億을) 읽을 때는 '億則屢中'[1](의 億의 뜻)과 같이 읽는다.]
○주자: 사詐는 남이 자기를 속이는 것을 이르고, 불신不信은 남이 자기를 의심하는 것을 말한다.
○주자: 억抑은 반어사反語辭이다. [무릇 '抑' 字는 모두 위의 글을 뒤집는 뜻이다.] 미리 짐작하지 않고 억측하지 않더라도 사람의 진정과 허위(情僞)에 대해 저절로 먼저 깨닫는 것이 바로 어진 이가 됨을 말한 것이다.
○태재순: '역逆'과 '억億'은 모두 마치 소진蘇秦이 남의 마음속을 알아내는 술법을 생각하는 것처럼 여기에는 어떤 의도意圖가 있지만, '각覺'은 (거기에 의도가 개입되지 않고) 아무 마음이 없으니, 이는 기미幾微를 아는 것에 속하는 것이다. 그러므로 '어질도다(是賢乎)'라 하였다.[2]

憲問 下

孔曰: "先覺人情者, 是寧能爲賢乎? 或時反怨人."【邢云: "先覺者, 非爲賢也."】

○駁曰 非也.

微生畝謂孔子曰: "丘何爲是栖栖者與? 無乃爲佞乎?" 孔子曰: "非敢爲佞也, 疾固也."

包曰: "微生, 姓. 畝, 名."【邢云: "隱士也."】
○朱子曰: "名呼夫子而辭甚倨, 蓋有齒德而隱者也."
○邢曰: "栖栖, 猶皇皇也."【何爲是東西南北栖栖皇皇者與】
○補曰 栖栖, 不安之意.【皇皇, 猶恐不及之意】
○朱子曰: "爲佞, 言務爲口給以悅人也."
○朱子曰: "疾, 惡也."【補云: "厭惡也, 非憎惡也."】

---

3)《正義》14.
1)《正義》14.
2) 同上.
3) 同上.

○공안국: 남의 감정을 먼저 깨닫는 자가 어찌 어진 이가 될 수 있겠는가? 간혹 때로는 도리어 사람을 원망하게 된다. [邢昺은 이르기를 "先覺者는 어진 이가 되는 것이 아니다"라고 하였다.[3])]
○반박: 아니다.

미생묘微生畝가 공자에게 말하기를 "구丘(孔子의 이름)는 어찌하여 이렇게도 분주히 돌아다니며 편안하지 못한가? (세상 사람들의 비위를 맞추려고) 말재주를 부리는 것이 아닌가?"라고 하였다. 공자는 말하기를 "내 감히 말재주를 부리는 것이 아니라, 내 자신의 고루함을 싫어하여 (분주히 돌아다니며) 도를 구하는 것이다."라고 하였다.

○포함: 미생微生은 성姓이고, 묘畝는 이름이다. [邢昺은 "隱士이다"라고 하였다.[1)]
○주자: 공자의 이름을 부르고 말이 심히 거만한 것으로 보아, 아마도 나이와 덕德이 있는 은자隱者로 보인다.
○형병: 서서栖栖는 황황皇皇과 뜻이 같다.[2)] [어찌하여 이렇게도 동서남북으로 허둥지둥 바쁜 것이냐?[3)]]
○보충: 서서栖栖는 편안하지 못한 것을 뜻한다. [皇皇은 오히려 미치지 못할까 두려워하는 뜻이다.]
○주자: 위녕爲佞은 힘써 말을 잘하여 사람을 기쁘게 하는 것을 말한다.
○주자: 질疾은 미워하는 것이다. [補充하여 말한다. (여기의 疾은) 싫어하는 것이지 미워하는 것이 아니다.]

○補曰 固, 塞也, 陋也.【朱子云: "執一而不通也."】隱居獨善, 棄世絶物者, 其道塞而陋, 故君子惡之.

質疑《集注》曰: "栖栖, 依依也."【饒云: "栖栖, 如鳥之栖木而不去."】

○案〈小雅〉云: "六月棲棲, 戎車旣飭." 言簡閱戎車, 其衆騷騷然也. 班固〈答賓戲〉曰: "聖哲之治, 栖栖皇皇." 言聖君勤而不安也.

包曰: "病世固陋, 欲行道以化之."

○駁曰 非也. 孔子尚不得位, 善世移俗之責, 安能自任乎? 君子之道, 雖卷舒隨時, 而不仕無義, 絶物非仁, 故周流四國, 冀其一遇. 爲所惡者, 固滯而不通也.

饒曰: "畝方以退隱爲高, 殊不知聖人可仕則仕, 可止則止."

○案 孔子自言其本意而已, 未必是譏切微生如反駁然也.

---

4)依依: 어쩐지 마음에 남아 잊지 못하고 연연하는 모양.
5)《論語集註大全》卷14〈憲問〉제14 小註에 나온다.
6)《詩經》〈小雅·六月〉에 나온다.
7)《文選》卷第45에 나온다.
8)《論語集註大全》卷14〈憲問〉제14 小註에 나온다.

○보충: 고固는 막히다(塞)의 뜻이고, 고루하다는 뜻이다. [朱子는 "(固는) 하나만 고집하여 변통이 없는 것이다"라고 하였다.] 은거해서 홀로 자기만 착하게 하여 세상을 버리고 사람과의 접촉을 끊는 자는, 그 도道가 막히고 고루하기 때문에 군자가 이를 싫어한 것이다.

【질의】《논어집주》: 서서栖栖는 의의依依하는 것이다. [饒雙峯은 이르기를 "栖栖는 마치 새가 나무에 깃들어 떠나지 않는 것과 같다"라 하였다.[5)]

○살펴보건대, 《시경》〈소아小雅〉에 "육월서서六月栖栖하여 병거兵車를 정돈하네"[6)]라고 하였으니, (여기의 서서栖栖는) 병거를 검열하여 그 군사들의 분주한 모양을 말한다. 반고班固의 〈답빈희答賓戲〉에 "성철聖哲의 다스림은 서서황황栖栖皇皇하다"[7)]고 하였으니, (여기의 서서황황은) 성군聖君이 다스림에 부지런하여 안거安居하지 않는 것을 말한다.

○포함: 세상의 고루함을 병으로 여겨 도를 행하여 이를 교화하려 한 것이다.

○반박: 아니다. 공자는 그때까지도 오히려 벼슬자리를 얻지 못하였는데, 세상을 착하게 하고 풍속을 바꾸는 책임을 어떻게 스스로 맡을 수 있겠는가? 그러나 군자의 도는 때에 따라 시행되기도 하고 되지 않기도 하지만 벼슬하지 않는 것은 의義가 아니고, 사람과의 접촉을 끊는 것은 인仁이 아니다. 그러므로 사방의 나라를 주유하면서 한 번 쓰일 수 있는 좋은 때를 만나기를 바랐던 것이며, 그가 염오厭惡하는 대상은 (자신의) 고루하게 막혀서 통하지 못함에 대한 것이다.

○요쌍봉: 미생묘微生畝는 바야흐로 물러나 은거하는 것을 고상한 것으로 삼고, 성인聖人(孔子)이 벼슬할 만하면 벼슬하고 그만둘 만하면 그만둠을 알지 못한 것이다.[8)]

○살펴보건대, 공자는 스스로 자신의 본의本意를 말하였을 뿐이고, 반드시 미생微生을 반박하는 것처럼 기롱하지는 않았던 것이다.

191

純曰: "孔子博訪古道, 不遑寧處, 如有求而不得者然. 人不學, 不知道, 是爲固陋, 我惡之, 故孜孜求道."

○案〈禮運〉曰: "我欲觀夏道, 是故之杞; 我欲觀殷道, 是故之宋." 則孔子之周游四國, 爲求道也. 純義甚好.

子曰: "驥不稱其力, 稱其德也."

邢曰: "驥, 古之善馬名."

○鄭曰: "德者, 調良之謂."【胡云: "調者, 習熟而易控御也; 良者, 順服而不踶齧也."】

○饒曰: "驥非無力, 然其所以得驥之名者, 以德不以力."

○邢曰: "此章疾時尚力取勝而不重德."

尹曰: "人有才而無德, 則亦奚足尚?"【胡云: "觀人者, 不當言其才, 而當言其德."】

---

9)《禮記》〈學記〉에 나오는 말이다.
10) 太宰純,《論語古訓外傳》14-22ab.
11) 道: 여기의 道는 禮樂을 가리킴.
1)《正義》14.
2)《論語集註大全》卷14〈憲問〉제14 小註에 나온다.
3) 同上.
4)《正義》14.
5)《論語集註大全》卷14〈憲問〉제14 小註에 나온다.

○태재순: 공자는 널리 옛 도道를 구하느라 처지에 편안할 겨를도 없이 분주하였음이, 마치 구해도 얻지 못하는 사람과 같았다. 사람이 배우지 않으면 도를 알지 못한다.[9] 이래서 사람이 고루해지니, 내가 이 고루함을 싫어한다. 그러므로 부지런히 도道를 구하는 것이다.[10]

○살펴보건대, 《예기》〈예운禮運〉에 "내가 하夏나라의 도道[11]를 보고자 하였기 때문에 기杞나라에 갔고, 내가 은殷나라의 도를 보고자 하였기 때문에 송宋나라에 갔다" 라 하였으니, 공자가 사방의 나라를 주유한 것은 도를 구하기 위함이었다. 태재순이 말한 뜻은 매우 좋다.

공자는 말하기를 "기驥는 그 힘을 칭찬하는 것이 아니라, 그 덕德을 칭찬하는 것이다." 라고 하였다.

○형병: 기驥는 옛 좋은 말의 이름이다.[1]

○정현: '덕德'이란 잘 길들여지고 순한 것(調良)을 이른다. [胡寅은 이르기를 "調란 잘 길들여져서 당기고 몰기 쉬운 것이고, 良이란 순하게 복종하여 차고 물지 않는 것이다" 라고 하였다.[2]]

○요쌍봉: 기驥는 힘이 없는 말이 아니다. 그러나 기驥라는 이름을 얻은 까닭은 덕德 때문에 얻은 것이지 힘 때문에 얻지는 않았다.[3]

○형병: 이 장章은 당시 힘으로 승리를 쟁취하는 것만 숭상하고 덕을 무겁게 여기지 않던 것을 미워한 것이다.[4]

○윤돈: 사람이 재주만 있고 덕이 없으면, 또한 어찌 숭상할 만하겠는가? [胡寅은 이르기를 "사람을 관찰하는 자는 당연히 그 재주를 말해서는 안 되고 그 德을 말해야 한다" 라고 하였다.[5]]

○案 馬之調良, 亦其才也. 古人以德爲才, 豈以才爲戒乎? 羿善射, 奡盪舟, 禹·稷躬稼, 力與德也, 邢說不可易.

引證 《家語》, 哀公問於孔子曰: "請問取人之法." 孔子對曰: "弓調而後求勁焉, 馬服而後求良焉, 士必愨而後求智能者. 不愨而多能, 譬之豺狼, 不可邇."【〈五儀解〉】

或曰: "以德報怨, 何如?" 子曰: "何以報德? 以直報怨, 以德報德."

朱子曰: "或人所稱, 見今《老子》書."【《老子》云: "報怨以德."】
○補曰 德, 恩也.【何云: "恩惠之德."】
○補曰 所薄者厚, 無以待所厚, 故留德以報德.

---

1) 《老子·道德經》제63장에 나온다.

○살펴보건대, 말이 잘 길들고 순한 것도 역시 재주이다. 옛사람은 덕德을 재주로 여겼으니, 어찌 재주를 경계하겠는가? 예羿는 활쏘기를 잘하고, 오奡는 힘이 세어 뭍에서 배를 끌고 다니고, 우禹와 직稷은 몸소 농사를 지었는데, 이는 (모두) 힘과 덕德이니, 형병의 설은 바꿀 수 없다.

【인증】《공자가어》: 애공哀公이 공자에게 묻기를 "청컨대, 인재를 취택하는 법을 묻습니다" 하니, 공자는 대답하기를 "활을 고를 때는 잘 길들어져 있는지 어떤지를 살피고 난 뒤에 강한 것을 찾고, 말도 잘 순종하는지를 살피고 난 뒤에 양마를 찾고, 인물도 반드시 그가 성실한지 어떤지를 살피고 난 뒤에 지혜롭고 재능 있는 자를 구합니다. 성실하지 않은데 재능만 많은 자는, 비유하면 시랑豺狼과 같으니, 가까이해서는 안 되는 자입니다"라고 하였다. [〈五儀解〉에 있다.]

어떤 이가 말하기를 "은덕恩德으로써 원한을 갚으면 어떻겠습니까?" 하니, 공자는 말하기를 "그러면 은덕은 무엇으로써 갚겠는가? 곧은 것으로써 원한을 갚고, 은덕으로써 은덕을 갚을 것이다."라고 하였다.

○주자: 어떤 사람이 말한 것은 지금 《노자》에 보인다. [《老子》에는 "원한을 갚는 데에 德으로써 한다"[1]고 하였다.]
○보충: 덕德은 은덕이다. [何晏은 이르기를 "은혜의 德이다"라 하였다.]
○보충: 가볍게 취급해야 할 자에게 후하게 대접하면, 후하게 대접해야 할 곳에는 아무 대접도 할 수 없다. 그러므로 덕을 가지고는 덕에 보답하는 것이다.

○補曰 直者, 不罔也.【上篇, 罔與直對稱】人能於有怨者, 不誣罔以報之, 則斯足矣.

引證 《老子》曰: "大小多少, 報怨以德. 圖難於其易, 爲大於其細."【《道德經》〈恩始〉章】

○案 老子之道, 以慈爲主, 故以德報怨.

引證 〈表記〉: "子曰, '以德報德, 則民有所勸; 以怨報怨, 則民有所懲.' 《詩》曰, '無言不讎, 無德不報.' 子曰, '以德報怨, 則寬身之仁也;【鄭云: "仁亦當言民, 聲之誤."】以怨報德, 則刑戮之民也.'"

○案 上節著之爲法, 故以勸懲言.【上 '子曰'】下節謂下民之所自行,【下 '子曰'】故不合正理.

---

2) 《論語》〈雍也〉편에 나오는 "人之生也直, 罔之生也幸而免"의 '直'과 '罔'을 가리킴.
3) 사람이 원한이 있는 자에게는 속이지 않고 원한을 갚으면 이것으로 족한 것이다.: 원한이 있는 것을 속여서 숨기고 그 사람을 벗으로 사귀는 일(匿怨而友其人.〈公冶長〉)을 하지 않는 것이다.
4) 《詩經》〈大雅·抑〉에 나온다.
5) "子曰, 以德報德, … 則民有所懲"의 글을 가리킴.
6) "子曰, 以德報怨, … 則刑戮之民也"의 글을 가리킴.

○보충: '직直'이란 속이지 않는 것이다. [上篇의 '罔'과 '直'은 對稱이다.[2]] 사람이 원한이 있는 자에게는 속이지 않고 원한을 갚으면 그것으로 족한 것이다.[3]

【인증】《노자》: 작은 일을 작다고 등한히 하지 말고 큰 일이 되는 시작이라 여기고, 분량이 적다고 하여 등한히 하지 말고 많아지는 시작이라고 여기며, 원한을 갚는 데에는 덕으로써 한다. 어려운 사건의 해결을 도모할 때는 그것이 아직 쉬운 단계에 있을 때 해야 하고, 큰 사건을 다스릴 때는 그것이 아직 작은 상태에 있을 때 해야 한다. [《道德經》〈恩始〉章에 나온다.]

○살펴보건대, 노자老子의 도道는 자애慈愛를 주로 삼았기 때문에 덕으로써 원한을 갚는 것이다.

【인증】《예기》〈표기〉: 공자가 말하기를 "덕을 가지고 덕을 갚는 일을 하면 백성이 덕을 기르는 데에 노력함이 있고, 원한을 가지고 원한을 갚는 일을 하면 백성이 원한 맺는 짓을 하지 않고 조심할 것이다"라 하였다. 《시경》에 말하기를 "말에 답하지 않음이 없고, 덕에 보답하지 않음이 없다"[4]라 하였고, (또) 공자가 말하기를 "덕을 가지고 원한을 갚는 행위는 자신을 너그럽게 하는 데에 해당하는 사람(寬身之仁)이고, [鄭玄은 "仁은 또한 마땅히 民이라고 말해야 한다. 이는 소리의 잘못이다"라고 하였다.] 원한을 가지고 덕을 갚는 행위는 형벌로 사람을 죽이는 데에 해당하는 사람이다"라고 하였다.

○살펴보건대, 위의 절구는 이를 나타내 법을 삼으려 하였기 때문에 권징勸懲으로써 말하였고, [위의 '子曰, …'의 글이다.[5]] 아래의 절구는 백성으로서 각자가 행하고 있는 것을 가리켰기 때문에 [아래의 '子曰, …'의 글이다.[6]] 올바른 이치에 부합되지 않는 말이다.

子曰: "莫我知也夫!" 子貢曰: "何爲其莫知子也?" 子曰: "不怨天, 不尤人, 下學而上達. 知我者, 其天乎!"

補曰 時人皆稱夫子盛德. 夫子聞之, 曰: "彼皆不知我而言之耳."
○馬曰: "不用於世,【句】而不怨天; 人不知己, 亦不尤人."
○補曰 不怨天, 不尤人, 乃心內之密功, 非人所知.
○補曰 下學, 謂學道, 自人事而始;【即孝弟仁義】上達, 謂積功, 至天德而止.【即所云始於事親, 終於事天】下學, 人所知;【見於行事者】上達, 非人之所知.
孔曰: "下學人事, 上知天命."
○案 自此至彼曰達. 孔注, 以達爲知, 非矣.【孔意, 謂上通天命】君子之道, 終於事天, 此之謂達也.
何曰: "聖人與天地合其德, 故曰惟天知己."

---

1) 朱子는 '莫我知也夫'를 孔子가 自歎하는 말로 보고 '나를 알아주는 사람이 없구나'라고 해석하였으나, 茶山은 이를 自歎으로 보지 않고 '나를 아는 사람이 없구나'라고 하여 孔子 당시의 사람들이 孔子의 學業에 대해 아는 자가 없었다고 보았다.

공자는 말하기를 "나를 아는 사람이 없구나!"[1]라고 하였다. 자공이 말하기를 "어찌하여 선생님을 아는 사람이 없다고 하십니까?" 하니, 공자는 말하기를 "하늘을 원망하지 않고 사람을 탓하지 않으며, 아래로 배워서 위로 달達(至의 뜻)하니, 나를 아는 자는 하늘뿐이로다!"라고 하였다.

○보충: (공자) 당시의 사람들이 모두 공자의 성덕盛德을 칭술하고 있었는데, 공자가 이를 듣고 말하기를 "그들은 모두 나를 알지 못하고 하는 말이다"라 하였다.
○마융: (공자는) 세상에 등용되지 않았는데도 하늘을 원망하지 않고, 남이 자기를 알아주지 않아도 또한 사람을 탓하지 않는다.
○보충: 하늘을 원망하지 않고 사람을 탓하지 않는 것은 곧 마음 가운데의 은밀한 공부이니, 이는 남이 알 수 있는 바가 아니다.
○보충: 하학下學은 도道를 배우는 것을 이르니, 이는 인사人事로부터 시작하는 것이고, [곧 孝弟와 仁義이다.] 상달上達은 공부를 쌓아올리는 것을 이르니, 이는 천덕天德에 이르러 그친다. [곧 이른바 事親에서 시작하여 事天에서 마친다는 것이다.] 하학下學은 남이 알 수 있는 것이고, [行事에 나타나는 것이다.] 상달上達은 남이 알 수 있는 바가 아니다.
○공안국: 아래로 인사人事를 배우고, 위로 천명天命을 아는 것이다.
○살펴보건대, 여기에서부터 저기에 이르는 것을 '달達'이라 한다. 공안국의 주注는 '달達'을 '지知'로 여겼으니, 이는 그릇된 것이다. [孔安國의 뜻은 (上達이) 위로 天命에 통함을 말한 것이다.] 군자의 도는 사천事天(上天·上帝를 섬기는 것)에서 마치게 되니, 이를 가리켜 '달達'이라고 한다.
○하안: 성인은 천지와 더불어 그 덕德을 같이하기 때문에 오직 하늘만 나를 안다고 한 것이다.

○駁曰 非也. 孔子非自處以聖人, 有是言也. 特言其自脩之功, 不過如此, 惟天知之.

質疑 朱子曰: "夫子自歎."

○案 夫子有恒言曰: "不患人之不己知." 今乃以 '莫我知' 而發歎, 恐無是理. 苟其歎之, 則必繼之曰, "我祖述^①堯·舜, 憲章文·武." 何必言不怨天, 不尤人, 下學而上達乎? 此與見用於斯世者, 無所當矣.【朱子云: "反己自修, 循序漸進, 無以甚異於人."】 時人稱述聖德, 孔子明之曰: "彼皆不知我者也. 我之學業, 惟天知之."

純曰: "下學, 猶下問也. 顏斶曰, '是以君王無羞亟問,【句】 不愧下學.'【《戰國策》】 下學者, 就下而學也."

○案 夫子固不恥下問,【朱子云: "聖人亦須下學, 如問禮問官名, 未識須問."】 然聖人謙卑, 不宜自言下學.

---

① 述: 新朝本에는 '迷'로 되어 있으나 奎章本에 따라 바로잡는다.
2)《禮記》〈中庸〉에 나온다.
3) 顏斶: 戰國時代 齊나라의 處士인 듯하다. 顏斶은《戰國策》卷第11〈齊〉4에만 나오는 인물이다.
4)《戰國策》卷第11〈齊〉4에 나온다.
5) 太宰純,《論語古訓外傳》14-24a.
6)《論語集註大全》卷14〈憲問〉제14 小註에 나온다.

○반박: 아니다. 공자가 성인으로 자처하여 이 말이 있는 것이 아니다. (공자가) 그의 자수自修의 공부가 이와 같은 것에 불과한데, 이는 오직 하늘만이 그것을 알 뿐이라고 특별히 말한 것이다.

【질의】주자: 공자가 스스로 탄식한 것이다.

○살펴보건대, 공자는 "남이 나를 알아주지 않음을 근심하지 말라"고 항상 말하였는데, 지금 여기에서 곧 '막아지莫我知'를 가지고 탄식을 발설한 말이라고 한다면, 이는 아마도 그럴 리가 없을 것이다. 만약 탄식하였다면 반드시 그 뒤를 이어서 "나는 요堯·순舜의 도를 조술祖述(그 道를 祖宗으로 하여 傳述함)하고, 문왕文王·무왕武王의 법을 헌장憲章(본받아 드러냄)하였다"²⁾고 말하였을 텐데, 어찌 반드시 "하늘을 원망하지 않고 사람을 탓하지 않으며, 아래로 배워서 위로 달한다"고 말하였겠는가? (공자의) 이 말은 이 세상에 등용되는 것과도 아무 상관이 없는 것이다. [朱子는 이르기를 "(이는) 자기 몸에 돌이켜 스스로를 닦고, 차례를 따라 점점 나아가는 것일 뿐, 남보다 심히 다르게 (그 앎에 이른 것은) 없었던 것이다"라고 하였다.] (이 경문은) 당시 사람들이 공자의 성덕盛德을 칭술稱述하고 있었으므로, 공자가 이를 밝혀 "그들은 모두가 나를 알지 못하는 자들이다. 나의 학업은 오직 하늘만 이를 알 뿐이다"라고 한 것이다.

○태재순: 하학下學은 하문下問과 같다. 안촉顏斶³⁾이 말하기를 "이러므로 군왕君王은 자주 하문下問하는 것을 부끄럽게 생각하지 않고, 하학下學을 부끄럽게 여기지 않는다"고 하였으니, [《戰國策》에 있다.⁴⁾] '하학下學'이란 아랫사람에게 나아가 배우는 것이다.⁵⁾

○살펴보건대, 공자는 진실로 아랫사람에게 묻는 것을 부끄러워하지 않았다. [朱子는 이르기를 "(배울 때는) 聖人도 또한 모름지기 아랫사람에게 배웠다. 예를 들면 (孔子가) 禮를 묻고 官名을 물으면서 모르면 모름지기 물었던 것과 같다"라 하였다.⁶⁾] 그러나 성인聖人이 자기 몸을 겸손하게 낮춰서 (하문下問을) 스스로 하학下學이라 말하는 것은 마땅하지 않다.

憲問下

公伯寮愬子路於季孫. 子服景伯以告曰: "夫子固有惑志,【句】於公伯寮, 吾力猶能肆諸市朝." 子曰: "道之將行也與? 命也. 道之將廢也與? 命也. 公伯寮其如命何!"【皇氏本, 於公伯寮下有'也'字】

馬曰: "伯寮, 魯人.【《史記》云: "伯寮字子周."】愬, 譖也."【邢云: "譖子路以罪."】
○朱子曰: "子服, 氏;【案, 子服, 孟孫氏之別族】景, 諡; 伯, 字. 魯大夫子服何也."
○邢曰: "夫子謂季孫."
○邢曰: "季孫有疑惑之志."【孔云: "季孫信讒, 志子路."】
○鄭曰: "吾勢力猶能辨子路之無罪於季孫, 使之誅寮而肆之. 有罪既刑, 陳其尸曰肆."【邢云: "〈秋官·鄕①士〉云, '協日刑殺, 肆之三日.'"】
○邢曰: "大夫已上於朝, 士以下於市."

---

① 鄕: 新朝本·奎章本에는 '卿'으로 되어 있으나 《論語注疏》〈憲問〉에 따라 바로잡는다.
1) 夫子: 季孫氏를 가리킨다.
2) 《史記》〈仲尼弟子列傳〉에 나온다.
3) 《正義》14.
4) 同上.
5) 同上.
6) 同上.
7) 同上.

공백료公伯寮가 자로를 계손季孫에게 참소하였다. 자복경백子服景伯이 (이 일을 공자에게) 고하기를 "부자夫子[1]는 진실로 마음에 의혹을 품고 있습니다. 공백료에 대해서는 제 힘으로도 그 시신을 시조市朝에 걸어 놓을 수 있습니다."라고 하였다. 공자는 말하기를 "도가 장차 행해지는 것도 천명天命이요, 도가 장차 폐해지는 것도 천명이다. 공백료가 그 천명을 어떻게 하겠는가!" 라고 하였다. [皇侃의 本에는 '於公伯寮' 아래에 '也' 字가 있다.]

○마융: 공백료는 노魯나라 사람이다. [《史記》에 이르기를 "伯寮의 字는 子周이다" 라고 하였다.[2]] 소愬는 참소하는 것이다. [邢昺은 이르기를 "子路를 罪가 있다고 誣告했다"라고 하였다.[3]]

○주자: 자복子服은 씨氏이고, [상고하건대, 子服은 孟孫氏의 別族이다.] 경景은 시諡이며, 백伯은 자字이니, 노나라 대부 자복하子服何이다.

○형병: 부자夫子는 계손季孫을 가리킨다.[4]

○형병: 계손은 의혹스럽게 여기는 마음이 있었다.[5] [孔安國은 이르기를 "季孫은 (公伯寮가) 참소한 것을 믿고 子路에게 분개했다"라고 하였다.]

○정현: 나의 세력으로도 오히려 능히 자로의 무죄를 계손에게 밝혀서, 계손으로 하여금 공백료를 죽여 (그 시체를 시조市朝에) 내걸게 할 수 있다. 죄가 있어 처형되면 그 시체를 (시조에) 내거는데, 이를 '사肆'라 한다. [邢昺은 이르기를 "《周禮》〈秋官·鄕士〉에 '사형 날짜를 협의하여 刑殺하고, 죽인 뒤 사흘 동안 시체를 내걸어 놓는다'고 했다"라 하였다.[6]]

○형병: 대부大夫 이상은 조정에 (시체를) 내걸고, 사士 이하는 저자에 내건다.[7]

憲問 下

○補曰 朝者, 百官府署之所列也.〈考工記〉曰:"面②朝後市."
○補曰 君子仕, 將以行道. 然道之行廢, 有命在天, 非一伯寮所能爲.
【言讒愬不足以動心, 誅戮不足以迕命】
○案 古注讀至 '惑志' 絕句.【今從之】
馬曰:"伯寮, 弟子."【從《史記》〈弟子傳〉也】
○純曰:"《家語》〈弟子解〉, 伯寮不載.【馬注依《史記》】《史記正義》引《古史考》云, '疑公伯僚是讒愬之人, 孔子不責而云命, 非弟子之流也.' 朱注不言弟子, 蓋如譙周之意耳."
孔曰:"子服何忌."
○邢曰:"《左傳》哀十三③年, 吳人將囚子服景伯. 景伯曰, '何也立後於魯矣.' 杜注云, '何, 景伯名.' 然則景伯單名何, 而此註云何忌, 誤也."
○純曰:"景伯, 孟獻子之玄孫."
○案 忌者, 語辭.【《詩》云:"抑磬控忌."】古人稱名, 或兼語辭.【孟子云:"庾公之斯④."】孔註何忌, 或別有據, 未可詳也.

---

② 面: 新朝本에는 '而'로 되어 있으나 奎章本에 따라 바로잡는다.
③ 十三: 新朝本·奎章本에는 '十二'로 되어 있으나 《論語注疏》 卷14 〈憲問〉 阮元의 교감에 따라 바로잡는다.
④ 斯: 新朝本·奎章本에는 '他'로 되어 있으나 《孟子》〈離婁〉 下에 따라 바로잡는다.
8) 《周禮》〈考工記·匠人〉에 나온다.
9) 《史記正義》: 唐代의 學者 張守節이 지은 《史記》 註解書이다.
10) 譙周: 三國時代 巴西西允國의 사람. 字는 允南. 學問에 독실하였고 天文에 曉通하였음. 蜀의 建興 年間에 丞相 諸葛亮에 의해 勸學從事가 되었고, 그 뒤 光祿大夫에 이르렀으며, 封은 陽城亭侯. 저술로는 《法訓》·《五經論》·《古史考》가 있다. '譙周의 뜻과 같은 것이다' 라는 말은 《史記索隱》에 인용한 譙周의 말에 "疑公伯僚是讒愬之人, 孔子不責而云其如命何, 非弟子之流也"라고 한 그 말과 같다는 말이다. (《三國志》 卷42 참조.)
11) 太宰純, 《論語古訓外傳》 14-24b~25a.
12) 《正義》 14.
13) 太宰純, 《論語古訓外傳》 14-25a.
14) 《詩經》〈鄭風·大叔于田〉에 나오는 詩句인데, '抑磬控忌'에서 '抑'과 '忌'는 語助辭이다.
15) 《孟子》〈離婁〉 下에 나오는 말인데, '庾公之斯'에서 '之'는 語助辭이다.

○보충: '조朝'란 백관百官의 부서府署가 늘어서 있는 곳이다.《주례》〈고공기考工記〉에 "앞에는 조정이 있고, 뒤에는 저자가 있다"[8]라 하였다.

○보충: 군자가 벼슬하는 것은 장차 도道를 행하려 하는 것이다. 그러나 도가 행해지고 행해지지 않는 것은 명命이 있어, 이는 하늘에 달려 있으니, 한 사람의 공백료가 어떻게 할 수 있는 바가 아니다. [讒愬하여도 마음을 움직일 수 없고, 誅戮하여도 天命을 맞이할 수 없음을 말한다.]

○살펴보건대, 고주古註에서는 읽을 때 '혹지惑志'에서 구句를 끊었다. [(나는) 여기에서 이 (古註)를 따른다.]

○마융: 공백료公伯寮는 (공자의) 제자이다. [《史記》〈仲尼弟子列傳〉을 따랐다.]

○태재순:《공자가어孔子家語》〈칠십이제자해七十二弟子解〉에는 공백료가 (제자로) 기재되지 않았다. [馬融의 注는《史記》를 따랐다.]《사기정의史記正義》[9] 에는《고사고古史考》를 인용하여 "의심하건대, 공백료는 참소한 사람인데도 공자는 질책하지 않고 '천명을 어떻게 하겠는가?'라 하였으니, 제자의 무리가 아니다"라고 하였고, 주자의 주에도 제자라고 말하지 않았으니, 이는 대개 초주譙周[10]의 뜻과 같은 것이다.[11]

○공안국: (자복경백은) 자복하기子服何忌이다.

○형병:《좌전》애공哀公 13년(B.C. 482)에 오吳나라 사람이 자복경백을 잡아 가두려 하자, 경백이 말하기를 "하何는 노魯나라에 후사後嗣를 세우고 왔다"라 하였는데, 두예杜預의 주에 "하何는 경백의 이름이다"라고 하였다. 그렇다면 경백은 '하何'라는 한 글자의 이름뿐인데, 이 (공안국의) 주에 '하기何忌'라고 한 것은 잘못이다.[12]

○태재순: 자복경백子服景伯은 맹헌자孟獻子의 현손이다.[13]

○살펴보건대, '기忌'란 어조사이다. [《詩經》에 "말을 달리기도 하고 멈추기도 하다(抑磬控忌)"라 하였다.[14]] 옛사람은 이름을 부를 때 혹 어조사를 겸할 때도 있었다. [《孟子》에 "유공지사庾公之斯"[15]라는 말이 있다.] 공안국의 주에 하기何忌라고 한 것은 혹 따로 근거가 있는지는 상세히 알 수 없다.

質疑《集注》曰: "言其有疑於寮之言."

○案 '於公伯寮', 自爲一句, 然後其凌轢伯寮, 憤嫉伯寮, 指斥伯寮之意, 更峻更快, 恐舊讀爲長.

邢曰: "言季孫固已有疑惑之志."

○純曰: "固與故通, 謂故常也."

吳曰: "市朝, 不過連言之.《左傳》, 晉殺三郤, 尸諸朝; 殺董安于, 尸諸市, 賤者在市也."

齊曰: "子路非王佐之才, 家臣非卿相之位, 而孔子以公伯寮之愬爲關吾道之行止, 何也? 魯爲公室之蠹者, 莫如季氏. 孔子爲政於魯, 大率欲裁其僭, 而勇於承令以出藏甲墮郈·費者, 子路也. 伯公寮愬子路, 固將假以沮孔子也. 故孔子不爲子路禍福計, 而爲吾道興廢計. 然吾道之行與不行, 繫於天之祐不祐, 而不繫於寮之愬不愬也. 景伯尤諸人, 而孔子委之天. 孟子於臧倉之沮魯侯, 亦歸之天焉."

---

16)《正義》14.
17) 太宰純,《論語古訓外傳》14-25b. 여기에 말한 固와 故, 故常은 모두 '늘, 恒常'이란 뜻이다.
18) 三郤: 春秋時代 晉나라 大夫 郤錡·郤犨·郤至를 말한다.
19)《左傳》成公 17년조에 보인다.
20) 董安于: 春秋時代 晉나라 사람. 趙孟의 臣.
21)《左傳》定公 14년조에 보인다.
22) 臧倉: 戰國時代 魯나라 사람. 魯 平公의 嬖人. (《孟子》〈梁惠王〉下 참조.)
23) 魯侯: 戰國時代 魯나라 諸侯인 平公.
24)《論語集註大全》卷14〈憲問〉제14 小註에 나온다.

【질의】《논어집주》: 그가 공백료公伯寮의 말에 유혹되고 있음을 말한 것이다.

○살펴보건대, '어공백료於公伯寮'는 그 자체가 한 구句가 된 뒤에라야 공백료를 업신여겨 누르고 분노하여 질시하게 되며, 이로써 공백료를 배척하는 뜻이 더욱 준엄해지고 더욱 명쾌해지니, 아마도 고주古註대로 읽는 것이 나을 듯하다.

○형병: 계손季孫은 견고하게 이미 의혹스럽게 여기는 마음이 있었다.[16]

○태재순: '고固'는 고고와 통하니, 고상故常을 말한다.[17]

○오역: 시조市朝는 이 (시市와 조朝)를 연이어 말한 것이다. 《좌전》에 보면, 진晉나라가 삼극三郤[18]을 죽여서 그 시체를 조정에 내걸고,[19] 동안우董安于[20]를 죽여서 그 시체를 저자에 내걸었으니,[21] 천한 자의 시체는 저자에 내걸었다.

○제이겸: 자로子路는 왕을 보좌할 만한 재목이 아니고, 가신家臣은 경상卿相의 지위가 아닌데, 공자가 공백료의 참소로써 우리 도도의 행해지고 행해지지 않음과 연관시킨 것은 무엇 때문인가? 노魯나라에서 공실公室의 좀이 된 것은 계씨季氏보다 더한 것이 없었다. 공자는 노나라에서 정사를 할 때 크게 그 (계씨의) 참람함을 제재하고자 하였는데, 이에 그 명령을 받들어 저장해 놓은 병기를 끌어내 후郈·비費의 읍성을 무너뜨리는 데에 용감했던 이가 자로이다. 공백료가 자로를 참소한 것은 본래 장차 자로를 인해서 공자를 저지하려고 한 것이다. 그러므로 공자는 자로 한 사람의 화복禍福에 관한 것으로 헤아리지 않고, 우리 도도의 흥폐興廢에 관한 것으로 생각한 것이다. 그러나 우리 도가 행해지고 행해지지 않는 것은 하늘이 돕고 돕지 않는 데에 달려 있지, 공백료가 참소하고 참소하지 않는 데에 달려 있지는 않다. 자복경백子服景伯은 사람을 탓하였으나 공자는 이를 하늘에 맡겼으니, 이는 장창臧倉[22]이 노후魯侯[23]에게 맹자를 만나지 못하게 저지하여 두 사람이 만나지 못한 것을 맹자가 또한 이를 하늘에 돌려 말한 것과 같다.[24]

○案 說得有理, 但謂子路非王佐之才, 謬.

子曰: "賢者辟世, 其次辟地, 其次辟色, 其次辟言." 【辟, 去聲】

補曰 韜名晦跡, 居世而不令世知, 是辟世也.
○馬曰: "去亂國適治邦."
○補曰 是辟地也.
○補曰 見顏色而違之, 是辟色也. 【邢云: "不能豫擇治亂, 但觀君之顏色, 若有厭己之色, 於斯去之."】
○補曰 聞一言, 知亂將作而去之, 是辟言也.
孔曰: "世主莫得而臣." 【邢云: "天地閉則賢人隱, 高蹈塵外, 枕流漱石, 天子諸侯莫得而臣."】
○案 辟世者, 後世之所謂大隱也. 【隱城市】 辟地者, 即小隱也. 【隱山林】 長沮·桀溺, 自稱辟世之士, 【見下篇】 沮·溺何嘗高舉遠遯乎? 居斯世也, 混於阨隸, 人莫之知, 斯之謂辟世也.▸

---

1) 賢者: 여기의 賢者는 우리가 일반적으로 말하는 어진 이와는 다르다. 그러므로 賢者라는 用語를 그대로 두었는데, 茶山은 정확히 어떤 人間型임을 말하지 않았으나 朱子는 伯夷·姜太公·百里奚 같은 이를 들었다.
2) 辟이 去聲일 때는 音이 '피'이며 '避'와 같다.
3) 《正義》14.
4) 同上.
5) 〈微子〉편에 "豈若從辟世之士哉?"라고 하는 桀溺의 말이 있다.

○살펴보건대, 깨우쳐 말한 것이 조리가 있으나, 다만 자로는 왕을 보좌할 만한 재목이 아니라고 한 것은 잘못되었다.

공자는 말하기를 "현자賢者¹⁾는 세상을 피하고, 그 다음은 땅을 피하고, 그 다음은 안색을 (보고) 피하고, 그 다음은 말을 (듣고) 피한다."라고 하였다. [辟는 去聲이다.²⁾]

○보충: 이름을 감추고 자취를 숨기며, 세상에 살면서도 세상이 알지 못하게 하는 것이 피세辟世이다.
○마융: 어지러운 나라를 떠나 잘 다스려지는 나라로 가는 것이다.
○보충: (어지러운 나라를 떠나 잘 다스려지는 나라로 가는) 이것이 피지辟地이다.
○보충: 안색을 보고 떠나가는 것이 피색辟色이다. [邢昺은 이르기를 "治亂을 미리 선택할 수는 없으나, 다만 君主의 顏色이 자신을 싫어하는 빛이 있으면 거기를 떠난다"고 하였다.³⁾]
○보충: 한마디 말을 들어보고 난이 장차 일어나려고 함을 알고 거기를 떠나는 것이 피언辟言이다.
○공안국: (세상을 피하는 현자賢者는) 세상의 군주가 얻어서 그를 신하로 삼을 수 없다. [邢昺은 이르기를 "천지가 닫히면 賢人은 숨어서 塵俗 밖에 높이 거닐며 隱遁생활을 하니, 天子와 諸侯가 얻어 신하로 삼을 수 없다"라 하였다.⁴⁾]
○살펴보건대, '피세辟世'란 후세의 이른바 '대은大隱'이고, [城市에 은거하는 것이다.] '피지辟地'란 곧 소은小隱이다. [山林에 은거하는 것이다.] 장저長沮·걸익桀溺은 자칭 '세상을 피하는 선비(辟世之士)'라고 하였으나, [下篇에 보인다.⁵⁾] 장저·걸익이 어찌 일찍이 높이 거동하여 (진외塵外로) 멀리 은둔하였겠는가? 이 세상에 살면서 맹예氓隸(賤民)에 섞여 살아 사람들이 아무도 알지 못하였는데, 이를 두고 '피세辟世'라고 한 것이다.▶

憲問下

◀枕①流漱石, 豈是人乎?

孔曰: "色斯擧矣."

○駁曰 非也. 色, 駭貌, 義見前.

孔曰: "有惡言乃去."

○駁曰 非也. 旣有惡言, 烏足云辟?

質疑 程子曰: "四者非有優劣, 所遇不同耳."

○朱子曰: "避世, 若伯夷·太公是也.【避紂而居東北海之濱】避地, 如百里奚去虞至秦. 避色, 如衛 靈公顧䳒鴈而色不在, 孔子遂去之. 避言, 如衛靈問陳而孔子遂行."

○案《易》曰: "遯世无悶." 君子固有遯世之義也. 孔子就遯世之法, 分爲四等, 曰: "太上避世, 其次避地, 而見幾而作者又次之, 察言而去者又次之." 恐不可平等說.

---

① 枕: 新朝本에는 '沈'으로 되어 있으나 奎章本에 따라 바로잡는다.
6) 孔安國은 '辟色'을 《論語》〈鄕黨〉편에 나오는 '色斯擧矣'와 연관시켜 이와 같은 뜻으로 해석하였다.
7) 그 뜻은 앞에 나타나 있다:《論語》〈鄕黨〉편에 나오는 '色斯擧矣'라는 구절에서 '色'은 놀라는 모양이라고 茶山이 주석을 한 것을 가리킴.
8) 惡言: 사람을 傷害하는 말. 惡說.
9) 《論語集註大全》卷14〈憲問〉제14 小註에 나오는 말이나 그 내용의 사실은 모두 《史記》에 있다.
10) 《易經》〈乾卦〉에 나온다.

◀돌을 베개 삼아 눕고 흐르는 물에 양치질하며 은둔생활을 한 것이 어찌 이 사람이겠는가?

○공안국: (피색辟色은) 안색을 보고 떠나는 것이다(色斯擧矣).[6]

○반박: 아니다. ('색사거의色斯擧矣'의) 색色은 놀라는 모양이니, 그 뜻은 앞에 나타나 있다.[7]

○공안국: (피언辟言은) 악언惡言[8]이 있으면 곧 떠나는 것이다.

○반박: 아니다. 이미 악언惡言이 있었다면 어찌 피한다고 말할 수 있겠는가?

【질의】정자: 여기 네 가지는 우열優劣이 있는 것이 아니고, 그 만나는 경우가 같지 않을 뿐이다.

○주자: 피세辟世는 백이伯夷·태공太公과 같은 경우가 이것이고, [紂를 피하여 東海와 北海의 바닷가에 은거하였다.] 피지辟地는 백리해百里奚가 우虞나라를 떠나 진秦나라로 간 것과 같은 경우이고, 피색辟色은 위衛 영공靈公이 창공에 나는 기러기를 바라볼 뿐 안색이 공자에게 있지 않아 공자가 드디어 위나라를 떠나 버린 것과 같은 경우이고, 피언辟言은 위 영공이 공자에게 진陣치는 법을 묻자 공자가 드디어 떠난 것과 같은 경우이다.[9]

○살펴보건대, 《역경易經》에 "세상에 은둔해 있어도 근심이 없다"[10]라 하였으니, 군자는 진실로 세상에 은둔하는 도의道義가 있는 것이다. 공자는 둔세遁世하는 법을 네 등분하여, "가장 위는 피세辟世이고, 그 다음은 피지辟地이며, 기미를 보고 일어나는 것이 또 그 다음이고, 말을 살펴보고 떠나는 것이 또 그 다음이다"라고 하였으니, 이는 아마도 같은 등급의 것으로 말할 수는 없을 듯하다.

子曰: "作者七人矣." 【《注疏》連上爲一章】

李曰: "作, 起也. 言起而隱去^①者, 今七人矣. 不可知其誰何."
○補曰 旣見幾而作, 則自仕而去, 非素隱也.
包曰: "作, 爲也. 爲之者凡七人, 【案, '爲'者, 爲避世之事】謂長沮·桀溺·丈人【邢云: "荷蓧丈人."】·石門【卽晨門】·荷蕢·儀封人·楚狂接輿."
○鄭曰: "伯夷·叔齊·虞仲, 避世者; 荷蓧·長沮·桀溺, 避地者; 柳下惠·少連, 避色者; 荷蕢·楚狂接輿, 避言者. '七'當爲'十'字之誤." 【見邢疏】
○王弼曰: "七人, 伯夷·叔齊·虞仲·夷逸·朱張·柳下惠·少連." 【見邢疏】
○李曰: "必求其人以實之, 則鑿矣."
○案《易》曰: "見幾而作." 則作者七人, 固皆遯世之人, 又必孔子同時之人. 包說稍長, 但曰某曰誰, 民莫之信矣.

---

① 去: 新朝本·奎章本에는 '居'로 되어 있으나 《論語集註》〈憲問〉에 따라 바로잡는다.
1) 《論語注疏》: 《十三經注疏》에 들어 있는 《論語注疏》를 가리킴. 注疏는 何晏의 注와 邢昺의 疏이다.
2) 李氏: 北宋 昭武人. 名은 郁, 字는 光祖. 楊時에게 從學하였으며, 西山先生이라 불렸음. 저술로는 《論孟遺稿》가 있다.
3) 素隱: 아무 까닭 없이 숨어 지내는 것. 茶山은 《中庸》의 〈素隱行怪〉節을 주석하면서 "군자가 이름을 감추고 깊이 숨는 일은 만부득이한 까닭이 있는 뒤라야 하며, 이렇게 해야 中和의 뜻에 부합한다"고 하였다.
4) 丈人: 여기서는 老人이다.
5) 《正義》14.
6) 石門: 石門은 地名인데, 여기서는 이곳에서 새벽에 城門을 열던 일을 맡은 晨門이라는 隱者를 가리킴. (〈憲問〉편에 나온다.)
7) 荷蕢: 삼태기를 매고 孔子의 문 앞을 지나가던 隱者를 가리킴. (〈憲問〉편에 나온다.)
8) 儀封人: 儀는 衛나라의 邑名이고, 封人은 국경을 관장하는 下級官吏인데, 이 封人은 賢者로서 下位에 숨어 있는 隱者이다. (〈八佾〉편에 나온다.)
9) 楚狂接輿: 楚나라의 狂人인 接輿라는 隱者이다. (〈微子〉편에 나온다.)
10) 王弼이 말한 이 七人은 〈微子〉편에 逸民으로 나온다.
11) 《易經》〈繫辭傳〉下에 나온다.

공자는 말하기를 "(기미를 보고) 일어난 사람이 일곱 사람이다."
라고 하였다. [《論語注疏》[1)]에는 위와 연결하여 한 章으로 하였다.]

○이씨:[2)] 작作은 일어난다는 뜻이다. 일어나 은거하려고 떠나간 자가 지금 일곱 사람임을 말한 것인데, 그들이 누구인지는 알 수 없다.
○보충: 이미 기미를 보고 일어났으면 이는 벼슬에서 떠나는 것이니, 소은素隱[3)]은 아니다.
○포함: 작作은 하다(爲)의 뜻이다. 이렇게 실행한 자가 무릇 일곱 사람이니, [살펴보건대, '爲'란 辟世의 일을 한다는 것이다.] 이들은 장저長沮·걸익桀溺·장인丈人[邢昺은 이르기를 "대삼태기를 맨 丈人[4)]이다"라 하였다.[5)]]·석문石門[6)][곧 晨門이다.]·하궤荷蕢[7)]·의봉인儀封人[8)]·초광접여楚狂接輿[9)]를 말한다.
○정현: 백이伯夷·숙제叔齊·우중虞仲은 피세辟世한 사람들이고, 하조荷篠·장저·걸익은 피지辟地한 사람들이며, 유하혜柳下惠·소련少連은 피색辟色한 사람들이고, 하궤·초광접여는 피언辟言한 사람들이다. (칠인七人이라 한) 칠七 자는 마땅히 '십十' 자의 오자로 보아야 한다. [邢昺의 疏에 나타나 있다.]
○왕필: 일곱 사람은 백이·숙제·우중·이일夷逸·주장朱張·유하혜·소련이다.[10)] [邢昺의 疏에 나타나 있다.]
○이욱: 반드시 그 사람들을 찾아서 (일곱 사람의 숫자를) 채우려고 하면 그것은 천착穿鑿이다.
○살펴보건대, 《역경》에 "기미를 보고 일어난다"[11)]고 하였으니, (기미를 보고) 일어난 일곱 사람은 진실로 모두 은둔한 사람이고, 또 반드시 공자와 시대를 같이한 사람들이다. 포함의 설이 조금 낫지만, 다만 누구누구라고 말하는 것은 믿지 못하겠다.

韓曰: "包氏以上文連此七人, 失其旨. 吾謂別段, 非謂上文避世事也. 下文'子曰', 別起義端, 作【闕'者'字】七人, 非以隱避爲作者, 明矣. 避世本無爲, 作者本有爲, 顯非一義. 齊·魯記言, 無不脫舛, 七人之數, 固難條列, 但明作者實非隱淪, 昭昭矣."

○張橫渠曰: "作者七人, 謂伏羲·神農·黃帝·堯·舜·禹·湯, 非有述於人者."

○宋潛室云: "七人, 堯·舜·禹·湯·文·武·周公, 是也. 夫子自言我今承七人之後, 只述而不作."【荻亦云】

○純曰: "〈樂記〉曰, '知禮樂之情者, 能作; 識禮樂之文者, 能述. 作者之謂聖, 述者之謂明.' 〈表記〉曰, '後世雖有作者, 虞帝弗可及也.'"

○案 此是一義, 然歷數七人, 皆未可信也.

---

12) 韓愈, 《論語筆解》卷下〈憲問〉제14에 나온다.
13) 창작한 사람: 張橫渠는 '作者七人'의 作者를 《禮記》〈樂記〉에 나오는 '作者之謂聖'의 作者로 보았다. 그러므로 作者는 창작하는 聖人이다.
14) 張載, 《正蒙》에 나온다.
15) 宋潛室: 宋의 陳潛室을 이렇게 기록한 듯하다. 陳潛室은 《洪範解》를 저술한 南宋의 理學者 陳埴이다.
16) 창작하는 자: 창조적으로 정치를 잘하는 자를 말함.
17) 太宰純, 《論語古訓外傳》14-28a.

○한유: 포함이 위의 글에다 이 일곱 사람을 연결시켜 (한 문장으로) 본 것은 그 뜻을 잃은 것이다. 나는 이를 다른 한 문단이라고 생각하며, 위 글의 피세避世에 관계되는 일이라고 생각하지 않는다. 아래 글의 '자왈子曰'은 따로 한 문의文義의 단서를 일으킨 것으로, 여기 '작칠인作七人' [(韓愈의 글에는) '者' 字가 빠져 있다.] 은 숨어서 피한 것을 '일어난 자(作者)'로 삼은 것이 아님이 분명하다. 피세는 본래 '무위無爲'이고, 일어난 자는 본래 '유위有爲'이니, 이는 같은 하나의 뜻이 아님이 뚜렷하다. 제齊나라와 노魯나라의 기언記言에는 글자가 빠지고 어긋나지 않은 것이 없으니, 일곱 사람의 숫자를 본래 조리 있게 열거하기란 어려운 것이다. 다만 일어난 자는 실로 은둔하여 영락해 버린 자가 아님이 분명함을 밝혀 놓는다.[12]

○장횡거: 창작한 사람[13] 일곱 사람(作者七人)은 복희伏羲·신농神農·황제黃帝·요堯·순舜·우禹·탕湯을 말한다. (이들은 창작하였고) 다른 사람의 것을 전술만 하지는 않았다.[14]

○송잠실:[15] 일곱 사람은 요·순·우·탕·문왕文王·무왕武王·주공周公이다. 공자는 스스로 "나는 이제 일곱 사람의 뒤를 계승하여 그대로 따라 하여 전술하기만 하고 창조하지 않겠다"고 말하였다. [荻生雙松도 그렇게 말하였다.]

○태재순:《예기》〈악기樂記〉에 "예악禮樂의 실정을 아는 자는 예악을 창작할 수 있고, 예악의 문채를 아는 자는 그 뜻을 풀어 기술할 수 있다. 창작하는 자를 성聖이라 하고, 기술하는 자를 명明이라 한다"라고 하였고, 〈표기表記〉에 "후세에 비록 창작하는 자[16]가 있더라도 우제虞帝(舜을 말함)에 미칠 수 있는 자는 없다"라고 하였다.[17]

○살펴보건대, 이런 것이 하나의 뜻이기는 하나, 일곱 사람을 하나하나 수효로 세어 놓은 것은 모두 믿을 수 없다.

引證《後②漢書》, 黃瓊上災異疏, 有云: "伏見處士巴郡 黃錯·漢陽 任棠, 年皆耆③耄, 有'作者七人'之志④."
○《後漢書》〈逸民傳〉云: "絶塵不反, 同夫作者."
徐自溟云: "七人, 是十分中去七分也. 作七個人看者, 何其拘?"
○駁曰 非也.【徐盖云: "賢者之去世而隱者, 殆十分之七."】

子路宿於石門. 晨門曰: "奚自?" 子路曰: "自孔氏." 曰: "是知其不可而爲之者與?"

補曰 石門, 齊地.【隱三年云: "齊侯·鄭伯, 盟于石門."】郊關之有城者.
○何曰: "晨門者, 閽人也."【邢云: "掌晨昏開閉門者."】
○①朱子曰: "蓋賢人隱於抱關者也."
○邢曰: "自, 從也."

---

② 後: 新朝本·奎章本에는 빠져 있으나 이하의 내용이 《後漢書》〈黃瓊傳〉에서 인용되었으므로 보충한다.
③ 耆: 新朝本·奎章本에는 '耆'로 되어 있으나 《後漢書》〈黃瓊傳〉에 따라 바로잡는다.
④ 志: 新朝本·奎章本에는 '論'으로 되어 있으나 《後漢書》〈黃瓊傳〉에 따라 바로잡는다.
① ○: 新朝本·奎章本에는 없으나 문맥에 따라 보충한다.
18) 黃瓊: 後漢 江夏 安陸人. 字는 世英, 諡는 忠. 官은 議郎·尚書僕射·司空. (《後漢書》 卷91 참조.)
19) 耆耄: 나이 많은 老人. 耆는 예순이고, 耄은 일흔 또는 여든을 말함.
20) 作者七人: 唐의 李賢이 張太公·劉訥言·革希 등을 시켜 주석한 《後漢書》의 注에는 七人을 《論語》〈微子〉편에 나오는 逸民 일곱 사람이라 했다.
21) 《後漢書》 卷61 〈黃瓊傳〉에 나온다.
22) 作者: 여기의 作者는 일어나 은거한 사람이다.
23) 《後漢書》〈逸民列傳〉에 나오는 范曄의 말이다.
24) 徐自溟: 未詳.
25) 徐盖: 未詳
1) 閽人: 원래는 《周禮》〈天官〉에 나오는 한 官職名으로서 宮中의 각 門을 지키는 문지기인데, 여기서는 何晏이 城郭의 문을 朝夕으로 여닫으며 지키는 문지기로 보았다.
2) 《正義》14.
3) 同上.

【인증】《후한서》: 황경黃瓊[18]이 재이災異가 연달아 있어 (순제順帝에게) 올린 소疏에 "엎드려 살펴보니, 처사處事인 파군巴郡의 황조黃錯와 한양漢陽의 임당任棠은 나이가 모두 기질耆耋[19]이니, 이들은 '작자칠인作者七人'[20]의 뜻이 있습니다"라고 하였다.[21]

○《후한서》〈일민전〉: 속진俗塵을 끊고 돌아오지 않으니, 저 '작자作者'[22]와 같다.[23]

○서자명:[24] 칠인七人은 열 사람 가운데 떠난 사람이 일곱이라는 10분의 7을 말하는데, 이를 바로 일곱 사람으로 만들어서 보니 어찌도 그렇게 얽매여 있는가?

○반박: 아니다. [徐蓋[25]는 이르기를 "賢者 가운데 塵世를 떠나 은거한 자가 10분의 7이다"라고 하였다.]

憲問下

자로子路가 석문石門 땅에서 유숙하였는데, 신문晨門이 묻기를 "어디에서 오는 거요?"라고 하였다. 자로는 말하기를 "공 선생 문하에서 오는 거요."라 하니, 석문이 말하기를 "안 되는 줄 알면서도 하려는 사람 말인가요?"라고 하였다.

○보충: 석문은 제齊나라 땅이니, [《左傳》隱公 3년조에 이르기를 "齊侯와 鄭伯(鄭나라 莊公)이 石門에서 會盟했다"라고 하였다.] 교관郊關으로서 성城이 있는 곳이다.

○하안: '신문'이란 혼인閽人[1]이다. [邢昺은 이르기를 "새벽과 밤에 門을 여닫는 일을 맡은 사람이다"라 하였다.[2]]

○주자: 아마도 현자賢者로서 문지기로 숨어 있는 자인 듯하다.

○형병: ('자공씨自孔氏'의) 자自는 종從(~부터)의 뜻이다.[3]

○包曰: "言孔子知世不可爲而強爲之."【邢云: "閽人問曰, '是知其世不可爲, 而周流東西, 強爲之者與?'"】

○邢曰: "意非孔子不能隱遯辟世."

侃曰: "石門, 魯城門."

○邢曰: "石門, 地名."

○純曰: "隱三年冬, 齊侯·鄭伯盟于石門②. 杜注, '石門, 齊地.' 或曰, '濟北 盧縣故城西南, 濟水之門.'"【《大明一統志》, "山東 兗州府 東平州 石門山, 在平陰縣西二十五里, 山上有石門, 東西相向, 可通人行."】

○案 若是魯城門, 子路無緣宿矣.

姚承菴曰: "晨門之言, 非譏孔子, 彼其識見, 當亞儀封人."【見《知新日錄》】

○荻曰: "知其不可而不爲, 果於已③者也, 如楊朱·老·莊之徒, 是爲不恭. 知其不可而且爲之, 不棄斯民者也, 如殷三仁是已. 晨門知孔子志于康濟, 故以此稱之."

---

② 門: 新朝本에는 '城'으로 되어 있으나 奎章本에 따라 바로잡는다.
③ 已: 新朝本에는 '己'로 되어 있으나 奎章本에 따라 바로잡는다.
4) 《正義》14.
5) 同上.
6) 《義疏》7-207.
7) 《正義》14.
8) 太宰純, 《論語古訓外傳》14-28b.
9) 同上.
10) 姚承菴: 明 烏程人(浙江省 吳興). 字는 虞佐, 名은 舜牧, 承菴은 그의 號. 官은 新興縣令·廣昌縣令을 역임. 저술로는 《易經疑問》·《尙書疑問》·《禮記疑問》·《春秋疑問》·《四書疑問》·《孝經疑問》이 있다.
11) 三仁: 微子·箕子·比干.
12) 太宰純, 《論語古訓外傳》14-29ab.

○포함: 공자는 세상을 다스릴 수 없음을 알면서도 억지로 다스리려고 한다는 것을 말한다. [邢昺은 "閽人이 묻기를 '세상을 다스릴 수 없음을 알면서도 東西로 周流하면서 억지로 다스리려고 하는 사람 말인가?'라 했다"고 하였다.⁴⁾]

○형병: 공자가 은둔과 피세避世를 하지 못함을 비난한 것이라고 생각하였다.⁵⁾

○황간: 석문은 노魯나라의 성문城門이다.⁶⁾

○형병: 석문은 지명地名이다.⁷⁾

○태재순: 은공隱公 3년(B.C. 720) 겨울에 "제후齊侯와 정백鄭伯이 석문에서 회맹하다"라 하고, 두예杜預의 주注에는 "석문은 제나라 땅이다"라 하며, 어떤 이는 "(석문은) 제북濟北 노현盧縣 고성故城의 서남쪽에 있는 제수濟水의 문이다"라 하였다.⁸⁾ [《大明一統志》에 "山東 兗州府 東平州 石門山이 平陰縣 서쪽 25里에 위치해 있고, 山 위에 石門이 있는데, 동서로 서로 향해 있으며 사람들이 통행할 수 있다"라 하였다.⁹⁾]

○살펴보건대, 만약 이 석문이 노나라의 성문이면 자로가 그곳에서 유숙할 이유가 없다.

○요승암:¹⁰⁾ 신문晨門의 말은 공자를 기롱하였으나, 그의 식견은 마땅히 의봉인儀封人에 버금가는 사람이라 하겠다. [《知新日錄》에 보인다.]

○적생쌍송: 그 불가不可함을 알고 하지 않는 것은 그만두는 데에 과감한 자이니, 양주楊朱와 노장老莊 같은 무리가 이들로서, 이들의 행위는 공경스럽지 않다. 그 불가함을 알고도 또 하는 것은 이 백성을 버리지 못하는 자이니, 은殷나라의 삼인三仁¹¹⁾ 같은 이가 이들이다. 신문은 공자의 뜻이 강제康濟(백성을 편안하게 하고 구제하는 것)에 있었음을 알았기 때문에 이 말을 한 것이다.¹²⁾

○案 其言則譏, 其心則相愛之至也. 情見于辭, 千載如覿. 荻氏嫌孔子受譏, 欲回護爲說, 亦拘矣.

子擊磬於衛, 有荷蕢而過孔氏之門者, 曰: "有心哉, 擊磬乎!" 旣而曰: "鄙哉, 硜硜乎! 莫己知也, 斯已而已矣. 深則厲, 淺則揭." 子曰: "果哉! 末之難矣."

補曰 魯 定公十三年, 孔子適衛, 【時五十五歲】即衛 靈公三十八年也. 擊磬, 爲習樂也, 有笙磬·頌磬. 【見《周禮》】
○邢曰: "荷, 擔揭也."
○何曰: "蕢, 草器也."
○荻曰: "'有心'者, 有心於教化也. 磬, 樂器. 知其心欲以禮樂化天下."
○補曰 鄙, 陋也. 硜硜, 磬聲.《樂書》云: "石聲硜硜."〈樂記〉作'磬磬']
○補曰 莫我知也, 斯可止矣.

---

1) 太宰純,《論語古訓外傳》14-30ab.

○살펴보건대, 말한 것은 기롱한 것이었으나, 그 마음만은 사랑함이 지극하였다. 정情이 그 말에 나타나 있는 것이 천 년이 지난 뒤에도 눈앞에 보이는 듯하다. 적생씨는 공자가 기롱을 당한 것이 싫어 이를 비호하려고 말을 만들었으나, 또한 구차스럽다.

공자가 위衛나라에서 경쇠를 치고 있으니, 삼태기를 지고 공자의 문 앞을 지나가던 자가 말하기를 "(도를 행할) 마음이 있구나, 경쇠를 침이여!"라고 하였다. 조금 있다가 또 말하기를 "비루한 신세로다, (경쇠의) 경경硜硜한 소리여! 나를 알아주지 않으면 그만둘 만하니, 물이 깊으면 잠방이를 입고 건너고, 물이 얕으면 옷을 걷고 건널 것이다."라고 하였다. 공자는 말하기를 "과연 그렇구나! 힐난詰難할 말이 없네."라고 하였다.

○보충: 노魯나라 정공定公 13년(B.C. 497)에 공자가 위衛나라에 갔는데, [당시 55세였다.] (이 해가) 곧 위衛 영공靈公 38년이다. 격경擊磬은 풍악을 익히는 것이니, 생경笙磬과 송경頌磬이 있다. [《周禮》에 나타나 있다.]
○형병: 하荷는 짊어지는 것이다.
○하안: 궤蕢는 풀(짚)로 만든 그릇(草器)이다.
○적생쌍송: '유심有心'이란 교화敎化에 마음이 있는 것이고, 경磬은 악기이다. 그의 마음이 예악禮樂으로써 천하를 교화하고자 하는 데에 있음을 알았다는 말이다.[1]
○보충: 비鄙는 비루하다(陋)는 뜻이고, 경경硜硜은 경쇠 소리이다. [《樂書》에 이르기를 "돌 소리가 硜硜하다"라 하였는데, 《禮記》〈樂記〉에는 磬磬으로 되어 있다.]
○보충: 나를 알아주지 않으면 곧 그만둘 만한 것이다.

○朱子曰: "以衣涉水曰厲,【《爾雅》注云: "衣, 謂襌也." 許云: "衣, 裏衣也."】攝衣涉水曰揭."【《爾雅》注云: "揭衣, 謂褰裳也."】

○邢曰: "此〈衛風·匏有若葉〉篇."

○包曰: "言隨世以行己, 若過水必以濟, 知其不可, 則當不爲."【補云: "酌深淺之宜, 以行其身."】

○補曰'果哉'者, 許其言之中理也.【果然如所言】'末之難矣', 謂無辭可答也. '難'者, 詰辨也.

何曰: "有心, 謂契契然.【侃云: "契契, 謂心別有所志也. 《詩》云, '契契寤歎.'"○邢云: "〈大東〉,《毛傳》云, '契契, 憂苦也.'"】此'硜硜'者, 徒信己而已, 亦無益."

○朱子曰: "此人聞磬聲而知之①, 則亦非常人.【如②古人於琴聲中, 知有殺心】硜硜, 石聲, 亦專確之意."

○案'硜硜'者, 磬之本聲.【義見前】夔擊之硜硜, 鄙夫擊之, 亦硜硜, 非孔子之磬別自硜硜也. 硜硜豈貶辭乎?

---

① 之: 新朝本·奎章本에는 '心'으로 되어 있으나 《論語集註》〈憲問〉에 따라 바로잡는다.
② 如: 新朝本에는 '知'로 되어 있으나 奎章本에 따라 바로잡는다.
2) 衣: 여기 '衣'에 대해 해석이 여러 가지이다. 朱子는 '衣'를 해석하지 않고, '深則厲'에 대해 《爾雅》에서 해석해 놓은 '以衣涉水爲厲'를 그대로 인용만 하였기 때문에 後人의 해석이 구구하다. 학자에 따라 '以衣涉水爲厲'를 '옷을 입고 물을 건너는 것을 厲라 한다'는 이도 있고, '옷을 벗고 물을 건너는 것을 厲라 한다'는 이도 있다. 그러나 茶山은 《爾雅》經文에 대한 郭璞의 注를 참고하여 '衣'를 禈(잠방이)으로 보고 '잠방이를 입고 물을 건너는 것을 厲라 한다'고 실증해 놓았다.
3) 《爾雅》〈釋水〉의 注에 나온다.
4) 同上.
5) 〈匏有苦葉〉편은 〈邶風〉에 있는데 邢昺이 이를 〈衛風〉이라고 한 것은, 邶와 鄘이 원래 衛國 안에 속해 있었기 때문에 〈邶風〉·〈鄘風〉·〈衛風〉의 三國風을 〈衛風〉이라고도 한 데에서 유래한 것이다.
6) 《詩經》〈小雅·大東〉에 나온다.
7) 《義疏》7-209.
8) 《正義》14.
9) 〈子路〉편의 '硜硜然小人哉'에서 '硜硜'의 뜻을 말해 놓았다.
10) 夔: 傳說的 인물. 舜의 臣으로 樂官이었다고 전함.

○주자: 의衣로 물을 건너는 것을 여厲라 하고, [《爾雅》의 注에 "衣는 잠방이(褌)를 말한다"라 하였고, 許愼은 "衣는 속옷이다"라 하였다.] 옷을 걷고 건너는 것을 게揭라 한다. [《爾雅》의 注에 "揭衣는 아래옷을 걷는 것을 말한다"라고 하였다.]

○형병: 이것은 〈위풍衛風·포유고엽匏有苦葉〉편5)의 시이다.

○포함: 세상의 흐름을 따라 처신하는 것이 마치 물을 건너가는 것과 같으니, 불가함을 알면 마땅히 하지 않아야 한다. [補充하여 말한다. 깊고 얕은 정도를 짐작하여 처신해야 하는 것이다.]

○보충: '과재果哉'란 그 말이 이치에 맞음을 인정한 것이고, [과연 말한 바와 같다는 것이다.] '말지난의末之難矣'는 답변할 만한 말이 없다는 것이며, '난難'이란 힐난하여 논변하는 것이다.

○하안: 유심有心은 근심하고 괴로워하는 모양(契契然)을 이르고, [皇侃은 이르기를 "契契는 마음에 따로 뜻하는 바가 있음을 이른다. 《詩經》에 '契契히 잠이 깨어 탄식하다'6)라 했다"고 하였다.7) ○邢昺은 이르기를 "《詩經》〈小雅·大東〉의 詩에 대해서, 《毛傳》에 '契契는 근심하고 괴로워하는 것이다'라 했다"고 하였다.8)] 여기의 '경경硜硜'이란 한갓 자기만 믿고 있을 뿐이니, 또한 아무 유익함이 없다는 것이다.

○주자: 이 사람은 경쇠 소리를 듣고 그 마음을 알았으니, 또한 보통 사람이 아니다. [예를 들면 古人이 거문고 소리에서 殺心이 있는 것을 알아낸 것과 같다.] 경경硜硜은 돌 소리이니, 또한 (그 소리가) 오로지 확고하다는 뜻이다.

○살펴보건대, '경경硜硜'이란 경쇠에서 나는 본래의 소리이다. [그 뜻은 앞에 나타나 있다.9)] 기夔10)가 치는 경쇠 소리도 경경하고 비부鄙夫가 치는 경쇠 소리도 또한 경경하니, 공자가 치는 경쇠 소리만 유달리 경경한 것은 아니다. 경경硜硜이 어찌 폄貶하는 말이겠는가?▶

◀聞磬聲, 則知習樂矣. 知習樂, 則知其有行道之心. 豈必有蔡中③郎之 妙解, 萬寶常之神通, 然後方可以知有心乎? 聞琴聲而知殺心, 本是渺 茫之言也.

○又按 何氏以硜硜爲小信之貌, 亦大謬.

何曰: "未知己志而便譏己, 所以爲果.【邢云: "果, 敢也."】末, 無也. 無難 者, 以其不能解己之道."【邢云: "果敢, 不以爲難也."】

○駁曰 非也. 果哉, 是之之辭.【又決辭】《汲黯傳》曰: "人言刀筆吏不可 爲公卿, 果然."【許其言中理】又難者, 詰也. 孟子曰: "於禽獸, 何難焉?" 張良發八難, 東方朔〈答客難〉.〈鼂錯傳〉云: "宗室集議, 莫敢難."〈趙 奢傳〉云: "趙括言兵事, 奢不能難." 皆詰辨之義也. 孔子之棲棲四國, 豈樂爲者哉?▶

---

③ 中: 新朝本에는 '仲'으로 되어 있으나 奎章本에 따라 바로잡는다.
11) 蔡中郎: 後漢의 經學家 蔡邕이다. 左中郎將에 제수되었기 때문에 蔡中郎이라 하고, 그의 文集도 《蔡中郎集》이다. 그는 經學뿐만 아니라 博學하여 辭章·數術·天文 등을 좋아하였는데, 특히 音律에 조예가 있고 거문고를 잘 탔다. 蔡邕에 대한 脚註는 앞에 나와 있음.
12) 萬寶常: 隋나라 때 사람으로서 出身이 未詳이나, 音律에 妙達한 사람이며 當代에 여러 樂器를 製造하였다고 함. (《隋書》卷78, 《北史》卷90 참조.)
13)《正義》14.
14) 同上.
15) 汲黯: 前漢 濮陽人. 字는 長孺. 遊俠을 좋아하고 氣節을 숭상하며 黃老學을 학습하였음. 官은 東海太守·淮陽太守를 역임. (《史記》卷120, 《前漢書》卷50 참조.)
16) 刀筆吏: 竹簡에 새긴 글자에서 誤字를 긁어 고치는 일을 하는 하급 관리를 지칭한다.
17)《史記》卷120〈汲鄭列傳〉과《前漢書》卷50〈張馮汲鄭傳〉에 나온다.
18)《孟子》〈離婁〉下에 나온다.
19) 八難: 漢 高祖 劉邦에게 말한 여덟 가지 不可한 것. 《史記》〈留侯世家〉와《前漢書》〈高帝紀〉〈張陳王周傳〉에서 張良이 말한 '其不可一矣'에서 '其不可八矣'까지의 내용이 八難이다.
20)《文選》卷第45에 나온다.
21) 鼂錯: 前漢 潁川人. 申不害·商鞅의 刑名의 學을 공부하였으며, 《尙書》를 伏生에게 배웠음. 官은 景帝 때 御史大夫.
22)《前漢書》卷49〈爰盎鼂錯傳〉에 나온다.
23) 趙奢: 戰國時代 趙나라 사람. 官은 趙 惠文王 때 田部吏로 있다가 平原君의 추천으로 기용되어 國賦(나라의 賦稅)를 다스렸으며, 뒤에 將帥로서 韓나라를 도와 秦을 大破한 功으로 馬服君이라는 칭호를 받음.
24) 趙括: 戰國時代 趙나라 사람. 趙奢의 아들이다. 兵法에 뛰어남.
25)《史記》卷81〈廉頗藺相如列傳〉에 나온다.

◀경쇠 소리를 들으면 풍악을 익히는 것을 알고, 풍악을 익히는 것을 알면 도를 행할 마음이 있는 것을 알게 되니, 어찌 반드시 채중랑蔡中郞[11]의 묘해妙解와 만보상萬寶常[12]의 신통神通이 있은 뒤에라야 바야흐로 그 마음 둔 것을 알 수 있겠는가? 거문고 소리를 듣고 살심殺心이 있음을 안다는 것은 본래 희미하고 분명치 못한 말이다.

○또 살펴보건대, 하안이 경경硜硜을 조금 자신을 믿는 모양의 말로 보았으니, 이는 또한 크게 잘못된 것이다.

○하안: 나의 뜻을 알지도 못하고 곧 나를 기롱하는 것은 과감한 것이다. [邢昺은 이르기를 "(果는) 과감한 것이다"라고 하였다.[13]] 말末은 없다(無)는 뜻이니, 어려움이 없다(無難: 末之難)는 것은 그가 나의 도를 알 수 없기 때문이다. [邢昺은 이르기를 "과감하니 어렵다고 여기지 않는 것이다"라고 하였다.[14]]

○반박: 아니다. 과재果哉는 옳다고 승인하는 말이다. [이는 또 決辭이다.] 《급암전汲黯傳》[15]에 "사람들이 도필리刀筆吏[16]는 공경公卿이 되어서는 안 된다고 하더니, 과연 그렇다"라고 하였다.[17] [그 말이 이치에 들어맞음을 승낙하는 것이다.] 또 '난難'이란 힐난詰難하는 것이다. 맹자는 "금수禽獸에게 무엇을 힐난하겠는가(於禽獸, 何難焉)"라 하고,[18] 장량張良은 팔난八難[19]을 (한 고조 유방에게) 말하며, 동방삭東方朔은 〈객의 힐난에 답하다(答客難)〉[20]라는 글이 있고, 〈조조전鼂錯傳〉[21]에는 "종실宗室에서 여러 가지 상의한 것을 감히 힐변하지 못하게 하였다(宗室集議, 莫敢難)"라 하고,[22] 《조사전趙奢傳》[23]에는 "조괄[24]이 병사에 대해 말하면 조사趙奢가 힐변할 수 없었다(趙括言兵事, 奢不能難)"[25]라고 하였으니, (여기에 나오는 '난難' 자는) 모두 힐변詰辨한다는 뜻이다. 공자가 사방의 나라를 정처 없이 돌아다닌 것이 어찌 즐거워서 한 것이겠는가?▶

憲問 下

◀荷蕢丈人一語,本是相愛之意,孔子受而不辭,與自家意思,犁然相合,故曰:"其言果然是矣!吾無辭可相詰難矣."如是則詞氣雍容,意味淵永,千載之下,如可見矣.

質疑《集註》曰:"果哉,歎其果於忘世也.且言人之出處,若但如此,則亦無所難矣."

○案 深則厲,淺則揭,本是裁酌細密之言,非果於忘世.且'果'一字之內,恐無以包忘世之意.

《爾雅》〈釋水〉曰:"繇膝以下為揭,繇膝以上為涉,繇帶以上為厲,以衣涉水曰厲."【郭云:"衣,褌也."】

○案 褌者,所謂犢鼻褌也.先王之世,民知重禮,別作小褌,以涉深水,不倮體以露陰也.

◀삼태기를 짊어진 장인(荷蕢丈人)의 한마디 말은 본래 서로 사랑하는 뜻이었으므로 공자가 수용하고 거절하지 않은 것이며, 자신의 의사와 분명히 서로 부합하였기 때문에 "그 말이 과연 옳구나! 내가 힐난할 만한 말이 없다"라 한 것이다. 이렇게 본다면 말의 입김이 온화하고 부드러우며 그 의미가 깊고 길어서 천 년 이후에도 그 뜻을 알만 할 듯하다.

【질의】《논어집주》: 과재果哉는 세상을 잊는 데에 과감함을 탄식한 것이다. (말지난의末之難矣는) 또 사람의 나아가고 물러나는 출처를 다만 이와 같게 한다면, 또한 어려울 바가 없을 것임을 말한 것이다.

○살펴보건대, '물이 깊으면 잠방이를 입고 건너고, 얕으면 옷을 걷고 건너라'라는 것은 본래 재고 참작해서 세밀하게 한다는 말이지, 세상을 잊는 데에 과감하다는 것을 말함이 아니다. 또 '과果' 한 글자의 내용에는 세상을 잊는다는 뜻이 포함될 수 없는 듯하다.

○《이아》〈석수〉: 무릎 이하에서 걷고 건너는 것을 게揭라 하고, 무릎 이상에서 걷고 건너는 것을 섭涉이라 하며, 허리 이상일 때는 여厲라 하는데, 잠방이를 입고(以衣) 물을 건너는 것을 여厲라 한다. [郭璞은 "衣는 褌(잠방이)이다"라 하였다.]

○살펴보건대, '곤褌'이란 이른바 '독비곤犢鼻褌'이란 속옷이다. 선왕先王 시대에는 백성이 예의를 중시할 줄 알아 특별히 작은 잠방이를 만들어 이를 입고서 깊은 물을 건넜는데, 이는 나체로 음부를 노출시키지 않기 위함이다.

子張曰: "《書》云, '高宗諒陰, 三年不言.' 何謂也?" 子曰: "何必高宗? 古之人皆然. 君薨, 百官總己, 以聽於冢宰三年."

邢曰: "〈周書·無逸〉篇文."
○孔曰: "高宗, 殷之中興王, 武丁也."
○孔曰: "諒, 信也. 陰, 猶默也."【朱子曰: "諒陰, 天子居喪之名. 未詳其義."】
○補曰 '不言', 謂無所詔令.
○補曰 古之人, 謂夏·殷.
○朱子曰: "言君薨則諸侯亦然."
○邢曰: "總己, 言各總其職."【補云: "總, 統也."】
○補曰 聽於冢宰, 謂聽從其詔令.
○孔曰: "冢宰, 天官卿."
邢曰: "諒陰, 《禮記》作諒闇, 鄭玄以爲凶廬, 非孔義也."
○侃曰: "或呼倚廬爲諒陰, 或呼爲梁闇, 或號爲梁庵, 各隨義而言之."

---

1) 諒陰: 諒陰에는 여러 가지 주석이 있다. 天子가 부모의 喪을 입었을 때 居喪하는 廬幕을 말하기도 하고, 居喪하는 그 기간을 말하기도 하며, 천자 居喪의 名稱을 말하기도 한다. 또 이와는 전연 달리 孔安國은 '信默(진실로 말없이 묵묵하게 있음)'의 뜻으로 보았고, 茶山은 '信噤(진실로 입을 다물고 있음)'이라고 하여 그 주석이 공안국에 가깝다. '信噤'은 '진실로 소리 없이 훌쩍거리다'란 뜻으로 해석할 수도 있다.
2) 《正義》14.
3) 同上.
4) 《禮記》〈喪服四制〉에 '諒闇'으로 되어 있다.
5) 倚廬: 부모의 喪中에 거처하는 임시 草幕.
6) 《義疏》7-209.

자장子張이 말하기를 "《서경書經》에 '고종高宗이 양암諒陰[1]으로 3년 동안 말을 하지 않았다'고 하니, 이는 무엇을 말하는 것입니까?"라고 하였다. 공자는 말하기를 "하필 고종뿐이겠는가? 옛사람들은 다 그러하였다. 임금이 돌아가면 백관들이 자기 직무를 총괄하여 3년 동안 총재冢宰에게 (조령詔令을) 듣고 따랐다."라고 하였다.

○형병:《서경》〈주서周書·무일無逸〉편의 글이다.[2]
○공안국: 고종은 은殷나라를 중흥시킨 왕이니, 무정武丁이다.
○공안국: 양諒은 진실로(信)라는 뜻이고, 암陰은 묵默(묵묵히 말하지 않음)의 뜻과 같다. [朱子는 말하기를 "諒陰은 天子가 부모의 喪을 입었을 때의 명칭이다. 그 뜻은 상세하지 않다"라고 하였다.]
○보충: '말하지 않는다(不言)'란 조령을 내리는 바가 없음을 이른다.
○보충: '옛사람(古之人)'이란 하夏와 은殷나라 사람을 이른다.
○주자: '임금이 돌아가면(君薨)'이라고 말한 것은 이럴 경우 제후諸侯도 또한 그렇게 한다는 것이다.
○형병: '총기總己'는 각자가 자기의 직무를 총괄함을 말한다.[3] [補充하여 말한다. 總은 統의 뜻이다.]
○보충: '총재에게 듣는다(聽於冢宰)'란 그 조령을 듣고 따르는 것을 말한다.
○공안국: 총재冢宰는 천관天官(周代의 官名)의 경卿이다.
○형병: 양암諒陰이《예기》에는 '양암諒闇'으로 되어 있는데,[4] 정현은 이를 흉한 여막廬幕이라 하였으니, 이는 공안국의 뜻과는 다르다.
○황간: 양암諒陰을 의려倚廬[5]라 하기도 하고, 양암梁闇이라 하기도 하고, 양암梁庵이라 하기도 하니, 이는 각각 그 뜻에 따라 말한 것이다.[6]

○案 諒陰之訟, 亦繁矣. 信默之義差長. 詳見余《書說》, 今不再述.

引證 〈喪服四制〉云: "《書》曰, '高宗諒闇, 三年不言.' 善之也. 王者莫不行此禮, 何以獨善之也? 曰高宗者, 武丁. 武丁者, 殷之賢王也. 繼世即位, 而慈良於喪. 當此之時, 殷衰而復興, 禮廢而復起, 故善之. 善之, 故載之《書》中而高之, 故謂之高宗. 三年之喪, 君不言.《書》云, '高宗諒闇, 三年不言.' 此之謂也."

○案 諒闇不言之禮, 恐是夏·殷之法, 至周小變, 故釋冕反喪服.【丘瓊山云: "周公負扆以朝諸侯, 而流言起, 則此制不得不變. 故康王葬畢, 遂即位."】至春秋時, 又大變, 詳見余《春秋說》, 今不再述.【邢疏載杜預短喪之議, 余亦已辨之於《春秋說》, 今略之】

---

7) 茶山은《尙書古訓》卷6에서《尙書》〈無逸〉편을 주석하면서 '亮陰'을 '信啞'의 뜻으로 하는 것이 낫다고 하였다. '信啞'은 진실로 입을 다물고 말하지 않는다는 뜻이다.
8) 丘瓊山: 明 瓊山人. 字는 仲深, 名은 濬, 號는 深菴 또는 瓊臺라 하였고, 세칭 瓊山先生이라 하였음. 諡는 文莊. 官은 文淵閣大學士. 朱子學에 精通하였으며, 저술로는《大學衍義補》·《遺稿》가 있고, 또《五倫全備》·《投筆記》·《舉鼎記》·《羅囊記》의 傳奇 4種이 있음.

○살펴보건대, 양암諒陰에 관한 시비도 또한 분분하게 많다. (그런데) 신묵信黙(진실로 말없이 묵묵하게 있음)의 뜻이 조금 낫다. 이에 대한 것은 나의 《서설書說(尙書古訓)》에 상세히 나타나 있으니,[7] 여기에 다시 설명하지 않는다.

【인증】《예기》〈상복사제〉:《서경書經》에 "고종高宗이 양암諒闇으로 3년 동안 말하지 않았다"라고 한 말은 그를 칭찬한 것이다. 임금이면 누구나 이 예를 행하지 않음이 없는데, 어찌하여 유독 그 임금만을 칭찬하였는가? 말하노니, 고종이란 이는 무정武丁이며, 무정은 은殷나라의 어진 임금이다. 대를 이어 즉위卽位하여 집상執喪 중에는 자애慈愛의 정성을 다하였다. 이때를 당하여 은나라가 쇠퇴해 있었으나 이를 부흥시키고, 예禮가 피폐해 있었으나 이를 다시 일으켰기 때문에 그를 칭찬한 것이다. 그를 칭찬하였기 때문에 《서경》에 기재하여 그를 높였던 것이다. 그러므로 그를 이름하여 고종高宗이라 한 것이다. 3년의 집상 중에 임금은 말하지 않는 것으로 정해져 있는데도 《서경》에 "고종이 양암으로 3년 동안 말하지 않았다"라고 한 것은, 이런 것을 두고 말한 것이다.

○살펴보건대, '양암불언諒闇不言'의 예제는 이것이 하夏·은殷의 법인 듯하고, 주대周代에 이르러서는 조금 변하였기 때문에 면류관을 벗어 놓고 상복喪服으로 바꾸며, [丘瓊山[8]은 이르기를 "周公이 (攝政할 때 天子의 屛風인) 斧扆를 뒤에 치고서 諸侯를 朝見하였는데, (그만 이에 대한) 유언비어가 퍼져 나갔으므로 이 제도를 고치지 않을 수 없었다. 그러므로 康王은 (成王의) 장사가 끝나자 곧 卽位했다"고 하였다.] 춘추시대에 와서는 또 크게 변하였다. 이에 대한 것은 나의 《춘추설春秋說(春秋考徵)》에 상세히 나타나 있으니, 여기에 다시 설명하지 않는다. [邢昺의 疏에 杜預의 短喪에 대한 견해를 수록하였고, 나도 또한 이미 《春秋說》에서 논변하였으니, 여기에서는 생략한다.]

子曰:"上好禮, 則民易使也."

何曰:"民莫敢不敬, 故易使."【皇氏本不載】

牛春宇云:"此'使'非使民赴工也, 使之爲善而已."【徐自溟云:"'使'是駕馭約束之意."】

○案 '民易使'者, 如身使臂, 如臂使指, 血脈調暢, 無強硬不仁之病也, 非使之赴征役.

子路問君子. 子曰:"修己以敬." 曰:"如斯而已乎?" 曰:"修己以安人." 曰:"如斯而已乎?" 曰:"修己以安百姓. 修己以安百姓, 堯·舜其猶病諸!"

補曰 君子, 謂在上之人.

공자는 말하기를 "윗사람이 예禮를 좋아하면 백성을 부리기가 쉽다."라고 하였다.

○하안: (윗사람이 예를 좋아하면) 백성이 감히 공경하지 아니함이 없기 때문에 부리기가 쉬운 것이다. [皇侃의 本에는 (何晏의 이 注가) 게재되어 있지 않다.]
○우춘우: 여기의 '사使' 자는 백성을 부려서 일하게 하는 것이 아니라, 그들로 하여금 선善을 하게 하는 것이다. [徐自溟은 이르기를 "'使'의 뜻은 마음 먹은 대로 부릴 수 있도록 약속되어 있다는 뜻이다"라 하였다.]
○살펴보건대, '백성을 부리기가 쉽다(民易使)'란 마치 몸이 마음대로 팔을 부리고 팔이 마음대로 손가락을 부리는 것처럼, 혈맥이 고르게 잘 통하여 아무 데도 굳거나 움직이지 못하는 병이 없는 것이니, 이는 백성으로 하여금 정역征役에 나가도록 부리는 것이 아니다.

憲問下

자로子路가 군자에 대하여 물으니, 공자는 말하기를 "자기 몸을 닦아서 공경하는 것이다."라고 하였다. (자로가) 말하기를 "그렇게만 하면 됩니까?"라 하니, (공자는) 말하기를 "자기 몸을 닦아서 남을 편안케 해주는 것이다."라고 하였다. (자로가 또) 말하기를 "그렇게만 하면 됩니까?"라 하니, (공자는) 말하기를 "자기 몸을 닦아서 백성을 편안케 해주는 것이니, 자기 몸을 닦아서 백성을 편안케 해주는 일은 요임금과 순임금도 그것을 오히려 어렵게 여겼도다!"라고 하였다.

○보충: 군자는 윗자리에 있는 사람을 이른다.

○荻曰:"不言所敬, 敬天也. 修己以敬天."

○補曰 安人, 謂孝悌敦睦以親九族.

○補曰 百姓, 謂百官萬民.

○補曰 病, 猶難也.

孔曰:"敬其身."

○案 敬者, 有所嚮之名. 無所向則無所敬矣. 君子之敬其身, 亦所以敬天而敬親.【朱子云:"敬非但是外面恭敬而已. 須看裏面無一毫不直處, 方是敬以直內."】

孔曰:"人, 謂朋友九族."

○案〈堯典〉曰:"克明峻德, 以親九族." 孔先言朋友, 恐未安也. '修己以敬'者, 誠意正心也. '修己以安人'者, 修身齊家也. '修己以安百姓'者, 治國平天下也.

孫月峰云:"堯·舜, 非以百姓之不安爲病, 病己之不修, 無以安百姓也. 百姓有未安處, 乃己未修也."

○案 此說甚精.

---

1) 太宰純,《論語古訓外傳》14-33b.
2)《論語集註大全》卷14〈憲問〉제14 小註에 나온다.
3) 孫月峰: 1542~1613. 明代의 學者. 浙江省 餘姚人. 字는 文融, 名은 鑛, 月峰은 그의 號. 官은 南京兵部尙書. 저술로는《孫月峰評經》·《今文選》·《書畵跋跋》등이 있음.

○적생쌍송: 공경할 대상을 말하지 않았으니, 이는 하늘을 공경하는 것이다. 몸을 닦아서 하늘을 공경하는 것이다.[1]

○보충: '남을 편안케 한다(安人)'란 효제孝悌와 돈목敦睦으로 구족九族을 친애하는 것을 이른다.

○보충: '백성百姓'은 백관百官과 만민萬民을 이른다.

○보충: '병病'은 어렵다(難)는 뜻과 같다.

○공안국: (경敬은) 자기 몸을 공경히 하는 것이다.

○살펴보건대, 경敬이란 향하는 대상의 이름이 있는 것이니, 향하는 대상이 없으면 공경할 대상도 없을 것이다. 군자가 자기의 몸을 공경하는 것은, 또한 하늘을 공경하고 어버이를 공경하는 것이다. [朱子는 이르기를 "敬이란 다만 外面으로 공경하는 것뿐만이 아니다. 모름지기 그 裏面에 한 터럭도 곧지 않은 곳이 없어야만 바야흐로 이것이 '敬以直內'이다"라 하였다.[2]]

○공안국: '인人'은 붕우朋友와 구족九族을 이른다.

○살펴보건대, 《상서尙書》〈요전堯典〉에 "능히 준덕峻德을 밝혀서 구족九族을 친애한다"라고 하였으니, 공안국이 먼저 붕우를 말한 것은 아마도 타당하지 않은 듯하다. '자기 몸을 닦아서 공경한다(修己以敬)'는 것은 '뜻을 성실히 하고 마음을 바르게 하는 것(誠意正心)'이며, '자기의 몸을 닦아서 남을 편안케 한다(修己以安人)'는 것은 '자기 몸을 닦고 집안을 가지런하게 하는 것(修身齊家)'이며, '자기 몸을 닦아서 백성을 편안케 한다(修己以安百姓)'는 것은 '나라를 다스리고 천하를 평화롭게 하는 것(治國平天下)'이다.

○손월봉:[3] 요임금과 순임금은 백성의 불안함을 병으로 여긴 것이 아니라, 자기 몸을 닦지 못하여 백성을 편안하게 해주지 못한 것을 병으로 여겼다. 백성이 편안하지 못한 곳이 있는 것은 곧 자신이 닦이지 않은 데에서 온다.

○살펴보건대, 이 설은 심히 정통하다.

原壤夷俟. 子曰: "幼而不孫弟, 長而無述焉, 老而不死, 是爲賊." 以杖叩其脛.

馬曰: "原壤, 魯人, 孔子故舊.【〈檀弓〉曰: "孔子之故人曰原壤."】夷, 踞; 俟, 待也. 踞待孔子."【邢云: "申兩足, 箕踞以待孔子."】

○邢曰: "幼少不順於長上, 及長, 無德行, 不①稱述."

○朱子曰: "自少至長, 無一善狀, 而久生於世, 徒足以敗常亂俗, 則是賊而已矣."

○補曰 叩, 微擊也.【朱子云】脛, 脚也.

○邢曰: "旣數責之, 復以杖擊其脛, 令不踞也."

○補曰 原壤, 蓋佯狂之人. 孔子之責, 戲而嚴也.

何曰: "賊, 謂賊害."

○駁曰 非也. 無補於世而蝗蠹至老, 故戲之曰賊, 賊猶盜也.《詩》云: "人而無禮, 胡不遄死?"

---

① 不: 新朝本·奎章本에는 '可'로 되어 있으나《論語注疏》卷14〈憲問〉에 따라 바로잡는다.
1)《正義》14.
2) 同上.
3) 同上.
4)《詩經》〈鄘·相鼠〉에 나온다.

원양原壤이 걸터앉아 (공자를) 기다렸는데, 공자가 말하기를 "어려서 공손하지 못하고, 커서는 칭술할 것이 없고, 늙어서도 죽지 않는 것은 바로 도적이다."라 하고, 지팡이로 그의 정강이를 (살짝) 두드렸다.

○마융: 원양은 노魯나라 사람이니, 공자의 옛 친구이다. [《禮記》〈檀弓〉에 "孔子의 옛 친구를 原壤이라 한다"고 하였다.] 이夷는 '걸터앉는다(踞)'는 뜻이고, 사俟는 '기다린다(待)'는 뜻이니, (그가) 걸터앉아 공자를 기다렸던 것이다. [邢昺은 이르기를 "두 다리를 펴서 뻗고 걸터앉아 공자를 기다린 것이다"라고 하였다.[1)]]
○형병: 어려서 어른에게 공순恭順하지 못하고, 커서는 덕행이 없어 칭술할 것이 없다.[2)]
○주자: 소시 때부터 어른에 이르기까지 하나의 선상善狀도 없고 오래 세상을 사는 것은, 한갓 인륜을 무너뜨리고 풍속을 어지럽히는 데에 족한 것이니, 이는 바로 도적일 따름이다.
○보충: 고叩는 살짝 치는 것이고, [朱子가 그렇게 말하였다.] 경脛은 다리이다.
○형병: 이미 (그의 잘못을) 세어서 꾸짖고, 이에 다시 지팡이로 그의 정강이를 쳐서 걸터앉지 못하게 한 것이다.[3)]
○보충: 원양原壤은 아마도 거짓 미친 체하는 사람 같다. 공자의 꾸짖음은 농담 같으면서도 엄嚴한 말이다.
○하안: 적賊은 적해賊害를 말한다.
○반박: 아니다. 세상에 아무 도움도 주지 않고 누리와 좀(蝗蠹)과 같은 작용만 하고 늙음에 이르렀기 때문에 그를 희학戱謔하여 적賊이라 한 것이니, 적賊은 도적이란 뜻과 같다. 《시경》에 이르기를 "사람으로서 예禮가 없는 이는 어찌하여 빨리 죽지 않는고?"[4)]라 하였다.

饒曰:"鴟鳥好蹲, 故謂之蹲鴟. 又或謂之鴟夷, 夷即踞也."
○案 夷俟之義可疑, 姑從舊說.

引證〈檀弓〉曰:"孔子之故人曰原壤, 其母死, 孔子助之沐椁. 原壤登木, 曰, '久矣, 子之不託②於音也.' 歌曰, '貍首之斑然, 執女手之卷然.' 夫子爲弗聞也者而過之."
○案 此狂也.《集注》謂老氏之流, 自放於禮法之外者, 未知何據. 老子之道, 未必狂蕩.

引證《大戴禮》曰:"少稱不弟焉, 恥也; 壯稱無德焉, 辱也; 老稱無禮焉, 罪也."【〈曾子立事〉篇】

韓曰:"古文'叩'·'扣', 文之誤也, 當作'指'. 爲夷俟踞足, 原不自知失禮, 故仲尼旣責其爲賊, 又指其足脛, 使知夷踞之罪, 非擊之明矣."
○駁曰 非也.

---

② 託: 新朝本·奎章本에는 '記'로 되어 있으나《禮記》〈檀弓〉下에 따라 바로잡는다.
5)《論語集註大全》卷14〈憲問〉제14 小註에 나온다.
6)《禮記》〈檀弓〉下에 나온다.
7) 韓愈,《論語筆解》卷下에 나온다.

○요쌍봉: 치조鴟鳥는 걸터앉는 것을 좋아하기 때문에 이를 존치蹲鴟라 한다. 또 혹 이를 치이鴟夷라고도 하는데, 이夷는 곧 걸터앉는다(踞)는 뜻이다.[5]

○살펴보건대, '이사夷俟'의 뜻이 의심스럽기는 하나, 여기서는 우선 구설舊說을 따르기로 한다.

【인증】《예기》〈단궁〉: 공자의 옛 친구를 원양原壤이라 한다. (원양이) 그의 어머니가 죽었을 때 공자가 그를 도와 곽槨을 만드는 일을 돌보았다. 원양이 곽목槨木 위에 올라가 "오래되었구나, 내가 풍악을 가까이하지 못한 것이"라 하고 곽목을 두드리며 노래하기를, "너구리 머리처럼 나뭇결의 무늬는 아롱지고, 여인의 손을 잡은 것처럼 나무가 부드럽다"라 하였다. (이에) 공자는 듣지 못한 체하고 지나가 버렸다.[6]

○살펴보건대, 이는 미치광이에 대한 말이다. 《논어집주論語集註》에 노자老子의 유파로서 스스로 예법 밖에서 제 마음대로 하는 자라고 하였으나, (이 말이) 어디에 근거한 것인지를 알지 못하겠다. 노자의 도는 반드시 광탕狂蕩한 것만은 아니다.

【인증】《대대례》: 소년 때 공경하지 않는 아이라고 일컬어지면 부끄러운 일이고, 장년 때 덕이 없는 사람이라고 일컬어지면 욕이 되는 일이고, 노년에 예禮가 없는 자라고 일컬어지면 죄가 되는 일이다. [〈曾子立事〉편에 있다.]

○한유: 고문古文에 '고叩'나 '고扣'라고 한 것은 오자이니, 마땅히 '지指'자가 되어야 한다. 걸터앉아 기다리며 다리를 뻗고 있으면서도 원양原壤은 스스로 예禮를 잃고 있다는 것을 알지 못하고 있었기 때문에 공자가 그를 도적盜賊이라 이미 꾸짖었고, 또 (지팡이로) 그의 정강이를 가리키면서 그로 하여금 걸터앉아 있는 것이 실례임을 알게 하였으니, (지팡이로 정강이를) 친 것이 아님이 분명하다.[7]

○반박: 아니다.

憲問下

闕黨童子將命. 或問之曰: "益者與?" 子曰: "吾見其居於位也, 見其與先生竝行也. 非求益者也, 欲速成者也."

補曰 闕黨, 魯之黨名.【闕里之所在】

○馬曰: "'將命'者, 傳賓主之語出入."【見〈少儀〉·〈雜記〉】

○補曰 將猶奉也.《詩》云: "承筐是將."

○純曰: "孔子如闕黨, 闕黨人家, 使童子典謁也."

○純曰: "或人見童子將命辨慧, 問曰, '此小子豈宜益者與?'"【蓋問其前程】

○何曰: "童子隅坐無位, 成人乃有位."【〈檀弓〉云: "童子隅坐而執燭."】

○包曰: "竝行①, 不差在後."【邢云: "父之齒隨行, 兄之齒鴈行."】

---

① 行: 新朝本에는 '坐'로 되어 있으나 奎章本에 따라 바로잡는다.
1) 闕里: 孔子의 舊里. 山東省 曲阜縣에 있음.
2)《詩經》〈小雅·鹿鳴〉에 나온다.
3) 太宰純,《論語古訓外傳》14-36a.
4) 同上, 14-37a.
5) 同上.
6)《正義》14.

궐당闕黨의 동자童子가 (공자의) 명령을 받들고 있었는데, 어떤 사람이 묻기를 "학업學業에 진전이 있는 자입니까?"라고 하였다. 공자는 말하기를 "나는 그가 (어른들의) 자리에 앉아 있는 것을 보았고, 선생과 어깨를 나란히 하고 걷는 것을 보았으니, (이 아이는) 학업의 진전을 구하는 자가 아니라, 빨리 이루고자 하는 자입니다."라고 하였다.

○보충: 궐당은 노魯나라의 당명黨名이다. [闕里[1]가 있는 곳이다.]
○마융: '장명將命'이란 빈주賓主 사이에 오가는 말을 전달하며 출입하는 것을 말한다. [《禮記》의 〈少儀〉편과 〈雜記〉편에 보인다.]
○보충: 장將은 봉奉(받든다)과 같다. [《詩經》에 "광주리에 폐백을 받들어 올리다"라고 하였다.[2]]
○태재순: 공자가 궐당에 갔는데, 궐당 사람의 집에서 동자童子로 하여금 빈객을 맞이하는 역할을 맡겨 두었다.[3]
○태재순: 어떤 이가 동자의 장명將命하는 그 말솜씨와 재치를 보고 "이 아이가 마땅히 학업에 진전이 있을 사람이겠지요?" 하고 물었던 것이다.[4] [대개 그 아이의 前程을 물은 것이다.[5]]
○하안: 동자는 한쪽 모퉁이에 앉고 일정한 자리가 없으며, 성인成人은 곧 일정한 자리가 있다. [《禮記》〈檀弓〉편에 "童子는 모퉁이에 앉아 촛불을 잡는다"라고 하였다.]
○포함: 병행竝行은 조금 뒤에 있지 않고 나란히 있는 것이다. [邢昺은 이르기를 "아버지의 나이에는 隨行을 하고, 형의 나이에는 雁行을 한다"라 하였다.[6]]

○補曰 居則欲速據其位, 行則欲速進其步. 以此觀之, 其學業亦必將速求其成, 無謙卑求益之理.【此記孔子觀人之法】

質疑《集注》曰: "或人疑此童子, 學有進益, 故孔子使之傳命以寵異之."
○案 儀封人·互鄕童子之類, 凡先標地名者, 皆外之之辭. 若門人小子, 則應書姓名;【純亦云】且在孔子之門, 則不過數日, 宜知禮法, 又安敢居成人之位, 竝先生而行乎? '吾見其' 三字, 明孔子見之於彼家, 不是在門者也.〈曲禮〉曰: "士之子長曰能典謁, 幼曰未能典謁." 將命固童子之事也,【荻亦云】不必爲寵異.

包曰: "違禮, 欲速成人者, 則非求益也."
○駁曰 非也. 速成, 豈速成人之謂乎?【張南軒云: "如物之生循序, 而生理達矣, 若欲速成, 反害其生."】夫子觀於二事, 知其人必欲速不達, 非以二事直指爲速成也.

---

7) 太宰純,《論語古訓外傳》14-37a에 보인다.
8)《禮記》〈曲禮〉下에 나온다.
9) 太宰純,《論語古訓外傳》14-36b에 보인다.
10)《論語集註大全》卷14〈憲問〉제14 小註에 나온다.

○보충: 앉을 때 재빨리 그 자리를 차지하려 하고, 걸어갈 때 재빨리 그 걸음을 재촉해 나아가려 하는 사람이 있다. 이런 것을 볼 때 그 사람은 학업도 또한 반드시 빨리 이루려고 구할 것이니, (그런 사람은) 자신을 겸손히 낮추어 학업을 진전시킬 리가 없다. [이는 孔子의 사람 보는 법을 기록한 것이다.]

【질의】《논어집주》: 어떤 이는 이 동자童子가 학업에 진전이 있기 때문에 공자가 그에게 명령을 전하는 일을 시켜서 남달리 총애한 것인지 의심한 것이다.

○살펴보건대, 의儀 땅의 봉인封人과 호향互鄕 고을의 동자童子 따위 등, 무릇 사람 앞에 먼저 지명을 표시한 것은 모두 그 사람들을 도외시한 말이다. 만약 문인 소자들이면 마땅히 성명을 기재하였을 것이고, [太宰純도 그렇게 말하였다.⁷⁾] 또 공자의 문하에 있었다면 며칠 지나지 않았더라도 마땅히 예법을 알았을 것이니, 또 어찌 감히 어른의 자리에 앉으며 선생과 어깨를 나란히 하고 걷겠는가? '오견기吾見其' 석 자에서 '보았다'는 것은, 분명히 공자가 그 (궐당 주인의) 집에서 그를 본 것이니, 공자의 문하에 있던 사람이 아니다. 〈곡례曲禮〉에 "사士의 아들을 물을 때, 장성하였을 경우에는 능히 접빈接賓하는 역할을 맡을 수 있다고 하고, 나이가 어렸을 때는 아직 접빈하는 역할을 맡을 수 없다고 한다"⁸⁾라는 말을 하였으니, 장명將命은 본래 동자의 일이다. [荻生雙松도 그렇게 말하였다.⁹⁾] (동자를) 반드시 남달리 총애하지는 않았다.

○포함: 예禮를 어기고 속히 성인成人이 되고자 하는 것은 학업의 진전을 구하는 것이 아니다.

○반박: 아니다. 속성速成이라고 한 것이 어찌 속히 성인이 되고자 하는 것을 두고 한 말이겠는가? [張南軒은 이르기를 "마치 만물의 生成이 차례를 따라야 生理가 잘 이루어지는 것과 같다. 만약 速成하고자 하면 도리어 그 생성을 해친다"라 하였다.¹⁰⁾] 공자는 (동자에게) 이 두 가지를 보고서 그 사람은 속성하고자 하므로 잘 이루어지지 못할 것을 알았던 것이지, 이 두 가지 일로써 바로 가리켜 속성이라고 한 것은 아니다.

衛靈公 第十五

衛靈公 第十五
【凡四十二章】

衛靈公問陳於孔子.【陸本, '陳'作'陣'】孔子對曰:"俎豆之事, 則嘗聞之矣; 軍旅之事, 未之學也." 明日遂行.【舊本, '明日遂行', 屬下章】

補曰 陳者, 行軍列伍之法.【陳, 列也】俎豆, 亦陳列之物, 其形如布陳. ○補曰 俎豆陳列之法, 曾所聞之; 軍旅陳列之法, 舊未學焉.【鄭云: "萬二千五百人爲軍, 五百人爲旅."】

○補曰 俎, 升牲之器.【自鼎而升俎】豆, 菹醢之器.【籩以盛乾物, 豆以盛濡物】

○補曰 時衛侯無道, 與晉交惡, 連歲構兵, 問陳將以修怨. 孔子不欲爲謀主, 故權辭以免.

○補曰 明日遂行, 恐衛侯強之, 將有禍.

위령공 제십오
【모두 42장이다.】

위衛나라 영공靈公이 공자에게 진법陳法을 물었는데, [陸德明의 本에는 陳이 陣으로 되어 있다.] 공자는 대답하기를 "조두俎豆의 일은 일찍이 들은 적이 있지만, 군려軍旅의 일은 아직 배우지 못했습니다."라 하고는 다음날 드디어 (위나라를) 떠났다. [舊本에는 '明日遂行'이 下章에 속해 있다.]

○보충: '진陳'이란 (군사의) 행군열오行軍列伍의 법이고, [陳은 列의 뜻이다.] 조두俎豆도 진열하는 기물이니, 그 형태가 군사를 포진하는 것과 같다.
○보충: 조두의 진열법은 일찍이 들은 바이지만, 군려의 진열법은 이를 전에 배우지 않았던 것이다. [鄭玄은 이르기를 "12,500명이 軍이 되고, 500명이 旅가 된다"고 하였다.]
○보충: 조俎는 희생을 올리는 제기이고, [(犧牲을 올릴 때) 鼎부터 먼저 올리고 俎를 올린다.] 두豆는 김치와 젓갈을 담는 제기이다. [籩은 마른 祭物을 담고, 豆는 젖은 제물을 담는다.]
○보충: 당시 위衛나라가 무도하여 진晉나라와 사이가 나빴는데, 해를 이어 군사를 결합하고 진법을 물어 장차 원한을 갚으려 하였다. 공자는 (위나라의 이 계략에) 모주謀主가 되고 싶지 않았기 때문에 임기응변의 말로 모면한 것이다.
○보충: (공자가) 다음날 드디어 떠난 것은 위후衛侯가 이를 강행하여 장차 화禍가 있을까 염려해서 그랬던 것이다.

○案《集解》, ‘明日遂行’, 屬之下章;《集注》, 上下章合之爲一. 今按《史記》, 在陳絕糧, 在去衛七年之後, 宜別爲一章.

鄭曰: "軍旅末事, 本未立, 不可以敎末事."【邢云: "治國以禮義爲本, 軍旅爲末."】

○尹曰: "衛 靈公無道之君, 復有志於戰伐之事, 故去之."

○案 軍旅之事, 在平世猶不敢弛備, 況於春秋之時, 朝被圍夕受伐, 雖禹·稷當之, 何得不講習乎? 孔子於夾谷之會, 請修武備, 於陳恒之弑, 沐浴請討, 孔子未嘗不好兵也. 故子自言 ‘我戰則克’,【〈禮器〉文】又曰: "敎民七年, 可以即戎." 其作《易傳》曰: "弧矢之利, 以威天下." 豈必裒衣博帶, 日講賓祭之禮, 方可云儒者乎?▶

---

1) 茶山은《史記》〈孔子世家〉의 기록을 보고 고증하였다.
2)《正義》15.
3) 尹焞: 1071~1142. 北宋 때 理學者. 河南省 洛陽人. 字는 彦明, 號는 和靖. 官은 禮部侍郎·徽猷閣待制 등을 역임. 程頤에게 師事하였으며, 저서로는《論語解》·《孟子解》·《和靖集》이 있다. 앞에 나왔음.
4)《史記》〈孔子世家〉에 그 사실이 나온다.
5)《論語》〈憲問〉편에 나온다.
6)《論語》〈子路〉편에 나온다.
7)《易經》〈繫辭傳〉下에 나온다.

○살펴보건대,《논어집해論語集解》에서는 '명일수행明日遂行'을 하장下章에 붙여 놓았고,《논어집주論語集註》에서는 위아래의 장章을 합하여 한 장으로 만들어 놓았는데, 이제《사기》를 살펴보니, (공자가) 진陳나라에 있을 때 양식이 떨어진 것은 위衛나라를 떠난 지 7년 뒤에 있었던 일이니,[1] ('재진절량在陳絶糧'에서 시작되는 경문은) 마땅히 따로 한 장이 되어야 한다.

○정현: 군려軍旅는 (일의 본말本末로써 말하면) 말末이니, 근본이 서지 않으면 말단의 일을 가르칠 수 없다. [邢昺은 이르기를 "나라를 다스림에는 禮義로써 근본을 삼고, 軍旅는 末端이 된다"고 하였다.[2]]

○윤돈:[3] 위나라 영공靈公은 무도한 군주인데, 여기에다 또다시 전쟁할 일에 뜻을 두고 있기 때문에 (공자가) 위나라를 떠난 것이다.

○살펴보건대, 군려軍旅의 일은 평세平世(잘 다스려졌던 시대)에도 오히려 감히 그 방비를 느슨하게 하지 못하는데, 하물며 춘추시대는 아침에 포위당하고 저녁에 침공을 당하는 난세였으니, 비록 우禹임금과 후직后稷 같은 성현이더라도 이 시대를 당하면 어찌 (군려의 일을) 강습하지 않겠는가? 공자는 노나라 정공定公에게 협곡夾谷의 회맹會盟에 무비武備를 단단히 하라고 청하였고,[4] 진항陳恒(陳成子)이 제齊나라 간공簡公을 죽이매 목욕하고 조회에 나가 주토誅討하라고 청하였으니,[5] 공자도 일찍이 병사兵事를 좋아함이 있었다. 그러므로 공자는 스스로 "내가 싸운다면 이긴다"고 하였고, [《禮記》〈禮器〉편에 나온다.] 또 "백성을 7년 동안 가르치면 또한 전쟁터에 나가 싸우게 할 수 있을 것이다"[6]라 하였으며, 그가 지은《역전易傳》에서는 "활과 화살의 이기利器로써 천하를 위복威服시켰다"[7]라 하였으니, 어찌 반드시 유자儒者의 옷을 입고 날마다 빈객을 맞이하고 제사지내는 예만 강습해야 바야흐로 유자儒者라 이를 수 있겠는가?▶

◀但此時, 靈公耄亂無道, 召淫人逐世子, 怨讟紛興,【定十四】而數年之間, 兵連禍結, 伐曹伐晉,【哀元年】殆無虛歲. 孔子若於此時, 或以軍旅之事, 言於衛侯, 則不但禍衛, 亦足戕身, 斯其所以拒絶而不言也. 此與孔文子之問答, 前後一套. 明孔子之意在於畏禍, 不但舍禮義而崇甲兵, 爲君子之所惡也. 審如是也, 不對斯足矣, 何必汲汲然去之乎?

引證 哀十一年《左傳》云: "孔文子【即孔圉】之將攻太叔也,【衛大夫大叔疾】訪於仲尼. 仲尼曰, '胡簋之事, 則嘗學之矣;【胡, 瑚同】甲兵之事, 未之聞也.' 退命駕而行曰, '鳥則擇木, 木豈能擇鳥?'"【言主人不能執賓】

○案 仲尼於此, 不對斯足矣, 何必悻悻然命駕乎? 興兵搆亂, 以伐人之國家, 則其謀主危矣, 合觀兩事, 其志見矣. 且衛靈·孔圉, 皆不義而用兵, 故孔子避之. 苟其合理, 則固嘗沐浴而請討矣.

---

8)《左傳》哀公 11년조에 나오는 "孔文子之將攻大叔也, 訪於仲尼. 仲尼曰, 胡簋之事, 則嘗學之矣. 甲兵之事, 未之聞也. 退命駕而行"이라는 내용과 같은 투의 글이다.
9) 胡簋의 일: 祭禮에 관한 일.
10) 甲兵의 일: 軍事에 관한 일.

◁다만 이때에는 (위나라) 영공靈公이 늙어 정신이 혼미한데다가 무도해서 음탕한 사람을 불러들이고 세자를 축출하여 원망과 비방이 분분하게 일어났으며, [定公 14년이다.] 두어 해 사이에 병화兵禍가 연이어져 조曹나라를 치고 진晉나라를 쳐서 [哀公 元年이다.] 거의 한 해도 무사한 해가 없었다. 공자가 만약 이때에 혹시라도 군려軍旅의 일로써 위후衛侯에게 말하였다면, 위나라에 재화가 있을 뿐만 아니라 또한 공자 일신에도 손상이 있을 수 있었으니, 이 때문에 거절하고 말하지 않은 것이다. 이는 공문자孔文子의 문답과 앞뒤가 같은 투이다.[8] 분명히 공자의 뜻은 화禍를 두려워하는 데에 있었고, 다만 예의를 버리고 갑병甲兵을 숭상함으로써 군자들에게 미움을 받는 데에 있었던 것만은 아니다. 진실로 이와 같다면 대답하지 않은 것으로도 족한데, 어찌 반드시 급급하게 (위나라를) 떠나야만 했겠는가?

【인증】 애공 11년 《좌전》에 이르기를 "공문자孔文子 [곧 (衛나라) 孔圉이다.] 가 장차 태숙大叔 [衛나라 大夫 大叔疾이다.] 을 치려고 하여 공자를 찾아가 물었더니, 공자가 '호궤胡簋(祭器名)의 일[9]은 일찍이 배웠지만, [胡는 瑚와 같다.] 갑병甲兵의 일[10]은 아직 들어본 적이 없소'라 하고는 물러나 말을 몰게 하여 수레를 타고 떠나면서, '새가 나무를 택하여 깃드는 것이지, 나무가 어찌 새를 택할 수 있으리오?'"라고 하였다. [이는 主人이 손님을 붙잡을 수 없음을 말한 것이다.]

○살펴보건대, 공자는 여기에서 대답하지 않은 것으로도 족한데, 어찌 반드시 성미도 급하게 말에 멍에를 메우라고 명하였겠는가? 군사를 일으키고 난을 일으켜 남의 나라를 치면, (이를 계략한) 그 모주謀主는 위태로울 것이니, 이 두 일을 합하여 보면 (공자가 위나라를 떠난) 그 뜻을 알 것이다. 또 위나라 영공靈公과 공어孔圉는 모두 불의不義로써 병사를 사용하려고 하였기 때문에 공자가 이를 피하였고, 만약 사리에 합당하였다면 (공자는) 진실로 일찍이 목욕하고 나가 주토誅討하라고 청하였을 것이다.

事實 《史記》〈世家〉云: "孔子適衛, 主蘧伯玉家. 他日靈公問兵陳於孔子, 明日與孔子語, 見蜚鴈仰視之, 色不在孔子, 遂行復①如陳." 《集註》云: "是歲魯 哀公三年, 孔子年六十矣."

○案《春秋》: "哀二年, 四月丙子, 衛侯元卒." 【即靈公】 安得魯 哀公三年, 靈公問陳乎? 靈公問陳, 蓋在定公之末年.【十五年】 是年孔子去衛, 如陳而過鄭. 有匡人之畏, 至於絕糧之厄, 明在哀六年, 距問陳之年, 已七年矣.

徐自溟云: "當時衛之軍旅, 掌于王孫賈, 孔子豈肯與小人共議其事?"②

在陳絕糧, 從者病, 莫能興. 子路慍見曰: "君子亦有窮乎?"
子曰: "君子固窮, 小人窮斯濫矣."

---

① 復: 新朝本·奎章本에는 '遂'로 되어 있으나 《史記》〈孔子世家〉에 따라 바로잡는다.
② 徐自溟云~議其事: 新朝本에는 徐自溟의 이 글이 수록되어 있지 않으나 奎章本에 따라 보충한다.
11) 《論語集註大全》卷15 〈衛靈公〉 제15 小註에 나온다.
12) 王孫賈: 春秋時代 衛나라 大夫로서 權臣이었음. 앞에 나왔다.

【사실】《사기》〈공자세가〉: 공자가 위衛나라에 가서 거백옥蘧伯玉의 집에 기숙하였다. 어느 날 영공靈公이 공자에게 군사의 진법陣法을 묻고, 그 다음날에도 영공이 공자와 더불어 말을 하였으나, 하늘에 나는 기러기를 보고는 우러러 그 기러기만 응시하고 그의 안색이 공자에게 있지 않았다. (그래서 공자는) 드디어 떠나 또 진陳나라로 갔다.

○《논어집주》: 이 해는 노魯 애공 3년(B.C. 492)이니, 공자의 나이 예순이다.[11]

○살펴보건대,《춘추경春秋經》에 "애공 2년 4월 병자丙子에 위후衛侯 원元 [곧 靈公이다.] 이 죽었다"라 하였으니, 어떻게 노나라 애공 3년에 영공이 (공자에게) 진법을 물었겠는가? 영공이 진법을 물은 것은 아마도 정공定公 말년 [(定公) 15년이다.] 이라고 생각한다. 이 해는 공자가 위나라를 떠나 진陳나라에 갔다가 정鄭나라에 들린 해이다. 광匡 땅 사람들에게 두려움을 당함이 있고 양식이 떨어져 곤액을 당하는 지경에 이른 것은 분명히 애공 6년에 있었던 일로서, 진법을 물은 해와는 이미 7년의 차이가 있다.

○서자명: 당시 위衛나라의 군려軍旅는 왕손가王孫賈[12]에게 맡겨져 있었으니, 공자가 어찌 소인과 더불어 그 일을 함께 의논하는 것을 달갑게 여겼겠는가?

진陳나라에 있을 때, 양식이 떨어져 따라다니던 이들이 굶주려 지쳐서 일어나지 못하였다. 자로子路가 성난 얼굴로 공자를 뵙고 말하기를 "군자도 곤궁함이 있습니까?" 하니, 공자는 말하기를 "군자는 본래 곤궁하니, 소인은 곤궁하면 분수에 넘치는 비행을 마구 한다."라 하였다.

孔曰: "孔子之陳, 會吳伐陳, 陳亂, 故乏食."【邢云: "以〈孔子世家〉文而知也."】

○①補曰 魯 定公末年, 孔子去衛, 哀公六年, 復自衛至陳, 有絕糧之厄.

○補曰 從者, 弟子及僕御從行者. 病, 飢憊也.

○孔曰: "興, 起也."

○補曰 慍見, 以怒色見於夫子也.【見音現】

○補曰 君子居亂世, 固當窮.【分之所固然】以其仕止, 不踰節也. 小人窮, 則濫而爲非, 故不窮.

○何曰: "濫, 溢也."【補云: "踰節犯分, 謂之濫."】

事實《史記》云: "孔子去衛, 復如陳. 自陳遷于蔡三歲, 吳伐陳. 楚救陳, 軍于城父.【哀六年】聞孔子在陳·蔡之間, 楚使人聘孔子. 孔子將往拜禮, 陳·蔡大夫謀曰, '孔子賢者. 所刺譏皆中諸侯之疾. 今者久留陳·蔡之間, 諸大夫所設行, 皆非仲尼之意.'▶

---

① ○: 新朝本·奎章本에는 없으나 문맥에 따라 보충한다.
1)《正義》15.
2) 城父: 楚나라의 邑名. 지금의 河南省 平頂山市 서북쪽에 위치함.

○공안국: 공자가 진陳나라에 갔을 때, 마침 오吳나라가 진나라를 정벌하여 진나라가 어지러웠기 때문에 양식이 떨어졌다. [邢昺은 이르기를 "(이런 사실을)《史記》〈孔子世家〉의 글로써 알게 된 것이다"라 하였다.[1]]

○보충: 노나라 정공定公 말년(B.C. 495)에 공자가 위衛나라를 떠났고, 애공 6년(B.C. 489)에 다시 위나라에서 진나라로 갔는데, (이때) 양식이 떨어져 곤액을 당함이 있었다.

○보충: 종자從者는 제자와 수레를 몰고 따라다니는 사람들이고, 병病이란 굶주려 고달픈 것이다.

○공안국: 흥興은 일어나다(起)의 뜻이다.

○보충: 온현慍見은 성난 얼굴로 공자를 뵙는 것이다. [見은 음이 現이다.]

○보충: 군자가 난세를 살아갈 때는 본래 곤궁함을 당하는 것이니, [분수가 본래 그러한 바이다.] 이는 벼슬에 나아가고 그만둠에 절도를 넘지 않기 때문이다. (그러나) 소인은 궁하면 분수에 넘쳐서 비행을 자행하기 때문에 궁하지가 않다.

○하안: 남濫은 넘치다(溢)의 뜻이다. [補充하여 말한다. 절도를 넘고 분수에 어긋나는 짓을 하는 것을 濫이라고 한다.]

【사실】《사기》: 공자는 위衛나라를 떠나 다시 진陳나라로 갔다. 진나라에서 채蔡나라로 옮긴 지 3년이 되던 해에 오吳나라가 진나라를 쳤다. 초楚나라는 진나라를 구원하기 위해 성보城父[2]에 군대를 주둔시켰다. [哀公 6년이다.] (초나라에서는) 공자가 진나라와 채나라의 중간 지역에 체재하고 있다는 말을 듣고서 사람을 보내 공자를 초빙하였다. 공자가 가서 초빙의 예禮를 받고자 하니, 진나라와 채나라의 대부大夫들이 모의하여 말하기를 "공자는 현자賢者이다. 그가 풍자하고 기롱하는 바는 모두 제후들의 잘못을 지적하는 데에 꼭 적중하는 말이다. 지금 그가 진나라와 채나라 사이에 오래 머물고 있는데, (우리) 여러 대부들이 경영·시행한 일은 모두 공자의 의향에 맞지 않는다.▶

◀今楚大國也, 來聘孔子. 孔子用於楚, 則陳·蔡用事大夫危矣.'於是乃相與發徒役, 圍孔子於野, 不得行, 絕糧."

○朱子曰: "是時, 陳·蔡臣服於楚. 若楚王來聘孔子, 陳·蔡大夫, 安敢圍之? 且據《論語》, 絕糧當在去衛如陳之時."

○齊曰: "時陳服楚, 蔡服吳, 吳·楚交戰無虛歲. 孔子蓋爲楚 昭王之聘, 徘徊陳·蔡, 而絕糧於其間也."

○純曰: "孔子去衛, 復如陳. 自陳遷于蔡, 自蔡如葉, 去葉反于蔡. 是孔子自去衛, 而往反于蔡·葉之間, 凡三歲. 自魯 哀公二年至四年也."

○案 孔子之始去衛, 在定末年, 吳之侵陳, 在哀元年,【見《左傳》】而孔子時不在陳. 衛 靈公之卒, 在哀二年.【見《春秋》】而哀三年五月, 桓宮·僖宮災. 孔子在陳聞火, 曰: "其桓·僖乎!"【見《左傳》】▶

---

3) 《史記》〈孔子世家〉에 나온다.
4) 〈論語集註序說〉 小註에 나온다.
5) 《論語集註大全》卷15〈衛靈公〉제15 小註에 나온다.
6) 太宰純,《論語古訓外傳》15-3a.

◀(그런데) 지금의 초나라는 큰 나라인데, 사람이 와서 공자를 초빙하려고 한다. (만약) 공자가 초나라에 등용되면 진나라와 채나라에서 권력을 부리고 있는 (우리) 대부들은 모두 위태로울 것이다"라 하고는, 이에 그들이 서로 합동으로 군대를 출동시켜 들판에서 공자를 포위하였다. (그래서 공자는 거기에서) 갈 수 없었고, 식량마저 떨어졌다.[3]

○주자: 이 당시 진나라와 채나라는 초나라에 신복臣服하고 있었다. 만약 초나라 왕이 공자를 초빙하였다면, 진나라와 채나라의 대부들이 어떻게 감히 공자를 포위할 수 있겠는가? 또 《논어》에 근거하여 보면 '절량絕糧'은 위나라를 떠나 진나라로 갈 시기에 해당한다.[4]

○제이겸: 당시 진陳나라는 초나라에 신복하고 있었고, 채蔡나라는 오吳나라에 신복하고 있으며, 오나라와 초나라는 교전으로 한 해도 무사한 해가 없었다. 공자는 대개 (이때) 초나라 소왕昭王의 초빙을 받아 진陳·채蔡를 배회하고 있었는데, 그 사이에서 양식이 떨어졌다.[5]

○태재순: 공자는 위나라를 떠나 다시 진陳나라로 가고, 진나라에서 채蔡나라로 옮기고, 채나라에서 섭葉나라로 가고, 섭나라에서 다시 채나라로 돌아왔다. 이것이 공자가 위나라를 떠나서 채·섭의 나라 사이를 왕복한 기간이니, 무릇 3년이다. 이는 노魯 애공哀公 2년에서 4년에 이르는 시기에 해당한다.[6]

○살펴보건대, 공자가 처음 위衛나라를 떠난 것은 노魯 정공定公 말년에 있었던 일이고, 오吳나라가 진陳나라를 침략한 것은 애공 원년(B.C. 494)에 있었던 일인데, [《左傳》에 보인다.] 공자는 그 당시 진나라에 있지 않았다. 위衛 영공靈公이 죽은 것은 애공 2년이고, [《春秋》에 보인다.] 애공 3년 5월에 환궁桓宮(桓公廟)과 희궁僖宮(僖公廟)이 불타자 공자는 진陳나라에 있으면서 이 화재 소식을 듣고 말하기를, "화재가 난 곳이 (반드시) 환공桓公과 희공僖公의 사당일 것이다!"라고 하였다. [《左傳》에 보인다.]▶

◀哀四年,孔子自陳適蔡適衛.哀六年,孔子自衛之陳,厄於陳·蔡.【見年表】而是年,春,吳伐陳,而楚救陳,【句】師于城父,【哀六年《左傳》】則絕糧之厄,正在哀六年之春.記事者,必不以相距七年之事,合之爲一章.'在陳絕糧'之當爲別章無疑.朱子以絕糧謂在去衛之年,本據《論語》,若別爲一章,則無可據矣.《左傳》·《史記》,豈可悉斥之爲妄乎?既經絕糧之厄,孔子不應再游陳·蔡,而哀三年之在陳聞火,既有明文,則在陳絕糧,必在哀三年之後,《史記》其不虛矣.

事實《家語》云:"楚 昭王聘孔子.孔子往拜禮焉,路出于陳·蔡,陳·蔡大夫相與謀曰,'孔子賢聖.其所刺譏,皆中諸侯之病.若用於楚,則陳·蔡危矣.'遂使徒兵距孔子,孔子不得行,絕糧七日,外無所通,藜羹不充,從者皆病."【〈在厄〉篇】

◀애공 4년에 공자는 진나라에서 채나라로 갔고, 또 위나라로 갔으며, 애공 6년에 공자는 위나라에서 진나라로 가다가 진陳·채蔡의 사이에서 곤액困厄을 당하였다. [年表에 나타나 있다.] 이 해 봄에 오나라가 진陳나라를 치고, 초楚나라는 진나라를 구원하려고 성보城父에 군대를 주둔시켰으니, [哀公 6년 《左傳》에 있다.] 양식이 떨어졌던 곤액은 바로 애공 6년 봄에 있었던 일이다. 이 사실을 기록한 자가 반드시 (시기적으로) 서로 떨어진 거리가 7년이나 되는 일을 가지고 이를 합하여 한 장章으로 하지는 않았을 것이니, 진陳나라에서 양식이 떨어졌다는 구절은 당연히 따로 한 장이 되어야 함이 의심할 여지가 없는 것이다. 주자가 양식이 떨어졌던 곤액을 공자가 위나라를 떠나던 해에 있었다고 한 것은 본래 《논어》의 이 글에 근거한 것인데, 만약 이를 따로 한 장으로 만든다면 그 근거할 만한 것이 없어질 것이라고 여겨서이다. 그러나 《좌전》과 《사기》의 말을 어찌 다 배척하여 허망한 말이라고 할 수 있겠는가? (공자가) 이미 양식이 떨어졌던 곤액을 겪고는 진陳·채蔡에 다시는 유세에 응하지 않았을 듯한데, 애공 3년에 진나라에 있으면서 화재 소식을 들었다고 하는 그 명문明文이 이미 있으니, 진나라에서 양식이 떨어졌던 일은 반드시 애공 3년 이후에 있었던 것이다. 《사기》의 말은 허황되지 않다.

【사실】《공자가어》: 초楚나라 소왕昭王이 공자를 초빙하였다. 공자가 가서 초빙의 예禮를 받고자 하는데, 그 길이 진陳·채蔡를 통해 가게 되어 있었다. 진나라와 채나라의 대부大夫들이 모의하여 말하기를 "공자는 현성賢聖이다. 그가 풍자하고 기롱하는 바는 모두 제후들의 잘못을 지적하는 데에 꼭 적중하는 말이다. 만약 공자가 초나라에 등용되면 진나라와 채나라는 위태로울 것이다" 라 하고는 드디어 군대로 하여금 공자가 (초나라에) 가는 것을 막으니, 공자는 (초나라에) 갈 수 없었고, 식량마저 떨어져 7일 동안 외부와 통할 수 없었으며, 명아주 국으로 허기를 채우지 못해 따르던 자들이 모두 병이 났다. [〈在厄〉편에 나온다.]

○案 此竊取《史記》文也.《家語》者, 僞書.

孔曰: "孔子去衛如曹, 曹不容, 又之宋. 宋遭匡人之難, 又之陳. 會吳伐陳, 陳亂, 故乏食."

○案 匡人之畏, 明在定末年. 吳之伐陳, 明在哀六年. 孔注連言之, 殊不明矣.

純曰: "絕糧是異時之事, 則 '在陳'之上, 當有 '子'字, 別爲一章.【如〈歸與〉章例】今詳本文, 疑《史記》有誤, 當依朱說以《論語》爲斷."

○案 先儒皆以此之故, 合爲一章, 然 '祭如在'·'互鄕難與言'·'舜有臣五人'·'柴也愚'之等, 文例不一.【'祭如在', 宜有 '子'字; '柴也愚', 宜稱 '子曰'】此不足以破《史記》也. 孔註·馬《史》·《左傳》·《家語》, 無不相合, 不可作一時事.

鄒嶧山云: "'從者病, 莫能興', 只是病吾道之不能興起于時, 不必作飢餓說."

○駁曰 非也.

---

7) 《論語》〈公冶長〉편에 "子在陳, 曰, 歸與! 歸與! …"라는 經文이 있는데, 여기의 '子在陳'과 같이 '在陳' 위에 '子' 字가 있어야 한다는 말이다.
8) 祭如在: 《論語》〈八佾〉편에 나오는 말인데, 제사를 지낼 때는 그 조상이 살아서 앞에 계신 듯이 하였다는 말이다.
9) 互鄕難與言: 〈述而〉편에 나오는 말인데, 互鄕 고을 사람들과는 함께 말하기가 어려웠다는 말이다.
10) 舜有臣五人: 〈泰伯〉편에 나오는 말인데, 舜임금은 신하 다섯 사람이 있었다는 말이다.
11) 柴也愚: 〈先進〉편에 나오는 말인데, 柴(孔子의 제자)는 어리석다는 말이다.
12) '祭如在'에서는 '子祭如在'로 되어야 하고, '柴也愚'에서는 '子曰柴也愚'로 되어야 하는데, 여기에서 '子'와 '子曰'이 생략된 것과 같다는 말이다.
13) 鄒嶧山: 明代의 學者. 常熟人. 字는 子靜, 名은 泉, 嶧山은 그의 號. 澗谷山中에서 저술에 몰두하였음. 저술로는 《四書折衷》·《詩經約說》·《宗聖譜》·《尙論篇》·《經世格要》등이 있다.

○살펴보건대, 이것은 《사기》의 글을 표절한 것이다. 《공자가어》라는 책은 위서僞書이다.

○공안국: 공자가 위衛나라를 떠나 조曹나라로 가니, 조나라가 그를 받아들이지 아니하여 또 송宋나라에 갔다. 송나라에서 광匡 땅 사람들의 난難을 만나 다시 또 진나라에 갔는데, (이때) 마침 오吳나라가 진나라를 쳐서 진나라가 어지러웠기 때문에 양식이 떨어지게 된 것이다.

○살펴보건대, 광 땅 사람들에게 두려움을 당한 것은 분명히 노魯 정공定公 말년이고, 오나라가 진나라를 친 것은 분명히 애공 6년이다. 공안국의 주註에서 이를 연결시켜 말한 것은 다만 밝지 못한 것이다.

○태재순: (만약) 양식이 떨어졌던 것이 다른 시기의 일이라면, (경문의) '재진在陳'이란 어구 위에 마땅히 '자子' 자가 있어야 따로 한 장章이 된다. [〈歸與〉章과 같은 예이다.⁷⁾] 지금 본문을 상고할 때, 아마도 《사기》에 오류가 있는 듯하니, 마땅히 주자의 설에서 《논어》로써 단정한 것에 따라야 할 것이다.

○살펴보건대, 선유先儒들은 모두 이런 이유 때문에 합하여 한 장으로 하였다. 그러나 '제여재祭如在'⁸⁾와 '호향난여언互鄕難與言'⁹⁾과 '순유신오인舜有臣五人'¹⁰⁾과 '시야우柴也愚'¹¹⁾ 같은 글들은 문장의 전례가 일정하지 않다. ['祭如在'에서는 마땅히 '子' 字가 있어야 하고, '柴也愚'에서는 마땅히 '子曰'이라고 일컬어야 한다.¹²⁾] ('자子' 자가 있고 없는) 이것으로써 《사기》의 말을 깨뜨릴 수는 없다. 공안국의 주註와 사마천의 《사기》와 《좌전》·《공자가어》의 말은 서로 부합하지 아니함이 없으나, 같은 시기의 일로 해서는 안 된다.

○추역산:¹³⁾ '종자병막능흥從者病莫能興'은 다만 당시에 우리의 도道가 흥기하지 못한 것을 병으로 여겼다는 말이지, 반드시 기아飢餓의 설로 만들 필요까지는 없다.

○반박: 아니다.

純曰: "'慍見'者, 不豫之色, 見於面也. 《家語》云, '子路慍作色而對.'"
【子路宜不離夫子之側, 何以及病進見乎】

○駁曰 非也.

徐自溟云: "子路以爲夫子少從靈公意, 與之言軍旅, 而與我共行三軍, 亦不至行之, 陡卒而有絕糧之窮也."

○案 通作一章, 則此義甚好, 奈相距七年何?

何曰: "君子固亦有窮時, 但不如小人窮則濫溢爲非."

○駁曰 非也. 本旨不明.

程子曰: "'固窮'者, 固守其窮."

○案 子路以君子之窮, 愕爲非理, 孔子答之爲常理. 若作固守說, 非所以破其惑也.

考異 陸氏《釋文》, '陳'作'陣'.

○純曰: "非也. '陣'字王羲之所作, 古文無之. 說見《顏氏家訓》〈書證〉篇."

---

14) 《孔子家語》〈在厄〉편에 나온다.
15) 太宰純, 《論語古訓外傳》15-4b.
16) 太宰純, 《論語古訓外傳》15-4a.
17) 茶山은 '慍見'을 子路가 성난 얼굴로 孔子를 뵙는 것이라 하였는데, 太宰純은 '慍見'을 子路의 성난 빛이 얼굴에 나타난 것으로 해석하였기 때문에 그런 것이 아니라고 반박하였다.
18) 太宰純, 《論語古訓外傳》15-1a.

○태재순: '온현慍見'이란 기쁘지 아니한 빛이 얼굴에 나타나는 것이다. 《공자가어》에 "자로子路가 성이 나서 얼굴빛이 변하여 대답하였다"[14]라 하였다.[15] [子路는 마땅히 孔子의 곁을 떠나지 않아야 했을 텐데, 어찌 (좌우에 있지 않고서) 굶주려 지치고 나서 나아가 뵈었겠는가?[16]]

○반박: 아니다.[17]

○서자명: 자로는 공자가 (위나라) 영공靈公의 뜻을 조금 따르면서 그와 더불어 군려軍旅에 관한 것을 말하여, 나와 함께 삼군三軍을 시행하게 되리라고 여겼는데, 이를 시행하는 데는 이르지 못하고 갑자기 양식이 떨어지는 곤궁함만 있었던 것이다.

○살펴보건대, ('위령공문진어공자衛靈公問陳於孔子'에서 '소인궁사람의小人窮斯濫矣'까지를) 통틀어 한 장章으로 만들면 이 내용의 뜻이 심히 좋겠으나, (시기적으로 이 일은) 서로의 간격이 7년이나 되니 어찌 하겠는가?

○하안: 군자는 본래 또한 궁한 때가 있으나, 다만 소인이 궁하면 분수에 넘쳐 비행을 마구 하는 것과는 같지 않다.

○반박: 아니다. 근본 뜻이 밝지 못하다.

○정자: '고궁固窮'이란 그 궁함을 굳게 지키는 것이다.

○살펴보건대, 자로子路는 군자의 궁함에 놀라 비리非理(이치가 아님)라고 여겼기 때문에, 공자는 그에게 궁함이 상리常理(떳떳한 이치)라고 답한 것이다. 만약 (정자程子의 궁함을 고수한다는) 고수설固守說로 하면, (자로의) 그 의혹을 깨뜨리기 위한 것이 아니다.

【고이】 육덕명의 《경전석문》에는 '진陳'이 '진陣'으로 되어 있다.

○태재순: 아니다. '진陣' 자는 왕희지가 만든 글자이니, 고문古文에는 그런 글자가 없다. 이에 대한 설說은 《안씨가훈顔氏家訓》〈서증書證〉편에 나타나 있다.[18]

衛靈公 第十五

○案 純說見《佩觿集》, 然《史記》已有'陣'字.【淮陰侯傳云: "先行, 出, 背水陣."】

子曰: "賜也, 女以予爲多學而識之者與?" 對曰: "然, 非與?" 曰: "非也, 予一以貫之."

補曰 多學, 謂博學.【廣涉群經, 以學道】識, 記也.【邢云: "記識之."】
○補曰 '對曰然'者, 順以遜也. '曰非與'者, 將受誨也.
○補曰 '一'者, 恕也. 五典十倫之敎, 經禮三百, 曲禮三千, 其所以行之者, 恕也, 斯之謂一以貫之.
何曰: "善有元, 事有會, 天下殊塗而同歸, 百慮而一致. 知其元, 則衆善擧矣, 故不待多學而一知之."
○邢曰: "我但用一理以貫通之."

---

19)《佩觿集》: 宋나라 郭忠恕가 지은 字學書인데 3권으로 되어 있음. '佩觿'라는 말은《詩經》의 '童子佩觿'에서 취한 말로, 初學者의 必須書라는 뜻에서 온 말이다.
20) 淮陰侯: 淮陰은 縣名으로 지금의 江蘇省 淮陰市 서쪽이다. 淮陰侯는 前漢 高祖 때 漢의 三傑 가운데 하나인 韓信의 封爵이다.
1)《正義》15.
2) 五典十倫: 五典은 사람이 행해야 할 다섯 가지 道. 곧 五常, 五倫. 五典은《書經》〈堯典〉에 나오는 말인데, 그 내용에 대해서는 두 說이 있다. 하나는《左傳》의 說로서 父義·母慈·兄友·弟恭·子孝이고, 다른 하나는 孟子의 說로서 父子有親·君臣有義·夫婦有別·長幼有序·朋友有信이다. 十倫은 祭祀를 통해 나타내는 열 가지 道理.《禮記》〈祭統〉에 나오는 말인데, 그 倫禮는 鬼神을 섬기는 道, 君臣의 身分, 父子의 관계, 貴賤의 차등, 親疎의 等殺, 爵賞의 施與, 夫婦의 分別, 政治의 공평, 長幼의 순서, 上下의 분수를 나타낸다.
3) 經禮三百과 曲禮三千: 綱이 되는 禮 삼백과 目이 되는 禮 삼천이란 말이다.
4)《正義》15.

○살펴보건대, 태재순의 설은 《패휴집佩觿集》[19]에 나타나 있다. 그러나 《사기》에 이미 '진陣' 자가 있다. [〈淮陰侯傳〉[20]에 이르기를 "먼저 가도록 하고, 나가서 물을 등지고 陣을 치게 했다"라 하였다.]

공자는 말하기를 "사賜야, 너는 내가 많이 배워서 그것을 다 기억하는 자라고 여기는가?"라고 하였다. (자공이) 대답하기를 "그렇습니다. 아닙니까?"라 하니, (공자는) 말하기를 "아니다. 나는 (서恕) 하나로 모든 것을 꿰뚫었다."라고 하였다.

○보충: 다학多學은 박학博學을 말하고, [널리 뭇 經傳을 섭렵하여 道를 배우는 것이다.] 지識는 기억한다는 뜻이다. [邢昺은 "(學問을 많이 하여) 그것을 기억하는 것이다"라 하였다.[1]]

○보충: '대왈연對曰然'이란 순순히 받들어 공손히 말한 것이고, '왈비여曰非與'란 장차 가르침을 받으려고 하는 말이다.

○보충: '일一'이란 서恕이다. 오전십륜五典十倫[2]의 가르침과 경례삼백經禮三百과 곡례삼천曲禮三千[3]을 행하게 되는 그 소이所以가 서恕이니, 이를 두고 일이관지一以貫之라고 한다.

○하안: 선善에는 그 본원이 있고 일에는 만남이 있으니, 천하 사람들이 길을 달리해도 그 돌아가는 것은 같고, 생각을 백 가지로 하여도 그 이루어지는 것은 하나로 되는 것이다. 그 본원을 알면 뭇 善을 행할 수 있기 때문에, 많이 배우지 않고도 하나로서 이를 알게 되는 것이다.

○형병: 나는 다만 하나의 이치로써 이를 관통貫通하는 것이다.[4]

衛靈公 第十五

○駁曰 非也. 平叔知孔子與子貢問答爲何說乎? 一貫之解, 曾子親口言之, 明明白白, 後之儒者, 猶復熟視含疑, 不肯往從者, 其心以忠恕爲小也. 老子言'一生二, 三生萬物', 佛氏言'萬法歸一', 孔子言'一以貫之', 可以相配, 爲天地間至高至大之言. 曾子落而下之, 斲而少之, 爲'忠恕'二字, 極卑極小. 故晉儒違之, 宋儒違之, 於彼則曰'曾子自領妙道, 以糟粕酬門人', 於此則曰'子貢不能妙悟, 以秕穅學聖人'. 此吾道之巨蔀也. 原夫人生斯世, 自落地之初, 以至蓋棺之日, 其所與處者, 人而已. 其近者曰父子兄弟, 其遠者曰朋友鄉人; 其卑者曰臣僕幼稚, 其尊者曰君師耆老. 凡與我同圓顱而方趾, 戴天而履地者, 皆與我相須相資相交相接, 胥匡以生者也. 我一人彼一人, 兩人之間, 則生交際. 善於際, 則爲孝爲弟爲友爲慈爲忠爲信爲睦爲婣; 不善於際, 則爲悖爲逆爲頑爲嚚爲奸爲慝爲元惡爲大憝. 吾道何爲者也? 不過爲善於其際耳.▶

○반박: 아니다. 평숙平叔(何晏의 字)은 공자와 자공子貢의 문답이 무슨 말인지 알았는가? '일관一貫'에 대한 해석은 증자曾子가 직접 입으로 말하여 명명백백하게 밝혔는데도, 후세의 유자儒者들이 오히려 또 익히 보고서도 의심을 품고 그 견해에 따르기를 달갑게 여기지 아니한 것은 그들의 마음속에 충서忠恕를 (그 뜻이) 작은 것으로 여겼기 때문이다. 노자老子는 '하나는 둘을 낳고, 셋은 만물을 낳는다(一生二, 三生萬物)'는 것을 말하였고, 불씨佛氏는 '일만 가지 법은 하나로 돌아간다(萬法歸一)'는 것을 말하였으며, 공자는 '하나로써 꿰뚫었다(一以貫之)'는 것을 말하였다고 하여, 이 말들을 서로 배합할 수 있게 하여 천지 사이에 지극히 높고 지극히 큰 말로 만들고, 증자의 말은 떨어뜨려서 낮추고 깎아서 작게 하여 '충서忠恕' 두 글자를 지극히 비루하고 지극히 작은 것으로 만들었기 때문에, 진유晉儒(晉나라 儒者)들이 (일관一貫의 본지本旨를) 어기고 송유宋儒(宋나라 儒者)들도 이를 어겨, 저쪽에서는 '증자는 자신만 오묘한 도道를 터득하고 술지게미를 문인들이 마시게 권하였다'라 하고, 이쪽에서는 '자공은 능히 오묘한 도를 깨닫지 못하고 쭉정이로 성인聖人을 배웠다'라는 식이니, 이는 우리의 도에서 큰 폐단이다. 대저 사람이 이 세상에 살아가는 것을 더듬어 보면, 태어나서부터 죽는 그날까지 더불어 살아가는 것은 사람뿐이다. 가까운 이는 부자와 형제요, 먼 이는 붕우와 향인鄕人이며, 낮은 이는 신복臣僕과 유치幼穉요, 높은 이는 군사君師와 기로耆老이다. 무릇 나와 더불어 둥근 머리에 모난 발로 하늘을 이고 땅을 밟고 사는 자는, 모두 나와 더불어 서로 기다리고 서로 돕고 서로 사귀고 서로 접촉하고 서로 바로잡으며 살아간다. 여기 '나' 한 사람과 저기 '저' 한 사람은 두 사람 사이에 서로 사귀는 일이 생기기 마련이다. 사귀기를 잘하면 효孝·제弟·우友·자慈·충忠·신信·목睦·인婣이 되고, 사귀기를 잘하지 못하면 패悖·역逆·완頑·은嚚·간奸·특慝·원악元惡·대대大憝가 된다. (그러면) 우리의 도道는 무엇을 행하려 하는 것인가? 그것은 사귀기를 잘하고자 하는 것에 불과할 뿐이다.▶

◀於是作爲禮法, 以道其善, 以遏其惡, 一動一靜, 一言一默, 一思一念, 皆有刑式禁戒, 俾民趨辟. 其文則《詩》·《書》·《易》·《春秋》, 旣千言萬語, 而經禮三百, 曲禮三千, 枝枝葉葉, 段段片片, 浩浩漫漫, 不可究學, 要其歸, 不過曰善於際也. 善於際, 何謂也? 所惡於上, 毋以使下; 所惡於下, 毋以事上; 所惡於前, 毋以先後; 所惡於後, 毋以從前; 所惡於右, 毋以交於左; 所惡於左, 無以交於右. 斯之謂善於際也. 括之以一字, 非卽爲恕乎? 然則恕之爲物, 如一條綫索, 貫得千萬箇錢, 孔子所謂 '一以貫之', 非是之謂乎? 天之所以察人之善惡, 亦惟是二人相與之際, 監其淑慝, 而又予之以食色安逸之慾, 使於二人之際, 驗其爭讓, 考其勤怠. 由是言之, 古聖人事天之學, 不外乎人倫, 卽此一 '恕'字, 可以事人, 可以事天. 何故而小之也? '一'者, 恕也.

毛曰: "曾子一貫在忠恕, 子貢一貫只是恕."

---

5) '윗사람에게서 싫어하던 것으로써 … 오른쪽에게 사귀지 아니하는 것'까지는 《大學》에 나오는 말이다.
6) 毛奇齡,《四書賸言》卷4에 나온다.

◀(그래서) 이에 예법을 만들어 선으로 인도하고 악을 막아서, 일동일정一動一靜과 일언일묵一言一默과 일사일념一思一念에 모두 본받는 법과 금계禁戒를 두어 백성들로 하여금 선에 나아가게 하고 악을 피하게 하였다. 이에 대한 글은 《시경》·《서경》·《주역》·《춘추》에 이미 천 마디 만 마디이며, 경례삼백經禮三百과 곡례삼천曲禮三千은 하나하나 수많은 구체적인 예절이 끝없이 넓고 많아 다 배울 수 없는데, 그 귀취를 요약하면 사귀기를 잘한다고 하는 데에 불과하다. 사귀기를 잘하는 것은 무엇을 말하는가? 윗사람에게서 싫어하던 것으로써 아랫사람을 부리지 말고, 아랫사람에게서 싫어하던 것으로써 윗사람을 섬기지 말며, 앞사람에게서 싫어하던 것으로써 뒷사람에게 그렇게 하지 말고, 뒷사람에게서 싫어하던 것으로써 앞사람에게 좇지 말며, 오른쪽에서 싫어하던 것으로써 왼쪽에게 사귀지 말고, 왼쪽에서 싫어하던 것으로써 오른쪽에게 사귀지 아니하는 것5)을 사귀기를 잘한다고 한다. 이를 한 글자로 총괄한다면 곧 '서恕'가 되는 것이 아니겠는가? 그렇다면 서恕란 마치 하나의 돈꿰미 놋줄에 천만 개의 돈을 꿰어 놓은 것과 같으니, 공자의 이른바 '일이관지一以貫之'는 이를 말한 것이 아니겠는가? 하늘이 사람의 선악을 살피는 소이所以는 또한 오직 이 두 사람이 서로 관계를 맺는 사귐에서 그 착하고 사특한 것을 감시하며, 또 이들에게 식색食色과 안일安逸의 욕심을 부여하여 두 사람의 사귐에서 그 다투고 사양하는 것을 시험하고, 그 부지런하고 게으른 것을 고과하는 것이다. (그러므로) 이로 말미암아 말한다면 옛 성인聖人이 하늘을 섬기는 학學은 인륜을 벗어날 수 없으니, 곧 이 하나의 '서恕' 자는 사람을 섬길 수 있는 데에도 해당되고, 하늘을 섬길 수 있는 데에도 해당된다. (그런데) 무엇 때문에 이 (서恕의 의미)를 작게 보는가? (일이관지의) '일一'이란 서恕이다.

○모기령: 증자曾子의 일관一貫은 충서忠恕인데, 자공子貢의 일관은 다만 서恕뿐이다.6)

○駁曰 非也. 曾子·子貢, 竝無大小. 曾子·子貢之一貫, 竝無知行之別. 曾子·子貢之一貫, 竝無忠恕·單恕之異. 況此一貫, 本是夫子之物! 語曾子, 不必爲大, 語子貢, 不必爲小; 語曾子, 不必該備, 語子貢, 不必省約. 曾子曰'唯', 不必爲受道統; 子貢無對, 不必爲隔膜子.【純云: "子貢不應, 近於不違如愚."】儒者當精微處, 混侖而不劈, 當圓融處, 破碎而多端, 其爲病均也.《中庸》曰: "忠恕違道不遠, 施諸己而不願, 亦勿施於人." 起句旣雙擧忠恕, 而下節單言恕, 何也? 忠恕卽恕, 非有二也. 先儒謂盡己之謂忠, 推己之謂恕. 今人知之, 若先有一物, 在內爲忠, 然後自此推轉, 發之爲恕, 豈不大謬? 審如是也, 孔子二以貫之, 豈一以貫之乎? 恕爲之本, 而所以行之者忠也, 忠恕非恕乎? 曾子·子貢之本無層級, 如是也.▶

---

7)《論語》〈里仁〉편에 나온다.
8) 太宰純,《論語古訓外傳》15-5b.

○반박: 아니다. 증자와 자공의 일관은 크고 작은 것이 없고, 증자와 자공의 일관은 지행知行의 구별이 없으며, 증자와 자공의 일관에 (하나는) 충서忠恕이고 (하나는) 서恕뿐이라는 차이도 없다. 하물며 이 일관은 본시 공자가 말한 것이니, 더 말할 것이 있겠는가! 증자에게 말했다고 해서 반드시 큰 것이 되지는 않고, 자공에게 말했다고 해서 반드시 작은 것이 되지는 않으며, 증자에게 말했다고 해서 반드시 갖추어지고, 자공에게 말했다고 해서 반드시 생략되지는 않는다. (공자가 "삼參아! 내 도는 하나로 꿰뚫었다"고 하니) 증자가 "예" 하고 대답하였다[7]고 하여 반드시 도통을 이어받는 것이 되지는 않고, 자공이 (일이관지에 대해) 대답하지 않았다고 하여 반드시 (이를 가로막는) 격막자膈膜子(障害者)가 되지는 않는다. [太宰純은 이르기를 "子貢은 應對하지 않았으나, 어기지 않고 듣기만 하고 있는 것이 마치 (顔回처럼) 어리석은 사람 같은 데에 가까웠다"라고 하였다.[8]] 유자儒者는 마땅히 정일하고 은밀해야 할 곳에 이를 뒤섞어서 분명하게 분석하지 못하고, 마땅히 융화해야 할 곳에 이를 깨뜨려서 사단을 많이 만드니, 그 병폐가 똑같다.《중용中庸》에 말하기를 "충서는 도를 떠남이 멀지 않으니, 자기 몸에 베풀어서 원하지 않는 것을 또한 남에게 베풀지 말라"고 하였으니, 어구語句를 일으킬 때는 '충서忠恕' 두 자를 들고, 아래 구절에서는 '서恕' 한 자만 말한 것은 무엇 때문일까? 충서는 곧 서恕이니, 둘이 아니기 때문이다. 선유先儒들은 자기의 마음을 다하는 것을 충忠이라 이른다고 하고, 자기를 미루어 남에게 미치는 것을 서恕라 이른다고 하였는데, 지금 사람들이 알기로는 마치 어떤 한 물건이 먼저 마음속에 충忠으로서 내재內在한 뒤에 이로부터 굴러 나와 발현된 것을 서恕라고 하니, 어찌 큰 잘못이 아니겠는가? 진실로 이와 같다면 공자는 '이이관지二以貫之'이지 어찌 '일이관지一以貫之'이겠는가? 서恕가 근본이 되고 이를 행하는 것이 충忠이니, 충서는 서恕가 아니겠는가? 증자와 자공은 본래 이처럼 (충서에) 층급層級이 없었다.▶

◀四書者, 吾道之指南也, 而《大學》·《中庸》, 都是恕字之衍義,《論語》·《孟子》, 其言強恕以求仁者, 重見疊出, 不可殫指, 則夫子之道, 一'恕'字而已. 執此一字, 以之接人, 仁不可勝用也, 而今之儒者, 摸撈探索, 東塗西抹, 每云: "萬殊一本, 復合一理." 執天地萬事萬物, 都歸之於一理, 曰: "此夫子之道." 夫子之道, 無亦空曠渺茫矣乎? 以一理貫萬物, 於自己善惡, 毫無所涉. 終日儼然危坐, 究得萬殊一理, 不念父母妻子在傍訕己, 鄕黨賓友歸而議己, 其與'庭前柏樹子', 相去未遠. 此學道者, 所宜戒也.

質疑《集注》曰: "方信而忽疑."
○案 先生長者, 將有所言, 發問如此. 弟子當順其旨而導其言, 冀聞明敎, 不應曰'我則不然', 以塞其言也. 朱子謂曾子·子貢積德積功, 將有所得, 故夫子告之以一貫. 此謂瓜熟而蒂落, 水到而渠成也.▶

---

9) 萬殊一本, 復合一理: 宋代 性理學에서 말하는 이른바 '理一分殊'이다.
10) 庭前柏樹子: 中國 禪僧으로서 最高峰의 高僧인 唐代의 趙州從諗이 한 말이다. 한 僧이 達磨가 중국에 전한 佛法의 깊은 뜻을 물었을 때, 趙州從諗이 답하기를 "뜰 앞의 잣나무이다"라고 하였다. 이는 '物我一如'를 체득한 大悟의 心境 그 자체를 언급한 것이라고 함.

◁사서四書란 우리 도의 방향을 제시하는 지남指南이다. 그런데《대학》과 《중용》은 모두 (그 내용이) '서恕' 자의 뜻을 넓게 설명한 연의衍義이고,《논어》와《맹자》는 힘써서 서恕를 행하여 인仁을 구함을 말한 것이 중첩하여 나타나 있어 다 지적할 수 없을 정도이니, 공자의 도는 하나의 '서恕'일 뿐이다. 이 한 자를 가지고 이것으로써 남을 접한다면 인仁을 이루 다 쓸 수 없을 것이다. 그런데 지금의 유자儒者들은 아무 관련이 없는 것을 더듬어 찾아내, 임시변통으로 맞추어 꾸며서 매양 말하기를 "일만 가지 다른 것은 하나를 근본으로 하니, 이는 다시 일리一理에 합한다(萬殊一本, 復合一理)"9)라고 하여, 천지의 만사 만물을 가지고 모두 일리一理에 귀착시켜 "이는 공자의 도道이다"라 하니, 공자의 도가 또한 아무것도 없는 텅 비고 묘망渺茫한 것이겠는가? 일리一理로써 만물을 꿰뚫는 것은 내 자신의 선악에는 추호도 관계되는 바가 없다. (그런데) 종일토록 점잖게 꿇어앉아 만수일리萬殊一理를 궁구하여, 부모와 처자가 곁에서 자신을 나무라고 향당鄕黨의 빈우賓友들이 돌아가서 자신을 비난하는 것을 생각하지 않으니, 이는 저 '정전백수자庭前柏樹子'10)와 서로 거리가 멀지 않다. 이는 도를 배우는 자로서 마땅히 경계해야 할 바이다.

【질의】《논어집주》: ('연연, 비여非與'는) 바야흐로 그렇게 믿고 있다가 갑자기 의심하는 것이다.

○살펴보건대, 선생과 어른이 장차 말하려고 하는 바가 있을 때는 이와 같이 질문을 꺼낸다. 제자는 마땅히 그 (선생과 어른의) 뜻에 순해서 그 말을 유도하여 밝은 가르침을 듣고자 해야 하고, '나는 그렇지 않다'고 하여 그 (선생과 어른의) 말을 막으면 안 된다. 주자는 증자와 자공이 덕을 쌓고 공功을 쌓아 장차 터득함이 있을 것이기 때문에 공자가 그들에게 '일이관지一以貫之'로써 말했다고 여겼으니, 이는 마치 오이가 익어야 꼭지가 떨어지고, 물이 흘러와야 도랑이 이루어지는 것과 같다고 여기는 것이다.▷

◀一貫不是神異之言, 恐不必如是. 且知旣有一箇一貫, 行又有一箇一貫, 則仍是二貫, 恐不然也.

子曰: "由, 知德者鮮矣!"

朱子曰: "由, 呼子路之名."
○補曰 知德, 謂知人之有德也. 孔子與子路, 周①流四國, 不遇知己, 感慨而告之.
王曰: "君子固窮, 而子路慍見, 故謂之少於知德."
○韓曰: "此句, 當在 '子路慍見' 之下." 【見《筆解》】
○朱子曰: "此章蓋爲慍見發也."
○案 '鮮矣' 二字, 本是慨惜世人之辭. 若慨惜於子路, 則豈云鮮矣? 子路不知德, 而語之曰 '知德者鮮矣', 則是恕子路也, 豈責子路乎? 此章與慍見無涉.

---

① 周: 新朝本에는 '同'으로 되어 있으나 奎章本에 따라 바로잡는다.
11) 二貫: 一以貫之가 아니라 二以貫之라는 말.

◂(그러나) 일관一貫은 신묘하고 기이한 말이 아니니, 아마도 반드시 이와 같지는 않을 것이다. 또 (주자의 주석에서처럼) 지知로써 이미 하나의 일관이 있고, 행行으로써 또 하나의 일관이 있다면, 이는 곧 이관二貫[11]이니 아마도 그렇지 않을 것이다.

공자는 말하기를 "유由야, 덕을 아는 사람이 드물구나!"라고 하였다.

○주자: 유는 자로子路의 이름을 부른 것이다.
○보충: 덕을 안다(知德)란 사람이 지니는 덕을 안다는 말이다. 공자는 자로와 함께 사방의 나라를 두루 돌아다녔으나, 자기를 알아주는 이를 만나지 못하였으므로 감개하여 (자로에게) 이 말을 한 것이다.
○왕숙: 군자는 본래 궁한 것인데, 자로가 성을 내어 (공자를) 뵈었기 때문에 그에게 덕을 아는 이가 적다고 말한 것이다.
○한유: 이 구절은 마땅히 '자로온현子路慍見'이라고 한 글 아래에 있어야 한다. [《論語筆解》에 나타나 있다.]
○주자: 이 장은 대개 자로가 성난 얼굴로 (공자를) 뵈었기 때문에 한 말인 듯하다.
○살펴보건대, '선의鮮矣'라는 두 자는 본시 세인世人들을 개탄하고 애석하게 여겨서 한 말이다. 만약 자로를 개탄하고 애석하게 여겼다면 어찌 '선의鮮矣'라고 말하였겠는가? 자로가 덕을 알지 못해서 그에게 말하여 "덕을 아는 사람이 드물구나!"라고 하였다면, 이는 자로를 용서하는 것이지 어찌 자로를 꾸짖는 것이겠는가? 이 장章은 (자로가 성을 내어 공자를 뵈었다는) '온현慍見'과는 아무 상관이 없다.

○孔門弟子, 其最受切責者子路. 然其汲汲行道之志, 斷斷從師之忠, 於諸弟子中, 最熱最猛. 故孔子許之以乘桴浮海, 猶然相從, 斯可知也. 師弟二人, 周流四國, 卒無所遇, 及其遲暮也, 悵然感慨曰: "知德者鮮矣!" 斯豈切責之言乎? 將子路平生, 但受切責而無一言以相與乎?

引證 皐陶曰: "都! 在知人. 亦行有九德, 亦言其人有德, 乃言曰, 載采采."

○〈立政〉曰: "古之人, 籲俊尊上帝, 迪知忱恂于九德之行. 亦越文王·武王, 克知三有宅心, 灼見三有俊心, 以敬事上帝."

○案 此之謂知德也. 此章與下章, 疑一時所言.

質疑《集注》曰: "德, 謂義理之得於己者."

○案 德者, 直心之攸行也. 修於己曰修德, 察於人曰知德. 先儒每訓之爲得, 諧聲也. 然摸捉實難.

---

1)《論語》〈公冶長〉편에 보인다.
2)《尙書》〈皐陶謨〉에 나오는 말인데, 茶山이 引證으로 이 글을 제시하면서 "亦言其人有德"이란 말 아래에 "乃言曰, 載采采"를 빠뜨렸다.
3) 三宅: 常伯·常任·準人이라는 三大官의 職을 두는 것. '宅'은 설치한다는 뜻이다. 또 그 三大官의 職을 맡은 사람을 말함. 楊筠如는 常伯·常任·準人을 三司의 別名이라 하여, 常伯은 司馬, 常任은 司徒, 準人은 司空에 속하는 것으로 보고 있음.
4) 三俊: 여기서는 常伯·常任·準人의 三宅에서 그 屬官으로 '三俊'이라는 지위에 임용될 才德이 뛰어난 세 사람을 말함.
5)《尙書》〈立政〉에 나온다.

○공자 문하의 제자 가운데 가장 절실하게 책망을 받은 이가 자로이다. 그러나 도를 행하는 데에 부지런했던 그 뜻과 스승을 따르는 데에 정성스럽고 한결같았던 그 충성은 여러 제자들 가운데 가장 열렬하였다. 그래서 공자가 그에게 뗏목을 타고 바다를 건너는 데에 유연猶然(웃는 모양)히 따를 사람이라 인정하였으니,[1] 이런 것으로도 그를 알 만하다. 스승과 제자 두 사람이 사방의 나라를 두루 돌아다녔으나, 마침내 (알아줄 사람을) 만나지 못하고 늦은 모년暮年期에 이르러 창연悵然히 감개하여 "덕을 아는 사람이 드물구나!"라고 말한 것이니, 이것이 어찌 절실하게 책망한 말이겠는가? 또한 자로의 평생에는 어찌 다만 절실하게 책망만 받고 한마디도 칭찬하는 말이 없었겠는가?

【인증】고요: 아아, (정치의 요긴한 것은) 사람을 아는 데에 달려 있다. 또한 사람의 행실에는 아홉 가지 덕이 있으니, 그 사람에게 덕이 있다고 말할 때는 그 행실에 이러이러한 구체적인 사실이 있다고 말해야 한다.[2]

○〈입정〉: 옛사람은 뛰어난 어진 이를 초빙하여 상제上帝를 높였으니, 이에 구덕九德의 행실을 성실히 행할 줄 알았다. 또한 문왕文王·무왕武王에 이르러서도 능히 삼택三宅[3]의 마음을 알고 밝게 삼준三俊[4]의 마음을 알아 상제上帝를 경건하게 섬겼다.[5]

○살펴보건대, 이런 것을 두고 덕을 아는 것이라고 이른다. 이 장章은 아마도 아래의 장과 같은 시기에 말한 것인 듯하다.

【질의】《논어집주》: 덕德은 의리가 몸에 얻어진 것을 말한다.

○살펴보건대, '덕德'이란 곧은 마음을 행하는 것이다. 자기 몸에 덕을 닦는 것을 수덕修德이라 하고, 다른 사람들에게 덕을 살피는 것을 지덕知德이라 한다. (그런데) 선유先儒들은 매양 덕德을 풀이하여 득得이라 한 것은, 해성諧聲이기 때문이다. 그러나 그 근거를 더듬어 찾아보기란 실로 어려운 일이다.

衛靈公 第十五

衛靈公(下)

子曰: "無爲而治者, 其舜也與! 夫何爲哉? 恭己正南面而已矣."

何曰: "言任官得其人, 故無爲而治."
○邢曰: "案〈舜典〉, 命禹宅百揆, 棄后稷, 契作司徒, 皋陶作士, 垂共工, 益作朕虞, 伯夷作秩宗, 夔典樂, 教冑子, 龍作納言, 並四岳十二牧, 凡二十二人, 皆得其人, 故舜無爲而治也."
○補曰 '恭己', 猶敬身, 謂篤恭而端坐也.【〈洪範〉: "貌曰恭."】'正南面', 謂居其位而不動也.《易》曰: "嚮明而治."
○補曰 舜雖得人, 未嘗無爲. 此云 '無爲' 者, 極言得人而逸, 贊歎揄揚也.

---

1) 여기에 나오는 官職名과 人名에 대한 주석은 孔穎達의《尙書正義》〈舜典〉편에 상세히 나와 있기 때문에 여기서는 생략함.
2)《正義》15.
3)《易經》〈說卦傳〉에 나온다.

위령공 (하)

공자는 말하기를 "무위無爲로 다스린 이는 순임금이다. 대저 무엇을 하였겠는가? 몸을 공손히 하고 바르게 남면하고 있었을 뿐이다."라고 하였다.

○하안: (적임자에 해당하는) 인재를 얻어 관직을 맡겼기 때문에 무위無爲로 다스렸다는 것을 말한다.
○형병:《상서尙書》〈순전舜典〉을 상고하면, 우禹에게 명하여 백규百揆를 맡기고, 기棄에게 후직后稷을, 설契에게 사도司徒를, 고요皐陶에게 사士를, 수垂에게 공공共工을, 익益에게 우虞를, 백이伯夷에게 질종秩宗을, 기夔에게 악樂을 맡겨 주자冑子를 가르치게 하고, 용龍에게 납언納言을 맡겼으니, 여기에 사악四岳과 십이목十二牧을 아울러 합하면 모두 22인이다.[1] 이렇게 모두 그 인재를 얻었기 때문에 순舜은 무위로 다스린 것이다.[2]
○보충: '공기恭己'는 경신敬身이란 말과 같으니, 지극히 공손한 용모로 단정히 앉아 있는 것을 이르고, [《尙書》〈洪範〉에 "용모는 공손해야 한다"고 하였다.] '정남면正南面'은 그 지위에 거居하여 움직이지 않는 것을 이르니,《역경易經》에 "(성인이 남쪽을 향해 앉아서 천하를 다스린다. 이는 곧) 밝은 데를 향하여 (천하를) 다스리는 것이다"[3]라고 하였다.
○보충: 순임금은 비록 인재를 얻었지만, 일찍이 (아무것도 하지 않는) 무위無爲는 없었다. 여기에 말한 '무위'란 훌륭한 인재를 얻음으로써 편안해져 (공자가) 이를 감탄하고 칭양한 말이다.

邢曰: "帝王之道, 貴在無爲淸靜而民化之, 然後之王者, 罕能及."
○朱子曰: "聖人德盛而民化, 不待其有所作爲也."【或問: "舜朝覲巡守, 封山濬川, 擧元凱誅四凶, 非無事也." 朱子曰: "舜之治跡, 皆在攝政二十八載之間, 及踐天子之位, 不過命九官十二牧而已."】

○案 '淸靜無爲'者, 老氏之說也. 自漢以前,《書傳》無此說. 漢氏初壹天下, 君臣皆椎鹵無文, 不知所以治之, 第欲順民之心, 創爲此說, 以與之休息. 所謂文·景之治, 有名於三代之後者也. 然以此之故, 禮樂文物不復興於斯世, 而釀成七國之亂, 幾覆漢祚, 則其爲亂亡之術, 亦已驗矣. 舜攝政之年, 奮發事功, 具載典冊. 其自命官以後,《書》無所言者, 治成制定, 按法而行之, 故不復記載, 豈遂無爲而然哉?▶

---

4)《正義》15.
5) 元凱: 賢人才子. 元愷와 같은 말인데, 八元八愷를 말함. 이들 인물에 대한 實名은《左傳》文公 18년조에 나온다.
6) 九官: 古代 國政을 집행한 9개의 官. 司空(水土)·后稷(農政)·司徒(敎育)·士(訟獄)·共工(百工)·虞(山林川澤)·秩宗(祭祀)·典樂(音樂舞踊)·納言(上言下達, 下言上達).
7) 十二牧: 12州(冀·兗·靑·徐·荊·揚·豫·梁·雍·幽·幷·營)의 牧(長官).
8)《論語集註大全》卷15〈衛靈公〉제15 小註에 나온다.

○형병: 제왕帝王의 도는 그 고귀함이 무위청정無爲淸靜으로써 백성을 감화시키는 데에 있다. 그러나 후세의 왕들은 능히 이에 미치는 자가 드물었다.[4]

○주자: (무위이치無爲而治는) 성인의 덕이 융성하매 백성들이 저절로 교화되어 아무것도 하는 것이 있기를 기다리지 않은 것이다. [어떤 이가 묻기를 "舜은 朝覲하고 巡狩하며, 산을 封하고 내를 깊이 파며, 元凱[5]를 기용하고 四凶을 誅討하였으니, (無爲로) 아무 일이 없었던 것이 아닙니다"라 하니, 朱子가 말하기를 "舜의 治跡은 모두 攝政 28년 사이에 있었고, 天子의 지위에 오르고는 불과 九官[6]과 12牧[7]을 임명하였을 뿐이다"라고 하였다.[8]]

○살펴보건대, '청정무위淸淨無爲'란 노자老子의 설이다. 한漢나라 이전을 보면, 《서전書傳》에는 이 설이 없다. 한나라가 처음 천하를 통일하였을 때, 군신君臣이 모두 둔하고 거칠며 무식하여 다스릴 방법을 알지 못하였고, 다만 백성을 순종시키고자 하는 마음으로 이런 설을 만들어 그들에게 휴식을 주는 것으로 하였으니, 이것이 이른바 문제文帝·경제景帝의 정사가 삼대三代 이후에 이름이 있었다고 하는 것이다. 그러나 이런 까닭으로 해서 예악禮樂과 문물이 세상에 부흥하지 못하였고, 칠국七國의 난亂을 빚어 거의 한나라가 전복될 운명에까지 갔으니, 이는 '청정무위'의 설이 나라를 어지럽히고 망하게 하는 술術임을 또한 이미 증명하는 것이다. 순임금이 섭정할 때는 분발하여 일을 한 것이 모두 서책에 기록되어 있으며, 그가 (제왕이 되어) 관리를 임명한 이후부터의 일에 대해서는 《서경書經》에 언급된 바가 없는 것은 다스림이 이루어지고 제도가 정립되어, 법에 비추어 시행하였기 때문에 이를 다시 기재하지 않았던 것이다. 어떻게 (아무것도 하지 않는) '무위無爲'로 그렇게 된 것이겠는가?▶

衛靈公下

◀三載一考, 三考一黜, 五載一巡, 群后四朝, 詢事考言, 敷奏試功, 年年歲歲, 按法而行, 不旣紛紛然多事乎? 群臣百工, 莫不奔走率職, 舜顧獨無爲乎? 考績必親,【見余《尚書說》】巡守必親, 刑獄必聞, 敎訓必先, 舜何得無爲乎? 況今之所謂〈舜典〉者,〈堯典〉之下半也. 古之〈舜典〉, 今旣亡逸, 不知其中. 又有幾件施措, 役役勞勞, 何得以一篇文字, 遽證其無爲乎? 孔子言無爲者, 甚言得人之效, 可以寧謐, 賛歎揄揚. 意氣洋溢, 此聖人辭旨激昂處, 正不必以辭害意也. 今人論治道者, 率皆導人主端拱玄默, 無所猷爲, 百度頹墮而莫之整理, 萬機叢脞而莫之搜撥, 不十年而天下腐矣. 禍難相承, 凋獘不振, 而卒莫之開悟, 皆無爲之說, 有以誤之也.

---

9) 梅蹟의 僞古文에 나오는〈舜典〉(現行하는《書經》〈舜典〉)은 28편의 眞古文 가운데〈堯典〉의 下半部를 그대로 竊取한 것이라고 보는 것이 茶山의 견해이다.

◁3년에 한 번 고과考課하고, 세 번 고과하여 한 번 내치며, (천자는) 5년에 한 번 순수하고, 여러 제후들은 4년 사이에 사방에서 내조來朝하며, 직책에 따라 행한 정사를 묻고 말한 것을 살피고, 널리 의견을 받아들이고 밝게 공적을 시험하는데, 이를 해마다 언제나 법에 비추어 시행하였으니, 이는 이미 분분하게 일이 많았던 것이 아니겠는가? 뭇 신하와 백공百工은 분주하게 자기의 직책을 받들지 아니함이 없었는데, 순임금만 어찌 홀로 아무 하는 일 없이 무위로 있었겠는가? 고적考績을 반드시 몸소 하고, [나의 《尙書說》에 나타나 있다.] 순수를 반드시 몸소 하며, 형옥刑獄을 반드시 직접 듣고 교훈을 반드시 먼저 행하였으니, 순임금이 어찌 무위일 수 있겠는가? 하물며 지금의 이른바〈순전舜典〉이라는 것은〈요전堯典〉의 아래쪽 반의 글을 두고〈순전〉이라 한다.⁹⁾ 옛〈순전〉은 지금 이미 망실亡失되었으니 그 내용을 알지 못하겠고, 또 몇 가지 사업을 시행하여 애쓰고 노력한 것이 있지만, 어떻게 일편一篇의 문자만으로써 갑자기 그 무위無爲를 증명할 수 있겠는가? 공자가 '무위'라고 말한 것은 (순임금이) 인재를 얻은 효력으로 편안해질 수 있었던 것을 극구 감탄하고 찬양하여 나온 말이다. 그 의기가 양양하게 넘쳤으니, 이는 성인의 말의 취지가 격앙된 곳이므로, 반드시 말로써 그 의지를 해쳐서는 안 된다. 요즘 사람으로서 치도治道를 논하는 자들은, 모두 군주를 단정히 팔짱끼고 말없이 고요히 앉아 (무위로) 아무것도 계책을 세우지 말도록 유도하니, (이렇게 되면) 온갖 법도가 무너져 정리되지 않고, 정사의 만기萬機가 번잡해져 다스려지지 못하게 되어 10년도 되지 않아 천하는 부패할 것이다. 화난禍難이 서로 이어지고 정사가 피폐하여 떨치지 못하는 지경인데도 마침내 깨닫지 못하는 것은, 모두 무위의 설이 이를 잘못되게 한 것이다.

衛靈公下

引證 劉向《新序》曰: "王者勞於求人, 佚於得賢. 舜舉衆賢在位, 垂衣裳恭己, 無爲而天下治. 湯·武用伊·呂, 成王用周·召, 而刑措不用, 兵偃而不動, 用衆賢也. 桓公用管仲則小也. 故致於霸而不能以王."【〈雜事〉篇】

子張問行. 子曰: "言忠信, 行篤敬, 雖蠻貊之邦, 行矣. 言不忠信, 行不篤敬, 雖州里, 行乎哉? 立則見其參於前也, 在輿則見其倚於衡也, 夫然後行." 子張書諸紳.【行, 皆平聲, 惟'行篤敬', 去聲】

補曰 行, 謂教令得施行.

---

10)《論語》〈八佾〉편에 孔子가 "管仲之器, 小哉!"라고 하였다.
11)《新序》卷第4〈雜事〉제4에 나온다.

【인증】 유향의《신서》: 왕자王者(王道를 일으키는 帝王)는 인재를 구하는 데에 애쓰고, 어진 이를 얻으매 편안해지는 것이다. 순임금은 많은 현인을 등용하여 벼슬자리에 있게 함으로써 의상衣裳을 드리우고 몸을 공손히 하여 무위無爲로 천하를 다스렸고, 탕왕湯王은 이윤伊尹을 기용하고, 무왕武王은 여상呂尙을 기용하고, 성왕成王은 주공周公·소공召公을 기용함으로써 (천하가 잘 다스려져) 형벌을 그대로 내버려두고 쓰지 않았으며, 병기를 사장하고 군사를 동원하지 않았으니, 이는 모두 많은 현인을 기용하였기 때문이다. (그러나) 환공桓公은 관중管仲을 기용하였는데, (관중은 그릇이) 작았기[10] 때문에 패도霸道에 이르고 왕도王道는 이룰 수 없었다. [〈雜事〉편이다.[11]]

자장子張이 (공자에게) 교령敎令이 시행될 수 있는 것을 물었는데, 공자는 말하기를 "말이 충심으로 신실하고 행실이 독실하게 공경스러우면, 비록 오랑캐의 나라더라도 시행될 수 있거니와, 말이 충심으로 신실하지 못하고 행실이 독실하게 공경스럽지 못하면, 비록 주리州里라 하더라도 시행될 수 있겠는가? 수레에 서면 수레 앞에 말을 붙여서 멍에에 메워 놓은 것을 보게 되고, 수레에 앉으면 수레 채가 멍에에 닿아 있는 것을 보게 되니, 대저 그런 뒤에라야 수레가 간다."라고 하였다. 자장이 이 말을 허리띠 자락에 썼다. ['行'은 모두 平聲인데, 오직 '行篤敬'의 '行'은 去聲이다.]

○보충: 행行은 교령敎令이 시행될 수 있음을 말한다.

衛靈公下

○補曰 忠信, 信由中也.【《左傳》云: "信不由中, 質無益也."】篤敬, 敬以實也.
○補曰 南方曰蠻, 東北曰貊.【肅愼·夫餘即貊也】
○朱子曰: "二千五百家爲州."
○補曰 二十五家爲里.【鄭云: "五家爲鄰, 五鄰爲里."】
○鄭曰: "'行乎哉', 言不可行."
○補曰 '參於前'者, 軛也. '倚於衡'者, 輈也.【輈, 轅也】參·驂通,【驂乘亦謂之參乘】驂者, 駕馬也.【《說文》云】衡者, 眾輈上橫木也.【義見下】駕馬必以軛,【以曲木厄馬領者】施軛必以輈.【義見下】立於車,【古者車立乘】則見軛之駕於車前也; 坐於輿,【御者坐】則見輈之倚於衡上也. 夫然後車行.【駕軛低陷, 故立則見之; 輈衡之形, 坐亦見之】

○補曰 車與馬, 本是二物, 不相連接, 必以輈軛聯結於二者之間, 然後車乃得行. 我與人, 本是二身, 不相連接, 必以信敬聯結於二者之間, 然後我之教令, 乃得施行.

---

1) 驂乘: 옛 乘車의 法에 御者가 가운데에 있고, 君主는 왼쪽에 있으며, 오른쪽에는 護衛하는 사람 1人을 태워 수레가 기울지 않도록 했는데, 그 오른쪽에 타는 사람을 驂乘이라 한다. 驂乘을 參乘이라고도 한다.

○보충: 충신忠信은 신실함이 중심中心에서 나온 것이고, [《左傳》에 이르기를 "信實함이 中心에서 나오지 않으면 質朴함이 아무 유익함이 없다"라고 하였다.] 독경篤敬은 공경이 실상이 있는 것이다.

○보충: 남방을 만蠻이라 하고, 동북을 맥貊이라 한다. [肅慎·夫餘가 곧 貊이다.]

○주자: 2500가家가 주州가 된다.

○보충: 25가家가 이里가 된다. [鄭玄은 "5家가 鄰이 되고, 5鄰이 里가 된다"고 하였다.]

○정현: '행호재行乎哉'는 행할 수 없음을 말한다.

○보충: '참어전參於前'이란 멍에(軛)이고, '의어형倚於衡'이란 수레 채(輈)이다. [輈는 轅이다.] 참參은 참驂과 통하니, [驂乘[1]은 또한 參乘이라고도 한다.] '참驂'이란 말을 수레에 바짝 붙이는 것이고, [《說文》에 그렇게 말하였다.] '형衡'이란 여러 멍에(軛) 위에 가로지른 횡목橫木이다. [뜻은 아래에 나타나 있다.] 말을 수레에 붙여 반드시 멍에(軛) [굽은 나무로써 말의 목에 멍에를 메운 것이다.]에 묶고, 말에 멍에를 메우면 반드시 수레 채(輈)에 묶는다. [뜻은 아래에 나타나 있다.] 수레에 서면 [옛날에는 수레를 서서 타고 갔다.] 수레 앞에 말을 붙여서 멍에를 메워 놓은 것을 보게 되고, 수레에 앉으면 [御者는 앉는다.] 수레 채가 멍에에 닿아 있는 것을 보게 된다. 대저 그런 뒤에라야 수레가 가는 것이다. [말에 軛으로 멍에를 메운 곳은 그 위치가 낮게 되어 있기 때문에 서면 이를 볼 수 있고, 수레 채와 橫木의 형상은 앉아서도 이를 볼 수 있다.]

○보충: 수레와 말은 본시 두 물건으로서 서로 연접連接할 수 없으니, (여기에는) 반드시 수레 채(輈)와 멍에(軛)로써 둘 사이를 연결한 뒤에라야 수레가 곧 갈 수 있으며, (사람의 경우도) 나와 남은 본시 두 몸으로서 서로 연접할 수 없으니, (여기에는) 반드시 신신과 경경으로써 두 사람 사이를 연결한 뒤에라야 나의 교령敎令이 곧 시행될 수 있다.

衛靈公下

○朱子曰: "紳, 大帶之垂者. 書之, 欲其不忘."

質疑 《集注》曰: "貊, 北狄." 【《周禮》〈職方氏〉: "八蠻·七閩·九貉·六狄." 鄭司農注, 南方曰蠻, 北方曰貉狄】

○案 狄者, 古之獫①狁, 漢之匈奴, 唐之突厥, 宋之蒙古, 是也. 貊者, 古之鳥夷, 漢之夫餘, 唐之鄭頡, 宋之東丹, 是也. 狄在中國之北, 貊在我邦之北, 鄭司農通言北方, 可也. 若以貊爲狄, 則種類本殊也.

鄭曰: "萬二千五百家爲州."

○邢曰: "〈大司徒〉云, '五家爲比, 五比爲閭, 四閭爲族, 五族爲黨, 五黨爲州.' 是二千五百家爲州也. 今云萬二千五百家爲州, 誤也."

包曰: "衡, 軛也. 言思念忠信, 立則常想見參然在目前. 在輿, 則若倚車軛."

○駁曰 非也. 忠信非有形之物, 非有靈之物, 何得常目如是? 然且衡·軛, 二物之名, 訓衡爲軛, 亦指鹿而賣鼠矣. 總之, 孔子之言曰: "人而無信, 不知其可也."▶

---

① 獫: 新朝本에는 '儼'으로 되어 있으나 奎章本에 따라 바로잡는다.
2)《正義》15.

○주자: 신紳은 큰 띠의 드리워진 부분이다. 여기에 쓴 것은 잊지 않고자 함이다.

【질의】《논어집주》: 맥貊은 북적北狄이다. [《周禮》〈職方氏〉에 "八蠻과 七閩과 九貉과 六狄이다"라고 하였다. 司農인 鄭玄의 注에 南方을 蠻이라 하고, 北方을 貉狄이라 하였다.]

○살펴보건대, 적狄이란 고대의 험윤獫狁과 한대漢代의 흉노匈奴와 당대唐代의 돌궐突厥과 송대宋代의 몽고蒙古가 그것이며, 맥貉이란 고대의 도이島夷와 한대의 부여夫餘와 당대의 막힐鄚頡과 송대의 동단東丹이 그것이다. 적狄은 중국의 북방에 있었고, 맥貉은 우리나라 북방에 있었는데, 사농司農인 정현이 이를 통틀어 북방이라고 한 것은 가하나, (같은 북방이라고 해서) 만약 맥貊(貉)을 적狄이라고 한다면, 이는 종족이 본래 다르니 안 될 말이다.

○정현: 12,500가家가 주州가 된다.

○형병:《주례周禮》〈대사도大司徒〉에 "5가家가 비比가 되고, 5비가 여閭가 되고, 4려가 족族이 되고, 5족이 당黨이 되고, 5당이 주州가 된다"고 하였으니, 이는 2500가家가 1주州가 되는 것이다. (그런데) 지금 12,500가를 주州라고 한 것은 잘못이다.[2]

○포함: 형衡은 액軛이다. 충신忠信을 늘 생각하고 있어, 서 있을 때는 항상 그것이 참연參然히 눈앞에 있는 것처럼 생각하고, 수레에 있을 때는 마치 수레 채의 횡목橫木에 기대고 있는 것과 같음을 말한다.

○반박: 아니다. 충신忠信은 형체가 있는 물건이 아니며 영靈이 있는 물체도 아닌데, 어떻게 항상 이렇게 눈으로 볼 수 있겠는가? 그러나 또 형衡과 액軛은 두 물건의 이름인데 형衡을 풀이하여 액軛이라고 하니, 이는 또한 사슴과 쥐를 구분하지 못하고 쥐를 사슴이라고 속여 파는 격이다. 종합하건대, 공자의 말에 (저기에서는) "사람으로서 신실함이 없으면 어떻게 될까 알지 못하겠다."▶

衛靈公 下

◀大車無輗, 小車無軏, 其何以行之哉?"【〈爲政〉篇】此云: "言不忠信, 州里行乎哉?" 正是一板搨出之話, 彼義此義, 不得相殊, 通則俱通, 塞則俱塞, 無再言也. 余考駕車之法, 其自車前雙條長出, 至于馬領之上者曰輈.【《考工記·輈人》注云: "輈, 車轅也."】雙輈之耑, 聯以曲木, 以厄馬領者曰軛.【卽所云轅耑曲木】四馬則四軛矣.【《考工記》疏云: "一馬一軛."】未至軛而橫一長木, 以聯兩輈之間者曰衡.【《考工記》注云: "衡任者, 兩軛之間也."】於是馬駕於軛, 軛連於輈, 輈聯於衡, 三者備而車得行矣. 古者兩服在中, 而接武銜尾;【一馬在前, 而一馬從之】兩驂在旁, 而左右鴈行,【差退於在前之馬】故四馬而六轡.【中二馬, 只有二轡②】先儒謂兩服·兩驂, 平爲一行, 誤矣. 馬雖四匹, 只是三行, 故駕馬曰驂, 驂者三也. 謂三馬成列, 乃成駕也.▶

---

② 轡: 新朝本에는 '轡'으로 되어 있으나 奎章本에 따라 바로잡는다.
3) 車轅: 수레 채를 말함.
4) 兩服: 馬車를 끌고 가는 네 마리의 말 가운데 轅(수레 채)을 끼고 있는 중앙의 두 마리를 말함. (《詩經》〈鄭風·大叔于田〉에 나온다.)
5) 接武銜尾: 接武는 步行法의 하나로서 걸을 때 발걸음을 半으로 하는 것이고(《禮記》〈曲禮〉上 참조), 銜尾는 뒤의 짐승이 앞 짐승의 꼬리를 물고 있다는 뜻으로 앞뒤가 서로 이어져 간다는 것을 말함.

◀큰 수레에 예輗(끌채)가 없고 작은 수레에 월軏(멍에)이 없으면, 수레를 어떻게 가게 할 수 있겠는가?"라 하였고, [〈爲政〉편에 나온다.] 여기에서는 "말이 충심으로 신실하지 못하면 주리州里라 하더라도 시행될 수 있겠는가?"라 하였으니, 이는 바로 똑같은 한 판각에서 나온 말로서 저기에서 말한 뜻과 여기에서 말한 뜻이 서로 다르지 않다. 통하면 함께 통하고 막히면 함께 막히는 그런 말이니, 재론할 것이 없다. 내가 말을 수레에 갖다 대어 멍에를 메우는 법을 상고하건대, 수레 앞에서부터 쌍조雙條를 이루는 두 쳇대가 길게 뻗어서 말의 목 위까지 오게 한 것을 주輈라 하고, [《周禮》〈考工記·輈人〉의 注에 "輈는 車轅이다"라 하였다.] 쌍으로 된 주輈의 끝에 굽은 나무를 연결시켜 말의 목에 멍에를 메운 것을 액軛이라 하니, [곧 이른바 수레채 끝의 曲木이다.] 한 수레에 말이 네 마리이면 액軛이 4개이다. [〈考工記·輈人〉의 疏에 "말 하나에 軛이 하나다"라고 하였다.] 액軛에까지 이르지 아니하여 하나의 긴 나무를 가로질러 양쪽의 주輈 사이를 연결한 것을 형衡이라 한다. [〈考工記·輈人〉의 注에 "衡任이란 두 軛 사이를 말한다"고 하였다.] 이리하여 말은 액軛으로 멍에를 메우고, 액은 주輈에 연결되고, 주는 형衡에 연결되어, 이 세 가지가 갖추어져야 수레가 갈 수 있다. 옛날에는 양복兩服[4]이 가운데에 있어 접무함미接武銜尾[5]의 걸음으로 가고, [한 말은 앞에서 가고, 한 말은 뒤에서 이를 따라간다.] 두 마리의 참마驂馬는 (양복兩服의) 옆에 있어 좌우로 기러기처럼 뒤따라가기 때문에 [앞에 있는 말에서 조금 물러나 간다.] 4마리의 말에 고삐는 6개가 된다. [중앙의 두 말은 다만 고삐가 2개만 있다.] (그런데) 선유先儒들이 양복兩服(두 마리의 服馬)과 양참兩驂(두 마리의 驂馬)은 나란히 한 줄이 된다고 말한 것은 잘못된 것이다. 말은 비록 네 필이나, 줄은 다만 세 줄이다. 그러므로 말에 멍에를 메운 것이 참驂이니, 참驂이란 것은 셋이다. 이는 말 세 마리가 열列을 이루어 멍에를 하고 (수레를 끌고) 간다는 것을 말한다.▶

◀ '立則見其參於前'者, 轅耑駕軶處, 低陷在下, 故立乃見也. '在輿則見其倚於衡'者, 衆軶連衡處, 光顯在上, 故坐亦見也. '參於前'者, 軶也.【軶所以駕者】'倚於衡'者, 輈也. 輈·軶二者, 居於車馬之間, 使車馬連爲一體, 乃得流行. 信·敬二者, 居於人我之間, 使人我連爲一體, 乃得流行. 其理翕然相符, 故夫子前旣言之,【小車·大車喩】今又再言.

韓曰: "參, 古驂字. 衡, 橫木式也. 子張問行, 故仲尼喩以車乘. 立者如御驂在目前, 言人自忠信篤敬, 坐立不忘於乘車之間."

○朱子曰: "參, 讀如 '毋往參焉' 之參,【《曲禮》云: "離坐離立, 毋往參焉."】言與我相參也."

○荻曰: "君子忠信篤敬之至, 雖無人, 猶有人也. 故立則見諸前, 在輿則見諸衡. 見者如見其人也. 此二句猶云 '坐則見堯於牆, 食則覩堯於羹'."【《後漢》〈李固傳〉】

---

6) 〈爲政〉편에 나오는 "大車無輗, 小車無軏, 其何以行之哉?"의 經文을 가리킴.
7) 《論語筆解》卷下에 나온다.
8) 《禮記》〈曲禮〉上에 나온다.
9) 太宰純,《論語古訓外傳》15-8a.
10) 李固: 後漢 漢中 南鄭人. 字는 子堅. 少時 때부터 好學하여 博學하였음. 官은 順帝 때 荊州刺史·太山太守, 沖帝 때 太尉 등을 역임. 저술로는 表·奏·議·敎令·對策·記·銘 등 11편이 있다. (《後漢書》卷63 참조.)

◂'입즉견기참어전立則見其參於前'이란 수레 채(轅)의 끝에 액軛으로써 말에 멍에를 메운 곳으로, 나지막하게 아래쪽에 있기 때문에 일어서야 보이며, '재여즉견기의어형在輿則見其倚於衡'이란 여러 액軛이 형衡에 연결된 곳으로, 환히 드러나게 위쪽에 있기 때문에 앉아서도 보인다. '참어전參於前'이란 액軛이고, [軛은 멍에를 하는 것이다.] '의어형倚於衡'이란 주輈이다. 주輈와 액軛 둘은 수레와 말 사이에서 수레와 말을 연결시켜 일체가 되게 함으로써 이에 (수레가) 갈 수 있으며, 신信·경敬 둘은 남과 나 사이에서 남과 나를 연결시켜 일체가 되게 함으로써 이에 (교령教슈이) 시행될 수 있으니, 그 이치가 흡연히 서로 부합하기 때문에 공자가 앞에서 이미 이를 말하였고, [작은 수레와 큰 수레로 비유하였다.6)] 여기에서 또다시 말하였다.

○한유: 참參은 참驂의 고자古字이고, 형衡은 횡목橫木으로서 수레 앞의 손잡이 가로막대기(式)이다. 자장이 행해질 수 있는 것에 대해 물었기 때문에 공자는 수레를 타는 것으로써 비유하였다. 서 있는 자에게는 마치 참마驂馬를 몰고 있는 것이 눈앞에 있는 듯하다는 것인데, 이는 사람이 스스로 충신忠信과 독경篤敬을 수레를 타고 있는 사이에도 앉으나 서나 잊지 않는다는 것을 말한 것이다.7)

○주자: 참參은 '가서 끼어들지 말라(毋往參焉)'고 한 말에 나오는 참參의 뜻과 같이 읽어야 하니, [《禮記》〈曲禮〉에 "두 사람이 나란히 앉아 있거나 서 있을 때는 (두 사람끼리 대화가 있을지 모르니) 가서 끼어들지 말라"라고 하였다.8)] 이는 나와 함께 서로 참여하는 것을 말한다.

○적생쌍송: 군자가 충신忠信과 독경篤敬이 지극하면, 비록 그 사람이 없더라도 그 사람이 있는 듯하다. 그러므로 서 있으면 앞에 보이고, 수레에 있으면 형衡에 보인다. '보인다'는 것은 그 사람이 보이는 것과 같다. 이 두 구절은 "앉으면 담장에 요임금의 모습이 보이고, 밥을 먹으면 국에 요임금의 모습이 보인다"고 한 것과 같다.9) [《後漢書》〈李固傳〉10)에 있다.]

○案 《筆解》·《集註》, 皆與包咸之義相近, 未敢從也. 若如荻說, 是又恍忽見鬼之疾, 與忠信篤敬, 何所當乎?

周萊峰云:"忠信篤敬, 不得如宋儒分作四字看. 信必曰忠信, 敬必曰篤敬. 可見信不由中, 雖信亦妄. 敬不篤至, 雖敬亦矯."

○案 此說好.

孔曰:"紳, 大帶."

○邢曰:"以帶束腰, 垂其餘以爲飾, 謂之紳. 子游曰, '參分帶下, 紳居二焉.'"【〈玉藻〉文】

○案 邢說是也.

子曰:"直哉, 史魚! 邦有道, 如矢; 邦無道, 如矢. 君子哉, 蘧伯玉! 邦有道, 則仕; 邦無道, 則可卷而懷之."

孔曰:"衛大夫史鰌."【朱子云:"史, 官名."】

○補曰 字伯魚.

---

11) 周萊峰: 未詳.
12) 《正義》15.

○살펴보건대, 《논어필해論語筆解》와 《논어집주論語集註》는 모두 포함의 뜻과 서로 가까우니, 감히 따르지 못하겠다. 그리고 만약 적생쌍송의 설과 같다면, 이는 또 황홀하게 귀신을 보는 듯한 병에 걸린 것이니, 충신忠信·독경篤敬과 무슨 해당되는 바가 있겠는가?

○주래봉:[11] 충신독경忠信篤敬을 송유宋儒들처럼 (충·신·독·경) 네 글자로 나누어 볼 수는 없다. 신信은 반드시 충신忠信이라야 하고, 경敬은 반드시 독경篤敬이라야 한다. 신실함이란 마음 가운데를 말미암지 않으면 비록 신실하더라도 역시 망령된 것이고, 공경함이란 돈독함이 지극하지 않으면 비록 공경하더라도 거짓임을 볼 수 있다.

○살펴보건대, 이 설이 좋다.

○공안국: 신紳은 큰 띠이다.

○형병: 띠로써 허리를 묶고 그 남는 부분을 아래로 드리워서 장식으로 하는데, 이를 신紳이라 한다. 자유子游는 말하기를 "띠의 아래쪽을 3등분하여 신紳이 그 2를 차지한다"고 하였다.[12] [《禮記》〈玉藻〉의 글이다.]

○살펴보건대, 형병의 설이 옳다.

공자는 말하기를 "곧도다. 사어史魚여! 나라에 도가 있어도 화살처럼 곧고, 나라에 도가 없어도 화살처럼 곧았다. 군자로다. 거백옥蘧伯玉이여! 나라에 도가 있으면 벼슬하고, 나라에 도가 없으면 (재능을) 거두어들여 이를 간직할 수 있었다."라고 하였다.

○공안국: (사어는) 위衛나라 대부인 사추史鰌이다. [朱子는 이르기를 "史는 官名이다"라고 하였다.]

○보충: (사어의) 자字는 백어伯魚이다.

○孔曰:"有道無道, 行直如矢, 言不曲."
○補曰 卷, 曲斂也.
○朱子曰:"懷, 藏也."
○補曰 方其仕時, 不張大, 故値無道之時, 可卷而懷之也. 美在仕時.
包曰:"卷而懷, 謂不與時政, 柔順不忤於人."
○邢曰:"有道, 則肆其聰明而在仕也. 無道, 則韜光晦跡, 不與政."
○駁曰 非也. '可'一字, 最有精神, 包注忘之矣. 若其方仕之時, 肆其聰明, 專權使氣, 則猝遇無道之世, 雖欲即時斂藏, 其可得乎? 方其仕時, 剛強自用, 則此時雖欲柔順不忤, 其可得乎? '可卷而懷之'者, 謂有道之時也. 孔子之美伯玉, 在其方仕之時. 若夫無道之日, 因其前功, 不見形迹也.

○공안국: 도가 있거나 없거나 행실이 곧은 것이 화살과 같았으니, 이는 굽히지 않았음을 말한다.
○보충: 권卷은 거두어들인다(曲斂)는 뜻이다.
○주자: 회懷는 간직한다(藏)는 뜻이다.
○보충: 바야흐로 벼슬하고 있을 때에 권세를 확대하지 않았기 때문에 무도無道한 때를 만나서 (재능을) 거두어들여 이를 간직할 수 있었으니, 이는 벼슬하고 있을 때를 칭찬한 것이다.
○포함: '권이회卷而懷'는 당시의 정사에 참여하지 않고 (물러나) 유순하게 남에게 거스르지 않았던 것을 말한다.
○형병: 도가 있으면 총명을 베풀어 벼슬을 하고, 도가 없으면 재능을 감추고 자취를 숨겨 정사에 참여하지 않는다.
○반박: 아니다. '가可' 한 글자에 가장 그 정신이 내포되어 있는데, 포함의 주注는 이를 망각한 것이다. 만약 바야흐로 벼슬하고 있을 때 제멋대로 총명을 행사하여 권력을 오로지하고 기세를 부렸다면, 갑자기 무도한 세상을 만났을 때 비록 즉시 총명을 거두어들여 간직하고자 한들 할 수 있겠는가? 바야흐로 벼슬하고 있을 때 강하게 밀어붙여 자기의 의견만 굳이 썼다면, 이 무도한 세상을 만났을 때 아무리 유순하게 거스르지 않으려고 한들 할 수 있겠는가? '거두어들여서 이를 간직할 수 있다(可卷而懷之)'는 것은, 도가 있었을 때 처신을 잘한 결과에서 오는 것을 가리킨다. 공자가 거백옥蘧伯玉을 칭찬한 것은 그가 바야흐로 벼슬하고 있을 때의 일이니, 저 무도한 날과 같았던 그런 시기에는 그 이전의 공적을 토대로 하여 그 형적形迹을 찾아볼 수 없는 것이다.

事實《家語》曰:"衛 蘧伯玉賢, 而靈公不用, 彌子瑕不肖, 反任之, 史魚驟諫而不從. 史魚病將卒, 命其子曰, '吾在衛朝, 不能進蘧伯玉, 退彌子瑕, 是吾爲臣不能正其君也. 生而不能正其君, 則死無以成禮, 我死, 汝置屍牖下, 於我畢矣.'【禮: "飯於牖下, 小斂於戶內, 大斂於阼, 殯於客位."】其子從之. 靈公弔焉, 怪而問焉, 其子以其父言告公. 公愕然失容曰, '是寡人之過也.' 於是命之, 殯於客位, 進蘧伯玉而用之, 退彌子瑕而遠之. 孔子聞之, 曰, '古之烈諫者, 死則已矣. 未有若史魚死而屍諫, 忠感其君者也. 可不謂直乎?'"【〈困誓〉篇】

○朱子曰:"旣死, 猶以屍諫, 故夫子稱其直."

事實《左傳》襄十四年, 孫文子入, 見蘧伯玉, 曰:"君之暴虐, 子所知也. 大懼社稷之傾覆, 將若之何?"對曰:"君制其國, 臣敢奸之?"

---

1) 彌子瑕: 春秋時代 衛나라 大夫.
2) 史魚騶: 春秋時代 衛나라 大夫. 字는 子魚.
3) 飯含: 시체를 목욕시킨 뒤에 쌀과 구슬을 그 입안에 채우는 것이다.
4)《禮記》〈檀弓〉上에 나오는 子游의 말이다.
5) 孫文子: 春秋時代 衛의 大夫 孫林父이다. 諡가 文이다.

【사실】《공자가어》: 위衛나라 거백옥은 어질었으나 영공靈公이 그를 기용하지 않았고, 미자하彌子瑕[1]는 불초하였으나 도리어 그를 임용하였거늘, 사어취史魚驟[2]가 이를 간하였는데 받아 주지 않았다. 사어취가 병으로 장차 죽으려 할 때 그 아들에게 명하기를 "내가 위나라 조정에 있을 때 (어진) 거백옥을 관직에 나아가게 하고 (불초한) 미자하를 관직에서 물러나게 하지 못하였으니, 이는 내가 신하가 되어 임금의 잘못을 바르게 하지 못한 것이다. 살아서 임금의 잘못을 바르게 하지 못하면 죽어서 정식 상례喪禮를 치를 수 없으니, 내가 죽거든 네가 내 시신을 바라지 창문 아래(牖下)에 두어라. 그렇게 하면 나에게는 상례가 끝난 것이다"라고 하였다. [《禮記》에 보면, 바라지 창문 아래에서 飯含[3]하고, 지게문 안에서 小斂하고, 동쪽 섬돌에서 大斂하고, 서쪽 섬돌에 殯所를 만든다는 말이 있다.[4]] 그의 아들이 (아버지의 명대로) 그 말을 따랐다. 영공靈公이 조문하고 괴이하게 여겨 물으니, 그 아들이 아버지가 한 말을 영공에게 고하였다. 영공이 악연愕然히 놀라 안색이 변하며 말하기를 "이는 나의 잘못이다"라 하고, 이에 그 아들에게 명하여 서쪽 섬돌에 빈소를 마련하게 하고, 거백옥을 불러내어 등용하고 미자하를 물리쳐 멀리하였다. 공자가 이 말을 듣고 말하기를 "옛날에 맹렬히 간諫한 사람들도 죽으면 거기에서 그치고 말았는데, 사어史魚처럼 죽어서 시신으로 간하여 그 임금을 감동시킨 사람은 있지 않으니, 가히 곧다고 이르지 않겠는가?"라고 하였다. [〈困誓〉편에 나온다.]

○주자: 이미 죽어서도 오히려 시신으로써 (임금에게) 간하였기 때문에 공자가 그 곧음을 칭찬하였다.

【사실】《좌전》: 양공襄公 14년(B.C. 559)에 손문자孫文子[5]가 들어와 거백옥을 만나서 말하기를, "임금께서 난폭한 것은 당신도 알고 있는 바입니다. 그러나 사직社稷이 넘어질까 크게 두려우니, 장차 어떻게 했으면 좋겠습니까?"라 하였다. (거백옥이) 대답하기를 "임금이 나라를 지배합니다. 신하가 감히 거역할 수 있습니까?▶

◀雖奸之, 庸知愈乎?" 遂行, 從近關出. 公使子蟜·子伯①·子皮與孫子盟于丘宮, 孫子皆殺之. 四月, 公出奔齊. 衛人立公孫剽, 孫林父·甯殖相之. 二十年, 甯惠子卒. 二十六年, 衛獻公求復, 謂甯喜曰: "苟反, 政由甯氏, 祭則寡人."【惟主宗廟祭祀】甯喜告蘧伯玉, 伯玉曰: "瑗不得聞君之出, 敢聞其入?" 遂行. 二②月, 甯喜攻孫氏克之, 殺子叔.【書曰'弑其君剽'】甲午, 衛侯衎復歸于衛.

○案 朱子以此謂'卷而懷之', 然只此一事, 不可以知其人矣.【王應麟云: "《集注》, 甯殖當爲甯喜."】

樂木亭云: "想伯玉此時, 尚未卷懷, 即'可'之一字, 乃夫子諷伯玉意." ○駁曰 非也.

---

① 伯: 新朝本·奎章本에는 '餉'으로 되어 있으나 《春秋左傳》 襄公 14年에 따라 바로잡는다.
② 二: 新朝本·奎章本에는 '五'로 되어 있으나 《春秋左傳》 襄公 26年에 따라 바로잡는다.
6) 子蟜·子伯·子皮: 春秋時代 衛나라의 公子.
7) 丘宮: 杜預의 注에는 戚(衛 孫文子의 采邑)에 가까운 곳이라 하였음.
8) 公孫剽: 春秋時代 衛나라 公子. 뒤에 殤公이 되었음.
9) 甯殖: 春秋時代 衛의 大夫 甯惠子이다. 諡가 惠이다.
10) 王應麟: 《困學紀聞》 卷7 〈論語〉에 나온다.
11) 樂木亭: 未詳.

◀비록 거역한다고 해도 어찌 그것이 더 나아질지 알 수 있겠습니까?" 라 하고는 드디어 그곳을 떠나 가장 가까운 관소關所를 통해 국외로 나가 버렸다. 위衛나라 헌공獻公은 자교子蟜·자백子伯·자피子皮[6]를 시켜 손문자와 구궁丘宮[7]에서 (한패의 무리가 될 것을) 맹세하게 하였는데, 손문자는 이들을 모두 죽였다. 4월에 위衛 헌공獻公은 제齊나라에 출분出奔하였다. 위나라 사람들이 공손표公孫剽[8]를 세워 임금으로 삼으니, 손림보孫林父와 영식甯殖[9]이 그를 보좌하였다. 20년(B.C. 553)에 영혜자甯惠子가 죽고, 26년(B.C. 547)에 위 헌공이 본국에 돌아오기를 요구하면서 영희甯喜에게 말하기를 "만약 돌아가면 정사는 영씨甯氏에게 맡기고 제사만 내가 맡겠다"고 하였다. [오직 宗廟의 祭祀만 主宰한다.] 영희가 이 말을 거백옥蘧伯玉에게 고하니, 거백옥이 말하기를 "나(瑗: 蘧伯玉의 이름)는 임금의 출국도 듣지 못했는데, 감히 그 입국을 듣겠습니까?" 하고는 드디어 떠나갔다. 2월에 영희는 손씨孫氏(孫文子의 一家)를 쳐서 이기고, 자숙子叔을 죽였다. [《春秋經》에 "그 君主 剽를 弑害하였다"라고 썼다.] (2월) 갑오일甲午日에 위후衛侯 간衎(獻公의 이름)은 다시 위나라로 돌아왔다.

○살펴보건대, 주자는 (거백옥의) 이런 면을 가지고 '권이회지卷而懷之'라고 했지만, 다만 이 한 일로는 그 사람을 알 수 없다. [王應麟은 이르기를 "《論語集註》의 甯殖은 마땅히 甯喜가 되어야 한다"라 하였다.[10]]

○낙목정:[11] 상상컨대, 거백옥蘧伯玉이 이때에는 아직 권회卷懷를 하지 아니하였으니, 곧 '가可'란 한 글자는 공자가 거백옥을 풍자한 뜻이다.

○반박: 아니다.

子曰: "可與言而不與之言, 失人; 不可與言而與之言, 失言. 知者不失人, 亦不失言."

補曰 '可與言', 謂可與言吾道, 引而進之.
○補曰 美質不入道, 則失人. 忠告不見用, 則失言.
邢曰: "若中人以上, 可以語上, 是可與言, 而不與言, 是失於彼人也. 若中人以下, 不可以語上, 而己與之言, 則失於己言也. 惟知者明於事, 二者俱不失."
○案 此說精.

子曰: "志士仁人, 無求生以害仁, 有殺身以成仁①."

補曰 志士, 志道之士. 仁人, 仁心之人.【蔡云: "志士, 利仁者也. 仁人, 安仁者也."】

---

① 仁: 新朝本에는 '人'으로 되어 있으나 奎章本과《論語》〈衛靈公〉편의 經文에 따라 바로잡는다.
1) 蔡淸,《四書蒙引》卷8에 나온다.

공자는 말하기를 "더불어 말할 만한데 더불어 말하지 않으면 사람을 잃고, 더불어 말할 만하지 못한데 더불어 말하면 말을 잃는다. 지혜로운 자는 사람을 잃지 않고, 또한 말도 잃지 않는다."라고 하였다.

○보충: '더불어 말할 만하다(可與言)'란 함께 우리의 도道를 말하여 그를 끌어서 도에 나아가게 할 수 있음을 이른다.
○보충: 아름다운 바탕(質)인데 도道에 들어가게 하지 못하면 사람을 잃는 것이고, 충고하는데 받아들여지지 않으면 말을 잃는 것이다.
○형병: 만약 중인中人 이상이면 정도 높은 것을 말할 수 있으니, 이러한 이와는 더불어 말할 만한데 더불어 말하지 않으면 이는 그 사람을 잃는 것이다. 만약 중인 이하이면 정도 높은 것을 말할 수 없는데, 그러한 사람과 더불어 말을 한다면 이는 자신의 말을 잃는 것이다. 오직 지혜로운 자는 (실인失人과 실언失言) 두 가지를 모두 잃지 않는다.
○살펴보건대, 이 설은 정밀하다.

공자는 말하기를 "지사志士와 인인仁人은 살기를 구하느라고 인仁을 해침이 없고, 몸을 죽여서 인仁을 이룸은 있다."라고 하였다.

○보충: 지사는 도에 뜻을 둔 선비이고, 인인仁人은 인仁한 마음이 있는 사람이다. [蔡淸은 이르기를 "志士는 仁을 이롭게 여기는 사람이고, 仁人은 仁에 편안한 사람이다"라고 하였다.[1)]]

○補曰 仁者, 人倫之至也. 不以小體傷大體, 故無害仁, 有殺身.
孔曰: "無求生以害仁, 死而後成仁, 則志士仁人, 不愛其身也."

子貢問爲仁. 子曰: "工欲善其事, 必先利其器. 居是邦也, 事其大夫之賢者, 友其士之仁者."

補曰 '爲仁', 謂安民使被其澤.
○補曰 工, 匠也. 器如木工之斧鋸, 是也.
○朱子曰: "賢以事言, 仁以德言."【邢云: "大夫尊, 故言事. 士卑, 故言友."】
○補曰 大夫少, 故苟賢則取之. 士多, 故必仁乃取之.

---

2) 大體: 小體에 對가 되는 말로, 《孟子》〈告子〉上의 "從其大體爲大人, 從其小體爲小人"에서 나왔다. 朱子의 註에 大體는 心이라 하고, 小體는 耳目之類라 하였다.
1) 《正義》15.

○보충: '인仁'이란 인륜人倫의 지극한 덕이니, 소체小體로써 대체大體를 손상시키지 않기 때문에 인仁을 해치는 일은 없고 몸을 죽이는 일은 있는 것이다.
○공안국: 살기를 구하느라고 인仁을 해침이 없고, 죽은 뒤에 인을 이루니, 지사와 인인은 그 몸을 아끼지 않는다.

자공子貢이 인仁을 실현하는 방법을 물었는데, 공자가 말하기를 "장인匠人이 그 일을 잘하려고 하면, 반드시 먼저 그 연장을 예리하게 해야 한다. (이렇듯이) 이 나라의 어디에 살던 대부大夫 가운데 어진 이를 섬기고, 사士 가운데 인仁한 이를 벗으로 삼아야 한다."라고 하였다.

○보충: '인을 실현한다(爲仁)'는 것은 백성을 편안하게 하여 그 혜택을 입게 하는 것이다.
○보충: 공工은 장인匠人이고, 기器는 목공의 도끼와 톱 같은 연장이다.
○주자: (대부지현자大夫之賢者라 한) 현賢은 일로써 말한 것이고, (사지인자士之仁者라 한) 인仁은 덕으로써 말한 것이다. [邢昺은 이르기를 "大夫는 (地位가) 높기 때문에 섬긴다고 하였고, 士는 (지위가) 낮기 때문에 벗을 삼는다고 말했다"고 하였다.[1]]
○보충: 대부大夫는 수효가 적기 때문에 진실로 어질면 그를 취해 섬기고, 사士는 수효가 많기 때문에 반드시 어질어야 그를 취해 벗으로 삼는다.

○補曰 將安民, 必先有所資, 如百工執利器以治事, 故《中庸》曰:"在下位, 不獲乎上, 民不可得而治矣. 獲乎上有道, 不信乎朋友, 不獲乎上矣."
孔曰:"言工以利器爲用, 人以賢友爲助."
朱子曰:"子貢悅不若己者, 故以是告之."【引《家語》】
○王草堂曰:"子貢悅不若己者, 雖出自《家語》·《說苑》, 然此處並無此意."
○案 王說謬.
邢曰:"大夫言賢, 士言仁, 互文也."
○駁曰 非也.

顔淵問爲邦. 子曰:"行夏之時, 乘殷之輅, 服周之冕, 樂則〈韶舞〉. 放鄭聲, 遠佞人. 鄭聲淫, 佞人殆."

---

2)《孔子家語》卷第4〈六本〉편에 그 말이 있다.
3) 互文: 文章의 두 句節이 서로 相通 相補해서 그 뜻을 확실히 하는 文法이다.
4)《正義》15.

○보충: 장차 백성을 편안하게 하려면 반드시 먼저 그 도와줄 바탕이 있어야 하니, 예를 들면 백공百工이 예리한 연장으로 일을 잘하는 것과 같다. 그러므로 《중용中庸》에 "아래 지위에 있으면서 윗사람에게 신임을 얻지 못하면 백성을 다스릴 수 없다. 윗사람에게 신임을 얻는 방법이 있으니, 붕우에게 믿음을 얻지 못하면 윗사람에게 신임을 얻지 못한다"라고 하였다.
○공안국: 장인匠人은 예리한 공구工具를 연장으로 삼고, 사람은 어진 벗을 친구로 삼는다는 말이다.
○주자: 자공子貢이 자기만 못한 자를 좋아하였다. 그러므로 이것으로써 고하였다. [《孔子家語》의 말을 인용하였다.2)]
○왕초당: 자공이 자기만 못한 자를 좋아하였다는 말은 비록 《공자가어》와 《설원說苑》에 나와 있지만, 여기에서는 전혀 이런 뜻이 없다.
○살펴보건대, 왕초당의 설은 잘못되었다.
○형병: 대부大夫에게 현賢을 말하고, 사士에게 인仁을 말한 것은 호문互文3)이다.4)
○반박: 아니다.

안연顏淵이 나라 다스리는 방법을 물었는데, 공자가 말하기를 "하夏나라의 달력을 쓰고, 은殷나라의 수레를 타고, 주周나라의 면류관을 쓰고, 음악은 소무韶舞를 할 것이다. 정鄭나라 소리를 물리치고, 아첨하는 사람을 멀리할 것이니, 정나라 소리는 음란하고, 아첨하는 사람은 위태롭다."라고 하였다.

補曰 爲邦, 猶言治國. 顔子蓋問王國.【《詩》云: "邦畿千里."】

○朱子曰: "夏時, 以斗柄初昏建寅之月爲歲首."

○補曰 路·輅通, 天子諸侯大車之名, 殷人之所叔也.《周禮》五輅, 即其遺也.

○朱子曰: "周冕有五, 祭服之冠也. 冠上有覆, 前後有旒."

○補曰 古者服以冠名.【如爵弁服·皮弁服】服周之冕, 則衣在其中, 曰袞曰鷩曰毳曰絺曰玄,【見〈春官·司服〉】皆所用也.

○何曰: "〈韶〉, 舜樂也. 盡善盡美, 故取之."

○補曰 正朔·車·服, 取於三代, 樂則所取超於三代之上, 故別言 '樂則〈韶舞〉'.

○補曰 放, 猶屛也.【《書》云: "放驩兜."】鄭聲, 鄭人之俗樂也, 其聲姦濫, 繼之以侏儒雜戱.【見〈樂記〉】

○朱子曰: "佞人, 卑諂辨給之人. 殆, 危也."

---

1)《詩經》〈商頌·玄鳥〉에 나오는 말인데, 邦畿千里는 王都를 중심으로 해서 그 外域의 넓이가 사방 千里에 이르는 天子의 나라를 가리킴.
2) 斗柄: 北斗七星 가운데 자루 쪽의 세 별, 곧 제5·6·7星을 말함. 이 斗柄이 가리키는 方位를 보아 月의 순차를 정한다. 예를 들면 夏曆에서는 寅을 가리키는 月을 正月, 商曆에서는 丑을 正月, 周曆에서는 子를 正月로 하는 類이다.
3) 五輅: 五路라고도 한다.《周禮》〈春官·巾車〉에 나오는 5種의 수레. 玉路·金路·象路·革路·木路.
4) 絺:《周禮》〈春官·司服〉에는 '希'로 되어 있으나, 注에 읽을 때는 치絺로 읽으라고 되어 있고,《三禮圖》에는 '絺'로 되어 있어 수정하지 않고 그대로 두었다.
5) 袞·鷩·毳·絺·玄:《周禮》〈春官·司服〉에 따르면, 袞은 곤룡포로 만든 王의 禮服으로 先王을 享祀할 때 입고, 鷩은 꿩을 그린 王의 禮服으로 先公을 享祀하고 饗射할 때 입고, 毳는 가늘고 부드러운 짐승의 털로 만든 王의 禮服으로 望祭, 곧 四方 山川을 祭할 때 입고, 絺는 가늘게 짠 葛布에 수를 놓은 王의 禮服으로 社稷과 五祀에 祭를 올릴 때 입고, 玄은 여러 小祀에 祭를 올릴 때 王이 입는 禮服으로 옷에 무늬가 없는 것이 특징이다. 이런 예복에는 반드시 여기에 따르는 冕冠이 있다.
6) 車服: 古代 帝王이 功臣에게 下賜하는 수레와 衣服. 品階에 따라 다르다.
7) 驩兜: 傳說의 인물. 堯의 臣의 이름으로 되어 있음.
8) 梅賾의 僞古文에는〈舜典〉의 글로 되어 있으나, 茶山은《尙書古訓》에서〈堯典〉의 글로 보고 있다.

○보충: 위방爲邦은 치국治國이라고 말하는 것과 뜻이 같다. 안자顔子는 대개 왕국王國에 대해 물은 듯하다. [《詩經》에 이르기를 "邦畿千里이다" 라고 하였다.[1)]
○주자: 하나라의 달력은 두병斗柄[2)]이 초저녁에 인방寅方을 가리키는 달을 세수歲首로 삼았다.
○보충: 노로와 노輅는 통용되니, 이는 천자와 제후가 타는 큰 수레의 이름이고, 은殷나라 사람이 창조한 것이다. 《주례周禮》에 나오는 오로五輅[3)]가 바로 그 유제遺制이다.
○주자: 주周나라의 면冕은 다섯 가지가 있으니, 제복祭服의 관冠이다. 관 위에 덮개가 있고 앞뒤로 늘어뜨린 구슬의 술이 있다.
○보충: 옛날에는 의복에 따라 관冠의 이름이 있다. [예를 들면 爵弁을 쓴 禮服과 皮弁을 쓴 禮服 같은 것이다.] 주周나라의 면류관을 쓸 때는 거기에 따르는 예복이 있으니, 곤衮·별鷩·취毳·치絺[4)]·현玄[5)] 등인데, [《周禮》〈春官·司服〉에 나타나 있다.] 여기에 모두 이에 따른 면류관을 쓴다.
○하안: 소韶는 순舜의 음악이다. 진선진미盡善盡美하기 때문에 이를 취한 것이다.

衛靈公下

○보충: 정삭正朔과 거복車服[6)]은 삼대三代에서 취하였으나, 음악은 취한 바가 삼대 이전으로 뛰어 올라갔기에 특별히 '악즉소무樂則韶舞'라고 말한 것이다.
○보충: 방放은 물리친다(屛)와 같은 뜻이다. [《尙書》에 이르기를 "驩兜[7)]를 물리치다"라고 하였다.[8)]] 정나라 소리(鄭聲)는 정나라 사람들의 속악俗樂이니, 그 (음곡) 소리는 간사하고 음란한데, 여기에다 (예인藝人 노릇하는) 난쟁이의 잡희雜戲를 이어 더해 놓았다. [《禮記》〈樂記〉에 나타나 있다.]
○주자: 영인佞人은 아첨 잘하고 말재주 부리는 사람이고, 태殆는 위태로운 것이다.

○案 此言爲邦之道. 凡禮樂文物, 皆當通執四代, 取其所長, 姑擧四事以語之.【非四者之外, 更無他事】

朱子曰: "顏子王佐之才, 故問治天下之道, 曰'爲邦'者, 謙辭."

○純曰: "周自文·武至是, 五百餘歲. 若有王者起, 何以經綸? 然此事當爲時王諱, 不宜正言, 故以爲邦爲問也."

○案 古者天子亦只一國, 故曰'邦畿千里, 惟民所止', 則爲邦通大小也. 然顏淵但問爲邦, 而夫子告之以王道, 盖許顏子以王佐也.

何曰: "據見萬物之生, 以爲四時之始, 取其易知."

○案 周正以分至爲四時之始, 夏正以啓閉爲四時之始, 而分至居其中焉, 皆有所據, 而殷正兩無所當, 故先儒疑之.▶

---

9) 太宰純,《論語古訓外傳》15-10b~11a.
10)《詩經》〈商頌·玄鳥〉에 나온다.
11) '行夏之時'에 대한 何晏의 註釋이다.
12) 分至: 分은 春分·秋分이고, 至는 夏至·冬至이다.
13) 啓閉: 啓는 立春·立夏이고, 閉는 立秋·立冬이다.

○살펴보건대, 이 경문은 나라 다스리는 도를 말한 것이다. 무릇 예악禮樂 문물文物은 모두 마땅히 사대四代의 것을 통틀어 그 가운데 좋은 것만 취해야 하지만, 우선 네 가지 일을 들어서 말한 것이다. [네 가지 밖에 또 다른 일이 없는 것은 아니다.]

○주자: 안자顔子는 왕자王者를 보좌할 만한 재목이다. 그러므로 천하를 다스리는 도를 물었는데, '위방爲邦'이라 한 것은 겸사謙辭이다.

○태재순: 주周나라는 문왕文王·무왕武王으로부터 이 당시에 이르기까지 500여 년이다. 만약 (왕도王道를 실현할) 왕자王者가 나온다면 천하를 어떻게 경륜經綸할 수 있겠는가? 그러나 이 일은 마땅히 당시의 왕을 위해서는 기피하고 바른 말을 해서는 안 되기 때문에 '위방爲邦'이란 말로써 물은 것이다.[9]

○살펴보건대, 옛날에 천자도 또한 다만 나라는 하나뿐이기 때문에 "나라의 기내畿內 천 리여, 백성들이 멈추어 사는 곳이다"[10]라 하였으니, '위방爲邦'이란 말은 나라의 크고 작은 것에 공통적으로 다 쓰는 말이다. 그러나 안연이 다만 나라 다스리는 것(爲邦)을 물었는데, 공자는 그에게 왕도王道로써 말하였으니, 이는 대개 안자에게 왕자王者를 보좌할 재목임을 인정한 듯하다.

○하안: 만물의 생성을 보고서 사시四時의 시작으로 삼은 것에 근거하였으니, 이는 그 알기 쉬운 것을 취한 것이다.[11]

○살펴보건대, 주周나라의 역曆은 분지分至[12]를 사시四時의 시작으로 삼고, 하夏나라의 역은 계폐啓閉[13]를 사시의 시작으로 삼고 분지分至를 그 중간에 두었으니, 이는 모두 그 근거한 바가 있다. 그러나 은殷나라의 역은 이 둘에 해당되는 바가 없기 때문에 선유先儒들이 이를 의심한 것이다.▶

◀原夫三正之說, 昉於〈甘誓〉,【馬融云: "建子·建丑·建寅, 即三正也."】○見陸氏《釋文》而〈甘誓〉所言三正, 必非子·丑·寅之說.【見《書說》】魏了翁《正朔考》, 專斥三正之說, 謂周時未嘗廢殷正. 然《左傳》昭十七年, 魯 梓愼之言曰: "火出,【謂心星昏見】於夏爲三月, 於商爲四月, 於周爲五月." 則不但周正有徵, 亦商正有據矣.【梅氏《尚書》不足憑】總之, 日晷消長, 以冬至爲始終, 周正亦好, 然萬物之生, 以啓閉爲節, 此其所以取夏正也.

質疑《集註》曰: "天開於子, 地闢於丑, 人生於寅, 故夏以寅爲人正, 商以丑爲地正, 周以子爲天正也."【《永樂大全》引邵子《皇極經世書》】

○案 天·地·人三正之說, 必非秦以前所得有者. 何則? 苟惟三正爲法, 則秦以亥月爲歲首, 有是理乎? 原夫改正之法, 起於殷·周. 誠以五帝禪受, 故典禮相因, 殷·周革命, 故法令欲新, 改正朔易服色, 以之新天下之耳目而已, 天地人·子丑寅, 豈夢想之所到哉?▶

---

14) 三正: 夏正·殷正·周正을 가리킴. 夏·殷·周 三代의 曆.
15) 建子·建丑·建寅: 北斗星의 斗柄이 초저녁에 子의 方位를 가리키는 것을 建子라 하고, 丑의 方位를 가리키는 것을 建丑이라 하고, 寅의 方位를 가리키는 것을 建寅이라 한다. 周는 建子의 달을 正月로 하고, 殷은 建丑의 달을 正月로 하고, 夏는 建寅의 달을 正月로 하였다.
16) 陸德明,《經典釋文》卷第3〈古文尙書音義〉上,〈甘誓〉제2에 나온다.
17)《書說》: 茶山의《尙書古訓》을 가리키는 듯하다.
18) 梓愼: 春秋時代 魯의 大夫. 數術家.
19) 大火: 星名. 28宿 가운데 心宿가 되는 大赤星. 心星 또는 火星이라고도 한다.
20)《左傳》昭公 17년조에 나온다.
21) 子에서 열리고: 子에서 시작한다는 말이다. 이것은 邵康節의《皇極經世書》의〈元會運世〉의 說에 바탕을 둔 것이다.
22) 人正: 正은 曆을 말함. 中國 古代에 正月을 定하는 방법에 세 가지가 있었는데, 子月을 사용하여 正月로 한 것을 天正, 丑月을 사용하여 正月로 한 것을 地正, 寅月을 사용하여 正月로 한 것을 人正이라 함.
23)《論語集註大全》卷15〈衛靈公〉제15 小註에 朱子가 인용한 邵康節의《皇極經世書》의 글을 가리킴.

◀원래 저 삼정설三正說[14]은 《상서》〈감서甘誓〉에서 비롯되었는데, [馬融은 이르기를 "建子·建丑·建寅[15]이 三正이다"라 하였다. 陸德明의 《經典釋文》에 나타나 있다.[16]] 〈감서〉에서 말한 바의 삼정三正은 반드시 자子·축丑·인寅의 설이 아니다. [나의 《書說》[17]에 나타나 있다.] 위료옹魏了翁의 《정삭고正朔考》에서는 오로지 삼정설을 배척하여, "주나라 때도 일찍이 은정殷正을 폐하지 않았다"고 하였다. 그러나 《좌전》 소공昭公 17년(B.C. 525)에 노魯나라 재신梓慎[18]의 말에, "대화大火[19]가 나타나는 것이 [心星이 초저녁에 나타나는 것을 말한다.] 하夏나라 때에는 3월, 상商나라 때에는 4월, 주周나라 때에는 5월이다"[20]라 하였으니, 이는 주정周正에도 징험이 될 뿐만 아니라, 또한 상정商正에도 증거가 된다. [梅賾의 《尙書》는 信憑할 수 없다.] 종합하건대, 해 그림자의 소장消長은 동지冬至로써 시종始終을 삼으니, 주나라의 달력(周正)도 또한 좋은 것이다. 그러나 만물의 생성은 계폐啓閉로써 (사시의) 절기로 삼으니, 이 때문에 하정夏正을 취한 것이다.

【질의】《논어집주》: 천天은 자子에서 열리고,[21] 지地는 축丑에서 열리며, 인人은 인寅에서 생겼다. 그러므로 하나라는 인寅을 가지고서 인정人正[22]으로 하고, 상나라는 축丑을 가지고서 지정地正으로 하고, 주나라는 자子를 가지고서 천정天正으로 하였다. [《永樂大全》에서는 邵子(邵雍)의 《皇極經世書》를 인용하였다.[23]]

○살펴보건대, 천지인天地人의 삼정설三正說은 반드시 선진先秦 시대에는 없었던 것이다. 왜냐하면 만약 오직 삼정三正으로 역법曆法을 삼았다면, 진秦나라가 해월亥月을 세수歲首로 삼았을 리가 있겠는가? 원래 저 개정改正 역법은 은殷·주周 시대에 일어났던 것이다. 오제五帝 시대에는 (왕위를) 선수禪受하였기 때문에 전례典禮가 서로 인습因襲이 되었고, 은·주는 혁명을 하였기 때문에 법령을 새롭게 하고자 하여 정삭正朔을 고치고 복색服色을 바꾸어 이로써 천하의 이목을 새롭게 하였을 뿐이니, 천지인天地人과 자축인子丑寅을 관련시키는 것을 어찌 꿈엔들 생각이 이르렀겠는가?▶

衛靈公下

◂子丑·甲乙, 本以紀日, 自漢 武帝太初曆以後, 以之紀年而已. 至劉向·劉歆, 作三統之說, 始以子·丑紀月, 班固取之, 以爲〈律曆志〉, 其言曰: "黃鍾子爲天正, 林鍾丑爲地正, 太蔟寅爲人正." 遂以周·殷·夏三正, 配之於天·地·人三才, 爲東漢讖緯邪說之淵藪. 其在先秦古文, 絶無證據, 不惟無據, 反以夏正爲天正, 故《春秋傳》梓愼之說, 歷言三正, 而明云 '夏數得天', 杜預亦注之曰: "天正."【昭十七】不惟是也. 董仲舒《春秋繁露》, 有黑統·白統·赤統之說,【此亦夏·殷·周三統】而黑統建寅, 謂之天統, 則西京以上, 無以周正爲天正者矣.《漢書》〈谷永傳〉, 雖有三統·三正之說, 不配三才.《史記》〈曆書〉, 亦但云 '三王之正, 循環反本而已'. 其說之起於劉向, 不旣明乎? 邵子謂: "天開於子, 地闢於丑, 人生於寅." 其說原以〈律曆志〉爲本. 然周濂溪《太極圖》, 左離右坎, 陰陽相半, 明太極者, 天地之胚胎也.▸

---

24) 黃鍾子: 黃鍾은 音律의 이름. 12律의 하나. 6律 6呂의 基本이 되는 音. 12支의 子에 配定하고, 夏曆의 11월에 배정함.
25) 林鍾丑: 林鍾은 音律의 이름. 12律의 기본이 되는 黃鍾에서 8번째의 律. 6呂의 하나. 12支의 丑에 배정하고, 夏曆의 12월에 배정함.
26) 太蔟寅: 太蔟은 音律의 이름. 12律의 기본이 되는 黃鍾에서 3번째의 律. 6律의 하나. 12支의 寅에 배정하고, 夏曆의 正月에 배정함.
27)《漢書》卷21上〈律曆志〉제1上에 나온다.
28) 谷永: 前漢 사람. 谷吉의 子. 字는 子雲, 本名은 並이다. 京氏易에 精通하였으며, 官은 北地太守·大司農. (《前漢書》卷85 참조.)
29) 三王의 正: 夏正·殷正·周正을 말함.

◀자축子丑이니 갑을甲乙이니 하는 것은 본래 날짜를 기록하는 데에 사용하던 것인데, 한漢나라 무제武帝 태초력太初曆 이후부터 이것으로써 해(年)를 기록하는 데에 사용하였다. 유향劉向·유흠劉歆에 와서 삼통설三統說을 만들어 비로소 자축子丑을 가지고서 달(月)을 기록하고, 반고班固는 이를 취하여 〈율력지律曆志〉를 만들었는데, 그 말에 "황종자黃鐘子[24]는 천정天正이 되고, 임종축林鐘丑[25]은 지정地正이 되며, 태족인太簇寅[26]은 인정人正이 된다"[27]라고 하여, 드디어 주周·은殷·하夏 삼정三正을 천天·지地·인人 삼재三才에 배합시켜 동한東漢(後漢)의 참위사설讖緯邪說의 연원이 되었다. 선진시대의 고문古文에서는 전혀 (이런 것에 대해 언급한) 증거가 없고, 그뿐만 아니라 도리어 하정夏正을 천정天正으로 삼았다. 그러므로 《춘추전春秋傳》의 재신梓愼의 말에 여러 번 삼정三正을 말하였으나, 분명히 "하夏나라에서 산정算定한 것이 천문天文의 바름을 얻었다"고 하였고, 두예杜預도 또한 이에 주注를 하여 "천정天正이다"라 하였다. [《左傳》昭公 17년조에 나온다.] 이뿐만 아니라 동중서董仲舒의 《춘추번로春秋繁露》에도 흑통黑統·백통白統·적통赤統의 설이 있는데, [이것도 역시 夏·殷·周 三統이다.] 흑통은 건인建寅으로서 이를 천통이라고 이르렀으니, 서경西京(前漢) 시대 이전에는 주정周正을 천정天正으로 삼은 일이 없었다. 《한서漢書》〈곡영전谷永傳〉[28]에는 비록 삼통三統·삼정三正의 설이 있으나 삼재三才에 배합시키지 않았고, 《사기》〈역서曆書〉에도 또한 다만 "삼왕三王의 정正[29]은 순환하여 근본으로 돌아갈 뿐이다"라고만 말하였으니, 삼통설이 유향劉向에서 시작되었음은 이미 분명하지 아니한가? 소강절邵康節은 "천天은 자子에서 열리고, 지地는 축丑에서 열리며, 인人은 인寅에서 생겼다"고 하였으니, 이 설은 원래 《한서》〈율력지律曆志〉를 근본으로 한 것이다. 그러나 주렴계周濂溪의 《태극도太極圖》는 왼쪽에 이離(☲, 火를 상징)가 있고 오른쪽에 감坎(☵, 水를 상징)이 있어 음양이 서로 절반으로 되어 있으니, 이는 태극太極이란 것이 천지의 배태胚胎임을 밝힌 것이다.▶

◀太極一變, 輕淸者上而爲天, 重濁者下而爲地, 則上蒼下黃, 一時俱成, 安得穹然獨存一萬八百年, 隤然者乃形乎? 造物者就太極之中, 旣取其輕淸者, 以爲天, 而地闢之期, 猶隔一萬八百年, 卽一萬八百年之間, 其重濁渣滓, 將置之何處? 其將別貯靑天之外, 以待丑會之初, 而納之天中乎? 此等事理, 少一推究, 可悟其誕, 而朱子特以濂·洛先輩之故, 不棄其說. 然其渺茫, 與增劫減劫之說, 相去未遠, 非後學之所宜言也.

引證 《孔叢子》云: "縣子問子思曰, '顔回問爲邦. 夫子曰, {行夏之時.} 若是, 殷·周異正, 爲非乎?' 子思曰, '夏數得天, 堯·舜之所同也. 殷·周之王, 征伐革命, 以應乎天, 因改正朔, 若云天時之改耳, 故不相因也. 夫受禪於人者則襲其統, 受命於天者則革之, 所以神其事, 如天之變然也. 三統之義, 夏得其正, 是以夫子云.'" 【〈雜訓〉篇】

---

30) 茶山은 太極을 朱子처럼 精神的인 理로 보지 않고, 天地를 胚胎하는 始元으로서 物質的인 것으로 보았다.
31) 濂洛先輩: 宋代 濂溪와 洛陽에 살던 學者들. 곧 周惇頤·邵雍·司馬光·程顥·程頤·張載 등 濂洛六君子를 가리키는 것이라 하겠으나, 여기서는 邵雍을 가리키는 듯하다.
32) 劫: 佛經에서 쓰는 말인데, 보통의 年月日時가 아닌 긴 一世(長時)를 말함.

◂태극이 한 번 변하여 그 가볍고 밝은 것은 상승하여 천天이 되고, 무겁고 탁한 것은 하강하여 지地가 되었으니, 이는 위로 푸른 하늘과 아래로 누런 땅이 일시에 모두 이루어진 것이다.[30] (그런데) 어떻게 하늘이 높다랗게 1만 8백 년을 홀로 존재하다가 거기에서 떨어진 것이 땅을 형성하였겠는가? 조물자造物者는 태극 가운데 가볍고 맑은 것을 취하여 하늘을 만들었는데, 땅이 열린 시기까지는 오히려 그 거리가 1만 8백 년이라니, 그렇다면 1만 8백 년 동안 그 무겁고 탁한 찌꺼기를 어디에다 두었단 말인가? 그 찌꺼기를 따로 푸른 하늘 밖에 저장했다가 축회丑會가 될 때를 기다려 하늘 가운데로 내놓았다는 말인가? 이러한 것들의 사리는 사소한 하나의 것도 추구하면 허황함을 깨달을 수 있는데, 주자는 다만 염락선배濂洛先輩[31]들과의 인연 때문에 그 설을 버리지 못하였다. 그러나 그 설은 묘망渺茫하여 겁劫[32]을 더하고 줄이는 설과 서로 거리가 멀지 않으니, 후학後學으로서는 마땅히 말할 바가 아니다.

【인증】《공총자》: 현자縣子가 자사子思에게 묻기를 "안회顔回가 나라 다스리는 방법을 묻자, 공자는 '하夏나라의 달력을 쓰라'고 하였다. 이와 같다면 은殷·주周는 (하와) 정삭正朔을 달리하였으니, 이는 잘못된 것인가?" 하니, 자사가 말하기를 "하나라에서 역曆을 산정한 것이 천문天文의 이치에 들어맞으며, 이는 요堯·순舜과 같은 것이다. (그러나) 은·주의 왕은 정벌과 혁명으로 천명에 응하고 인해서 정삭을 고쳤으니, 이는 천시天時를 고쳤다고 말하는 것과 같을 뿐이다. 그러므로 서로 (다른 왕조의 것을) 인습하지 않았다. 대저 사람에게 왕위를 선양禪讓 받은 자는 그 전통을 답습하고, 천명을 받은 자는 제도를 개혁하여, 그 일을 신비롭게 여기기를 마치 하늘이 변화시킨 것처럼 그렇게 한다. 삼통三統의 뜻은 하나라의 역력이 그 바름(正)을 얻었으니, 이 때문에 공자가 그렇게 언급한 것이다"라고 하였다. [〈雜訓〉편에 나온다.]

○案 《孔叢子》僞書, 然其所言則極是.

馬曰: "殷車曰大輅. 《左傳》曰, '大輅越席, 昭其儉也.'"【桓二年】

○邢曰: "殷車曰大輅, 謂木輅也. 取其儉素, 故使乘之."

○又曰: "〈明堂位〉曰, '大輅, 殷輅也.' 鄭註云 '大輅, 木輅也. 漢祭天, 乘殷之路, 今謂之桑根車'者, 是也."【路, 大也. 君之所在, 以大爲號, 門曰路門, 寢曰路寢, 車曰路車】

○朱子曰: "商輅, 木輅也. 輅者, 大車之名. 古者以木爲車而已, 至商而有輅之名, 蓋始異其制也. 周人飾以金玉, 則過侈而易敗, 不若商輅之朴素渾堅, 而等威已辨, 爲質而得其中也."

○案 周冕有五, 而孔子盡用之, 獨於殷輅, 但用其一, 有是理乎?

---

① 使: 新朝本·奎章本에는 빠져 있으나 《論語注疏》 卷15 〈衛靈公〉에 따라 보충한다.
33) 越席: 풀로 엮어 만든 명석.
34) 《正義》 15.
35) 同上.
36) 同上.
37) 等威: 身分과 階級에 맞는 威儀.

○살펴보건대,《공총자》는 위서僞書이다. 그러나 그 말한 바는 지극히 옳다.

○마융: 은나라의 수레를 대로大輅라고 한다.《좌전》에 "대로大輅에는 월석越席[33]을 깔았으니, 이는 검소함을 나타낸 것이다"라고 하였다. [桓公 2년조에 나온다.]

○형병: 은나라의 수레를 대로大輅라 하는데, 이는 (나무로 만든) 목로木輅를 말한다. 이는 그 검소한 것을 취하였으므로 이 수레를 타게 한 것이다.[34]

○또 형병:《예기》〈명당위明堂位〉에 "대로大輅는 은로殷輅이다"라 하였는데, 정현의 주에 "대로는 목로木輅이다. 한漢나라가 하늘에 제사할 때 (사용한 수레로) 은로殷路(殷의 大輅)를 탔는데, 지금 이것을 상근거桑根車라 한다"고 하는 것이 이것이다.[35] [路는 크다는 뜻이다. 임금이 있는 곳에는 무엇이든지 모두 크다는 것으로 부르게 된다. 門을 路門이라 하고, 침소를 路寢이라 하며, 수레를 路車라 한다.[36]]

○주자: 상로商輅(殷나라 輅)는 목로木輅(나무로 만든 輅)이다. 노輅란 큰 수레의 이름이다. 옛날에는 나무로 수레를 만들었을 뿐인데, 상商나라에 와서 노輅라는 이름이 있었으니, 이는 대개 비로소 그 제도를 달리한 것이라고 여겨진다. 주周나라 사람들은 금옥金玉으로써 수레를 꾸몄으니, 이는 지나치게 사치하고 망가지기 쉬워서, 상로商輅가 소박하고 견고하면서도 등위等威[37]가 이미 분별되어 있고, 질質을 위주로 하면서도 그 중용을 얻은 것만 못하다.

○살펴보건대, 주나라의 면冕은 다섯 종류가 있는데, 공자는 ('복주지면服周之冕'을 이 다섯 종류의 면冕에) 모두 적용시켰다. (그런데) 홀로 은殷나라의 수레에는 다만 그 한 가지 종류의 수레만 사용하였을 리가 있겠는가?

◀原夫車服爲物, 所以賞功進秩,【〈虞書〉云: "車服以庸."】以別尊卑, 以表貴賤, 故雖在唐·虞之時, 不得不多其等級. 若但一車, 則'車服以庸', 只可一施, 無以再命而三命矣. 天子之服, 其章十二, 而九·七·五·三, 下至一章, 各有層級, 爲《周禮》五冕服之本, 則車亦然矣. 殷人雖質, 豈得以一輛之車, 通用於上下百神·中外群后乎? 周有五輅,【見〈巾車〉】而木輅最卑, 以供田獵, 以封蕃國. 孔子欲以此輅, 上祭皇天, 下封同姓, 而公·侯·子·男·大夫·卿士, 同乘此輅, 渾雜無別, 亦難乎其爲邦矣.《左傳》曰: "大輅越席."【結蒲以爲席】〈禮器〉曰: "大路繁纓一就."【〈郊特牲〉亦云】〈顧命〉曰: "大輅在賓階."【綴輅在阼階, 先輅在左塾, 次輅在右塾】大輅者, 祭天之車也.▶

---

38)《書經》〈堯典〉에 나온다. 梅賾의 僞古文에는 〈舜典〉에 나오는 말이라 했다.
39) 十二章: 古代 帝王의 衣裳에 그림을 그리거나 수를 놓은 열두 가지 무늬. 日·月·星辰·山·龍·華蟲·宗彝·藻·火·粉米·黼·黻.
40)《周禮》의 다섯 가지 冕服:《周禮》〈春官·司服〉에 나오는 袞冕·鷩冕·毳冕·希冕·玄冕.
41) 蕃國: 周代 九州 밖의 夷服·鎭服·蕃服을 말함. 널리는 外國을 천시하여 오랑캐 또는 蕃國이라 함.
42)《左傳》桓公 2년조에 나온다.
43) 綴輅: 金으로 장식한 수레. 金輅라고도 함.
44) 先輅: 象牙로 장식한 수레. 象輅라고도 함.
45) 次輅: 木質로 아무 장식이 없는 수레. 木輅.
46)《尙書》〈顧命〉에 나오는 말이다.

◁원래 저 거복車服이란 공로 있는 이를 상주고 품계의 진급에 사용하여, [《書經》〈虞書〉에 "거마와 의복을 하사하여 공로를 표창하다"[38]라고 하였다.] 존비尊卑를 분별하고 귀천을 나타내기 때문에, 비록 당唐·우虞 시대에도 그 등급을 많이 두지 않을 수 없었던 것이다. 만약 다만 한 가지 종류의 수레뿐이라면, 거마와 의복을 하사하여 공로를 표창하는 것(車服以庸)이 다만 (등급의 차별도 없이) 똑같이 줄 뿐이고, 재명再命하거나 삼명三命할 수 없을 것이다. 천자의 의복은 그 무늬가 십이장十二章[39]이고, 구장九章·칠장七章·오장五章·삼장三章에서 아래로 일장一章에 이르기까지 각각 등급이 있으니, 이는 《주례》의 다섯 가지 면복冕服[40]의 근본이 되는 것이며, 수레도 역시 그러하다. 은나라 사람들은 비록 (문질文質에서) 질을 위주로 하였으나, 어찌 한 가지 종류의 수레로써 상하上下의 백신百神에게 제사지내고 중외中外의 모든 제후가 타고 다니는 데에 통용될 수 있겠는가? 주나라에는 다섯 종류의 노輅(수레)가 있었는데, [《周禮》〈春官·巾車〉에 나타나 있다.] 목로木輅가 가장 등급이 낮아 사냥할 때 제공하고 번국蕃國[41]을 봉할 때 썼던 것이다. 공자가 이 노輅로써 위로는 황천皇天을 제사하고 아래로는 동성同姓을 봉하며, 공公·후侯·자子·남男·대부大夫·경사卿士가 이 노輅를 함께 타서 혼잡하게 아무 구별이 없게 하고자 하였다면, 또한 나라를 다스리는 데에 어려움이 있었을 것이다. 《좌전》에 "대로大輅는 월석越席 [부들을 엮어서 자리를 만든다.]을 깔았다"[42]라 하였고, 《예기》〈예기禮器〉편에 "대로大路는 번繁(말의 배에 걸치는 띠)과 영纓(말의 가슴에서 안장에 거는 가슴걸이)을 오색의 실로 짠 직물로 하되 한 번 두른다"라 하였고, [〈郊特牲〉에도 또한 그렇게 말하였다.] 《상서尙書》〈고명顧命〉편에 "대로大輅는 빈객이 오르내리는 서쪽 섬돌에 있다"고 하였으니, [綴輅[43]는 主人이 오르내리는 동쪽 섬돌에 있고, 先輅[44]는 左塾(문 왼쪽의 방) 앞에 있으며, 次輅[45]는 右塾(문 오른쪽의 방) 앞에 있다.[46]] 대로大輅란 하늘을 제사지낼 때 타는 수레이다. ▶

◀〈巾車〉五輅之外, 別有此輅, 如〈弁師〉五冕之外, 別有裘冕. 此車此服, 以之祭天, 其制質朴儉素, 如大羹之不致, 故《左傳》·〈禮器〉所言如此, 而杜元凱《左傳》之註, 梅仲眞〈顧命〉之註,【今所謂孔註】皆以大輅爲玉輅. 服虔《左傳》之註,【桓二年】鄭玄〈明堂位〉之註, 皆以大輅爲木輅. 其後沈氏·劉氏, 各宗二家, 紛然聚訟, 誓不相降, 其實四家之說皆非也. 杜氏·梅氏, 謂祭天宜用尊車, 故謂之玉輅; 服氏·鄭氏, 謂祭天宜用質車, 故謂之木輅. 然《周禮》〈巾車〉明云 '玉路繁纓十有再就', 則玉輅非大輅也.【大輅則一就】又云 '木路以田, 以封蕃國', 則木輅非大輅也.【大輅則祭天】玉輅·木輅之外, 別有大輅, 不旣明乎?〈明堂位〉雖以大路爲殷路, 大輅又是五輅之總名,▶

---

47) 五輅: 玉輅·金輅·象輅·革輅·木輅.
48) 裘冕: 帝王의 盛服으로서 古代 郊祀에 사용하였다.
49) 大羹: 다섯 가지 양념을 넣지 않은 국. 제사에 쓰는 국이다. 鄭玄은 "大羹, 不致五味也" 라 하였다.
50) 服虔: 後漢 때의 經學者. 河南省 滎陽人. 字는 子愼. 初名은 重 또는 祇이며, 뒤에 改名한 것이 虔이다. 官은 靈帝 때 九江太守를 지냈으며, 저술로는 《春秋左氏傳解》가 있다. 服虔은 鄭玄과 동시대 사람인데, 鄭玄이 《春秋》의 주석을 완성하지 못하고 고심하고 있을 때 우연히 旅宿에서 服虔을 만났는데, 그가 〈左氏傳〉에 注를 낼 의도가 있음을 다른 사람에게 말하는 것을 들으니 많은 점에서 자신의 의견과 일치하므로, 그 未完成인 자신의 註解를 服虔에게 주어 이것이 토대가 되어 《服氏注》가 완성되었다고 함.
51) 《左傳》桓公 2년조에 나오는 "大輅越席"에 대한 服虔의 注를 가리킴.
52) 沈氏와 劉氏: 沈氏는 《春秋義記》를 저술한 南北朝時代 南朝 陳나라의 沈文阿인 듯하며, 劉氏는 《春秋述義》를 저술한 隋의 劉炫 一家를 가리키는 듯하나 未詳.

◀《주례》〈건거巾車〉에 나오는 오로五輅[47] 이외에 따로 이 대로大輅가 있는 것이, 마치《주례》〈변사弁師〉에 나오는 오면五冕 이외에 따로 구면裘冕[48]이 있는 것과 같다. (제왕이 대로大輅라는) 이 수레와 (구면裘冕이라는) 이 의관으로써 하늘에 제사를 지내니, 그 제도가 질박하고 검소한 것이 마치 조미료를 사용하지 않고 제사에 쓰는 대갱大羹[49]과 같다. 그러므로《좌전》과〈예기禮器〉에서 말한 바가 이와 같은데, 두원개杜元凱(元凱는 杜預의 字)의《좌전》주註와 매중진梅仲眞(仲眞은 梅賾의 字)의〈고명顧命〉편의 주 [지금 이른바 孔安國의 注라는 것이다.] 에서는 모두 대로大輅를 옥로玉輅라 하고, 복건服虔[50]의《좌전》주 [桓公 2년이다.[51]] 와 정현의《예기》〈명당위明堂位〉주에는 모두 대로를 목로木輅라 하고, 그 뒤에 심씨沈氏와 유씨劉氏[52]는 각각 이가 二家를 종宗으로 삼아 분분하게 시비하여 맹세코 서로 굽히지 않았으나, 사실은 이 사가四家의 설이 모두 잘못된 것이다. 두예와 매색은 제천祭天에는 마땅히 존귀한 수레를 사용해야 한다고 여겼기 때문에 옥로玉輅라 하였고, 복건과 정현은 제천에는 마땅히 (꾸밈 없는) 질질質을 위주로 하는 수레를 사용해야 한다고 여겼기 때문에 목로木輅라 하였다. 그러나《주례》〈건거巾車〉에 분명히 "옥로玉輅는 번繁(말의 배에 걸치는 띠)과 영纓(말의 가슴에서 안장에 거는 가슴걸이)을 오색의 실로 짠 직물로 하되 열두 번 두른다"고 하였으니, 옥로는 대로大輅가 아니고, [大輅는 한 번 두른다.] 또 (〈건거〉)에 "목로木輅는 사냥할 때 쓰며 번국蕃國을 봉할 때 쓴다"고 하였으니, 목로는 대로가 아니다. [大輅는 祭天 때 쓴다.] (그러니) 옥로와 목로 이외에 따로 대로가 있었다는 것이 이미 분명하지 아니한가?《예기》〈명당위〉편에서는 비록 대로大路를 은로殷路라 했더라도 대로大輅는 또 이것이 다섯 가지 수레(五輅)의 총칭이다.▶

◂故《春秋傳》僖二十八年, 王賜晉 文公以大路之服. 定四年, 祝鮀言先王分魯·衛·晉以大路.【二注皆以爲金輅, 蓋以《周禮》以金輅封同姓故也】襄十九年, 王賜鄭 子蟜以大路. 二十四年, 王賜叔孫豹以大路.【二注皆云大輅, 天子所賜車之總名】所謂大路, 明非祭天之車,【祭天之車, 不可賜侯國】則〈明堂位〉之大路, 亦安知非金輅之類耶? 總之, 五路者, 一曰玉路, 二曰金路, 三曰象路, 四曰革路, 五曰木路.【〈巾車〉文】孔子旣欲乘殷之輅, 則周公胡獨棄之?《周禮》五路, 恐是殷輅. 所謂周因於殷禮也, 孰謂《周禮》所載, 皆周公之所新剏乎? 若云孔子所取, 皆周公之所棄, 則《周禮》六樂, 何有〈韶舞〉?

○又按〈明堂位〉曰: "鸞車, 有虞氏之路也. 鉤車, 夏后氏之路也." 虞·夏之時, 本無輅名, 周人見其形制似輅, 故記之如此耳. 輅者, 殷人剏制, 殷人剏名也. 殷人雖儉, 單作木輅一輛, 以祭上帝, 以祭宗廟, 以封同姓, 以封蕃國, 必無是理.▸

---

53) 大路의 服: 大路의 수레와 말과 이에 따르는 禮服 일체를 말함.
54) 《論語》〈爲政〉편에 나오는 말이다.
55) 六樂: 《周禮》〈地官·大司徒〉에 나오는 '六樂'에 대한 鄭玄의 注에 雲門·咸池·大韶·大夏·大濩·大武를 六樂이라 하였다.
56) 鸞車: 말에 鸞鳥의 방울을 단 帝王의 수레.

◂그러므로《춘추전春秋傳》의 희공僖公 28년(B.C. 632)조에 "왕이 진晉 문공文公에게 대로大路의 복服[53]을 하사했다"고 하였고, 정공定公 4년(B.C. 506)조에 "축타祝鮀는 선왕이 노魯·위衛·진晉나라에 대로大路를 나누어주었음을 말했다"고 하였고, [여기 두 注는 (大路를) 모두 金輅라 하였는데, 이는 대개《周禮》에 金輅로써 同姓을 封하기 때문에 그렇게 여긴 듯하다.] 양공襄公 19년(B.C. 554)조에 "왕이 정자교鄭子蟜에게 대로를 하사했다"라 하였고, 24년조에 "왕이 숙손표叔孫豹에게 대로를 하사했다"라 하였다. [여기의 두 注는 (大路를) 모두 大輅라 하였는데, 이는 天子가 하사한 수레의 총칭이다.] 이른바 대로大路는 분명히 제천祭天 때 쓰는 수레는 아니니, [祭天 때의 수레를 侯國에 하사할 수 없다.] 〈명당위〉에 나오는 대로도 또한 금로金輅의 종류가 아님을 어떻게 알 수 있겠는가? 종합하건대, 오로五路란 옥로玉路, 금로金路, 상로象路, 혁로革路, 목로木路이다. [《周禮》〈春官·巾車〉의 글이다.] 공자가 이미 은나라 수레(殷輅)를 타고자 하였다면 주공周公이 어찌 이를 버렸겠는가?《주례》의 오로五路는 아마도 은로殷輅인 듯하다. 이른바 '주나라는 은나라의 예를 인습한 것(周因於殷禮)'[54]이니, 누가《주례》에 수록된 바가 모두 주공이 새로 만든 것이라 할 수 있겠는가? 만약 공자가 취한 바 모두가 주공이 버린 것이라면,《주례》의 육악六樂[55]에 어찌하여 소무韶舞가 있겠는가?
○또 살펴보건대,《예기》〈명당위〉편에 "난거鸞車[56]는 유우씨有虞氏의 수레(路)이고, 구거鉤車는 하후씨夏后氏의 수레이다"라 하였으니, 우虞(舜)·하夏(禹) 시대에는 본래 노輅라는 수레의 이름이 없었고, 주나라 사람들은 (노路의) 그 만들어진 형태가 노輅와 비슷한 것을 보았기 때문에 이렇게 기록했을 뿐이다. 노輅란 은나라 사람들이 창제創制한 것이고, 은나라 사람들이 창명創名한 것이다. 은나라 사람들이 비록 검소했더라도, 목로木輅라는 한 가지 종류의 수레만 만들어 상제上帝에 제사지내고 종묘宗廟에 제사지내는 데에 쓰며, 동성同姓을 봉하고 번국蕃國을 봉하는 데에 썼을 리는 반드시 없을 것이다.▸

◀單一木輅, 又何以辨等威乎? 周公非好奢惡儉之人, 而先儒病周而慕殷, 有若渾融淳朴之氣, 爲周公所斲雕淪敗者然, 恐不可也.〈商頌·烈祖〉之詩曰: "約軧錯衡, 八鸞鶬鶬." 純木其鶬鶬乎?【〈月令〉云: "春乘鸞路, 夏乘朱路, 秋乘戎路, 冬乘玄路, 中央乘大路." 此惟以五色象四時, 非所以辨等威】

包曰: "冕, 禮冠. 周之禮, 文而備, 取其黈纊塞耳, 不任視聽."【邢云: "黈纊, 黃綿也."】

○邢曰: "冕, 俛也. 以其後高前下, 有俛俯之形, 故因名焉. 蓋以在上位者, 失於驕矜, 欲令位彌高而志彌下, 故制此服, 令貴者下賤也. 案今《禮圖》, 袞冕以下, 皆有充耳. 天子以黈纊, 諸侯以靑纊. 以其冕旒垂目, 黈纊塞耳, 欲使無爲淸靜, 以化其民, 故不任視聽也."

---

57) 鶬鶬: 典雅한 소리의 형용.
58)《正義》15.
59)《禮圖》: 阮諶의《三禮圖》같은 것을 가리키는 듯하다.
60) 充耳: 귀막이옥. 瑱.
61)《正義》15.

◀단 한 가지 종류의 목로木輅로써 또 어떻게 등위等威를 판별할 수 있겠는가? 주공周公은 사치를 좋아하고 검소한 것을 싫어하는 사람이 아닌데, 선유들은 주나라를 병폐가 있는 것으로 여기고 은나라를 사모하여, 마치 혼융渾融하고 순박淳朴한 기상이 주공에 의해 깎이고 변한 것처럼 그렇게 보는 경향이 있었으니, 이는 아마도 옳지 않은 듯하다. 《시경》〈상송商頌·열조烈祖〉의 시에 "가죽으로 감아 놓은 수레바퀴와 문채 나는 멍에이며, 8개로 장식된 방울 소리 창창하게 울리네(約軧錯衡, 八鸞鶬鶬)"라고 하였으니, 순박한 나무에 그 소리가 창창鶬鶬[57]하겠는가? [《禮記》〈月令〉편에 "(天子가) 봄에는 鸞路를 타고, 여름에는 朱路를 타고, 가을에는 戎路를 타고, 겨울에는 玄路를 타고, 四時의 中央에는 大路를 탄다"라고 하였다. 이는 오직 五色으로써 四時를 象徵한 것이며, 等威를 분별한 것은 아니다.]

○포함: 면冕은 예관禮冠이다. 주周나라의 예는 문文을 위주로 하여 갖추어진 것이고, (주나라의 면冕은) 주황黈纊으로 귀를 막아 보고 듣는 것을 마음대로 전횡하지 못하게 한다는 데에 그 취지를 취한 것이다. [邢昺은 이르기를 "黈纊은 누런 綿이다"라고 하였다.[58]]

○형병: 면冕은 (구부린다는) 면俛의 뜻이 있다. (면관冕冠은) 그 뒤가 높고 앞이 낮아, 숙여 구부러져 있는 모양이기 때문에 이로 인해서 붙여진 이름이다. 대개 윗자리에 있는 자는 교만한 데에 실수가 있으니, 자위가 더욱 높을수록 그 마음을 더욱 높게 가지게 하려고 하였기 때문에, 이 면복冕服을 제정하여 귀한 자로 하여금 천한 자에게 자신을 낮추도록 한 것이다. 지금의 《예도禮圖》[59]를 살펴보면, 곤면袞冕 이하는 모두 충이充耳[60]가 있다. 천자는 주황黈纊으로써 하고, 제후는 청황靑纊으로써 한다. 면류관의 술은 눈까지 늘어뜨리고, 주황黈纊으로는 귀를 막아 무위청정無爲淸淨으로 그 백성을 교화시키고자 하였기 때문에, (제왕의) 보고 듣는 것을 마음대로 전횡하지 못하게 하였다.[61]

○朱子曰: "黃帝以來, 盖已有之, 而制度儀等, 至周始備."【邢云: "《世本》云, '黃帝作冕.'"】

○案〈士冠禮〉曰: "周弁殷冔夏收."【〈大雅〉云: "常服黼冔."】〈郊特牲〉曰: "周弁殷冔夏收."【三王共皮弁】〈王制〉曰: "有虞氏皇而祭, 夏后氏收而祭, 殷人冔而祭, 周人冕而祭." 明弁冕之制, 叔於周人, 非古制也. 《世本》稱'黃帝作旒冕', 《韓詩外傳》稱'黃帝服黃衣戴黃冕, 致齋於宮, 鳳乃蔽日而至', 皆荒唐矣. 梅賾作〈太甲〉, 忽忘經禮諸文, 稱'伊尹以冕服奉嗣王', 故先儒遂謂冕制自古有之, 謬甚矣. 《漢官儀》曰: "周冕與古冕略等, 周加垂旒, 天子前後垂, 眞白珠十二." 亦不毅之言也. 冕之所以爲冕者, 以有旒也. 旒旣周人叔之, 則古無冕矣.【〈郊特牲〉云: "委貌, 周道也. 章甫, 殷道也. 毋追, 夏后氏之道也." 士冠旣三代不同, 則王公之冠, 亦然矣】且所謂清靜無爲何家之說也?

---

62) 《正義》15.
63) 弁·冔·收: 弁은 周의 冠名이고, 冔는 殷의 冠名이며, 收는 夏의 冠名인데, 齋戒와 祭祀 때 사용함.
64) 皮弁: 白鹿의 가죽으로 만든 冠.
65) 梅賾의 僞古文인 《尚書》〈太甲〉中편에 나온다.
66) 委貌·章甫·毋追: 日常에 사용하는 三代의 冠인데, 모두 緇布로 만들었으나 형태는 각각 달랐다.

○주자: 황제黃帝 이래로 대개 이미 있어 왔지만, 제도와 신분에 맞는 등위等威는 주나라에 와서 비로소 갖추어졌다. [邢昺은 이르기를 《世本》에 '黃帝가 冕을 만들었다'고 했다"라 하였다.[62]]

○살펴보건대, 《의례儀禮》〈사관례士冠禮〉에 "주나라는 변弁을 쓰고, 은나라는 호冔를 쓰고, 하나라는 수收[63]를 썼다"고 하였고, [《詩經》〈大雅·文王〉에 "항상 黼裳을 입고 殷나라 冠인 冔를 쓴다"라고 하였다.] 《예기》〈교특생郊特牲〉에 "주周는 변弁, 은殷은 호冔, 하夏는 수收이다"라 하였으며, [三代의 王은 공통적으로 皮弁[64]을 썼다.] 〈왕제王制〉에 "유우씨有虞氏는 황관皇冠을 쓰고 제사를 지내고, 하후씨夏后氏는 수관收冠을 쓰고 제사를 지내고, 은인殷人은 호관冔冠을 쓰고 제사를 지내고, 주인周人은 면관冕冠을 쓰고 제사를 지냈다"고 하였으니, 분명히 변면弁冕의 제도는 주나라 사람에 의해 처음 만들어졌으며 옛 제도가 아니다. 《세본世本》에는 '황제가 전면旃冕을 만들었다'고 일컫고, 《한시외전韓詩外傳》에는 '황제가 황의黃衣를 입고 황면黃冕을 쓰고서 궁전에서 치재致齋를 하니, 봉황이 이에 햇빛을 가리며 날아왔다'고 일컬었는데, 이는 모두 황당한 말이다. 매색梅賾은 《상서尙書》의 〈태갑太甲〉편을 만들어 홀연히 대강大綱이 되는 예禮의 여러 글을 망각하고, '이윤伊尹이 면복冕服을 가지고 가서 뒤를 이은 임금을 받들다'[65]라고 일컬었기 때문에 선유先儒들이 드디어 면관冕冠의 제도는 예부터 있었다고 말하는데, 이는 매우 잘못된 것이다. 《한관의漢官儀》에 "주면周冕과 고면古冕은 대략은 같으나, 주면은 늘어뜨리는 술을 더하여 천자는 면관의 앞뒤로 늘어뜨린 술이 진백주眞白珠 12개였다"고 하였으니, 이것도 또한 명확하지 않은 말이다. 면관이 면관일 수 있는 까닭은, 앞뒤로 드리운 술(旒) 때문이다. 술은 이미 주나라 사람에 의해 처음 만들어졌으니, (그 이전) 옛날에는 면관이 없었다. [《禮記》〈郊特牲〉에 "委貌는 周의 冠형태이고, 章甫는 殷의 형태이며, 毋追[66]는 夏后氏의 형태이다"라고 하였다. 士의 冠은 이미 三代가 같지 않으니, 王公의 冠도 또한 그러하였던 것이다.] 또 이른바 청정무위淸淨無爲는 어느 가家의 설인가?

衛靈公下

○又按 邢疏備記冕制, 雜引阮諶《三禮圖》·董巴《輿服志》·應劭《漢官儀》·司馬彪《漢書輿服志》·鄭玄〈弁師〉註, 其說甚長, 今姑略之.

高中玄云: "〈韶〉, 象舜之功德而作. 今若用之, 又何象焉? 必思夫致治何以如舜, 而後思作樂何以如〈韶〉, 乃爲得耳."

○案 孔子取〈韶舞〉, 先儒不知所用, 故疑之如此. 然季札適魯而見〈韶〉, 孔子在齊而聞〈韶〉, 明先代之樂, 後代不廢也.《周禮》〈大司樂〉: "以六舞大合樂, 以致鬼神, 以和邦國, 以諧萬民, 以安賓客, 以說遠人, 以作動物. 乃舞〈雲門〉, 以祀天神; 舞〈咸池〉, 以祭地示; 舞〈大磬②〉, 以祀四望; 舞〈大夏〉, 以祭山川; 舞〈大濩〉, 以享先妣; 舞〈大武〉, 以享先祖."【又冬至奏〈雲門〉之舞於圜丘, 夏至奏〈咸池〉之舞於方丘, 奏〈九韶〉之舞於宗廟】先王用樂之法, 斯可知矣.

---

② 磬: 新朝本에는 '馨'으로 되어 있으나 奎章本에 따라 바로잡는다.
67) 阮諶: 晉나라 사람. 저서로《三禮圖》가 있음.
68)《輿服志》: 수레 등 乘物과 冠服의 沿革 및 그 等威에 대한 기록이다.《輿服志》의 대표적인 것이《後漢書》〈志〉제29, 제30으로 되어 있는 司馬彪의〈輿服〉上과〈輿服〉下이다.
69) 應劭: 後漢 汝南人. 字는 仲遠. 博學多聞함. 官은 太山太守. 저술로는《漢官儀》·《禮儀故事》·《風俗通》 등이 있음.
70) 司馬彪: 晉나라 사람. 司馬睦의 長子. 字는 紹統. 官은 秘書丞. 저술로는《莊子注》·《九州春秋》·《續漢書》가 있음.
71) 高中玄: 未詳.
72)《左傳》襄公 29년조에 나온다.
73)《論語》〈述而〉편에 나온다.
74) 六舞: 六代의 舞. 黃帝의 雲門·大卷, 帝堯의 咸池(大咸), 帝舜의 大韶(大磬), 夏의 禹王의 大夏, 殷의 湯王의 大濩, 周의 武王의 大武를 말함.
75) 四望:《周禮》〈春官·大宗伯〉에 나오는 四望을 鄭玄은 注를 하여 五嶽·四鎭·四瀆이라 하였음. 古代 帝王이 天下 山川 가운데 큰 것인 五嶽과 四鎭과 四瀆을 멀리 바라보고 祭를 올리는 望祭의 儀式이 있었음.
76) 圜丘: 帝王이 冬至에 祭天하는 둥근 壇.
77) 九韶: 舜의 樂名. 簫韶는 九曲으로 끝나므로 지은 이름이다.

○또 살펴보건대, 형병의 소疏에는 면관의 제도를 상세히 기록하면서 완침阮諶[67]의《삼례도三禮圖》와 동파董巴의《여복지輿服志》[68]와 응소應劭[69]의《한관의漢官儀》와 사마표司馬彪[70]의《한서漢書》〈여복지輿服志〉와 정현의《주례》〈변사弁師〉의 주注를 이것저것 인용하여 그 설이 매우 길기에 여기에서는 그만 생략한다.

○고중현:[71] 소韶는 순舜임금의 공덕을 상징하여 지은 것이다. 지금 만약 이 음악을 사용한다면 또 무엇을 상징하겠는가? 반드시 어떻게 하면 순임금과 같은 정사를 할 수 있을까를 생각한 뒤, 또 어떻게 하면 소韶와 같은 음악을 지을 수 있을까를 생각하면, 이에 (무엇을 상징하는지) 터득하게 될 것이다.

○살펴보건대, 공자가 소무韶舞를 취한 것에 대해 선유先儒들은 (그 소무가 어디에 쓰였는지) 쓰인 바를 알지 못하였기 때문에 이와 같이 의심하였다. 그러나 계찰季札이 노魯나라에 가서 소韶의 음악을 보았고,[72] 공자가 제齊나라에 있을 때 소의 음악을 들었으니,[73] 분명히 선대先代의 음악이 후대에도 폐해지지 않았던 것이다.《주례》〈대사악大司樂〉에 보면 "육무六舞[74]로써 크게 음악을 합주하여, 이로써 귀신을 이르게 하고 나라를 평화롭게 하며, 만민을 화합하게 하고 빈객을 편안하게 하며, 먼 곳의 사람을 기쁘게 하고 새와 짐승을 춤추게 한다. 운문雲門의 춤을 추어서 천신天神을 제사하고, 함지咸池의 춤을 추어서 지기地示(地神)를 제사하고, 대소大磬의 춤을 추어서 사망四望[75]을 제사하고, 대하大夏의 춤을 추어서 산천을 제사하고, 대호大濩의 춤을 추어서 선비先妣를 제사하고, 대무大武의 춤을 추어서 선조를 향사한다"고 하였으니, [또 冬至에는 圜丘[76]에서 雲門의 춤을 연주하고, 夏至에는 方丘에서 咸池의 춤을 연주하며 宗廟에서 九韶[77]의 춤을 연주한다.] 선왕의 음악 사용법을 여기에서 알 수 있다.▶

◀若使孔子處周公之地, 亦必於時王新樂之外, 備用先代之舞, 而今乃曰 '樂則〈韶舞〉'者,《周禮》六舞, 蓋有未盡叶於聖衷者, 欲於其中, 選其最善者而存之, 取其未盡善者而去之. 然若當其時, 亦未必獨存〈韶舞〉, 今言之如是者, 以〈韶〉爲第一也.

孔曰: "鄭聲·佞人, 亦俱能惑人心, 與雅樂賢人同, 而使人淫亂危殆, 故當放遠之."

○案 孔意謂鄭聲導人主使之荒淫, 佞人亂人國使之危殆, 恐不然也. 愚謂鄭聲自淫, 佞人自殆也. 巧言佞色[3], 鮮矣仁, 不亦殆乎?

質疑 朱子曰: "衛詩三十九, 淫奔之詩, 纔四之一; 鄭詩四十一, 淫奔之詩, 已不啻七之五. 衛猶男悅女之詞, 鄭皆女惑男之語. 衛猶多譏刺懲創之意, 鄭幾蕩然無復羞愧悔悟之萌, 鄭聲之淫, 甚於衛矣. 夫子獨以鄭聲爲戒, 而不及衛, 擧重而言"

---

[3] 佞色: '令色'으로 함이 옳으나 新朝本·奎章本에는 '佞人'에 관한 註釋 때문에 '佞色'으로 되어 있다.

78) 衛詩 39편: 지금의《詩經》에 나오는〈邶風〉19편과〈鄘風〉10편과〈衛風〉10편을 가리킴. 邶와 鄘이 원래 衛國 內에 속해 있었기 때문에 이 三國風을〈衛風〉이라고도 한다.

79)《論語集註大全》卷15〈衛靈公〉제15 小註에 나온다.

◂만약 가령 공자가 주공의 처지에 있었다면, 또한 반드시 그 당시 왕의 새로운 음악 이외에 선대의 춤을 구비하여 사용하였을 것인데, 여기 (경문에서) '음악은 소무를 한다(樂則韶舞)'라고 한 것은 《주례》의 육무六舞가 아마도 성인인 공자의 마음에 흡족하지 않음이 있었던 것으로 보이니, (그래서) 그 가운데 가장 선善한 것을 골라 보존하고, 선을 다하지 못한 것을 취하여 이를 버리고자 하였던 것이다. 그러나 당시에 또한 반드시 유독 소무韶舞만 보존하기로 한 것만은 아닌 듯하다. 여기 (경문에) 이렇게 말한 것은 소韶의 음악을 제일로 삼은 것이다.

○공안국: 정성鄭聲과 영인佞人이 또한 모두 사람의 마음을 현혹하는 것은 아악雅樂과 현인賢人이 사람의 마음을 감동케 하는 것과 같으나, 이는 사람으로 하여금 음란하고 위태롭게 하기 때문에 마땅히 추방하여 이를 멀리해야 한다.

○살펴보건대, 공안국의 생각에 정성鄭聲은 군주를 인도하여 음탕하게 만들고, 영인佞人은 나라를 어지럽혀 위태롭게 만든다고 여기고 있으나, 아마도 그렇지 않은 듯하다. 내 생각에 정성鄭聲은 그 자체가 음란하고, 영인佞人은 그 자체가 위태롭다. 말을 듣기 좋게 꾸미고 낯빛을 보기 좋게 꾸미는 이에게는 인仁한 모습이 드물 것이니, 또한 위태롭지 않겠는가?

【질의】 주자: 위衛나라의 시詩 39편[78]에는 음분시淫奔詩가 겨우 4분의 1인데 반해, 정鄭나라의 시 41편에는 음분시가 이미 7분의 5가 넘는다. 위나라의 시는 오히려 남자가 여자를 기뻐하는 말인데 반해, 정나라의 시는 모두 여자가 남자를 유혹하는 말이다. 위나라의 시는 오히려 풍자하고 징계하는 뜻이 많은데, 정나라의 시는 거의가 탕연蕩然히 아무것도 부끄러워하고 뉘우치는 싹이 없으니, 정성鄭聲의 음란함은 위나라보다도 심하다. 공자는 유독 (경문에서) 정성鄭聲만 경계로 삼고 위나라에 대해서 언급하지 않은 것은, 그 가운데 무거운 것을 들어 말한 것이다.[79]

衛靈公下

○案 鄭·衛有刺淫之詩, 恐非淫詩. 鄭聲者, 鄭之俗樂. 當時原有雅樂·俗樂, 分爲二部, 故梁惠王曰: "寡人非能好先王之樂, 直好世俗之樂." 確分二種, 不相混稱, 鄭風豈鄭聲乎? 魏 文侯問於子夏曰: "吾端冕而聽古樂, 則惟恐臥; 聽鄭·衛之音, 則不知倦." 子夏論鄭·衛之音曰: "今夫新樂,【文侯以鄭·衛之音, 謂之新樂】進俯退俯, 姦聲以濫, 溺而不止, 及優·侏儒, 獶雜子女, 不知父子."【已上, 〈樂記〉文】夫所謂鄭·衛之音, 文侯·子夏一問一答, 明白詳悉, 錄爲禮經, 猶以鄭風當鄭聲, 有是理乎?〈樂記〉又曰: "鄭·衛, 亂世之音也. 桑間 濮上, 亡國之音也." 桑間若是〈桑中〉, 則又豈與衛音, 有亂亡之別乎? 詩三百篇, 皆賢聖所作, 無淫詩也.

---

80)《孟子》〈梁惠王〉下에 나온다.
81) 端冕: 玄衣의 冕服. 祭服의 일종.
82) 古樂: 鄭玄의 注에 先王의 正樂이라고 하였음.
83) 桑間濮上: 음란한 음악의 이름. 또는 亡國의 音.《史記》에 보면 "殷나라 紂王이 淫聲을 좋아하여 樂師인 師延을 시켜 새로운 淫聲을 작곡하게 하여 宴樂에 빠져 있었다. 周의 武王이 혁명하여 紂를 치니, 師延이 樂器를 품고 달아나 濮水에 투신자살하였다. 뒤에 春秋時代에 와서 衛나라 樂師인 師涓이 濮水 주변을 지나다가 밤에 水中에서 음악 소리가 나는 것을 듣고 이를 樂譜에 실어 晉나라 平公에게 연주해 주었는데, 樂師의 名人 師曠이 이 음악은 亡國의 音이며 桑間濮上에서 얻었을 것이다"라고 기록했다. 衛의 濮水 물가에 桑間의 땅이 있음.
84)〈桑中〉:〈桑中〉은〈鄘風〉에 있는 詩인데, 이 詩를《毛傳》과《集傳》에서는 淫奔詩로 분류하였다. 朱子는 특히 桑間濮上의 음악인 桑間이 바로 이〈桑中〉篇이라고 하였으나, 茶山은 이런 견해에 반대하고《詩經》300편의 詩는 모두 聖賢이 지은 詩로서 淫詩는 없다는 견해이다.

○살펴보건대, 정나라와 위나라에 음란함을 풍자한 시가 있었으니, 이는 아마도 음시淫詩는 아닌 듯하다. (경문의) '정성鄭聲'이란 정나라의 속악俗樂이다. 당시에는 원래 아악雅樂과 속악이 있어, 나뉘어 둘로 되어 있었다. 그러므로 양혜왕梁惠王이 말하기를 "과인寡人은 선왕의 음악을 좋아하는 것이 아니라, 다만 세속의 음악을 좋아할 뿐이다"라 하였다.[80] (음악이) 확실히 두 종으로 구분되어 서로 혼칭되지 않았으니, 〈정풍鄭風〉이 어찌 정성鄭聲이겠는가? 위魏 문후文侯가 자하子夏에게 묻기를 "나는 단면端冕[81]의 제복을 입고 고악古樂[82]을 들으면 잠이 와서 눕고 싶을까 두렵고, 정鄭나라와 위衛나라의 음악을 들으면 즐거워 싫증나지 않습니다"라 하니, 자하가 정나라와 위나라의 음악을 논하기를 "지금 저 신악新樂이란 [魏 文侯는 鄭과 衛나라의 음악을 新樂이라 하였다.] 나아갈 때나 물러갈 때나 (무인舞人이) 몸을 굽혀 바르지 않고 간사한 소리는 여색을 유혹하며, 음란한 데에 빠져서 멈출 줄을 모릅니다. 또 광대와 난장이가 원숭이 춤을 추면서 남녀가 뒤섞여 있으며, 아비와 자식의 인륜도 알지 못합니다"라고 하였다. [이상은 《禮記》〈樂器〉의 글이다.] 대저 이른바 정나라와 위나라의 음악은 위 문후와 자하의 일문일답에서 명백하게 상세히 다 말한 것이 《예기》에 기록되어 있는데도 오히려 〈정풍鄭風〉을 정성鄭聲에 해당시키니, 이럴 리가 있겠는가? 〈악기樂器〉에 또 말하기를 "정나라와 위나라의 음악은 난세亂世의 음악이고, 상간복상桑間濮上[83]의 음악은 망국의 음악이다"라고 하였다. (상간복상의 음악인) 상간桑間이 만약 바로 (《시경》〈용풍鄘風〉의) 〈상중桑中〉[84]편이라면, 또 어찌 (상간복상의 음악을) 위나라의 음악과 함께 난세의 음악과 망국의 음악으로 구분함이 있겠는가? 《시경》의 시 300편은 모두 현성賢聖이 만든 것으로 음시淫詩는 없다.

○又按《周禮》〈大司樂〉云: "凡建國, 禁其淫聲·過聲·凶聲·慢聲."【建國, 謂諸侯始封】 '放鄭聲'者, 王者之事也.

子曰: "人無遠慮, 必有近憂."

補曰 遠者, 未來之永久也. 近者, 已到之迫急也.【饒云: "慮不及千百年之遠, 則患在旦夕之近."】
○王曰: "君子當思患而豫防之."【邢云: "此《周易》〈旣濟·象辭〉."】
蘇曰: "人之所履者, 容足之外, 皆爲無用之地, 而不可廢也. 故慮不在千里之外, 則患在几席之下矣."
○案 張氏·蔡氏·饒氏·馮氏之說, 並以時言, 可見宋·元以來, 無一人從蘇義也. 若以地言, 君子所計, 恆在乎近, 而不在乎遠.▶

---

85) 過聲: 지나치게 슬픈 곡조의 음악.
86) 凶聲: 亡國의 불길한 음악.
87) 慢聲: 懶怠 不恭한 음악.
1)《論語集註大全》卷15〈衛靈公〉제15 小註에 나온다.
2)《正義》15.
3) 蔡覺軒: 南宋 建州 建陽人. 字는 仲覺, 名은 模, 覺軒은 그의 號. 蔡沈의 아들. 官은 迪功郎·建陽敎授 등을 역임. 저술로는《易傳集解》·《大學衍說》·《論孟集疏》등이 있다.

○또 살펴보건대,《주례》〈대사악大司樂〉에 "무릇 건국建國하면 음성淫聲·과성過聲[85]·흉성凶聲[86]·만성慢聲[87]을 금한다"고 하였으니, [建國은 諸侯를 처음 封하는 것을 이른다.] '정나라 소리를 물리치다(放鄭聲)'라는 것은 (왕도王道를 행하는) 왕자王者의 일이다.

공자는 말하기를 "사람이 먼 생각이 없으면, 반드시 가까운 근심이 있다."라고 하였다.

○보충: '원遠'이란 (시간적으로) 미래의 영구한 것이고, '근近'이란 (현재) 이미 와 있는 급박한 것이다. [饒雙峯은 이르기를 "생각이 千年 百年의 먼 데에 미쳐 있지 않으면, 근심이 朝夕 사이의 가까운 데에 있는 것이다"라고 하였다.[1]]
○왕숙: 군자는 마땅히 환난을 생각하여 미리 이를 방비해야 한다. [邢昺은 이르기를 "이 말은《周易》〈旣濟·象辭〉의 말이다"라 하였다.[2]]
○소식: 사람이 밟는 땅은 (필요한 것이) 발이 밟는 것을 수용할 만큼의 땅 이외에는 모두 쓸데없는 땅이지만, 버려서는 안 되는 것이다. 그러므로 생각이 천 리 밖에 (멀리) 있지 않으면, 근심이 앉는 자리의 밑에 (가까이) 있을 것이다.
○살펴보건대, 장남헌張南軒·채각헌蔡覺軒[3]·요쌍봉饒雙峯·풍후재馮厚齋의 설은 모두 시간적인 것으로써 말하였고, 송宋·원元 이래로 한 사람도 소식이 주장하는 뜻을 따른 사람이 없음을 볼 수 있다. (그러나 이를) 만약 공간적인 것으로써 말한다면, 군자가 도모할 바는 항상 가까운 데에 있고 먼 데에 있지 않다.▶

衛靈公 下

◂故《易》曰: "君子居其室, 出其言, 善則千里之外應之, 不善則千里之外違之." 《書》曰: "邇可遠." 《詩》云: "刑于寡妻, 以御于家邦." 下篇曰: "吾恐季氏之憂, 不在顓臾, 而在蕭牆之內." 故曰: "近者悅而後遠者懷也." 崇遠慮而忽近憂, 則秦皇·漢武已矣.

鐵鼎石云: "庶人爲一身之計, 貪朝榮必至夕瘁; 侯王爲天下之主, 玩俄頃必至顚危."

子曰: "已矣乎! 吾未見好德如好色者也."

朱子曰: "'已矣乎', 歎其終不得而見之也."
○補曰 德者, 道心之所好也. 色者, 人心之所好也. 道心恆弱, 故難誠. 人心恆熾, 故無僞.【已見〈子罕〉篇】

---

4) 顓臾: 古代의 나라 이름. 魯나라의 附庸國.
5) 《論語》〈子路〉편에는 "近者說, 遠者來"라고 되어 있다.
6) 鐵鼎石: 明 鄧人. 名은 鉉, 鼎石은 그의 字, 諡는 忠襄. 官은 洪武 年間에 兵部尙書.
1) 《論語》〈子罕〉편에 나오는 "吾未見好德如好色者也"에 대한 徐奮鵬의 註를 가리킴.

◀그러므로《역경易經》에 말하기를 "군자가 자기 방에서 무엇을 말하였을 때 그 말이 선하면 천 리 밖에 있는 사람까지도 부응해 오지만, 그 말이 불선하면 천 리 밖에 있는 사람까지도 따르지 않고 떠나가 버린다"라 하였고,《서경書經》에 말하기를 "가까운 데서부터 시작하여 멀리까지 미칠 수 있다"라 하였고,《시경》에 이르기를 "내 아내에게 모범이 되어 집과 나라를 다스리는 데에 미친다"라 하였고,《논어》의 이 하편下篇에 말하기를 "나는 계손季孫의 근심이 전유顓臾⁴⁾에 있지 않고 계손의 담장 안에 있을까 두렵다"라 하였다. 그러므로 "가까이 있는 사람들이 기뻐한 뒤에 멀리 있는 사람들을 품도록 한다"⁵⁾라 하였으니, 먼 생각을 숭상하고 가까운 근심을 소홀히 한 것은 진시황秦始皇과 한漢 무제武帝가 그렇게 하였다. ○철정석:⁶⁾ 서인庶人은 자기의 한 몸을 도모하기 위해 하루아침의 영화를 탐내다가 반드시 저녁에 몸이 말라 여위는 데에 이르고, 후왕侯王은 천하의 주인이 되려다가 순식간에 반드시 넘어져 위태로워지는 데에 이를 것이다.

衛靈公下

공자는 말하기를 "할 수 없구나! 나는 아직까지 덕을 좋아하기를 여색女色을 좋아하듯이 하는 사람을 보지 못했다."라고 하였다.

○주자: '이의호己矣乎'는 그 끝내 그런 사람을 얻어 볼 수 없음을 탄식한 것이다.
○보충: 덕德이란 도심道心이 좋아하는 바이고, 색色이란 인심人心이 좋아하는 바이다. 도심은 항상 약하기 때문에 성실하기 어렵고, 인심은 항상 치열하기 때문에 거짓이 없다. [이미〈子罕〉편에 나타나 있다.¹⁾]

子曰: "臧文仲, 其竊位者與! 知柳下惠之賢而不與立也."

朱子曰: "竊位, 言不稱其位, 而有愧於心, 如盜得而陰據之也."
○孔曰: "柳下惠, 展禽也." 【邢云: "是其人氏展, 名獲, 字禽. 柳下是其所食之邑名, 諡曰惠.《列女傳》, 柳下惠死, 門人將諡之. 妻曰, '夫子之諡, 宜爲惠乎!' 門人從, 以爲諡.《莊子》云 '柳下季' 者, 季是五十字, 禽是二十字."】

○朱子曰: "與立, 謂與之並立於朝."

事實〈魯語〉曰: "齊 孝公來伐, 臧文仲欲以辭告,【欲謝齊】問於展禽. 對曰, '獲聞之, 處大教小, 處小事大. 所以禦亂也, 不聞以辭.' 展禽使乙喜犒師, 曰, '昔者成王命我先君周 文公及齊先君大公曰, {女股肱周室, 以夾輔先王, 世世子孫, 無相害也.}' 齊侯乃還."

---

1)《莊子》〈盜跖〉편에 나온다.
2)《正義》15.
3) 乙喜: 春秋時代 魯의 大夫. 柳下惠의 一族이다.《左傳》에 展喜가 바로 乙喜이다. 乙은 字이며 喜는 名이다.
4) 周文公: 여기서는 周公을 가리킴.《國語》는 底本이《明道本》과《公序本》二種이 있는데, 茶山이 引用한 이〈魯語〉의 글은《公序本》의 것이므로《明道本》에 '周公'으로 되어 있는 것이《公序本》에는 '周文公'으로 되어 있다.

공자는 말하기를 "장문중臧文仲은 그 벼슬자리를 도적질한 자이로다! 유하혜柳下惠의 어짊을 알면서도 그와 함께 조정에 서지 아니하였다."라고 하였다.

○주자: 절위竊位란 그 지위에 걸맞지 않아서 마음에 부끄러운 것이, 마치 도적질한 것을 남몰래 차지하고 있는 것과 같음을 말한다.

○공안국: 유하혜는 전금展禽이다. [邢昺은 이르기를 "그 사람의 氏는 展, 名은 獲, 字는 禽이다. 柳下는 食邑의 이름이고, 謚는 惠이다. 《烈女傳》에 보면, 柳下惠가 죽음에 門人들이 謚號를 지으려 하니, 그 아내가 '夫子의 謚는 마땅히 惠로 해야 할진저!'라고 하여 문인들이 이 말을 좇아 謚로 하였다고 하며, 《莊子》에 '柳下季'라고 한 것1)은 季가 50세 때의 字이고, 禽은 20세 때의 字이다"라 하였다.2)]

○주자: 여립與立이란 그와 함께 조정에 서는 것을 이른다.

【사실】《국어》〈노어〉: 제齊나라 효공孝公이 (노魯나라를) 공격하기에 장문중臧文仲이 외교사령外交辭令으로 (제나라에) 알리고자 하여 [齊나라에 전쟁을 하지 말자고 알리고자 하였다.] 전금展禽에게 물으니, 전금이 대답하기를 "내가 듣건대, 큰 나라에 처해 있으면 작은 나라를 가르치고, 작은 나라에 처해 있으면 큰 나라를 섬긴다고 하였으니, 이렇게 하는 것이 난亂을 막는 방법인데 외교사령으로써 끝내려고 하는 것은 듣지 못하였다"라 하고는, 전금이 을희乙喜3)를 시켜 제나라 군사들에게 음식을 주어 위로하게 하며, 그들에게 옛날에 (주周의) 성왕成王은 우리 노나라의 선군先君인 주문공周文公4)과 제나라의 선군인 태공太公에게 명하여 "너희들은 주나라 왕실의 수족이 되어 선왕을 보좌하였으니, 자자손손 대대로 서로 해치는 일이 없도록 하라"고 한 것을 말하게 하니, 제후齊侯가 이에 돌아갔다.

○又曰: "海鳥曰爰居, 止於魯東門之外二日, 臧文仲使國人祭之. 展禽曰, '越哉, 臧孫之爲政也! 夫祀, 國之大節也, 而節, 政之所成也. 故慎制祀, 以爲國典. 今無故而加典, 非政之宜也. 今者海其有災乎! 夫廣川之鳥獸, 恒知而避其災也.' 是歲也, 海多大風冬煖. 文仲聞柳下季之言, 曰, '信吾過也. 季子之言, 不可不法也.' 使書以爲三筴."

○又曰: "夏父弗忌爲宗,【爲宗伯】躋僖公. 展禽曰, '夏父弗忌必有殃. 夫宗有司之言順矣, 僖又未有明焉, 犯順不祥, 以逆訓民亦不祥, 易神之班亦不祥, 不明而躋之亦不祥. 犯鬼道二, 犯人道二, 能無殃乎?'"【此所謂臧文仲縱逆祀】

○案 此諸文, 臧文仲知柳下惠之賢矣.

---

5)《明道本》에는 '三日'로 되어 있다.
6) 夏父弗忌: 春秋時代 魯의 大夫. 夏父展의 후손.
7) 宗伯: 儀禮와 祭祀 등을 관장한다.
8) 逆祀: 次序를 거슬려서 제사를 지내는 것을 말함. 곧 낮은 者의 神位를 위에다 놓고 높은 者의 神位를 아래에다 놓고 祭하는 것.
9)《左傳》文公 2년조 참조.

○또 〈노어〉: 원거爰居라고 하는 바닷새가 노나라 동문東門 밖에 이틀5) 동안 머물러 있으매, 장문중이 나라 사람들로 하여금 그 새에게 제祭를 올리게 하였다. 전금이 말하기를 "상식을 넘어섰다, 장손臧孫(臧文仲)의 정치함이여! 대저 제사라는 것은 나라의 중요한 제도이고, 또 제도는 정사가 이루어지는 근본이다. 그러므로 신중하게 제사를 제정하여 국법으로 하는 것이다. 지금 아무 이유 없이 국법을 늘리는 것은 정사의 올바른 도가 아니다. 금년에는 바다에 재해가 있겠구나! 저 넓은 하천에 사는 새들은 항상 재해를 미리 알고 피난을 하는 것이다"라 하였다. 이 해는 바다에 큰 바람이 많고 겨울이 따뜻하였다. 장문중은 유하계柳下季의 말을 듣고 말하기를 "진실로 나의 잘못이다. 계자季子(柳下季를 가리킴)의 말은 법전으로 하지 않을 수 없다"라 하고는 그 말을 기록하여 (후세에까지 경계로 삼고자) 삼통으로 만들게 하였다.

○또 〈노어〉: 하보불기夏父弗忌6)가 제사를 주관하는 종백宗伯7)이 되어 ['爲宗'은 宗伯이 되는 것이다.] 희공僖公의 신위神位를 (민공閔公의 위에) 올리려 하자, 전금展禽이 말하기를 "하보불기는 반드시 (하늘이 내리는) 재앙이 있을 것이다. 저 종백의 유사有司를 맡은 사람의 말이 순리順理이다. 희공僖公은 또 밝은 덕이 있지 않다. 순리를 범하는 것은 길吉하지 않고, 역덕逆德을 백성들에게 가르치는 것도 길하지 않고, 신위의 반열班列을 바꾸는 것도 길하지 않고, 밝은 덕이 없는데 윗자리에 올리는 것도 길하지 않다. 귀도鬼道를 범함이 둘이고, 인도人道를 범함이 둘이니, (하늘에서 내리는) 재앙이 없을 수 있겠는가?"라 하였다. [이는 이른바 臧文仲이 逆祀8)를 마음대로 한 것이다.9)]

○살펴보건대, 이 여러 글은 장문중이 유하혜의 어짊을 인정한 것이다.

子曰: "躬自厚而薄責於人, 則遠怨矣."

補曰 責己厚, 則我不怨人; 責人薄, 則人不怨我.
○補曰 遠怨, 謂遠於怨.
孔曰: "責己厚, 責人薄, 所以遠怨咎."
○蔡曰: "責己厚, 則身益修而無可怨; 責人薄, 則人易從而不招怨."【見《蒙引》】
○案 蔡說是也.

子曰: "不曰 '如之何, 如之何' 者, 吾末如之何也已矣."

補曰 '如之何, 如之何' 者, 憂傷之辭.【《詩》曰: "云如之何!" 哀公曰: "年饑用不足, 如之何?"】學者不自憂自創曰 '如之何, 如之何', 則聖師於此人, 亦末如之何也矣.

---

1) 蔡淸,《四書蒙引》卷8에 나온다.
1)《詩經》〈鄘風·君子偕老〉에 나온다.
2)《論語》〈顏淵〉편에 나온다.

공자는 말하기를 "몸소 자신을 책망하는 데에 두텁게 하고, 남을 책망하는 데에 엷게 하면, 원망에서 멀어질 것이다."라고 하였다.

○보충: 자신을 책하기를 두텁게 하면 내가 남을 원망하지 않고, 남을 책하기를 엷게 하면 남이 나를 원망하지 않는다.
○보충: 원원遠怨은 원망에서 멀어지는 것을 말한다.
○공안국: 자신을 책함이 두텁고 남을 책함이 엷으면, 원망과 한탄을 멀리할 것이다.
○채청: 자신을 책하기를 두텁게 하면 몸이 더욱 닦여서 원망할 수 없고, 남을 책하기를 엷게 하면 사람이 쉬이 따르게 되어 원망을 불러오지 않는다. [《四書蒙引》에 나타나 있다.[1]]
○살펴보건대, 채청의 설이 옳다.

공자는 말하기를 "어떻게 할까, 어떻게 할까라고 말하지 않는 자는 나도 어떻게 할 수가 없다."라고 하였다.

○보충: '여지하如之何, 여지하如之何'란 근심하고 상심하는 말이다. [《詩經》에 "어찌해서인고!"라 하였고,[1] (《論語》에) 哀公이 "흉년이 들어 나라의 財用이 부족하면 어떻게 하겠는가?"라고 하였다.[2]] 배우는 이가 스스로 근심하고 스스로 마음 아파하여 어떻게 할까 어떻게 할까라고 말하지 않으면, 성사聖師인 공자도 이 사람에 대해서는 또한 어떻게 할 수가 없을 것이다.

孔曰: "不曰如之何者, 猶言不曰奈是何.【邢云: "此章戒人預防禍難也."】禍難已成, 吾亦無如之何."

○案 孔說若無誤, 然非本旨也. 向善之人, 憂學業之不進, 悲歲月之不與, 夙夜憂歎, 自傷自創曰 '如之何, 如之何'也. 渠之憤悱自振, 不如是者, 聖人亦末如之何也.【陸游《筆乘》云: "人之於道也, 以憤悱而通, '如之何, 如之何'者, 憤悱之象也. 不如此即啓發, 如聖人無如之何."】

質疑 '如之何, 如之何'者, 熟思而審處之辭.

○案 慮患處事, 皆他人之事, 與孔子無涉, 宜從學者進德修業上看.

子曰: "群居終日, 言不及義, 好行小慧, 難矣哉!"【皇本, '慧' 作 '惠'】

鄭曰: "小慧, 謂小小之才智."

---

3)《正義》15.
4) 陸游: 南宋 山陰人. 字는 務觀, 號는 放翁·九曲老樵 등 여러 가지가 있음. 少時 때부터 文名이 있었고, 특히 그 所長은 詩였다. 官은 登仕郎·樞密院 編修·參議官 등을 역임. 저술로는 《南唐書》·《老學菴筆記》·《渭南文集》·《放翁詞》등이 있다.
5) 憤悱: 憤發하며 답답하여 고민하는 것.《論語》〈述而〉편에 "不憤不啓, 不悱不發"이란 말이 있다.
1) 유익한 일을 하기 어려울 것이다: 茶山이 여기에 나오는 '難矣哉'에 대해서는 주석을 하지 않았으나, 〈陽貨〉편에 나오는 "飽食終日, 無所用心, 難矣哉"의 經文에는 '難矣哉'를 '難乎其有爲'라고 주석하였기 때문에 여기에서도 그 주석을 따랐다.

○공안국: '불왈여지하不曰如之何'란 '불왈내시하不曰奈是何(어떻게 할까라고 말하지 않는 것)'라고 하는 것과 같다. [邢昺은 이르기를 "이 章은 사람들에게 禍難을 예방하도록 경계한 것이다"라 하였다.³⁾] 화난禍難이 이미 이루어지고 나면 나도 또한 어떻게 할 수 없다는 말이다.
○살펴보건대, 공안국의 설은 잘못이 없는 듯하다. 그러나 이것이 본지本旨는 아니다. 선을 향해 가는 사람은 학업이 전진하지 못함을 근심하고, 세월이 함께하지 않고 가는 것을 슬퍼하며, 밤이나 낮이나 근심과 탄식으로 스스로 상심하고 슬퍼하여 "어떻게 할까 어떻게 할까" 말한다. 저 분발하고 진작振作함이 이와 같지 않은 자는 성인도 또한 어떻게 할 수 없다. [陸游⁴⁾의《筆乘》에 이르기를 "사람이 道에 대해서는 憤悱함이 있어야 통하게 되니, '如之何, 如之何'란 憤悱⁵⁾의 상징이다. 이와 같지 않고 啓發하여 주는 것은 聖人 같은 분도 어떻게 할 수 없다"라고 하였다.]

【질의】 '여지하如之何, 여지하如之何'란 곰곰이 생각하고 충분히 마음을 써서 대처하는 말이다.
○살펴보건대, 환란을 걱정하여 일을 처리하는 것은 모두 (나에 관한 것이 아닌) 타인의 일이니 공자와는 아무 상관이 없으며, (이 경문은) 마땅히 배움에 종사하는 자의 진덕수업進德修業하는 면으로 보아야 할 것이다.

衛靈公下

공자는 말하기를 "여럿이 있으면서 하루를 마치는데도 말이 의義에 미치지 아니하고, 작은 지혜를 행하기 좋아한다면, 유익한 일을 하기 어려울 것이다!"¹⁾라고 하였다. [皇侃의 本에는 '慧'가 '惠'로 되어 있다.]

○정현: 소혜小慧는 자질구레한 재능과 지혜를 이른다.

○朱子曰: "言不及義, 則放辟邪侈之心滋; 好行小慧, 則行險僥倖之機熟."

○鄭曰: "'難矣哉', 言終無成."

邢曰: "小小才知, 以陵誇於人."

○案 不如朱子說.

考異 皇氏本, '慧'作'惠'.

○陸氏《釋文》云: "魯讀作惠."

○《文選》陳孔璋〈檄吳將校部曲文〉云: "懷寶小惠." 李善注引《論語》曰: "好行小惠."

○純曰: "小慧, 諸本皆誤, 而鄭玄以下注家, 皆未之深考也. 余惟恩惠言行可, 智慧言行不可. '好行小惠'者, 有意乎悅人者也. 魯莊公曰, '衣食所安, 不敢專也, 必以分人.' 曹劌曰, '小惠未徧, 民不從也.'【莊十年】韓子曰, '行小惠而取百姓.'"【〈八姦〉篇】

○案 皇本·邢本各有長短, 但當舍短而取長, 不必執一以廢一也.▶

---

2) 放辟邪侈:《孟子》〈梁惠王〉上에 "만약 恒心이 없으면 放辟邪侈를 하지 아니함이 없을 것이다(苟無恒心, 放辟邪侈, 無不爲已)"라고 하였다. 放辟邪侈는 放蕩과 偏僻, 邪惡과 奢侈를 말함.

3) 行險僥倖:《中庸》제14章에 "小人은 위험한 것을 행하여 요행을 바란다(小人, 行險以徼幸)"라고 하였다.

4) 陳孔璋: ?~217. 三國時代 魏의 廣陵人(江蘇省 江都縣의 東北). 名은 琳, 孔璋은 그의 字. 官은 처음에는 何進의 主簿, 뒤에 冀州에 가서 袁紹의 記室(書記)이 되었다가 다시 曹操에게 가서 記室이 되었으며, 軍國의 많은 檄文이 그의 손에서 이루어졌음. 王粲과 文學으로 이름이 났으며 建安七子의 한 사람이다.

5) 〈檄吳將校部曲文〉: 吳나라 軍隊의 將校(指揮官)와 部曲(部隊)에 주는 檄文. 이 篇의 글은 曹操를 위해 吳나라의 將校와 그 部隊에 檄文을 보내어, 孫權의 命運이 멀지 않아 끝날 것임을 설득하면서 주저하지 말고 曹操의 麾下에 歸順할 것을 권한 내용이다. (《文選》卷第44에 나옴.)

6) 曹劌: 春秋時代 魯나라 사람. 勇力을 가지고 魯莊公을 섬겨, 魯가 齊와의 전쟁에서 세 번 敗北한 그 怨恨을 갚았음.

7) 太宰純,《論語古訓外傳》15-16ab.

○주자: 말이 의의義에 미치지 않으면 방벽사치放辟邪侈[2]의 마음이 불어날 것이며, 작은 지혜를 행하기 좋아하면 행험요행行險僥倖[3]의 기틀이 익혀질 것이다.

○정현: '난의재難矣哉'는 끝내 아무 성공이 없음을 말한다.

○형병: 자질구레한 재능과 지혜로 남을 업신여기고 (자신을) 과시하는 것이다.

○살펴보건대, 주자의 설說만 같지 못하다.

【고이】 황간의 본本에는 '혜慧'가 '혜惠'로 되어 있다.

○육덕명의《경전석문》: 노魯나라에서는 '혜惠'로 읽었다.

○《문선》진공장[4]의〈격오장교부곡문〉:[5] "(대수롭지 않은) 조그마한 은혜를 중요하게 여기다"라고 하였는데, 이선李善의 주注에는《논어》를 인용하여 "작은 은혜를 행하기 좋아한다"라고 하였다.

○태재순: (소혜小惠가) 소혜小慧로 모든 본本에 다 잘못되어 있는데, 이는 정현 이하의 주석가들이 모두 깊이 고찰하지 못했기 때문이다. 나는 생각하건대, 은혜는 행한다(베푼다)고 말할 수 있으나, 지혜는 행한다(베푼다)고 말할 수 없다. '작은 은혜를 행하기(베풀기) 좋아한다(好行小惠)'는 것은, 남을 기쁘게 하는 데에 뜻이 있다. 노魯 장공莊公은 말하기를 "마음에 드는 편안한 의식衣食은 혼자 차지하지 않고 반드시 사람들에게 나누어주었다"라고 하니, 조귀曹劌[6]가 "그것은 소혜小惠이며 많은 사람에게 널리 혜택을 준 것이 아니므로 백성이 따르지 않습니다"라 하였고, [《左傳》莊公 10년조에 있다.] 한비자韓非子는 말하기를 "소혜小惠를 행하여(베풀어) 백성을 따르게 하다"라 하였다.[7] [《韓非子》〈八姦〉편에 나온다.]

○살펴보건대, 황간의 본과 형병의 본은 각각 장단점이 있다. 다만 마땅히 단점은 버리고 장점만 취할 것이지, 반드시 하나만 고집하고 다른 하나는 버려야 할 필요는 없다.▶

衛靈公下

◀車馬衣輕裘, 與朋友共之, 小惠也. 遇舊館人之喪, 脫驂以予之, 小惠也. 小惠猶勝於鄙吝, 人安得輒行大惠? 古人以小惠爲小, 欲其大之, 未嘗以小惠爲不義也. 鄭 子産乘輿濟人, 君子小之者, 以其在位也. 今 '群居終日'者, 明是學人, 安得以小惠爲小? 當從邢氏本.

子曰: "君子義以爲質, 禮以行之, 孫以出之, 信以成之. 君子哉!"

程子曰: "義以爲質, 如質幹然, 【朱子云: "義者, 制事之本."】禮行此, 遜①出此, 信成此."
○補曰 '出之'者, 出言語也. 【《易》曰: "君子居其室, 出其言."】'禮以行之'者, 危行也. '孫以出之'者, 言孫也. 信者, 言行之總括也. 義與信, 作頭作尾, 言行其兩翼也.

---

① 遜: 新朝本·奎章本에는 '遜'으로 되어 있고 《論語集註》〈衛靈公〉에는 '孫'으로 되어 있으나, 같은 의미이다.
8) 《論語》〈公冶長〉편에 나오는 말이다.
9) 《禮記》〈檀弓〉上에 나오는 말이다.
1) 質幹: 根幹 또는 骨幹.
2) 〈繫辭傳〉上에 나온다.

◀거마車馬와 옷과 가벼운 갖옷을 벗과 함께 쓰는 것[8]은 소혜小惠이고, 전날에 자신을 묵게 한 객사 주인의 상喪을 만나 타고 온 말의 참마驂馬를 떼어 부의賻儀로 준 것[9]도 소혜이다. 소혜는 그래도 오히려 인색한 것보다는 나으니, 사람이 어떻게 갑자기 대혜大惠를 행할 수 있겠는가? 옛사람은 소혜小惠를 작은 것으로 하찮게 여겨 이를 크게 행하려고 한 것이지, 일찍이 소혜를 불의不義로 여기지는 않았다. 정鄭나라 자산子産이 사람을 수레에 태워 강물을 건너게 한 것을 군자가 하찮게 여긴 것은, 그가 (국정國政을 맡은 높은) 지위에 있었기 때문이다. (그러나) 여기 '군거종일羣居終日' 이라는 이 경문은 분명히 배우는 사람을 두고 한 말인데, 어떻게 여기에 소혜小惠를 하찮게 여기는 것으로써 말할 수 있겠는가? 당연히 (소혜小慧라 되어 있는) 형병의 본을 따라야 한다.

공자는 말하기를 "군자는 의義로써 바탕을 삼아서, 예禮로써 이를 행하고, 겸손으로써 이를 표현하며, 신실로써 이를 이룬다. (이렇게 해야) 군자로다!" 라고 하였다.

○정자: 의義로써 바탕을 삼는다는 것은 (의義를) 마치 질간質幹[1]과 같이 그렇게 해서 [朱子는 이르기를 "義란 일을 제어하는 근본이다"라고 하였다.] 예禮로 이를 행하고, 겸손으로 이를 표현하고, 신信으로 이를 이룬다.
○보충: '출지出之'란 언어로 표현하는 것이고, [《易經》에 "君子가 방에 있으면서 무언가 말을 내놓다"라고 하였다.[2]] '예로써 이를 행한다(禮以行之)'란 위행危行 (고결한 행위)이며, '손이출지孫以出之'란 말이 겸손한 것이며, '신信'이란 언행을 총괄한 것이다. 의義와 신信은 머리와 꼬리가 되고, (행지行之와 출지出之의) 언행은 그 두 날개이다.

鄭曰: "義以爲質, 謂操行也. 孫以出之, 謂言語也."

○侃曰: "義, 宜也. 質, 本也. 人識性不同, 各以其所宜爲本."

○韓曰: "操行不獨義也. 禮與信, 皆操行也. 吾謂君子體質, 先須存義, 義然後禮, 禮然後遜, 遜然後信, 有次序焉."

○案 鄭義以上二句爲行, 下二句爲言, 非本旨也. 韓子以下三句爲次序, 亦非也.

子曰: "君子病無能焉, 不病人之不己知也."

補曰 無能, 謂無藝能也. 我有藝, 人必知之.

包曰: "君子之人, 但病無聖人之道."

○純曰: "包說太重, 不可從也."

---

3) 《義疏》 8-220.
4) 《論語筆解》 卷下에 나온다.
1) 太宰純, 《論語古訓外傳》 15-17b.

○정현: 의義로써 바탕을 삼는다(義以爲質)는 것은 조행操行을 가리키고, 겸손으로써 이를 표현한다(孫以出之)는 것은 언어를 가리킨다.
○황간: 의義는 마땅하다는 뜻이고, 질質은 근본이란 뜻이다. 사람은 지식과 품성이 같지 않으니, 각각 그 마땅한 것으로써 근본을 삼는다.[3]
○한유: 조행操行은 의義에만 해당하지 않는다. 예禮와 신信도 모두 조행이다. 군자가 근본 바탕을 체득하려면, 먼저 모름지기 의義를 보존해야 한다. 의로운 뒤에 예의로우며, 예의로운 뒤에 겸손하며, 겸손한 뒤에 신실해진다. 이렇게 차서가 있다고 나는 생각한다.[4]
○살펴보건대, 정현의 주장은 위의 두 구절을 (언행言行에서) 행행에 관한 것으로 하고, 아래 두 구절을 언언에 관한 것으로 하였으니, 이는 본뜻이 아니다. 한유는 아래 세 구절을 차서로 만들어 놓았으니, 이것도 또한 잘못된 것이다.

衛靈公 下

공자는 말하기를 "군자는 내게 예능이 없음을 걱정하고, 남이 자기를 알아주지 않음을 걱정하지 않는다."라고 하였다.

○보충: 무능은 예능이 없는 것을 말한다. 내게 예능이 있으면 남이 반드시 나를 알게 될 것이다.
○포함: 군자인 사람은 다만 자신에게 성인의 도道가 없음을 걱정한다.
○태재순: 포함의 설은 너무 무거워서 따를 수 없다.[1]

子曰:"君子疾沒世而名不稱焉."

何曰:"疾猶病也."【純云:"疾比'病'字, 意較重. 疾與嫉通, 有惡義."】

○補曰 沒讀之如沒階之沒.【沒, 盡也】沒世, 猶言畢世也.【盡其世】稱, 揚也.

馮曰:"病之者, 病我也. 疾之者, 疾人也."

○純曰:"非也. 疾亦自疾也. 君子立志, 愧與犬馬同死, 是以太上立德, 其次立功, 其次立言. 若身死而名亦亡滅, 豈不可疾乎? 然君子亦惟自於其身疾之耳. 人而如是, 何關吾事?"

純曰:"沒, 滅沒也. 沒世, 謂死也.《大學》云,'此以沒世不忘.'或以沒訓終, 非也."

○駁曰 非也.'沒階'者, 盡其階也.'沒齒'者, 盡其年也.'沒世不忘'者, 終身不忘也. 人而終身不成一名, 君子之所疾也.▶

---

1)太宰純,《論語古訓外傳》15-17b.
2)《論語集註大全》卷15〈衛靈公〉제15 小注에 나온다.
3) 太宰純,《論語古訓外傳》15-17b~18a.
4) 太宰純,《論語古訓外傳》15-18a.

공자는 말하기를 "군자는 세상을 다할 때까지(종신토록) 이름이 떨쳐지지 않음을 싫어한다."라고 하였다.

○하안: 질疾은 그 뜻이 병病 자와 같다. [太宰純은 이르기를 "'疾'은 '病' 字와 비교하면 그 뜻이 좀 무겁다. 疾은 嫉과 통하니, 惡(오)의 뜻이 있다"라고 하였다.[1)]]
○보충: '몰沒'은 읽을 때 '몰계沒階(계단을 다 내려오다)'의 몰沒과 같은 뜻으로 읽어야 한다. [沒은 다한다는 뜻이다.] 몰세沒世는 필세畢世 [세상을 다하는 것이다.] 라고 말하는 것과 같고, 칭稱은 떨친다(揚)는 뜻이다.
○풍의: '병지病之'란 나를 걱정하는 것이고, '질지疾之'란 남을 미워하는 것이다.[2)]
○태재순: 아니다. 질疾도 또한 나를 미워하는 것이다. 군자가 뜻을 세우는 것은 견마犬馬와 같이 죽는 것이 부끄러워서이다. 이 때문에 태상太上(最高)은 입덕立德이고, 그 다음은 입공立功이며, 그 다음은 입언立言이다. 만약 몸이 죽어서 이름도 또한 없어져 버린다면 어찌 미워하지 않겠는가? 그러나 군자는 또한 오직 스스로 자신에 대해 이를 미워할 뿐이며, 남이 (이름이 남지 않고) 이와 같다면 그것이 나의 일과 무슨 상관이 있겠는가?[3)]

○태재순: 몰沒은 멸몰滅沒이니, 몰세沒世는 죽는 것을 말한다. 《대학大學》에 이르기를 "이 때문에 세상에 죽고 없어도 잊지 못한다(此以沒世不忘)"라고 하였다. 어떤 이는 몰沒을 종終의 뜻으로 풀이하는데, 이는 잘못되었다.[4)]

○반박: 아니다. '몰계沒階'란 계단을 다 내려온 것이고, '몰치沒齒'란 나이를 다 먹은 것이며, '몰세불망沒世不忘'이란 몸이 다하도록(終身) 잊지 못하는 것이다. 사람으로서 종신토록 이름을 이루지 못함을 군자는 싫어하는 바이다.▶

衛靈公下

◀終身無名, 則死亦無名, 然四十·五十而無聞, 君子惡之, 不必身後之名是求也. 邢疏亦以沒爲終.【邢云: "病其終世而善名不稱."】

饒曰: "言沒世者, 蓋棺事乃定, 生前或可干名, 沒後却粧點不得. 沒後有名可稱, 則眞有善可知."

○駁曰 非也. 古者聖道未亡, 賢哲代作, 故論人善惡, 咸得其實. 孔·孟所論春秋人物, 各有定評. 後世人不知道, 亦不知人, 身地旣卑, 眼力未到. 故論人皆不得其實, 謬得大名, 以冠百世者甚多, 安得謂之眞有善乎? 一得大名, 凡議是者有咎, 雖眼力得到, 亦莫之敢言也. 饒以沒世爲死, 亦謬.

王陽明曰: "名不稱 '稱' 字, 作去聲讀. 聲聞過情, 君子恥之, 實不稱名, 生猶可補, 沒則無及, 故君子所疾."【《傳習錄》】

---

5)《正義》15.
6)《論語集註大全》卷15〈衛靈公〉제15 小注에 나온다.
7) '稱' 字는 去聲으로 읽어야 한다: '稱'이 去聲일 때는 '들어맞다' 또는 '걸맞다'라는 뜻이다.
8)《孟子》〈離婁〉下에 나오는 말.

◀종신토록 이름이 없으면 죽어서도 또한 이름이 없다. 그러나 마흔·쉰이 되어서도 명성이 없는 것을 군자는 싫어하니, 반드시 몸이 죽은 뒤에 이름을 구하는 것은 아니다. 형병의 소疏에도 또한 몰沒을 종終의 뜻으로 하였다. [邢昺은 이르기를 "세상을 마칠 때까지 善名이 일컬어지지 않는 것을 싫어한다"라고 하였다.5)]

○요쌍봉: 몰세沒世라는 것을 말하면 사람이 죽어서 관棺에 뚜껑을 덮은 뒤로서, 그 사람이 살았을 때의 업적에 대한 선악을 논정할 수 있다. 생전에는 혹 명예를 구할 수 있으나, 몰후에는 (그 명예를) 꾸밀 수 없다. 몰후에 명예가 일컬어질 수 있으면, 참으로 선함이 있었음을 알 수 있다.6)

○반박: 아니다. 옛날에는 성인의 도道가 없어지지 않아서 현철이 뒤를 이어 일어났기 때문에 사람의 선악을 논함에 모두 그 실상을 얻었으며, 공孔·맹孟이 논한 바의 춘추春秋의 인물은 각각 정평이 있었다. 후세의 사람들은 도를 알지 못하고, 또한 사람도 알지 못하는데다 지체도 낮고 안목도 수준에 이르지 못하였기 때문에, 사람을 논함에 모두 그 실상을 얻지 못하여 이 중에는 잘못 큰 이름을 얻어 백세에 으뜸으로 된 자가 심히 많으니, 어떻게 이들을 참으로 선함이 있었다고 이를 수 있겠는가? 한 번 큰 이름을 얻게 된 것은 이를 논의한 자에게 허물이 있으며, 비록 안목이 수준에 도달했더라도 또한 (분위기가) 감히 이를 말할 수 없었던 것이다. 요쌍봉이 몰세沒世를 죽음으로 본 것은 또한 잘못이다.

○왕양명: '명불칭名不稱'의 '칭稱' 자는 거성去聲으로 읽어야 한다.7) 성문聲聞(명성)이 실상보다 지나침을 군자는 부끄러워하니,8) 실상이 명성에 맞지 않으면 살았을 때는 오히려 보완할 수 있으나, 죽으면 할 수 없기 때문에 군자는 이를 미워한다. [《傳習錄》에 나온다.]

衛靈公下

○駁曰 非也. 齊 景公有馬千駟, 死之日, 民無得而稱焉. 此所謂終身而名不稱者也. 君子恥名之浮於行, 別是一義, 非此經之旨也.

子曰: "君子求諸己, 小人求諸人."

包曰: "君子責己, 小人責人."
○補曰 求, 謂求仁.
楊曰: "君子雖疾沒世而名不稱, 然所以求者, 亦反諸己而已. 小人求諸人, 故違道干譽."
○案 此連上章說, 其義恐非也. 顏淵問仁. 子曰: "克己復禮爲仁." 繼之曰: "爲仁由己, 而由人乎哉?" 正是求諸己, 而不求諸人也. 爲人子者, 謂父母不善, 故無以爲孝子, 將如虞 舜何? 爲人臣者, 謂君上無良, 故不得爲忠臣, 將如比干何? 友兄弟與朋友皆如此.

---

9)《論語》〈季氏〉편에 나오는 말.
1)《論語》〈顏淵〉편에 나온다.

○반박: 아니다. 제齊나라 경공景公은 말 4000필이 있는 부자였으나 죽었을 때 백성들은 그의 덕을 칭송하지 않았으니,9) 이것이 이른바 종신토록 이름이 떨쳐지지 아니한 것이다. 군자가 명성이 실제의 행위보다 지나친 것을 부끄러워하는 이것이 별도의 한 뜻이니, 이 경문의 뜻은 아니다.

공자는 말하기를 "군자는 자신에게 구하고, 소인은 남에게 구한다."라고 하였다.

○포함: 군자는 자신을 책망하고, 소인은 남을 책망한다.
○보충: 구求한다는 것은 인仁을 구하는 것을 말한다.
○양시: 군자는 비록 세상을 마치도록 이름이 칭송되지 않는 것을 싫어하지만, 구하는 것은 자신에게 돌이켜 구할 뿐이다. 소인은 남에게 구하기 때문에 도道를 어겨서 명예를 구한다.
○살펴보건대, 이 글을 (양시처럼) 위의 글에 연결시켜 말하는 것은 그 내용이 아마도 아닌 듯하다. 안연顔淵이 인仁을 물으니, 공자가 "극기克己하여 예禮로 돌아가는 것이 인이다"라 하고, 이어서 "인을 하는 것은 나로부터 말미암는 것이니, (어찌) 남으로부터 말미암겠는가?"1)라 하였다. 바로 이것이 자신에게 구하고 남에게 구하지 않는 것이다. 남의 자식이 된 자로서 부모가 착하지 못하기 때문에 효자가 될 수 없다고 여기면 장차 우순虞舜 같은 효자가 어떻게 있겠으며, 남의 신하가 된 자로서 임금이 어질지 못하기 때문에 충신이 될 수 없다고 여기면 장차 비간比干 같은 충신이 어떻게 있겠는가? 형제에게 우애하고 벗에게 신의를 지키는 것도 모두 이와 같다.

子曰: "君子矜而不爭, 群而不黨."

補曰 莊重自持曰矜,【敬也, 又持也】高亢相競曰爭.【與人爭其高】和輯同心曰群, 比暱助力曰黨.

包曰: "矜, 矜莊也."

○孔曰: "黨, 助也. 君子雖眾, 不相私助, 義之與比."

○案 義之與比, 從來誤解.【已見前】

江熙曰: "群居所以切磋成德, 非於私也."【見皇疏】

○駁曰 非也. 朱子說最明切.

子曰: "君子不以言舉人, 不以人廢言."

包曰: "有言者不必有德, 故不可以言舉人."

○王曰: "不可以無德而廢善言."

○純曰: "此章主意在下句."

---

1) 茶山은 '義之與比'를 〈里仁〉편에서 종래에 '義만 따를 뿐이다'라고 해석한 것을 잘못이라 지적하고, 이에 比를 較의 뜻으로 보고서 義에 비교하여 의로우면 행하고, 의롭지 않으면 행하지 않는 것이라고 주석하였다.
2)《義疏》8-121.
1) 太宰純,《論語古訓外傳》15-18b.

공자는 말하기를 "군자는 장중하게 하여 몸을 가지되 다투지 아니하고, 화목하게 하여 무리를 짓되 편당을 하지 아니한다."라고 하였다.

○보충: 장중하게 하며 스스로 몸을 단속하는 것을 '긍矜'이라 하고, [(矜은) 공경하는 것이고, 또 단속하는 것이다.] 자긍심이 높아 서로 다투는 것을 '쟁爭'이라 하며, [남과 고상한 것을 다투는 것이다.] 화목하게 모여 마음을 같이하는 것을 '군羣'이라 하고, 아첨하여 힘을 돕는 것을 '당黨'이라 한다.
○포함: 긍矜은 거동이 장중한 것이다.
○공안국: 당黨은 (편들어) 돕는다는 뜻이다. 군자는 비록 무리를 짓는 일이 있더라도 서로 사사롭게 돕지 않고 의義만 따를 뿐이다.
○살펴보건대, '의지여비義之與比'를 종래에 잘못 해석하였다. [이미 앞에 나타나 있다.[1]]
○강희: (군자가) 여럿이 모이면 절차탁마切磋琢磨하여 덕을 이루고, 사사로운 데에 편당하지 않는다. [皇侃의 疏에 나타나 있다.[2]]
○반박: 아니다. 주자의 설이 가장 분명하고 절실하다.

공자는 말하기를 "군자는 말로써 사람을 등용하지 않고, 사람으로써 말까지 버리지는 않는다."라고 하였다.

○포함: 말을 잘하는 자가 반드시 덕이 있지는 아니하기 때문에 말로써 사람을 등용할 수 없다.
○왕숙: 덕이 없다고 해서 착한 말까지 버릴 수는 없다.
○태재순: 이 장의 주된 뜻은 아래 구절에 있다.[1]

陳曰:"孔子因宰子晝寢, 而聽言必觀行. 孟子不沒陽貨'爲富不仁'之言."

○駁曰 非也. 宰我身居十哲, 非可棄之人. 陽①貨志在爲富, 非正取之言. 今當曰'易言之人, 君子不取.【如趙括·馬謖】狂夫之言, 聖人有擇'.【〈大雅〉云: "詢于芻蕘."】

黃會稽云: "兩句作一個人看, 謂君子固不以其人之言而擧其人, 亦豈以人之不可擧而幷廢言也?"

○駁曰 非也.

子貢問曰: "有一言而可以終身行之者乎?" 子曰: "其恕乎! 己所不欲, 勿施於人."【皇本, 無'之'字】

補曰 一言, 謂一字.

---

① 陽: 新朝本에는 '湯'으로 되어 있으나 奎章本에 따라 바로잡는다.
2)《論語》〈公冶長〉편에 나오는 말이다.
3)《孟子》〈滕文公〉上에 나온다.
4)《論語集註大全》卷15〈衛靈公〉제15 小注에 나온다.
5) 趙括: 戰國時代 趙나라 사람. 趙奢의 아들. 어려서부터 兵法을 배워 兵學에 뛰어남. (《史記》卷81 참조.)
6) 馬謖: 三國時代 蜀나라의 宜城人. 字는 幼常. 荊州從事로서 劉備를 따라 蜀에 들어갔음. 才器 뛰어나고 軍計 논하기를 좋아하여 諸葛亮에게 남달리 인정을 받았음. 諸葛亮이 軍規를 엄수하기 위해 눈물을 흘리면서 부하인 馬謖을 斬한 泣斬馬謖의 고사가 있음.
7)《詩經》〈大雅·板〉에 나온다.
8) 黃會稽: 未詳.

○진력: 공자는 재아宰我가 낮잠을 잤던 일로 인해서 (사람에 대해) 그 말을 듣고 그 행실까지 살펴보게 되었고,[2] 맹자는 양화陽貨(陽虎)의 '부자가 되는 일을 하면 인仁하지 못하다'[3]란 말을 버리지 않았다.[4]

○반박: 아니다. 재아는 그 몸이 십철十哲에 들어 있으니 버릴 수 있는 사람이 아니고, 양화는 그 뜻이 부자가 되는 데에 있으니 바로 취할 말이 아니다. 여기에는 마땅히 '말을 쉽게 하는 사람은 군자가 취하지 아니하고, [趙括[5]과 馬謖[6] 같은 사람이다.] 광부狂夫(미치광이)의 말이라도 (그 말을) 성인이 취택함이 있다'라는 뜻으로 해야 한다. [《詩經》에 이르기를 "나무꾼에게도 물어라"라고 하였다.[7]]

○황회계:[8] 이 두 구절을 한 사람의 일로 해서 보아야 한다. '군자는 진실로 그 사람이 하는 말로써 그 사람을 등용할 수는 없어도, 또한 어찌 그 사람을 등용할 수 없다고 해서 아울러 (그 사람의) 말까지 버릴 수 있겠는가?'를 말한 것이다.

자공子貢이 묻기를 "한마디 말로 종신토록 행할 만한 것이 있습니까?"라 하니, 공자는 말하기를 "그것은 서恕일진저! 자기가 하고 싶지 아니한 것을 남에게 베풀지 않는 것이다."라고 하였다. [皇侃의 本에는 '之' 字가 없다.]

○보충: 한마디 말은 한 글자를 가리킨다.

○補曰 人道不外乎求仁, 求仁不外乎人倫. 經禮三百, 曲①禮三千, 以至天下萬事萬物, 皆自人倫起.【義見前】恕者, 所以處人倫,【即絜矩之道】一以貫之, 故一字而可終身行之.

陸務觀曰: "'一言可以終身行之者, 其恕乎!' 此聖門一字銘也. '《詩》三百, 一言以蔽之曰思無邪.' 此聖門三字銘也."

○案 古人或以一字爲一言, 或以一句爲一言.

荻曰: "夫子答子貢, 只此一句.【其恕乎】其下二句, 傳《論語》者, 書前篇夫子之言."

○案 夫子自言自解, 亦未爲不可.

子曰: "吾之於人也, 誰毀誰譽? 如有所譽者, 其有所試矣. 斯民也, 三代之所以直道而行也."

---

① 曲: 新朝本에는 '典'으로 되어 있으나 奎章本에 따라 바로잡는다.
1) 《論語》〈里仁〉편의 "吾道一以貫之"의 茶山 주석에 나타나 있다.
2) 陸務觀: 陸游. 앞에 나왔음.
3) 太宰純, 《論語古訓外傳》15-19a.

○보충: 사람의 도는 인仁을 구하는 데서 벗어날 수 없으며, 인을 구하는 것은 인륜에서 벗어날 수 없다. 경례삼백經禮三百과 곡례삼천曲禮三千에서부터 천하의 만사 만물에 이르기까지 모두가 인륜에서 일어난다. [뜻은 앞에 나타나 있다.[1]] '서恕'란 인륜을 행하는 방법이고, [곧 '絜矩之道'이다.] (이는 공자가) 하나로 꿰뚫고 있다(一以貫之). 그러므로 서恕 한 글자가 종신토록 행할 만한 것이다.

○육무관:[2] '한마디 말로 종신토록 행할 만한 것이 서恕이로다!' 라고 한 것은 성문聖門의 일자명一字銘이고, 《시경》의 시 300편을 한마디 말로 단정할 수 있으니, 그것은 생각에 사특함이 없다는 것이다' 라고 한 것은 성문의 삼자명三字銘이다.

○살펴보건대, 옛사람은 한 글자로써 한마디 말로 삼기도 하고, 한 구句로써 한마디 말로 삼기도 하였다.

○적생쌍송: 공자가 자공에게 답한 것은 다만 이 한 구句이고, ['그것은 恕일진저!'라는 말.] 그 아래 두 구절은 《논어》를 전하는 자가 앞 편篇의 공자의 말을 (여기에다 덧붙여) 기록한 것이다.[3]

○살펴보건대, 공자가 스스로 말하고 스스로 (그 말을) 풀이하였다고 해도 또한 안 될 것이 없다.

공자는 말하기를 "내가 다른 사람에 대해서 누구를 헐뜯고 누구를 칭찬하겠는가? 만약 (내가) 칭찬하는 사람이 있다면, 그 사람에 대해 시험한 바가 있어서일 것이다. 이 백성들은 삼대三代(夏·殷·周)의 곧은 도로써 행해 온 것이다."라고 하였다.

補曰 時夫子譽某人,【如蘧瑗·史鰌之類】人有疑其阿好者, 夫子自明之.
○補曰 試猶驗也. 凡我之所譽者, 皆曾有所驗, 不苟譽也.
○馬曰: "三代, 夏·殷·周."
○補曰 直道, 謂善善而惡惡也.【朱子云】三代聖王於斯民, 常以直道而行.
○朱子曰: "我今亦不得而枉其是非之實也."
包曰: "所譽者, 必試以事, 不虛譽而已."
○朱子曰: "或有所譽, 則必嘗有以試之."
○案《集解》謂先譽而後試也,《集註》謂先試而後譽也, 當從《集註》.
馬曰: "用民如此, 無所阿私, 所以云直道而行."
○毛曰: "三代所以直道不回, 行之至今者, 正以譽賢無阿私也.【馬融曰: "用人如此."】後漢 永平間, 詔下公卿大夫, 議郡國貢擧, 有云, '夫人才少能相兼, 故孟公綽優爲趙·魏老, 而不任爲滕·薛大夫.'▶

---

1) 史鰌: 春秋時代 衛나라 大夫. 字가 子魚이기 때문에 典籍에는 주로 史魚로 기록되어 있음. 衛 靈公이 賢臣 蘧伯玉(蘧瑗)을 重用하라는 史鰌의 生時의 諫言을 듣지 않고 이를 불초한 彌子瑕에게 맡기만 놓은 것을, 뒤에 史鰌가 죽으면서 遺命으로 아들에게 장사를 지내지 못하게 하고는 靈公에게 屍諫하였다.
2) 郡國: 漢代의 制度인데, 이른바 天下라는 명칭 아래 이를 國과 郡으로 나누어 郡은 天子에 속하게 하고 國은 여러 王侯를 分封한 것이다. 王으로 봉한 것을 王國, 侯로 봉한 것을 侯國이라 하였음.
3) 貢擧: 州郡에서 才學 있는 인물을 선발하여 중앙정부에 천거하는 것.
4)《論語》〈憲問〉편에 나오는 말이다.

○보충: 당시에 공자는 어떤 이를 칭찬하였는데, [蘧瑗과 史鰌¹⁾ 같은 이들이다.] 사람들이 편파적으로 좋아한 것이라고 의심하는 자가 있어서 공자가 스스로 이를 밝힌 것이다.

○보충: 시試는 증험한다는 뜻과 같다. 무릇 내가 칭찬하는 사람은 모두 일찍이 증험한 바가 있으니 구차하게 칭찬하지 아니한다.

○마융: 삼대三代는 하夏·은殷·주周이다.

○보충: 곧은 도(直道)는 선善을 좋아하고 악을 미워하는 것을 말한다. [朱子가 그렇게 말하였다.] 삼대의 성왕聖王은 이 백성들에게 항상 곧은 도로써 행하였다.

○주자: 나는 지금 또한 그 시비의 실상을 굽혀 잘못 말할 수는 없다.

○포함: 칭찬하는 자는 반드시 일을 통해 시험하고, 거짓 칭찬하지 않는다.

○주자: 혹 칭찬하는 바가 있다면 반드시 일찍이 그를 시험한 적이 있는 것이다.

○살펴보건대, 《논어집해論語集解》는 먼저 칭찬하고 뒤에 시험하는 것임을 말하였고, 《논어집주論語集註》는 먼저 시험하고 뒤에 칭찬하는 것임을 말하였으니, 여기서는 당연히 《논어집주》를 따라야 한다.

○마융: 백성을 쓸 때 이와 같이하여 편파적으로 사사로이 하는 바가 없었으니, 이 때문에 곧은 도로써 행하였다고 말하는 것이다.

○모기령: 삼대三代의 곧은 도를 굽히지 않고 지금까지 행해 온 까닭은, 바로 어진 이를 기용하고 편파적으로 사사로이 함이 없었기 때문이다. [馬融은 "사람 등용함을 이와 같이 했다"라고 하였다.] 후한後漢의 영평永平(58~75) 연간에 공경대부公卿大夫에게 조칙을 내려 군국郡國²⁾의 공거貢擧³⁾를 의논하는 글에, "대저 인재는 여러 가지를 능히 서로 겸비하는 것이 적다. 그러므로 맹공작孟公綽이 조씨趙氏·위씨魏氏의 가로家老가 되기에는 넉넉했지만, 등滕나라와 설薛나라의 대부는 맡길 수 없었다.⁴⁾

衛靈公 下

◀夫忠孝之人, 持心近厚; 鍛鍊之吏, 持心近薄. 三代之所以直道而行者, 在其所以磨之之故也.' 磨即試也. 劉昭註〈韋彪傳〉曰, '彪引直道而行者, 言古之用賢, 皆磨礪①選鍊, 然後用之.' 謂必試而後用也. 【前②漢 谷永〈薦薛宣疏〉, 以宣爲御史中丞, 擧措皆當, '如有所譽, 其有所試', 亦皆引此, 作用人解】自後儒不識用人, 空言毁譽, 遂致三代直道, 皆無著落."

○駁曰 非也. 馬註言用民不言用人, 惟包註乃試用之說. 漢儒相承致誤, 不足據也.

祝石林云: "夫子作《春秋》, 雖襃貶毫不放過, 然原是揭斯民是非之公心. 昔禹·湯·文·武以直道行賞罰, 夫子以直道行是非, 正是夫子志, 欲行三代之道于斯民矣."

---

① 礪: 毛奇齡의《論語稽求篇》原文에 '勵'로 잘못되어 있는 것을 新朝本·奎章本에서도 그대로 두었으나 바로잡는다.
② 前: 毛奇齡의《論語稽求篇》原文에 '後'로 잘못되어 있는 것을 新朝本·奎章本에서도 그대로 두었으나 바로잡는다.
5)《後漢書》卷26〈韋彪傳〉에 나온다.
6) 劉昭: 梁 高唐人. 字는 宣卿. 老莊學에 통하였으며, 官은 臨川王 蕭宏의 記室과 通直郎을 역임하였으며, 마지막에는 剡令. 저서로는《幼童傳》·《後漢書集注》·《文集》등이 있다.
7) 韋彪: 後漢 扶風 平陵人. 字는 孟達. 孝行이 지극하고 好學하였음. 官은 魏郡太守·長樂衛尉·大鴻臚. 저술 12篇이 있다. (《後漢書》卷26 참조.)
8)《後漢書》卷26〈韋彪傳〉의 劉昭 注에 나온다.
9) 毛奇齡,《論語稽求篇》'吾之於人也, 誰毁誰譽' 章에 나온다.
10) 祝石林: 未詳.

◀대저 충효가 있는 사람은 마음가짐이 후한 데에 가깝고, 사무에 단련된 관리는 마음가짐이 박한 데에 가깝다. 삼대三代의 곧은 도로써 행한다는 것은 이를 시험하기 때문인 것이다"5)라는 말이 있다. (이 글에 나오는 '마지마磨 之'의) 마磨는 시험한다는 뜻이다. 유소劉昭6)의 〈위표전韋彪傳〉7) 주석에서 "위표가 (〈공거의貢擧議〉를 올리면서 그 글에) '직도이행直道而行'을 인용한 것은 옛날에 어진 이를 등용할 때는 모두 연마鍊磨시켜서 신중히 간택한 뒤에 이를 기용했음을 말한 것이다"라고 하였으니,8) 이는 반드시 시험한 뒤에 등용한다는 말이다. [前漢의 谷永이 薛宣을 추천하는 疏에서 薛宣을 御史中丞으로 삼은 것은 擧錯가 모두 합당하다고 하였으며, (거기에 나오는 孔子의) "만약 (내가) 칭찬하는 사람이 있다면 그 사람에 대해 시험한 바가 있다"라는 것은 또한 모두 이를 인용하여 사람을 쓰는 법의 解說로 만들었다.] 이 이후부터는 유자儒者들이 이것이 사람 쓰는 것을 말한 것임을 알지 못하고 공연히 (누구를 헐뜯고 누구를 칭찬하고 하는) 훼예毁譽로만 말하여, 드디어 삼대의 곧은 도가 모두 여기에 아무 관련도 붙일 수가 없게 되었다.9)

衛靈公下

○반박: 아니다. 마융의 주注는 용민用民을 말하였지 용인用人을 말하지는 않았으며, 오직 포함의 주는 사람을 시험하고 등용한다는 설이다. 한유漢儒들은 서로 이어 (이 경문을 사람을 시험하여 쓰는 말로) 잘못 보아 왔으니, 이는 그런 근거가 있을 수 없는 것이다.

○축석림:10) 공자는 《춘추》를 저작하면서 비록 포폄褒貶을 털끝만큼도 그대로 지나치지 않았으나, 이는 원래 백성의 옳고 그름에 대한 공평한 마음을 제시하기 위한 것이다. 옛날 우禹·탕湯·문文·무武는 곧은 도로써 상벌賞罰을 시행하였고, 공자는 곧은 도로써 시비是非를 행하였는데, 이는 바로 공자의 뜻이 삼대의 도를 이 백성에게 행하려고 한 것이다.

○海剛峰云: "上之行賞罰以權, 下之行是非以筆. 權行而直道伸于天下, 筆行而直道存于天下. 夫子之作《春秋》, 盖筆以代權也, 三代以待季世也."
○案 石林·剛峰以《春秋》爲說, 恐是此章之本旨. 若因小小毁譽而發, 則三代直道之說, 太重太大, 須作《春秋》說, 方得相稱. 下節言譽而不言毁者, 爲時諱也.

子曰: "吾猶及史之闕文也, 有馬者借人乘之, 今亡矣夫!"

包曰: "古之良史, 於書字有疑則闕之, 以待知者."
○補曰 借乘人, 謂車馬與朋友共之.
○包曰: "孔子自謂及見其人如此, 至今無有矣."

---

11) 海剛峰: 明代의 文臣. 瓊山人. 名은 瑞, 字는 汝賢, 剛峰은 그의 號. 諡는 忠介. 官은 戶部主事·右僉都御史·南京右都御史 등을 역임. 저술로《備忘集》·《元祐黨人碑考》가 있다.
12) 〈衛靈公〉에 나오는 이 經文의 下節인 "如有所譽者, 其有所試矣"를 가리킴.

○해강봉:[11] 위에서는 권력으로써 상벌을 행하고, 아래에서는 필법筆法으로써 시비를 행하였으니, 권력이 행해져서 곧은 도가 천하에 펴졌고, 필법이 행해져서 곧은 도가 천하에 보존되었다. 공자가《춘추》를 저작한 것은 대개 (포폄襃貶의) 필법으로써 (상벌을 행하는) 권력을 대신한 것이라고 여겨지니, 이는 삼대三代의 정치로써 계세季世(말세)를 대비하려고 한 것이다.

○살펴보건대, 석림石林과 강봉剛峰이《춘추》로써 설을 만든 것은 아마도 이 장章의 본지本旨인 듯하다. 만약 자질구레한 훼예毁譽로 인해서 말한 것이라면 '삼대의 곧은 도(三代直道)'의 설은 너무 무겁고 크니, 모름지기《춘추》의 설이 되어야만 바야흐로 서로 알맞을 것이다. 아래 구절에서 칭찬하는 것(譽)에 대해서만 말하고[12] 헐뜯는 것(毁)에 대해서 말하지 않은 것은 그 당시 기피할 일이 있었기 때문이다.

공자는 말하기를 "나는 오히려 사관史官들이 (의심나는 것은) 글을 빼놓고 기록하지 않는 것과 말을 가진 자가 남에게 빌려주어 타게 하는 것을 보았는데, 지금은 그런 일도 없어졌구나!"라고 하였다.

○포함: 옛날의 양심적인 사관은 글자에 의심이 있으면 그것을 빼놓고 아는 사람을 기다렸다.
○보충: 사람에게 빌려주어 타게 한다(借人乘)는 것은 거마車馬를 벗과 함께 쓴다는 말이다.
○포함: 공자는 그 사람들이 이와 같음을 보았으나, 지금은 그런 일이 없다고 스스로 말한 것이다.

○補曰 史闕文, 謹也; 馬借人, 厚也. 世降而謹厚之風衰.

包曰: "有馬不能調良, 則借人乘習之. 言此者, 以俗多穿鑿."

○韓曰: "上句言己所不知必闕之, 不可假他人之言筆削也. 譬如有馬不能自乘, 而借他人乘之, 非己所學耳."【見《筆解》】

○胡曰: "此章義疑, 不可強解."

○趙曰: "二事大小精粗, 實不相並."

○案 包·韓之說, 拗曲不通, 故胡·趙之說如此. 但作謹厚意看, 無可疑也.

荻曰: "'闕文'二字, 本傳者所書, 而後誤入正文."

○駁曰 非也. 此說雖巧, 史之闕文, 本有經證. 《春秋》有'夏五'之文,【桓十四】《左傳》有'夏有'之文,【成二年】杜註皆以爲闕文, 謹之至也.

---

1) 《論語筆解》卷下에 나온다.
2) 두 가지 일: '史闕文'과 '馬借人'이다.
3) 《論語集註大全》卷15〈衛靈公〉제15 小注에 나온다.
4) 太宰純, 《論語古訓外傳》15-20b.

○보충: 사관이 의심나는 글을 빼놓는 것은 삼가는 자세이고, 말을 남에게 빌려주는 것은 후한 인정이다. 후세로 내려오면서 근후謹厚한 풍습이 쇠퇴해 버렸다.
○포함: 말을 가진 자가 순한 말로 길들일 수 없으면, 다른 사람에게 빌려주어 타는 연습을 하여 길들이는 것이다. 이런 것을 말한 것은 (당시의) 풍습에 천착穿鑿하는 폐단이 많았기 때문이다.
○한유: 위의 구절은 자기가 알지 못하는 것은 반드시 빼놓아야 하고, 다른 사람의 말을 빌려 필삭筆削(가필하거나 삭제함)할 수 없음을 말한 것이니, 비유하면 마치 말을 가지고 있는데도 스스로 타지 못하고 남에게 빌려주어 타게 하는 것과 같은 격이니, 이는 자기 자신이 배운 바가 아니기 때문이다. [《論語筆解》에 보인다.[1)]

○호인: 이 장章의 뜻은 의심스러우니, 억지로 해석할 수 없다.
○조순손: 두 가지 일[2)]은 대소大小와 정조精粗에서 실로 서로 나란히 하여 견주어 볼 수 없다.[3)]
○살펴보건대, 포함과 한유의 설은 억지로 왜곡되어 있어 통하지 않기 때문에, 호인과 조순손의 설이 이와 같다. 다만 (이 두 가지 일을) 근후謹厚의 뜻으로 보아야 하는 것은 의심할 만한 것이 없다.
○적생쌍송: '궐문闕文'이란 두 글자는 본래 전술하는 자가 기록해 놓은 것인데, 이것이 뒤에 본문으로 잘못 들어간 것이다.[4)]
○반박: 아니다. 이 설은 비록 말이 교묘하기는 하지만 '사궐문史闕文'은 본래 경전經傳에 그 증거가 있다.《춘추》에는 '하오夏五'라는 글이 있고, [桓公 14년이다.]《좌전》에는 '하유夏有'라는 글이 있는데, [成公 2년이다.] 두예杜預의 주注에서 이를 모두 궐문으로 여겼으니, (기록할 때 빼놓고 쓰지 않는) 삼가는 자세가 지극한 것이다.

373

引證 《漢書》〈藝文志〉曰: "古制書必同文, 不知則闕, 問諸故老. 至於衰世, 是非無正, 人用其私, 故孔子曰, '吾猶及史之闕文也, 今亡矣夫!' 蓋傷其寖不正."

陶石簣云: "史闕文, 不忍盡書也. 必欲詳書, 史職雖盡, 而仁恕遠矣."
○駁曰 非也. 史家以直書爲貴也.

子曰: "巧言亂德. 小不忍, 則亂大謀."

補曰 物之完全者, 又有物自外來而壞亂之曰亂.
○補曰 巧言, 變幻是非, 故能讒毀賢德.【純云: "德, 謂有德之人."】小不忍, 則宣洩機密, 故必敗壞大謀.
孔曰: "巧言利口, 則亂德義."
○邢曰: "山藪藏疾, 國君含垢, 故小事不忍, 則亂大謀."

---

5) 陶石簣: 明代의 文臣. 名은 望齡, 字는 周望, 謚는 文簡, 石簣는 그의 號. 官은 編修·國子祭酒. 저서로는 《解莊》이 있다.
1) 太宰純, 《論語古訓外傳》 15-21a.
2) 《左傳》 宣公 15년조에 나오는 말이다.
3) 《正義》 15.

【인증】《한서》〈예문지〉: 옛 제도에는 글을 쓸 때 반드시 같은 문자를 사용하였다. 그래서 자신이 알지 못하는 글자가 있으면 빼놓았다가 고로故老에게 물었던 것이다. 그런데 쇠퇴해진 세상에 이르러서는 시비가 바르지 못하고 사람들은 사사로이 제각각의 문자를 사용하였기 때문에, 공자는 "나는 오히려 사관史官들이 (의심나는 것은) 글을 빼놓는 것을 보기까지 하였는데, 지금은 그런 일도 없어졌구나!"라고 하였으니, 이는 대개 (궐문에 대해 생각하는 것이) 점점 바르게 되지 못함을 개탄한 것이라고 여겨진다.
○도석궤:[5] '사궐문史闕文'은 차마 다 쓰지 못하는 것이다. 반드시 상세히 기록해 놓아야만 사관史官으로서의 직책은 다하였다고 하겠으나, 인仁과 서恕에서는 멀어질 것이다.
○반박: 아니다. 사가史家는 곧게 쓰는 것을 귀함으로 삼는다.

공자는 말하기를 "듣기 좋게 꾸미는 말은 덕을 해치고, 작은 것을 참지 못하면 큰일을 해친다."라고 하였다.

○보충: 완전한 한 물체에 대해 또 어떤 다른 물체가 외부로부터 와서 이를 무너뜨려 어지럽히는 것을 난亂이라 한다.
○보충: 교언巧言은 시비를 변환變幻시키기 때문에 능히 어진 덕을 가진 이를 참소하여 헐뜯으며, [太宰純은 이르기를 "德은 德이 있는 사람을 말한다"고 하였다.[1)] 작은 것을 참지 못하면 기밀을 누설시키기 때문에 반드시 큰일을 해친다.
○공안국: 말을 교묘하게 잘 꾸며대면 덕의德義를 어지럽힌다.
○형병: 산과 숲은 독충毒蟲을 감추고, 나라의 임금은 (한때의) 치욕을 참는다.[2)] 그러므로 작은 일을 참지 못하면 큰일을 어지럽힌다.[3)]

375

○案 孔所謂德義, 不知何物.

質疑 朱子曰: "巧言, 變亂是非, 聽之使人喪其所守."【薛方山云: "巧言似是而非, 所謂彌近理而大亂眞, 能移人趨向, 而喪其所守."】

○案《詩》云: "巧言如簧."《書》云: "何畏乎巧言令①色孔壬?" 巧言本是敗亂賢德之物. 巧言亂德, 猶言貪人敗類也. 若有人平生修德, 一聽巧言, 遽喪其所守, 則其所謂德, 本是僭稱, 烏足云亂德乎? 薛方山之說, 又以巧言爲佛語, 失之遠矣.

質疑 小不忍, 如婦人之仁·匹夫之勇皆是.【純云: "柔而不忍, 則爲婦人之仁; 剛而不忍, 則爲匹夫之勇."】

○案 婦人之仁, 如項羽不殺沛公, 是也.【范增云: "君王爲人不忍."】婦人之不忍, 是殘忍之忍;【孟子所謂不忍人之心】匹夫之不忍, 是含忍之忍. 此經所戒, 乃含忍之忍, 豈可作婦人說乎?

---

① 令: 新朝本·奎章本에는 '佞'으로 되어 있으나《書經》〈皐陶謨〉에 따라 바로잡는다.
4) 薛方山: 明代의 儒學者. 江蘇省 武進人. 名은 應旂, 字는 仲常, 方山은 그의 號. 官은 考功郎中·陝西按察司副使 등을 역임. 王守仁을 師事하여 陸王學에 정통하였고, 말년에는 程朱學을 아울러 취하였음. 저술로는《四書人物考》·《薛方山記述》·《薛子庸語》등이 있다.
5)《詩經》〈小雅·巧言〉에 나온다.
6) 孔壬: 蔡沈은 '孔'을 크다는 뜻으로 하여 孔壬을 '크게 간악한 마음을 품은 자'로 보았으나, 茶山은 人名으로 보았다.
7) 貪人敗類:《詩經》〈大雅·桑柔〉에 나오는 말인데, 그 뜻은 "탐욕스러운 사람은 同類를 해친다"는 말이다.
8) 朱子의 주석에 나오는 말이다.
9) 太宰純,《論語古訓外傳》15-21a.
10) 沛公: 前漢의 高祖가 된 劉邦. 沛에서 일어났기 때문에 沛公이라 함.
11) 范增: 秦 居鄹人. 項羽를 도와 諸侯의 霸者가 되게 하여 亞父라 불렸음. 뒤에 項羽와 갈라져 彭城에 돌아가다가 등창으로 죽었다.
12) 여기의 不忍은 情이 약하고 과단성이 없어 차마 하지 못하는 것을 이름.
13)《史記》〈項羽本紀〉에 나온다.

○살펴보건대, 공안국의 이른바 덕의德義라는 것이 어떤 말인지 알지 못하겠다.

【질의】 주자: 교언巧言은 시비를 변란變亂시키기 때문에, 이를 들으면 사람으로 하여금 그 지키는 바를 잃게 한다. [薛方山[4]은 이르기를 "巧言은 옳은 것처럼 보이지만 실은 옳지 않은 말이니, 이는 이른바 이치에 가까울수록 크게 그 眞을 어지럽힌다는 것이다. 능히 사람의 생각하는 방향을 옮겨서 그 지키던 바를 잃게 한다"라고 하였다.]

○살펴보건대, 《시경》에 "듣기 좋게 꾸미는 말이 생황笙簧 같다"라 하였고,[5] 《서경》에 "어찌 말을 듣기 좋게 꾸미고 낯빛을 보기 좋게 꾸미는 공임孔壬[6]을 두려워하겠는가?"라고 하였으니, 교언巧言은 본래 현덕賢德한 사람을 해치는 것이다. '교언란덕巧言亂德'은 '탐인패류貪人敗類'[7]라는 말과 같은 것이다. 만약 가령 여기에 한 사람이 있다고 하자, 평생토록 수덕修德하다가 한 번 듣기 좋게 꾸미는 말을 듣고 갑자기 그 지키던 바를 잃는다면, 그 이른바 덕德은 본래 (덕으로) 참칭僭稱한 것이지 어떻게 (이런 덕을 가지고) '덕을 해쳤다(亂德)'고 말할 수 있겠는가? 설방산薛方山의 설은 또 교언巧言을 불가佛家의 말로 삼았으니, 매우 잘못된 것이다.

【질의】 소불인小不忍이란 부인婦人의 인仁과 필부匹夫의 용勇 같은 것이 그것이다.[8] [太宰純은 이르기를 "마음이 부드러워 차마 하지 못하는 것은 婦人의 仁이고, 기질이 剛해서 참지 못하는 것은 匹夫의 勇이다"라고 하였다.[9]]

○살펴보건대, 부인의 인은 항우項羽가 패공沛公[10]을 죽이지 못한 것과 같은 그런 것이다. [范增[11]은 이르기를 "君王(項羽)은 사람됨이 不忍[12]하다"고 하였다.[13]] 부인의 불인不忍(에서 인忍)은 잔인殘忍의 인忍(차마 하는 것)이고, 필부의 불인不忍(에서 인)은 함인含忍의 인忍(참음)이다. 이 경문의 경계하는 바는 곧 함인의 인이니, 어떻게 여기에 부인(의 인仁과 관련시켜) 설을 만들 수 있겠는가?▶

◀若以項羽事爲小不忍而亂大謀, 則是聖人勸人殘酷, 使之見利忘義, 虐殺無辜, 豈可爲訓哉? 項羽之不殺沛公, 苻堅之不殺慕容垂, 是其平生長處, 其敗亡非以是也. 邢疏亦作含忍說.【朱子謂: "婦人不忍其愛, 匹夫不忍其忿." 然項羽之於沛公, 不可曰不忍其愛】

薛方山云: "小不忍有二義. 或不能容忍, 而以輕試敗, 或不能堅忍, 而以任意濟, 故曰亂大謀."

○案 上所言忍, 怒也; 下所言忍, 苦也. 豈惟是也? 凡忍哀·忍恥·忍痛·忍鬱, 皆有大謀者所宜忍. 惟項羽之不忍殺, 非所引也.

子曰: "衆惡之, 必察焉; 衆好之, 必察焉."

---

14) '小不忍'을 項羽의 일에 적용하면 '작은 것을 차마 하지 못하면'이라고 해석해야 한다는 말이다.
15)《論語集註大全》卷15〈衛靈公〉제15 小注에 나온다.

◀만약 항우의 일을 가지고 '소불인이란대모小不忍而亂大謀'[14]라는 글에 적용하면, 이는 성인聖人이 사람들에게 잔혹함을 권장하여 그들로 하여금 이로운 것을 보면 의義를 잊고 무고한 이를 학살하게 하는 것이니, 이것이 어찌 (성인의) 교훈이 되겠는가? 항우가 패공을 죽이지 않았던 일과 부견苻堅이 모용수慕容垂를 죽이지 않았던 일은 그들의 평생에 장점이며, 그들의 패망은 이 때문이 아니다. 형병의 소疏도 또한 함인含忍의 설로 되어 있다. [朱子는 이르기를 "婦人의 仁은 그 사랑함을 참지 못하는 것이고, 匹夫의 勇은 그 忿함을 참지 못하는 것이다"[15]라고 하였다. 그러나 項羽가 沛公에 대해서 그 사랑함을 참지 못하였다고는 말할 수 없다.]

○설방산: '소불인小不忍'에는 두 가지 뜻이 있으니, 너그러운 마음으로 참지 못하고 가볍게 행동하여 무너지거나, 아니면 굳게 참지 못하고 마음 가는대로 맡겨 어지러워지거나 하는 것이다. 그러므로 큰일을 어지럽힌다.

○살펴보건대, 위에서 말한 바 (용인容忍의) 인忍은 분노를 참는 것이고, 아래에서 말한 바 (견인堅忍의) 인忍은 고됨을 참는 것이다. 어찌 이것뿐이겠는가? 무릇 슬픔을 참는다거나 치욕을 참는다거나 아픔을 참는다거나 답답함을 참는다거나 하는 것은 모두 큰일을 도모함이 있는 자는 마땅히 참아야 하는 것이다. 오직 항우가 (패공을) 차마 죽이지 못한 일만은 (여기에) 인용할 바가 아니다.

衛靈公 下

공자는 말하기를 "여러 사람이 미워하더라도 반드시 살피며, 여러 사람이 좋아하더라도 반드시 살펴야 한다."라고 하였다.

王曰: "或眾阿黨比周,【邢云: "《左傳》云, '頑嚚不友, 是與比周.'"】或其人特立不群."【純云: "〈儒行〉曰, '其特立有如此者.'"】

○邢曰: "設有一人, 爲眾所惡, 不可即雷同而惡之; 設有一人, 爲眾所好, 亦不可即從眾而好之."

○補曰 眾惡之, 或是孤忠; 眾好之, 或是鄉愿.

王弱生云: "察之而眾論果非也, 則表一賢良于積毀之中, 可也, 斥一奸邪于積譽之中, 可也; 察之而眾論果當也, 則隨群稱以揚善, 可也, 隨群口以抵惡, 亦可也."

子曰: "人能弘道, 非道弘人."

補曰 弘, 引而廣之也.【義見下】

○補曰 道之大本, 出於天,【董子云】莫大者道. 然引而廣之, 在乎人,【如堯·舜·禹·湯】非道引人以廣之.▶

---

1)《左傳》文公 18년조에 나온다.
2)《正義》15.
3) 太宰純,《論語古訓外傳》15-21b.
4)《正義》15.
5) 孤忠: 他人의 도움 없이 자신이 혼자 바치는 忠義. '孤忠天地知'라는 胡炳文의 詩句가 있다.
6) 王弱生: 明代의 學者. 崑山人. 名은 志堅, 弱生은 그의 字. 萬曆의 進士. 官은 崇禎 때 僉事. 博學하였음. 저술로는《讀商語》·《四六法海》·《古文瀆編》등이 있다.

○왕숙: 어떤 이는 무리에게 아부하고 편을 만들어 친밀하게 지내기도 하고, [邢昺은 이르기를 "《左傳》에 '완악하고 신임이 없는 자들과 가까이 친밀하였다'고 했다"[1]라 하였다.[2]] 어떤 이는 그 사람이 우뚝 홀로 서서 무리를 짓지 않기도 한다. [太宰純은 이르기를 "《禮記》〈儒行〉편에 '그 다른 사람에 뛰어나게 우뚝 서 있는 것은 여기 기술한 이와 같은 것이 있다'고 했다"라 하였다.[3]]

○형병: 설사 어떤 한 사람이 여러 사람에게 미움을 받더라도 곧 그들과 부화뇌동하여 그를 미워해서는 안 되고, 설사 어떤 한 사람이 여러 사람에게 좋아함을 받더라도 또한 곧 여러 사람들을 추종하여 그를 좋아해서도 안 된다.[4]

○보충: 여러 사람이 미워해도 (그 안에는) 혹 고충孤忠[5]이 있기도 하고, 여러 사람이 좋아해도 (그 안에는) 혹 향원鄕愿이 있기도 한다.

○왕약생:[6] 살펴보아서 중론이 과연 그르다면 많은 비난의 말 가운데서 한 어진 이의 말을 드러내는 것이 옳고, (다른 한편으로는) 많은 칭찬의 말 가운데서 한 간사한 자의 말을 배척하는 것이 옳다. (그러나) 살펴보아서 중론이 과연 옳다면 여러 사람의 칭찬을 따라 선善을 선양하는 것이 옳고, (반면) 여러 사람의 구설을 따라 악惡을 비방하는 것도 또한 옳다.

공자는 말하기를 "사람이 능히 도를 넓히며, 도가 사람을 넓히는 것이 아니다."라고 하였다.

○보충: 홍弘은 끌어서 넓힌다는 뜻이다. [뜻은 아래에 나타나 있다.]

○보충: 도의 큰 근본은 하늘에서 나왔으니, [董仲舒가 그렇게 말하였다.] 이보다 큰 것이 없음이 도道이다. 그러나 끌어서 이를 넓히는 것은 사람에게 달려 있고, [堯·舜·禹·湯 같은 이다.] 도가 사람을 끌어서 이를 넓히는 것은 아니다.

◂故聖人作, 則廣道於天下; 聖人不作, 則道隨以亡, 而不能引以廣之, 使人修道.

王曰: "才大者道隨大, 才小者道隨小, 故不能弘人."

○邢曰: "弘, 大也. 道者, 通物之名, 虛無妙用, 不可須臾離. 但仁者見之謂之仁, 知者見之謂之知, 是人才大者, 道隨之大也, 故曰人能弘道. 百姓日用而不知, 人才小者, 道亦隨小, 而道不能大其人也, 故曰非道弘人."

○駁曰 非也. 不知道爲何物.

朱子曰①: "弘, 廓而大之也."【純云: "廓一作擴."】

○案 弘之爲字, 從弓而厷聲. 厷者, 肱也.【古肱字】象人以肱引弓, 廓而廣之也.《易》曰: "含弘光大, 品物咸亨."【〈坤〉卦文】〈周書〉曰: "弘朕恭."《左傳》, 叔弓聘于晉, 晉侯使郊勞. 辭曰: "敝②邑弘矣."【弘, 廣也】▸

---

① 曰: 新朝本에는 빠져 있으나 奎章本에 따라 보충한다.
② 敝: 新朝本·奎章本에는 '弊'로 되어 있으나《春秋左傳》昭公 7年에 따라 바로잡는다.
1)《正義》15.
2)《尙書》〈洛誥〉에 나온다.
3) 叔弓: 春秋時代 魯나라 大夫. 叔은 氏, 弓은 名. 諡는 敬子.

◀그러므로 성인이 태어나면 천하에 도를 넓히게 되나, 성인이 태어나지 않으면 도道도 따라서 망하게 되는데, 도가 사람을 끌어서 이를 넓혀 사람으로 하여금 도를 닦게 할 수는 없다.
○왕숙: 재목이 큰 자는 도道도 따라서 크고, 재목이 작은 자는 도도 따라서 작기 때문에, (도가) 사람을 크게 할 수는 없다.
○형병: 홍弘은 크다는 뜻이다. '도道'란 만물에 통하는 명칭으로 형체는 허무虛無이나 작용은 묘용妙用이니, 잠시도 떠날 수 없는 것이다. 다만 인자仁者는 이를 보고 인仁이라 하고, 지자知者는 이를 보고 지知라고 하니, 이것이 바로 사람이 재목이 큰 자는 도도 따라서 크기 때문에 '사람이 도를 크게 할 수 있다'라고 한 것이다. 백성은 날마다 (도를) 쓰면서도 알지 못하니, 사람이 재목이 작은 자는 도도 또한 따라서 작아 도가 그 사람을 크게 할 수 없기 때문에 '도가 사람을 크게 할 수 없다'고 한 것이다.[1)]
○반박: 아니다. 도가 무엇인지 알지 못하고 있다.
○주자: 홍弘은 넓혀서 크게 하는 것이다. [太宰純은 이르기를 "'廓'이 한편으로는 '擴'으로 되어 있다"라고 하였다.]
○살펴보건대, 홍弘 자의 글자 되어 있는 것이 (궁弓과 관계되는 것으로) 궁弓 변에 굉厶의 소리이다. '굉厶'이란 굉肱(팔)의 뜻이다. [옛 肱 字이다.] (그러니 홍弘은) 사람이 팔로 활을 당기는 것을 형상하였으니, 그 뜻은 크게 넓히는 것이다. 《역경易經》에 "넓은 것을 포용하고 큰 것을 비추어서 만물이 모두 형통해진다(含弘光大, 品物咸亨)"라 하였고, [〈坤卦〉의 글이다.] 《상서尙書》 〈주서周書〉에 "큰 교훈을 삼가 받들다(弘朕恭)"[2)]라고 하였으며, 《좌전》에 숙궁叔弓[3)]이 진晉나라에 빙문聘問하니, 진후晉侯가 사람을 시켜 교외郊外에 나가 (숙궁을) 위로하게 하였는데, (숙궁이) 사양하기를 "우리 노魯나라의 큰 행복입니다(敝邑弘矣)"라고 하였다. [여기에 나오는 '弘'은 廣의 뜻이다.]▶

◀又子產曰: "良霄, 敝③邑之卿, 從政三世, 其用物弘矣."【弘, 廣也】左思〈吳都賦〉曰: "茲都函弘." 弘者, 廣也.

質疑 張子曰: "心能盡性, 人能弘道也. 性不知檢其心, 非道弘人也."
○朱子曰: "人心有覺, 而道體無爲, 故人能大其道, 道不能大其人也."
○案 道體至大, 其大無外, 人不能縮而小之, 亦不能擴④而大之, 豈可曰人能大其道乎? 人苟學道, 則德心恢廣, 日臻光大, 豈可曰道不能大其人乎? 且心屬人, 性屬道, 古經無此驗也.

子曰: "過而不改, 是謂過矣."【上過, 平聲; 下過, 去聲】

補曰 過者, 不得中之名. 過而失中者, 改而得中, 則不謂之過. 若仍其過而不改, 則斯謂之罪過矣.

---

③ 敝: 新朝本·奎章本에는 '弊'로 되어 있으나《春秋左傳》昭公 7年에 따라 바로잡는다.
④ 擴: 新朝本·奎章本에는 '撫'으로 되어 있으나 '縮小'에 상대되는 의미는 '擴大'이므로 바로잡는다.
4) 良霄: 春秋時代 鄭나라 사람. 穆公의 庶子인 公子 去疾의 孫. 去疾의 字가 子良인데, 霄는 이를 인해서 良을 姓으로 하였음. 字는 伯有이다.
5) 左思: 晉 臨淄人. 字는 太沖. 太康 年間(280~289)에 活躍한 文人으로 博學能文. 당시 문단에서는 三張(張載·張協·張亢), 二陸(陸機·陸雲), 兩潘(潘岳·潘尼), 一左로 불리었음. 官은 秘書郞. 저술 작품은〈三都賦〉를 비롯해 詠史詩·招隱詩 등이 있다.
6) 張子: 北宋의 學者 張載를 가리킴.
1) 過가 平聲일 때는 그 뜻이 '지나다' '지나치다'이고, 去聲일 때는 '허물'이란 뜻이다.

◀또 자산子産이 말하기를 "양소良霄⁴⁾는 우리 정鄭나라의 경卿으로서 정사에 관여한 것이 3대이니, 그 몸에 사용한 물건도 넓을 것이다"라 하였고, [여기의 '弘'도 廣의 뜻이다.] 좌사左思⁵⁾의 〈오도부吳都賦〉에 "이 오도吳都는 크고도 넓다(玆都函弘)"라고 하였으니, '홍弘'이란 넓다는 뜻이다.

【질의】 장자:⁶⁾ 마음은 성性을 극진히 할 수 있으니, 이는 사람이 도道를 넓힐 수 있는 것이며, 성性은 마음을 살필 줄 모르니, 이는 도道가 사람을 넓히는 것이 아닌 것이다.

○주자: 사람의 마음은 깨닫는 것이 있는데, 도체道體는 하는 것이 없다. 그러므로 사람은 도道를 크게 할 수 있으나, 도는 사람을 크게 할 수 없다.

○살펴보건대, 도체道體는 지극히 커서 그 큰 것은 밖이 없으니, 사람으로서는 이를 줄여 작게 할 수도 없고 또한 넓혀 크게 할 수도 없는데, 어떻게 사람이 도를 크게 할 수 있다고 말할 수 있겠는가? 사람이 진실로 도를 배우면 덕심德心이 크게 넓어져 날로 광대光大한 경지에 이르게 되는데, 어떻게 도가 사람을 크게 할 수 없다고 말할 수 있겠는가? 또 심心을 사람에 소속시키고, 성性을 도에 소속시키는 것은 고경古經에 이런 증거가 없다.

공자는 말하기를 "지나쳤는데도 고치지 않는 것, 이를 허물이라고 한다."라 하였다. [위의 '過' 자는 平聲이고, 아래 '過' 자는 去聲이다.¹⁾]

○보충: '과過'란 중용中庸을 얻지 못한 것을 이름한 것이다. 지나쳐서 중용을 잃은 자가 고쳐서 중용을 얻으면 이를 '과過'라고 이르지 않는다. 그러나 만약 지나쳤는데도 고치지 않으면, 이를 두고 죄과罪過라고 이른다.

蔡曰: "兩 '過' 字, 略有浮實之別." 【見《蒙引》】
○案 中庸者, 擇善之名, 如衡安錘. 不得其中, 則前傾後瀉, 移其錘而安於中, 則如改其過而得其中. 傾瀉而不知改, 則於是乎爲過矣. 然則上 '過' 字, 謂過中也; 【平聲讀】 下 '過' 字, 謂罪過也, 【去聲讀】 蔡說極是.

子曰: "吾嘗終日不食, 終夜不寢, 以思, 無益, 不如學也."

補曰 思, 謂研之於自心. 【推究之】 學, 謂徵之於載籍. 【已見〈爲政〉篇】
○朱子曰: "此爲思而不學者言之."
○案 思而不學, 學而不思, 其敝惟均, 而夫子於此, 重學而輕思, 故知有爲而發.
引證《大戴禮》, 孔子曰: "吾嘗終日思矣. 不如須臾之所學." 【〈勸學〉篇】

---

2) 浮實: '浮'는 일정하지 않고 떠 있는 것으로 위의 '過(지나치다)' 字를 가리키고, '實'은 일정하게 확정되어 있는 것으로 아래의 '過(허물)' 字를 가리킨다.
3) 蔡淸, 《四書蒙引》 卷8에 나온다.

○채청: 두 '과過' 자는 대략 볼 때 부실浮實²⁾의 구별이 있다. [《四書蒙引》에 나타나 있다.³⁾]
○살펴보건대, '중용中庸'이란 선善을 택한 것을 이름한 것이니, 예를 들면 이는 마치 저울대에 추가 기울지 않고 안전하게 놓여 있는 것과 같다. 그 중中을 얻지 못하면 저울대가 앞으로 기울고 뒤로 쏟아지는데, 그 추를 옮겨서 중中에다 안전하게 놓아두면 이는 마치 지나친 것을 고쳐서 그 중中을 얻은 것과 같다. 기울거나 쏟아지는데도 고칠 줄 모르면, 이것이 허물이 된다. 그러니 위의 '과過' 자는 중中을 지나친 것을 말하고, [平聲으로 읽는다.] 아래의 '과過' 자는 죄과罪過를 말하니, [去聲으로 읽는다.] 채청의 설이 지극히 옳다.

衛靈公下

공자는 말하기를 "내 일찍이 종일토록 먹지 않고 밤새도록 자지 않고 사색하였으나 유익함이 없었다. (역시) 배우는 것만 같지 못하였다."라고 하였다.

○보충: 사思는 스스로 자기 마음에 연구하는 것이고, [推究하는 것이다.] 학學은 전적典籍에 기록된 것을 징험하는 것이다. [이미 〈爲政〉편에 나타나 있다.]
○주자: 이는 생각만 하고 배우지 않는 자를 위하여 말한 것이다.
○살펴보건대, 생각만 하고 배우지 않는 것이나, 배우기만 하고 생각하지 않는 것은 그 폐단이 같은데, 공자가 여기에서는 학學을 중하게 여기고 사思를 경하게 여겼다. 그러므로 이는 어떤 일이 있어 그렇게 말한 것임을 알겠다.
【인증】《대대례》: 공자는 말하기를 "내 일찍이 종일토록 사색하였으나, (아무것도 얻은 것이 없다. 그보다는) 잠시라도 배우는 것이 낫다"라고 하였다. [〈勸學〉편에 있다.]

子曰:"君子謀道不謀食. 耕也, 餒在其中矣; 學也, 祿在其中矣. 君子憂道不憂貧."

補曰 道者, 大體之所遵; 食者, 小體之所享. 故君子所謀, 在大而不在小也.

○補曰 足食者, 必不肯躬耕, 方其耕時, 餒在其中矣.【不足故急於謀食】乏食者, 必不遑就學, 方其學時, 祿在其中矣.【有餘故暇於謀道】不待既穫而後計其糧而知餒, 既仕而後受其廩而知祿也.

○補曰 謀食者似智而餒已先顯, 謀道者似迂而祿已先及, 故君子憂道不憂貧.

鄭曰:"餒, 餓也. 言人雖念耕而不學, 故飢餓, 學則得祿, 雖不耕而不餒. 此勸人學."

공자는 말하기를 "군자는 도道를 도모하고 먹을 것을 도모하지 않는다. 밭갈이를 하고 있는 데에는 굶주림이 그 가운데 있기 때문이며, 배우기를 하고 있는 데에는 녹祿이 그 가운데 있기 때문이다. 군자는 도를 근심하지 가난을 근심하지 않는다."라고 하였다.

○보충: '도道'란 대체大體(心)가 따르는 것이고, '식食'이란 소체小體(耳目)가 누리는 것이다. 그러므로 군자가 도모하는 것은 대체에 있고 소체에 있지 않다.

○보충: 먹을 것이 풍족한 자는 반드시 몸소 밭갈이하기를 달갑게 여기지 않고, 바야흐로 밭갈이를 하고 있는 데에는 굶주림이 그 가운데에 내재해 있기 때문이다. [먹을 것이 부족하기 때문에 먹을 것을 도모하는 데에 급하다.] 먹을 것이 부족한 자는 반드시 배움에 나아갈 겨를이 없고, 바야흐로 배우기를 하고 있는 데에는 녹祿이 그 가운데에 내재해 있기 때문이다. [먹을 것이 여유가 있기 때문에 道를 도모하는 데에 여가가 있다.] 이미 수확하고 난 뒤에 그 식량을 계산하고서 굶주림을 알게 되거나, 이미 벼슬에 나간 뒤에 그 희름餼廩(俸祿)을 받고서 녹祿을 알게 되는 것이 아니다.

○보충: 먹을 것을 도모하는 자는 지혜로운 듯하나 굶주림이 먼저 드러나고, 도를 도모하는 자는 실정實情에 먼 듯하나 녹이 먼저 온다. 그러므로 군자는 도를 근심하지 가난을 근심하지 않는다.

○정현: 뇌餒는 굶주림이다. 사람이 비록 밭갈이하는 것만 생각했더라도 배우지 아니하였기 때문에 굶주리게 되고, 배우면 녹을 얻어 비록 밭갈이하지 않아도 굶주리지 않음을 말한 것이니, 이는 사람들에게 배움을 권장한 것이다.

○邢曰: "道高則祿來, 不暇謀於食.【又云: "歲有凶荒, 故飢餓."】然耕也, 未必皆餓; 學也, 未必皆得祿, 大判而言耳."

○駁曰 非也.

質疑 耕者雖有時而餒, 亦有時而不餒; 學者雖有時而祿, 亦有時而不祿. 何得曰 '耕也, 餒在其中; 學也, 祿在其中' 乎? 又若以祿在其中, 劬心爲學, 則仍是謀食, 非謀道也. 前篇曰: "父爲子隱, 子爲父隱,[①] 直在其中." 下篇曰: "博學而篤志, 切問而近思, 仁在其中." 凡言 '在其中' 者, 皆當下卽存, 非以來效而言之也.

---

① 父爲子隱子爲父隱: 新朝本·奎章本에는 '子爲父隱父爲子隱' 으로 되어 있으나 《論語》〈子路〉의 經文에 따라 바로잡는다.

1) 《正義》15.
2) 〈子張〉편에 나온다.
3) 모두: 여기의 '모두'는 '直在其中'과 '餒在其中'과 '仁在其中'의 '在其中'을 가리킴.
4) 그 밑에 바로 있는 것에 해당하지: '直在其中'은 곧은 것이 그 가운데(裏面)에 바로 內在해 있고, '餒在其中'은 굶주림이 그 가운데 바로 內在해 있고, '仁在其中'은 仁함이 그 가운데 바로 內在해 있다는 말이다.

○형병: 도道가 높으면 녹祿이 (내게로) 오기 때문에 먹을 것을 도모할 겨를이 없다. [또 (邢昺은) 이르기를 "시절에는 凶荒이 있기 때문에 饑餓가 든다"라고 하였다.] 그러나 밭갈이하여도 반드시 모두 굶주리지는 아니하고, 배워도 반드시 모두 녹을 얻지는 못하니, 이는 크게 판단하여 말하였을 뿐이다.[1)]
○반박: 아니다.

【질의】 밭갈이하는 자가 비록 때로는 굶는 경우가 있더라도 또한 때로는 굶지 않는 경우도 있으며, 배우는 자도 비록 때로는 녹을 먹는 경우가 있더라도 또한 때로는 녹을 먹지 못하는 경우도 있는데, 어떻게 "밭갈이를 하고 있는 데에는 굶주림이 그 가운데 있고, 배우기를 하고 있는 데에는 녹이 그 가운데 있다"라고 말할 수 있겠는가? 또 만약 녹이 그 가운데 있다고 해서 고심하면서 배운다면, 이는 곧 먹을 것을 도모하는 것이지 도道를 도모하는 것이 아니다. 《논어》 앞 편篇에서 "아버지는 자식을 위해 숨기고, 자식은 아버지를 위해 숨기니, 정직함이 그 가운데 있다"라 하였고, 《논어》 아래 편에서 "널리 배우고 뜻을 견고히 하며, 절실하게 묻고 가까이 (그 자신에서부터) 생각하면 인仁이 그 가운데 있다"[2)]라 하였으니, 무릇 '그 가운데 있다(在其中)'라고 말한 것은 모두[3)] 그 밑에 바로 있는 것에 해당하지[4)] 앞으로 올 효과로써 말한 것이 아니다.

子曰:"知及之, 仁不能守之, 雖得之, 必失之. 知及之, 仁能守之, 不以莊而涖之, 則民不敬. 知及之, 仁能守之, 莊以涖之, 動之不以禮, 未善也."

補曰 及, 逮也. 知及之, 謂睿知足以居大位, 無不逮也.
○補曰 仁者, 牧民之愛也. 親九族, 章百姓, 以及黎民, 則仁可以守此位也.《易》曰:"聖人之大寶曰位. 何以守位? 曰仁."
○補曰 得之失之, 以位言.
○補曰 莊, 端嚴也. 涖, 臨也. 莊以涖之, 謂威儀無懈怠, 政令無戲慢也.
○朱子曰:"動之, 動民也. 猶曰鼓舞而作興之."
○補曰 動之以禮, 猶言齊之以禮.

---

1)《易經》〈繫辭傳〉下에 나온다.
2)〈爲政〉편에 나오는 말이다.

공자는 말하기를 "지혜가 거기에 미치더라도, 인仁으로 능히 그것을 지키지 못하면 비록 얻더라도 반드시 잃을 것이다. 지혜가 거기에 미치고 인으로 능히 그것을 지키더라도, 장엄한 위의로써 백성을 임하지 않으면 백성이 공경하지 않을 것이다. 지혜가 거기에 미치고 인으로 능히 그것을 지키며 장엄한 위의로써 백성을 임하더라도, 그들을 규제하는 데에 예禮로써 하지 않으면 선을 다하지 못할 것이다."라고 하였다.

○보충: 급及은 미치다(逮)의 뜻이다. '지혜가 거기에 미치다(知及之)'란 예지睿知가 족히 큰 지위에 있어도 미치지 못함이 없다는 것을 말한다.

○보충: '인仁'이란 목민牧民의 사랑이다. 구족九族을 친애하고 백성을 올바르게 다스려 그것이 일반 백성에게 미치면, 인仁으로 그 지위를 지킬 수 있게 된 것이다. 《역경易經》에 말하기를 "성인聖人의 가장 큰 보배를 위位(천자의 지위)라 한다. 무엇으로 그 (높은) 지위를 지키는가 하면, 이는 인仁이다"라고 하였다.[1]

○보충: '얻는다(得之)' '잃는다(失之)'고 한 것은 지위로써 말한 것이다.

○보충: 장莊은 단정하고 위엄이 있는 것이고, 이涖는 임하다(臨)의 뜻이다. '장이리지莊以涖之'는 위의威儀에 나태함이 없으며 정령政令에 희롱하고 경시함이 없는 것이다.

○주자: 동지動之는 백성을 움직이는 것이니, 백성을 고무하여 진작시킨다는 말과 같다.

○보충: '동지이례動之以禮'는 '규제하는 데에 예로써 하다(齊之以禮)'[2]라는 말과 같다.

包曰:"知能及治其官, 而仁不能守, 雖得之, 必失之."【邢云: "雖得祿位, 必將失之."】

○李充曰:"夫知及以得, 其失也蕩; 仁守以靜, 其失也寬; 莊涖以威, 其失也猛. 故必須禮然後和之. 以禮制知, 則精而不蕩; 以禮輔仁, 則溫而不寬; 以禮御莊, 則威而不猛. 故安上治民, 莫善於禮."【見邢疏】

○顔特進曰:"知以通其變, 仁以安其性, 莊以安其慢, 禮以安其情, 化民之善, 必備此四者."

○案 得之失之, 明以天子諸侯之位而言, 包說小矣.

○又按 李·顔二家之說, 荒矣謬矣.

王曰:"動必以禮然後善."

○駁曰 非也. 經文明有'之'字,【'動之'字】則動之者君, 而其動者民也, 當如朱子之說.【王意蓋謂祭祀·朝覲·征伐·蒐狩, 人主一動, 不可以不合於禮】

---

3)《正義》15.
4) 顔特進: 邢昺의 疏에 인용되어 있는 것을 보면 宋代 以前의 인물이다. 未詳.
5)《正義》15.

○포함: 지혜가 능히 그 관직을 다스릴 실력에 이르렀어도 인仁으로 지키지 못하면, 비록 얻더라도 반드시 잃을 것이다. [邢昺은 이르기를 "비록 祿位를 얻었더라도 장차 이를 잃을 것이다"라고 하였다.3)]

○이충: 대저 지혜가 (수준에) 미쳐서 (지위를) 얻었어도 그 잃게 되는 것은 방탕에 있고, 인仁으로 지켜서 고요하였어도 그 잃게 되는 것은 너그러움에 있으며, 장중하게 임하여 위엄이 있었어도 그 잃게 되는 것은 사나움에 있다. 그러므로 여기에는 반드시 예禮를 갖춘 뒤에라야 이를 조화롭게 할 수 있다. 예禮로써 지혜를 제재하면 정밀하되 방탕하지 않고, 예로써 인仁을 도우면 온화하되 너그럽지 않으며, 예로써 장중함을 제어하면 위엄이 있되 사납지 않다. 그러므로 위를 편안히 하여 백성을 다스리는 데는 예禮보다 더 좋은 것이 없다. [邢昺의 疏에 나타나 있다.]

○안특진:4) 지혜는 변화에 통달하고, 인仁은 성性을 편안하게 하고, 장엄함은 거만한 것을 편안하게 하고, 예禮는 정情을 편안하게 하니, 백성을 교화시키는 선善은 반드시 이 네 가지를 갖추어야 한다.5)

○살펴보건대, '얻는다(得之)' '잃는다(失之)'라고 한 것은 분명히 천자와 제후의 지위로써 말한 것이니, 포함의 설은 견해가 협소한 것이다.

○또 살펴보건대, 이충과 안특진 두 사람의 설은 황당하며 잘못되어 있다.

○왕숙: 움직일 때는 반드시 예禮로써 한 뒤에라야 선하다.

○반박: 아니다. 경문에 분명히 '지之' 자가 있으니, ['動之'이다.] 백성을 움직이게 하는 자는 임금이고, 그 움직이는 자는 백성이니, 마땅히 주자의 설과 같아야 한다. [王肅의 생각은 대개 祭祀·朝覲·征伐·蒐狩에 人君이 한 번 움직임에 그것이 禮에 합하지 아니해서는 안 된다고 여긴 듯하다.]

質疑 《易》曰: "何以守位? 曰仁." 仁能守之者, 守位之謂也. 且禮樂刑政·典章法度, 皆睿知之所宜及, 須實辨其條例. 若但知此理, 則施之於用, 或恐虛曠而無實矣. 仁者, 人也, 愛親·敬長·忠君·慈衆, 所謂仁也. 求仁者必强恕, 强恕者必克己. 朱子以絶私欲爲仁, 良以是也. 然克己是求仁之方, 非即爲仁也. 學者宜審焉.

○盧東元曰: "此爲有天下國家者言. 《易》曰, '何以守位? 曰仁.' 孟子曰, '天子不仁, 不保四海; 諸侯不仁, 不保社稷.' 皆此意也. 下文涖之不莊, 動之不以禮, 皆有位者之事, 文理接貫, 不可移易. 若曰言理, 則理乃貴賤所同有也. 而臨民動民, 豈賤者所有事哉?"

引證 《漢書》〈食貨志〉曰: "守位以仁."

○蔡邕《釋誨》曰: "故以仁守位, 以財聚人."

---

6) 〈繫辭傳〉下에 나온다.
7) 《孟子》〈離婁〉上에 나온다.
8) 盧東元은 經文의 '不以莊涖之'라는 구절을 인용한다는 것이 朱子의 註釋에 나오는 '涖之不莊'을 經文이라고 하여 인용해 놓았다.
9) 毛奇齡, 《論語稽求篇》 '知及之' 章에 나온다.

【질의】《역경》에 "무엇으로 그 지위를 지키는가 하면, 이는 인仁이다"라고 하였으니, '인仁으로 능히 그것을 지킨다(仁能守之)'라는 것은 그 지위를 지키는 것을 두고 말한 것이다. 또 예악禮樂 형정刑政과 전장典章 법도法度는 모두 예지睿知가 마땅히 미쳐 나아가야 할 바이니, 모름지기 그 조례條例를 실제로 분변해야 하는 것이다. 만약 다만 이 이치를 알면, 일용日用에 이를 시행하는데 혹 그것이 허광虛曠하여 아무 실상이 없을까 두려운 것이다. 인仁이란 사람이다. 어버이를 친애하고 어른을 공경하고, 임금에게 충성하고 무리에게 자애하는 것이 이른바 인仁이다. 인仁을 구한다는 것은 반드시 힘써 서恕를 베풀어야 하는 것이고, 힘써 서恕를 베푼다는 것은 반드시 나 자신을 이겨야 하는 것이다. 주자가 사욕을 끊는 것을 인仁으로 한 것은 진실로 이 때문이다. 그러나 나 자신을 이기는 것은 인仁을 구하는 방법이며, 곧바로 인이 되는 것은 아니다. 배우는 이는 마땅히 살펴보아야 한다.

○노동원: 이는 천하 국가를 둔 자를 위해 말한 것이다.《역경易經》에 "무엇으로 그 지위를 지키는가 하면, 이는 인仁이다"6)라고 한 것과 맹자가 "천자가 인仁하지 못하면 사해四海를 보존하지 못하고, 제후가 인하지 못하면 사직을 보존하지 못한다"7)고 한 것은 모두 이런 뜻이다. (이 경문의) 아래 구절에 나오는 '백성을 임할 때 장엄하지 아니하면(涖之不莊)'8)이라는 것과 '백성을 움직일 때 예로써 하지 아니하면(動之不以禮)'이라는 것은 모두 지위가 있는 자의 일로서, 이는 문리文理가 연결 관통되어 (위아래를) 뒤바꿀 수 없는 말이다. 만약 이치로 말한다면 이치로는 귀한 이와 천한 이에게 함께 (해당되어) 있는 말이겠으나, 백성에게 임하고 백성을 움직인다는 말이 어찌 천한 자에게 있는 일이겠는가?9)

【인증】《한서》〈식화지〉: 인仁으로써 지위를 지킨다.

○채옹의《석회》: 그러므로 인仁으로써 지위를 지키고, 재물로써 사람을 모으는 것이다.

○毛曰: "朱子作《易本義》, 引陸德明《釋文》‧晁以道《僞古易》說, '何以守位? 曰仁.' '仁'字改作 '人'字, 致夫子《易傳》‧《論語》兩下反覆, 諄諄有位之意, 皆滅矣."

子曰: "君子不可小知, 而可大受也; 小人不可大受, 而可小知也."

補曰 小知, 謂與知小事;【掌小職】大受, 謂全受大任.【總大職】大才小用, 則知有所不周, 而不善其職; 小器大用, 則力有所不勝, 而必敗乃事.
王曰: "君子之道深遠, 不可小了知, 而可大受;【邢云: "君子之道深遠, 仰之彌高, 鑽之彌堅, 故不可小了知也, 使人壓飫而已."】小人之道淺近, 可小了知, 而不可大受也."
○駁曰 非也. 不知何說.
侃曰: "德深潤物, 物受之深, 故云而可大受也."

---

10) 晁以道: 1059~1129. 北宋 때의 理學者. 河南省 濮州人. 名은 說之, 號는 景迂 또는 迂叟, 以道는 그의 字. 官은 秘書少監. 司馬光에게《太玄經》을 전수받고 邵雍의 제자 楊賢寶에게 易學을 수학함. 저술로는《中庸傳》‧《儒言》‧《詩序論》‧《晁氏客語》‧《景迂生集》등이 있다.
1)《正義》15.
2)《義疏》8-224.

○모기령: 주자는 《주역본의周易本義》를 지으면서 육덕명陸德明의 《경전석문經典釋文》과 조이도晁以道[10]의 《위고역僞古易》의 설을 인용하여, (원래 《역경》에 나오는) '무엇으로 그 지위를 지키는가 하면, 이는 인仁이다(何以守位? 曰仁)'에서 '인仁' 자를 고쳐서 '인人' 자로 하였으니, 여기에서 공자의 《역전易傳》과 《논어》 두 곳에서 지위에 있는 자에게 거듭 일러 훈계한 뜻이 모두 없어져 버린 것이다.

공자는 말하기를 "군자는 작은 일을 맡을 수는 없으나 큰 소임을 받을 수 있고, 소인은 큰 소임을 받을 수 없으나 작은 일을 맡을 수는 있다."라고 하였다.

○보충: 소지小知는 작은 일에 관여하여 그 일을 맡는 것을 이르고, [작은 직책을 관장하는 것이다.] 대수大受는 큰 소임을 온전하게 받는 것을 이른다. [큰 직책을 총괄하는 것이다.] 큰 재목이 작게 쓰이면 그 지혜를 두루 넓게 쓰지 못하는 바가 있어 그 직책을 잘해내지 못하고, 작은 그릇이 크게 쓰이면 힘이 감당하지 못하는 바가 있어 반드시 그 일을 실패하게 한다.
○왕숙: 군자의 도는 심원하여 사소한 일에 대해서는 알 수 없으나 큰일을 받을 수 있고, [邢昺은 이르기를 "君子의 道는 深遠하여 우러러볼수록 더욱 높고, 뚫을수록 더욱 견고하다. 그러므로 사소한 일에 대해서는 알 수 없으나, 사람들로 하여금 마음을 십분 만족하게 한다"라고 하였다.[1]] 소인의 도는 천근하여 사소한 일에 대해서는 알 수 있으나 큰일을 받을 수는 없다.
○반박: 아니다. 무슨 말인지 알지 못하겠다.
○황간: 덕德은 깊이 물物을 윤택하게 하고, 물物은 그 받는 것이 깊다. 그러므로 크게 받을 수 있다고 말한 것이다.[2]

○張憑曰: "謂之君子, 必有大成之量, 不必能爲小善也. 故宜推誠闇信, 虛以受之, 不可求備, 責以細行也."【見皇疏】

○駁曰 非也.

質疑 朱子曰: "此言觀人之法. 知, 我知之也. 受, 彼所受也."

○案 知與受, 恐不當分屬兩邊. 受旣彼受, 則知亦彼知, 彼受我知, 豈不齟齬乎? '知'者, 與知也.《春秋傳》, 公孫揮曰: "子產其將知政矣."【襄卄六】魏了翁《讀書雜抄》謂: "後世官制上'知'字始此."【又昭二十五年, 司馬䈷戾曰: "我家臣也, 不敢知國."】然其在《周禮》, 凡職事所掌, 本以知稱, 如大司徒知土宜之利害, 小司徒知人民之數, 職方氏知四夷八蠻之利害, 司士①知都·家·縣·鄙之數,【夏官〉屬】小行人以五書知天下之故,【秋官〉屬】司稼知種稑之名, 虞人知穀用之足否, 誦訓知地俗,【地官〉屬】司書知入出百物, 知器械之數, 知六畜之數, 知山林川澤之數,【天官〉屬】皆以掌爲知, 不但公孫揮一言爲可證也.▶

---

① 士: 新朝本·奎章本에는 '土'로 되어 있으나《周禮》〈夏官·司士〉에 따라 바로잡는다.

3) 張憑: 晉 吳郡人. 字는 長宗. 官은 吏部郎·御史中丞. 저술로《論語張氏注》가 있다.

4) 公孫揮: 春秋時代 鄭나라 사람. 字는 子羽. 鄭나라 簡公을 섬겨 行人이 되었다.

5) 魏了翁: 1178~1237. 宋代의 理學者. 邛州 浦江人. 字는 華父, 號는 白鶴山人, 諡는 文靖. 世稱 鶴山先生. 官은 校書郎·兵部郎中·禮部尙書 등을 역임. 理學이 통치 이념으로 확립되는 데에 큰 역할을 하였음. 저술로는《九經要義》·《周禮井田圖說》·《易擧隅》·《經外雜鈔》·《鶴山集》이 있다.

6) 司馬䈷戾: 春秋時代 魯나라 사람. 魯나라 叔孫氏의 家臣. 司馬는 氏.

7) 大司徒와 小司徒는《周禮》〈地官〉에 속해 있음.

8) 五書: 다섯 가지 文書를 만드는 것을 말하는데,《周禮》의 原文을 소개하면 다음과 같다. "其萬民之利害爲一書, 其禮俗政事敎治刑禁之逆順爲一書, 其悖逆暴亂作慝猶犯令者爲一書, 其札喪凶荒厄貧爲一書, 其康樂和親安平爲一書."

○장빙:[3] 군자라고 하면 반드시 대성大成할 역량은 있지만, 반드시 작은 선善을 할 수 있지는 않다. 그러므로 마땅히 성심을 미루어 나가고 잠잠한 믿음으로 마음을 비워서 받아들여야 하며, 모든 것이 구비되기를 요구하여 작은 품행까지 기대해서는 안 되는 것이다. [皇侃의 疏에 나타나 있다.]
○반박: 아니다.

【질의】 주자: 이는 사람 보는 법을 말한 것이다. 지知는 내가 아는 것이고, 수受는 저 사람이 받는 바이다.

○살펴보건대, 지知와 수受를 양쪽으로 나누어 보는 것은 아마도 부당한 듯하다. 수受가 이미 피수彼受면 지知도 또한 피지彼知인데, 피수아지彼受我知라고 하면 (말이) 어찌 어긋나지 않겠는가? (그런데) '지知'란 관여하여 맡는다(與知)는 뜻이다. 《춘추전春秋傳》에는 공손휘公孫揮[4]가 "자산子産은 장차 정사를 맡을 것이다"라 하였고, [襄公 26년조에 나온다.] 위료옹魏了翁[5]의 《독서잡초讀書雜抄》에는 "후세의 관제官制에 '지知' 자는 여기에서 시작되었다"라고 하였다. [또 《左傳》 昭公 25년에 사마기궁司馬䱷躬[6]가 "나는 家臣이니 감히 나라의 정사를 맡지 못한다"라고 하였다.] 그러나 《주례周禮》에는 관직의 일을 관장하는 것을 본래 '지知'라고 일컬었던 것이다. 예를 들면 대사도大司徒는 토의土宜의 이해利害를 맡고, 소사도小司徒는 인민의 수數를 맡고,[7] 직방씨職方氏는 사이四夷와 팔만八蠻의 이해를 맡고, 사사司士는 도都·가家·현縣·비鄙의 수를 맡고, [《周禮》〈夏官〉에 속한다.] 소행인小行人은 오서五書[8]로써 천하의 일을 맡고, [〈秋官〉에 속한다.] 사가司稼는 늦게 익고 일찍 익는 볍씨의 이름을 맡고, 늠인廩人은 양곡 사용량의 넉넉하고 부족함을 맡고, 송훈誦訓은 지방의 풍속을 맡고, [〈地官〉에 속한다.] 사서司書는 백물百物의 들어오고 나감과 기계器械(禮器와 兵器)의 수와 육축六畜의 수와 산림천택의 수를 맡은 것과 같은데, [〈天官〉에 속한다.] 모두 관장하는 것을 '지知'라고 하였으니, 이는 다만 공손휘公孫揮의 한마디 말이 증거가 될 뿐만은 아니다.▶

◀後世之知制誥·知貢舉·知州·知縣, 我邦之知經筵·知春秋·知義禁·知訓鍊之等, 其源皆出《周禮》, 非無據也. '不可小知'者, 謂有司之職, 典一器, 司一事, 非君子之所宜也. '不可大受'者, 謂天子·諸侯之職及輔相·師保之任, 非小人之所宜也. '可大受'者, 如舜受堯之天下, 管仲相桓公, 子產聽鄭國之政, 是也. '可小知'者, 謂一藝一能, 皆可以量材而授職也. **引證** 《淮南子》〈主術訓〉曰: "有大略者, 不可責以捷巧; 有小智者, 不可任以大功.【節】譬猶貍之不可使搏牛, 虎之不可使捕鼠也.【節】是猶以斧剒毛, 以刀抵木也."

子曰: "民之於仁也, 甚於水火. 水火, 吾見蹈而死者矣, 未見蹈仁而死者也."

王弼曰: "民之遠於仁, 甚於水火. 見有蹈水火者, 未嘗見蹈仁者也."【邢云: "雖與馬義不同, 亦得爲一義."】

---

1) 《正義》15.
2) 同上.

◀후세의 지제고知制誥·지공거知貢擧·지주知州·지현知縣과 우리나라의 지경연知經筵·지춘추知春秋·지의금知義禁·지훈련知訓鍊 등은 그 근원이 모두《주례》에서 나왔으니, 근거가 없는 것이 아니다. '작은 일은 맡을 수 없다(不可小知)'란 (그 일만 맡은) 유사有司의 직책으로서 일기一器를 맡고 일사一事를 맡는 것을 이르니 군자에게 마땅한 바가 아니며, '큰 소임을 받을 수 없다(不可大受)'란 천자 제후의 직과 보상輔相 사보師保의 소임을 이르니 소인으로서 마땅한 바가 아니다. 그리고 '큰 소임을 받을 수 있다(可大受)'란 순舜이 요堯에게 천하를 받고 관중管仲이 환공桓公을 도와 정승이 된 것과 자산子産이 정鄭나라의 정사를 맡은 것 등이 이것이며, '작은 일은 맡을 수 있다(可小知)'란 일예一藝와 일능一能으로 모두 그 재능을 헤아려 이에 맞는 직책을 줄 수 있음을 말한 것이다.

【인증】《회남자》〈주술훈〉: 큰 지략智略이 있는 자에게 작은 기예技藝를 요구해서는 안 되고, 작은 지혜를 가진 자에게 큰 공을 맡겨서도 안 된다. …중략… 이는 비유하건대, 너구리에게 소를 잡게 할 수 없고, 호랑이에게 쥐를 잡게 할 수 없는 것과 같다. …중략… 이는 마치 도끼로써 털을 깎고 칼로써 벌목伐木하는 것과 같다.

공자는 말하기를 "백성이 인仁에 대해 (멀리하기를) 물과 불보다도 더 심하다. 물과 불은 밟다가 죽는 사람을 내가 보았으나, 인仁을 밟다가 죽는 사람은 아직 보지 못하였다."라고 하였다.

○왕필: 백성이 인仁을 멀리하기를 물과 불보다 더 심하였다. 물과 불을 밟는 자가 있음을 보았으나, 인을 밟는 자를 일찍이 보지 못하였다.[1] [邢昺은 이르기를 "비록 馬融의 뜻과는 같지 않으나, 또한 한 뜻이 될 수 있다"고 하였다.[2]]

○葛曰: "今世民之於仁也, 甚於畏水火.【節】水火, 吾見有人肯赴蹈而死, 未見有肯赴蹈乎仁而死者."【葛屺瞻】

○補曰 孔子歎曰: "民之違仁, 甚於水火矣. 彼有蹈而死者, 此無蹈而死者."【首二句嗟嘆之詞, 下二句明其然】

馬曰: "水火及仁, 皆民所仰而生者, 仁最爲甚. 蹈水火或時殺人, 蹈仁未嘗殺人."

○邢曰: "蹈猶履也. 履行仁道, 未嘗殺人也."

○案 馬義有必不可從者. 若如馬說, 則子曰'仁之於民也, 甚於水火', 可也. 子曰'民之於仁也, 甚於水火', 可乎?【仁字在上, 則與水火作對; 民字在上, 則民字爲主】況仁者, 人倫之成德, 非所以養心, 與水火之養身, 其情不類, 豈可引之爲喻乎? 且水火以烹飪養人, 以焚溺殺人. 將論其惡, 先言其德, 語脈折作二段, 豈所以曉人乎?

---

3)《正義》15.

○갈씨: 금세今世에서는 백성이 인仁에 대해 물과 불을 두려워하는 것보다도 더 심하다. …중략… 물과 불은 사람으로서 가서 밟기를 즐기다가 죽는 것을 내가 보았으나, 인仁을 가서 밟기를 즐기다가 죽는 사람을 아직 보지 못하였다. [葛屺瞻의 말이다.]

○보충: 공자는 탄식하여 "백성으로서 인仁을 떠남이 물과 불보다도 더 심하다. 저것(물과 불을 가리킴)은 밟다가 죽는 자가 있지만, 이것(仁을 가리킴)은 밟다가 죽는 자가 없다"고 하였다. [머리의 두 句는 탄식하는 말이고, 아래의 두 句는 그러한 理由를 밝힌 것이다.]

○마융: 수화水火와 인仁은 모두 백성이 우러러 소중히 여기며 살아가는 것인데, 그 가운데 가장 인仁이 중하다. 물과 불을 밟다가 때로는 사람을 죽이기도 하지만, 인을 밟다가 사람을 죽이는 일은 일찍이 없었다.

○형병: 도蹈는 밟는다(履)와 같은 뜻이다. 인도仁道를 밟아 행하다가 일찍이 사람을 죽이는 일은 없었다.[3]

○살펴보건대, 마융의 주장은 반드시 따를 수 없는 점이 있다. 만약 마융의 설과 같다면, "공자는 말하기를, 인仁이 백성에 대해 (필요한 것이) 물과 불보다 심하다(子曰, 仁之於民也, 甚於水火)"라고 하는 것이 옳지, "공자는 말하기를, 백성이 인仁에 대해 (멀리하기를) 물과 불보다 심하다(子曰, 民之於仁也, 甚於水火)"라고 하는 것이 옳겠는가? ['仁' 字가 위에 있으면 水火와 對가 되고, '民' 字가 위에 있으면 '民' 字는 主人 격이 되는 것이다.] 하물며 인仁이란 인륜의 성덕成德이니 마음을 기르는 것이 아니며, 수화水火처럼 몸을 기르는 것과는 그 실상이 같지 않은데 어떻게 이를 인용하여 비유할 수 있겠는가? 또 물과 불은 음식을 삶고 익히는 데에 쓰여 사람을 양육하기도 하지만, 불에 타고 물에 빠지게 하여 사람을 죽이기도 한다. 장차 그 악惡을 논하려고 하면서 먼저 그 덕을 말하여 문장의 어맥을 두 단락으로 나누어 만들어 놓았다면, (이것으로써) 어떻게 사람을 일깨울 수 있겠는가?▶

衛靈公 下

◀況殺身成仁, 本是恆例, 苟有人歷數古來忠臣義士, 如龍逄①·比干之等, 以駁孔子之說, 則孔子將何辭以答之也? 王弼之義, 不可易.

葛屺瞻一說曰: "今世民之於仁也, 甚於畏水火, 殊不知水火蹈之而死者有之, 從未見人有蹈仁而死者也."

○駁曰 非也. 蹈仁而死者, 自古及今, 項背相望, 適其時之未見, 則可也, 論其理而曰無, 則不可也. 賈人冒涉風濤, 戰士衝犯膏火, 而終莫肯以蹈仁之故, 自就死地, 此孔子之所嗟也.

陳潛室曰: "若到殺身成仁處, 是時不管利害."

○王觀濤曰: "未見蹈仁死, 據常理言, 若殺身成仁, 雖死猶生, 又當別論."

○駁曰 非也. 殺身成仁, 乃是常理, 常理之所必然, 直謂之我未見, 人誰有信之者乎?

---

① 逄: 新朝本·奎章本에는 '逢'으로 되어 있으나 인명이므로 바로잡는다.
4) 龍逄·比干: 夏의 賢臣인 關龍逄과 殷의 三仁의 한 사람인 比干. 龍逄은 夏 桀王을 諫하다가 살해되고, 比干은 殷 紂王을 諫하다가 살해됨.
5) 陳潛室: 宋 永嘉人. 字는 器之, 名은 埴. 學者로서 世稱 潛室先生이라 稱함. 少時에는 葉適에게 배우고, 뒤에는 朱子에게 배웠다. 官은 通直郎. 저술로는 《木鐘集》·《禹貢辨》·《洪範解》가 있음.
6) 《論語集註大全》卷15〈衛靈公〉제15 小注에 나온다.

◀더구나 살신성인殺身成仁은 본래 (인仁을 말할 때) 들어 보이는 떳떳한 사례이다. 만약 어떤 이가 예부터 충신 의사義士로 용봉龍逢·비간比干⁴⁾ 같은 이를 낱낱이 세어 공자의 말을 반박했다면, 공자가 장차 무슨 말로 그에게 답을 하였겠는가? 왕필이 주석한 뜻은 바꿀 수 없다.

○갈기첨의 다른 일설: 금세今世에서는 백성이 인仁에 대해 물과 불을 두려워하는 것보다도 더 심하다. 다만 알지 못하겠다. 물과 불을 밟다가 죽는 자는 있는데, 사람으로서 인仁을 밟다가 죽는 자가 있는 것은 보지 못하였다.

○반박: 아니다. 인仁을 밟다가 죽는 자가 예부터 오늘날까지 앞뒤를 서로 바라볼 정도로 많은데, 다만 그 당시에 (그러한 것을) 보지 못했다고 하면 이는 말이 되지만, 상리常理에 근거해 논하면서 없다고 한다면 이는 말이 되지 않는다. 상인商人은 바람과 파도를 무릅쓰고 건너가며 장사하고, 전사戰士는 기름불에 뛰어들어 쳐들어가며 싸우는데도, 끝내 인仁을 밟는 일로 해서 스스로 사지死地에 나아가기를 달갑게 여기는 사람이 없으니, 이를 공자가 탄식한 것이다.

○진잠실:⁵⁾ 살신성인殺身成仁하는 곳에 이르는 것과 같은 이것이 (인仁을 밟으면) 유익함이 있고 해가 됨이 없다는 것과는 상관되지 않는다.⁶⁾

○왕관도: 인仁을 밟다가 죽는 자를 보지 못하였다는 것은 상리常理에 근거하여 말한 것이고, 살신성인殺身成仁 같은 것은 비록 죽더라도 오히려 살아 있는 것과 같으니, 이는 또 별론別論에 해당한다.

○반박: 아니다. 살신성인은 곧 이것이 상리常理이다. 상리의 필연적인 현상을 바로 '내 그러한 것을 보지 못했다'고 한다면 사람으로서 누가 이것을 믿는 자가 있겠는가?

衛靈公下

子曰: "當仁不讓於師."

孔曰: "當行仁之事, 不復讓於師, 言行仁急."
○補曰 師者, 先生長者之最尊者也. 於禮無所不讓, 當食讓先食, 當行讓先行, 當階讓先升, 當席讓先即, 惟當行仁之事, 則不讓之使先.

質疑 朱子曰: "仁者, 人所自有而自爲之, 非有爭也. 何遜之有?"
○程子曰: "爲仁在己, 無所與遜, 若善名在外, 則不可不遜."
○案 仁之不明久矣. 可仁之理, 在於本心, 《詩》云 '民之秉彝, 好是懿德', 是也. 行仁之根, 在於本心, 孟子云 '惻隱之心, 仁之端', 是也. 若仁之名, 必待行事而成焉. 舜底豫瞽瞍, 然後乃成其孝; 比干苦諫殷紂①, 然後乃成其忠; 文王賙恤四窮, 然後乃成者慈. 凡人與人之間, 盡其本分, 然後名之曰仁.▶

---

① 紂: 新朝本에는 '周'로 되어 있으나 奎章本에 따라 바로잡는다.
1) 《詩經》 〈大雅·烝民〉에 나온다.
2) 《孟子》 〈公孫丑〉 上에 나온다.
3) 四窮: 네 종류의 곤궁한 사람들을 말함. 《孟子》 〈梁惠王〉 下에 나오는 鰥·寡·孤·獨이다.

공자는 말하기를 "인仁을 행하는 일에는 스승에게도 사양하지 않는다."라고 하였다.

○공안국: 인仁을 행하는 일에 당해서는 스승에게도 양보하지 않으니, 이는 인仁을 행하는 것이 급함을 말한 것이다.

○보충: 스승이란 선생과 어른 가운데 가장 높은 분이다. 예禮로써는 사양하지 않을 바가 없으니, 음식을 먹을 때는 먼저 먹게 사양하고, 길을 갈 때는 먼저 가게 사양하고, 계단을 오를 때는 먼저 오르게 사양하고, 자리에 앉을 때는 먼저 나아가게 사양하나, 오직 인仁을 행하는 일에 당해서만은 스승으로 하여금 먼저 하도록 사양하지 않는다.

【질의】주자: 인仁이란 사람이 스스로 지니고 스스로 이를 실현하는 것이기 때문에 다툼이 있는 것이 아니니, 무슨 사양함이 있겠는가?

○정자: 인仁을 실현하는 것은 자기 자신에게 있으니 사양할 바가 없지만, 만약 선명善名(좋은 평판, 슈譽)이 밖에 있을 때는 (이를 스승에게) 사양하지 않을 수 없다.

○살펴보건대, 인仁에 대해 밝지 못함이 오래되었다. 인仁을 가능케 하는 이치는 본심에 있다. 《시경》에 이르기를 "백성에게는 떳떳한 성품이 있으니, 이 아름다운 덕을 좋아한다"[1]라고 하는 것이 곧 그것이다. 인을 행하는 근본도 본심에 있다. 《맹자》에 이르기를 "측은한 마음은 인仁의 단서이다"[2]라고 하는 것이 곧 그것이다. (그런데) 인仁의 이름은 반드시 일을 행하고 난 뒤에 이루어진다. 순舜은 고수瞽瞍를 즐겁게 한 뒤에야 그 효孝를 이루었고, 비간比干은 은殷나라의 주紂를 매우 간절히 간한 뒤에야 그 충忠을 이루었으며, 문왕文王은 사궁四窮[3]을 진휼한 뒤에야 그 자慈를 이루었던 것이다. 무릇 사람과 사람 사이에서 그 본분을 다한 뒤에라야 이를 이름하여 인仁이라고 한다.▶

◂徒以虛靈不昧之中, 沖漠無朕②之理, 指之爲仁, 非古經之例也. 以仁爲理, 則四書及《詩》·《書》·《易》·《禮》, 凡'仁'字皆難讀, 不但當仁不讓爲難解也. 況善名在外, 非我之所能予奪! 何者? 有仁心行仁政, 而得仁聲布仁聞, 此之謂善名在外也. 人方誦我, 而勸使之誦吾師, 理所不通, 擎虛名以獻先生, 情所不安, 將何以遜之? 所未敢曉也.

○《河右講錄》曰: "當仁有二解, 一是相値, 謂適相遇也; 一是相承, 謂擔當也. 未有人心而適相値者, 且未有人心而可擔當者. 此'當'者, 事也. 孔安國曰, '當行仁之事也.' 遇行仁之事, 或擔當其事, 則雖師不讓, 以其急也."

侃曰: "仁者, 周窮濟急之事也."

○案 此說有憑, 可以按行, 然不惟是也. 諫君之闕失, 以成其忠, 扞國之患難, 以成其義, 皆行仁之事, 而師與我所共値也, 何必賑恤爲仁?

---

② 朕: 新朝本·奎章本에는 '眹'으로 되어 있으나 '沖漠無朕'이 成語로서 옳으므로 바로잡는다.
4)《河右講錄》: 未詳.
5)《義疏》8-225.

◀한갓 허령불매虛靈不昧한 가운데의 충막무짐沖漠無朕한 이치를 내세워 이를 가리켜 인仁이라 하니, 고경古經에는 이런 예례가 없다. 인仁을 리理라고 하면 사서四書와 《시경》·《서경》·《역경》·《예기》에 나오는 무릇 '인仁' 자는 모두 해독하기 어려우니, 비단 '인仁을 행하는 일에는 사양하지 않는다(當仁不讓)'는 것이 해독하기 어려울 뿐만이 아니다. 하물며 선명善名이 밖에 있을 때는 내가 능히 (마음대로) 이를 주고 빼앗을 수 없는 데에 있어서야 더 말할 것이 있겠는가? 이는 어째서인가? 인심仁心이 있어 인정仁政을 시행하여 어질다는 명성을 얻고, 어질다는 소문이 퍼지는 것을 '선명善名이 밖에 있다'라고 하는 것이다. 사람들이 바야흐로 나를 칭송하고 있는데, 그들로 하여금 나의 스승을 칭송해 달라고 권한다는 것은 이치상 통하지 않는 것이고, 허명虛名을 떠받들어 선생에게 바치는 것도 인정상 편안하지 않은 것이니, 장차 어떻게 이를 (스승에게) 사양할 수 있겠는가? 이는 감히 깨닫지 못할 바이다.

○《하우강록》:[4] '당인當仁'에는 두 가지 해석이 있다. 하나는 '상치相値'이니, 이는 '마침 서로 만나는 것'을 이르고, 다른 하나는 '상승相承'이니, 이는 '담당하다'란 말이다. (그러나) 인심人心으로는 마침 서로 만나는 것이 있지 않고, 또 인심으로는 서로 담당할 수 있는 것이 있지 않다. 여기 이 '당當' 자는 일을 말한다. 공안국이 말하기를 "(당인當仁은) 인을 행하는 일에 당하는 것이다"라고 하였으니, 인仁을 행하는 일을 만나거나 그 일을 담당하면 비록 스승이라 하더라도 사양하지 아니하니, 이는 (인을 행하는 일) 그것이 급하기 때문이다.

○황간: 인仁이란 곤궁한 이를 구휼하고 위급한 이를 구제하는 일이다.[5]
○살펴보건대, 이 설은 근거가 있으니, 살펴볼 수 있는 말이다. 그러나 이것뿐만이 아니다. 군주의 잘못을 간하여 그 충忠을 이루고, 나라의 환난을 막아서 그 의義를 이루는 것은 모두 인仁을 행하는 일이며, 스승과 내가 함께 만나서 하는 바인데, 하필이면 진휼하는 일만 인仁이겠는가?

衛靈公下

尹任卿曰: "此仁在事勢危疑上論, 此當在擔承發用處看. 幾在呼吸, 一時之委, 便墮千古之義也, 故須直任, 不可一毫退辭."

子曰: "君子貞而不諒."

朱子曰: "貞, 正而固也."
○補曰 諒, 信而堅也.【朱子云: "諒, 則不擇是非而必於信."】
○補曰 貞與諒, 極相似, 惟貞揆諸義而合, 諒揆諸義而乖.
孔曰: "貞, 正; 諒, 信也. 君子之人, 正其道耳, 言不必小信."
○案 貞有堅固之意, 諒有堅強之義. 曰正曰信, 有未備也. 諒與倞通,【《郊特牲》】倞與競通,【《大雅》云: "無競維人."】倞者, 彊也. 鯨或作鱷①. 勍字從京, 義相通也.▶

---

① 鯨或作鱷: 原文을 移書할 때 錯誤가 있는 듯하나 校勘하지 않고 그대로 둔다. 다만 교감한다면 이 구절은 '彊或作勍'인 듯하다.
1)《禮記》〈郊特牲〉에 나오는 "衪之爲言倞也"를 鄭玄은 注에서 이 '倞' 字가 '諒'으로도 되어 있다고 하였다.

○윤임경: 여기의 '인仁'은 사세가 위태로울 때를 당면해서 논하는 인이고, 여기의 '당當'은 떠맡아 해야 할 처지에서 보는 당이니, (이럴 경우에는) 잠시라도 한때 버려둔다면 곧 천고千古의 의리를 무너뜨리게 되는 것이다. 그러므로 모름지기 곧장 맡아서 털끝만치도 물러서며 사양해서는 안 된다.

공자는 말하기를 "군자는 곧되 조그마한 신의信義를 고집하지 아니한다."라고 하였다.

○주자: 정貞은 바르고 견고한 것이다.
○보충: 양諒은 미덥고 견강한 것이다. [朱子는 이르기를 "諒은 是非를 가리지 않고 信만을 期必하는 것이다"라고 하였다.]
○보충: 정貞과 양諒의 뜻은 매우 서로 비슷하나, 오직 정貞은 의義에 부합되고 양諒은 의에 어긋난다.
○공안국: 정貞은 정正의 뜻이고, 양諒은 신信의 뜻이다. 군자는 그 도道를 바르게 해 나갈 뿐이니, 반드시 소신小信을 묵수하지는 않는다는 것을 말한 것이다.
○살펴보건대, 정貞에는 견고堅固하다는 뜻이 있고, 양諒에는 견강堅强하다는 뜻이 있으나, 그 뜻을 정正이니 신信이니 하는 것은 미비한 점이 있다. 양諒은 경倞과 통하고, [《禮記》〈郊特牲〉에 나온다.[1]] 경倞은 경競과 통하는데, [《詩經》〈大雅·抑〉에 이르기를 "이보다 더 강함이 없는 사람이면 …"이라고 하였다.] 경倞이란 강하다(彊)는 뜻이다. 강彊은 경勍으로도 되어 있고, '경勍' 자의 구조는 경京 변으로 되어 있는 글자이니, 뜻이 서로 통한다.

◀君子當頹波瀰汨之時, 屹然若中流砥柱, 毅然有不可奪之節, 其堅固有似乎匹夫之諒. 然君子揆諸義理, 徵諸禮法, 必其所秉執, 有可以建天地而質鬼神, 考三王而俟百世, 無可疑惑, 然後乃守其堅固, 所謂貞也. 若匹夫匹婦之自經於溝瀆之間者, 或其褊心曲腸, 感憤激烈, 以守其咫尺之義, 所謂諒也. 二者極相似, 最難分別, 故孔子辨之.【陸云: "貞而不諒, 和而不同, 皆就相似中, 分別其不同處."】

馮曰: "歷萬變而不失其正者, 貞也. 諒, 則固守而不知變者也."
○駁曰 非也. 馮意以變通爲貞, 有若後世所謂反經合道之權, 大謬也. 貞是堅固之德, 諒亦堅彊之行. 其執守之堅, 極相似, 故夫子辨之, 不可獨以諒爲固守也.

荻曰: "貞有不變之意, 如云貞女貞臣, 皆謂不改其節. 元亨利貞之貞亦然. 諒與亮通, 求信於人曰諒. 俗間書辭, 有諒察, 乃此義也."

---

2) 砥柱:《水經》에 나오는 山名. 이 山은 激流 가운데 기둥처럼 버티고 있으면서 조금도 움직이지 않는다. 亂世의 시기에 의연히 節義를 지키는 것에 비유함.
3) 陸氏: 未詳.
4)《論語集註大全》卷15〈衛靈公〉제15 小注에 나온다.
5) 太宰純,《論語古訓外傳》15-25ab.

◀군자는 난세를 당했을 때 우뚝하게 마치 강물의 중류에서 버티고 있는 지주砥柱²⁾와 같이 빼앗을 수 없는 의연한 절의를 지키고 있으니, 그 견고함이 필부匹夫의 양諒(조그마한 신의를 지키기 위한 고집)과 비슷한 점이 있다. 그러나 군자는 의리에 헤아려 보고 예법에 징험하여, 반드시 그가 잡고 고집하는 것이 천지에 내세울 수 있고, 귀신에게 질정質正할 수 있으며, 삼왕三王에게 고람考覽하고 백세를 기다려도 아무 의혹할 만한 것이 없는 뒤에라야 이에 그 견고함을 지키게 되는 것이니, 이것이 이른바 정貞이다. 필부匹夫·필부匹婦들이 스스로 구덩이나 도랑에서 목매어 죽은 것과 같은 것은, 혹 좁은 마음에 창자가 뒤틀리고 감정이 격렬하여 그 조그마한 의義를 지킨 것인데, 이것이 이른바 양諒이다. (정貞과 양諒) 두 가지는 (그 고집하여 지키는 것이) 매우 서로 비슷하여 가장 분별하기 어렵다. 그러므로 공자가 이를 변별한 것이다. [陸氏³⁾는 이르기를 "'貞而不諒'과 '和而不同'은 모두 서로 비슷한 가운데서 그 같지 않은 곳을 분별한 것이다"라고 하였다.]

○풍후재: 온갖 변화를 겪어도 그 바름을 잃지 않는 것이 정貞이고, 양諒은 굳게 지키기만 하고 그 변화를 알지 못하는 것이다.⁴⁾

○반박: 아니다. 풍후재馮厚齋의 주장은 변통을 정貞이라 하였으니, 이는 후세의 이른바 '반경합도反經合道가 권權이다'라는 임기응변의 주장과 같음이 있으니, 크게 잘못된 것이다. 정貞은 견고한 덕이고, 양諒도 또한 견강한 행실이다. 그 고집하여 지키는 경고함이 매우 서로 비슷하기 때문에 공자가 이를 변별하였으니, 오직 양諒만 굳게 지키는 것으로 여겨서는 안 된다.

○적생쌍송: 정貞에는 변하지 않는다는 뜻이 있다. 예를 들면 정녀貞女니 정신貞臣이니 하는 것은 모두 그 절의를 고치지 않은 것을 이르고, 원형이정元亨利貞의 정貞도 또한 그러하다. 양諒은 양亮과 통하는 (신信의 뜻을 가진) 글자이니, 남에게 신信을 구하는 것을 양諒이라 한다. 세간의 편지 말에 '양찰諒察'이란 말이 있는데, 그것이 곧 이 뜻이다.⁵⁾

○駁曰 非也. 貞義近之, 諒則不然. 貞者如箕子之明夷·微子之罔僕, 是也. 諒如尾生之抱橋·伯姬之坐堂, 是也.

引證 昭七年《左傳》云: "子産爲豐施, 歸州田於韓宣子." 杜註云: "子産貞而不諒."

○邢曰: "段受晉邑, 卒而歸之, 是正也. 知宣子欲之, 而言畏懼後禍, 是不信, 故杜氏引此文爲註也."

○案 杜註誤引.

子曰: "事君, 敬其事而後其食."

補曰 敬其事, 職當盡忠也. 後其食, 志不在飽也. 反是者, 後義而先利.

孔曰: "先盡力而後食祿."

○邢曰: "必有勳績而後食祿也."

○案 食者, 事之報也. 然以此爲心, 亦歸於謀食. 敬其事, 非爲祿也.

---

6) 箕子의 明夷: 明夷는 64卦의 하나. 밝으면서 傷害를 받는 것을 말함. 賢者가 뜻을 얻지 못하고 讒言과 譏弄을 두려워하는 象. 箕子의 明夷란 箕子가 暴惡한 紂王을 섬길 때 그의 밝은 총명을 감추고 거짓 狂人 노릇을 하면서도 바른 道를 굳게 지킨 것을 가리킴.《易經》〈明夷卦〉의 六五 爻辭에 "箕子之明夷, 利貞"이란 말이 있다.
7) 微子의 罔僕:《尙書》〈微子〉에 나오는 箕子의 말로, 商나라가 亡하더라도 나는 다른 나라의 종이 되지 않겠다고 굳게 결의한 것을 가리키는 듯하다.
8) 尾生의 抱橋: 尾生이 女人과의 약속을 위해 橋脚을 안고서 죽은 것을 가리킴.
9) 伯姬의 坐堂: 伯姬는 春秋時代 魯 宣公의 딸로 宋의 恭公에게 出嫁하였음. 伯公은 恭公의 死後 寡婦로 살아갔는데, 그 집에 火災가 났을 때 부인은 保傅의 수행이 없으면 밤에 堂에서 내려가지 않겠다면서 앉아 있다가 燒死하였다.
10) 豐施: 春秋時代 鄭나라 大夫. 字는 子旗. 公孫段의 아들.
11) 州田: 지금의 沁陽 부근.
12) 韓宣子: 春秋時代 晉나라 사람인 韓起. 悼公 平公 때 권력의 실력자. 諡는 宣.
13)《正義》15.
1)《正義》15.

○반박: 아니다. 정貞에 대한 뜻은 근사하나, 양諒에 대한 뜻은 그렇지 않다. 정貞이란 기자箕子의 명이明夷[6]와 미자微子의 망복罔僕[7] 같은 것이 그것이고, 양諒은 미생尾生의 포교抱橋[8]와 백희伯姬의 좌당坐堂[9]이 그것이다.

【인증】《좌전》 소공昭公 7년조에 "자산子産이 풍시豊施[10]를 대신해서 (풍시의 부친인 공손단公孫段이 진晉나라 제후에게서 받았던) 주전州田[11]을 한선자韓宣子[12]에게 돌려주었다"는 기록이 있는데, 두예의 주注에 "자산은 정이불량貞而不諒하다"고 하였다.

○형병: 공손단이 진나라의 읍邑을 받았다가 그가 죽자 이를 돌려준 것은 '정正'이고, 한선자가 이 땅을 원하는 줄 알면서도 후환이 두렵다고 말한 것은 '불신不信'이다. 그러므로 두예가 (《논어》의) 이 글을 인용하여 주석을 한 것이다.[13]

○살펴보건대, 두예의 주는 잘못 인용한 것이다.

공자는 말하기를 "임금을 섬기는 데는 그 일을 공경히 하고, 그 먹는 것을 뒤로 해야 한다."라고 하였다.

○보충: 그 일을 공경히 한다는 것은 맡은 직책에 마땅히 충심을 다하는 것이고, 그 먹는 것을 뒤로 한다는 것은 뜻이 배부른 데에 있지 않은 것이다. 이에 반대되는 것이 의義를 뒤로 하고 이利를 앞세우는 것이다.

○공안국: 먼저 힘을 다한 뒤에 녹祿을 먹는다.

○형병: 반드시 공적이 있은 뒤에 녹을 먹는 것이다.

○살펴보건대, '식食'이란 일에 대한 보답이다. 그러나 이를 마음에 두면, 또한 먹는 것을 꾀하는 데에 돌아가고 만다. 그 일을 공경히 하는 것은 녹祿 때문이 아니다.

子曰: "有教無類."

補曰 修道之謂教.
○補曰 類有二. 一曰族類, 百官萬民, 以貴賤別也; 一曰種類, 九州四夷, 以遐邇別也. 有教則皆可以歸於大道, 是無類也.
馬曰: "言人所在見教, 無有種類."【邢云: "無有貴賤種類."】
○案 邢疏但以貴賤言, 其義偏也. 昔者八元八凱, 謂之十六族. 魯有三桓, 鄭有七穆, 皆貴族也. 然苟其不教, 則終於憂昧, 黔首黎民, 游於庠學, 則謂之國俊,【見〈王制〉】豈有類乎? 斯民也, 堯·舜三代之民也. 秦·漢以降, 民無善俗, 九夷·八蠻·五戎·六狄, 苟其教之, 皆可以襲冠帶而知禮義, 豈有類乎? 天之降衷, 無有貴賤, 無有遠邇, 有教則皆同, 是無類也.
質疑 貴·賤確分爲二類, 華·夷確分爲二類, 斯則可名爲類. 至於善惡, 或一室之內, 惠·跖相雜, 或一人之身, 佞直頓變, 豈可別之爲二類乎?

---

1) 《正義》15.
2) 八元·八凱: 傳說의 人物인 高辛氏의 8人의 才子와 高陽氏의 8人의 才子. (《左傳》文公 18년조와《史記》〈五帝本紀〉참조.)
3) 七穆: 春秋時代 鄭나라의 大夫인 子展·子西·子産·伯有·子大叔·子石·伯石을 가리킴. 모두 鄭穆公의 後裔이기 때문에 七穆이라 함.
4) 《論語》〈衛靈公〉편에 "斯民也, 三代之所以直道而行也"라는 經文이 있다.
5) 降衷: 사람에게 하늘이 내린 착한 마음을 말함. 衷은 中正의 德 또는 참된 마음. 降衷이란 말은 《書經》〈湯誥〉에 나오는 "惟皇上帝, 降衷於下民"이라는 글에서 비롯된 語句인데, 茶山의 倫理思想과 政治思想에 이 用語가 많이 등장한다.

공자는 말하기를 "가르침이 있으면 유類는 없다."라고 하였다.

○보충: 도道를 닦는 것을 교敎라고 한다.

○보충: 유類에는 두 가지가 있다. 하나는 족류族類이니, 백관百官과 만민萬民을 귀천으로 구별한 것이며, 다른 하나는 구주九州와 사이四夷를 원근遠近으로 구별한 것이다. 가르침이 있으면 모두 대도大道에 돌아갈 수 있으니, 이것이 바로 유類가 없는 것이다.

○마융: 사람은 가르침을 받는 처지에 있는 바로서 종류가 있지 않음을 말한 것이다. [邢昺은 이르기를 "貴賤의 종류가 있지 않다"라고 하였다.[1]]

○살펴보건대, 형병의 소疏는 다만 (유類를) 귀천으로서만 말하였으니, 그 뜻이 좁다. 옛날에 팔원八元·팔개八凱[2]를 십육족十六族이라 하였고, 노魯에는 삼환三桓이 있었고 정鄭에는 칠목七穆[3]이 있었으니, 이는 모두 귀족이다. 그러나 만약 가르치지 않으면 결국 우매해지고, 머리 검은 일반 서민들도 상서庠序의 학교에 유학하면 이를 국준國俊이라 하니, [《禮記》〈王制〉에 보인다.] 어찌 유類가 있겠는가? '이 백성들(斯民也)'이란[4] 요堯·순舜 삼대三代의 백성들이다. 진秦·한漢 이후로 백성들은 착한 풍속이 없었으나, 구이九夷·팔만八蠻·오융五戎·육적六狄도 진실로 그들을 가르치면 모두가 의관을 갖추어 입고 예의를 알 수 있으니, 어찌 유가 있겠는가? 하늘의 강충降衷[5] 에는 귀천도 있지 않고, 원근도 있지 않다. 가르침이 있으면 모두가 같아지니, 이것이 유類가 없는 것이다.

【질의】 귀貴와 천賤은 확실히 나뉘어 두 유類가 되고, 화華(中華)와 이夷(夷狄)도 확실히 나뉘어 두 유가 되니, 이를 이름하여 유類라고 하는 것이다. (그러나) 선악에 이르러서는 한 집안에서도 유하혜柳下惠와 도척盜跖 같은 형제가 섞여 있기도 하고, 한 사람의 몸에서도 사악하고 정직한 것이 문득 변하고들 하니, 어떻게 이를 두 유類로 구별할 수 있겠는가?▶

衛靈公 下

◀若論人性, 雖無敎訓, 亦非異類, 善惡之判, 恆在敎與不敎之後, 恐不可先別其類也.

引證 《荀子》曰: "干①·越·夷·貊之子, 生而同聲, 長而異俗, 敎使之然也." 【〈勸學篇〉】

○案 有敎則無異俗, 斯無類矣.

純曰: "朱子以爲人性皆善, 此祖述孟軻而叛仲尼."

○案 不信孟子, 非異端乎? 孔子言下愚不移者, 謂其識見愚迷, 不知徙義也, 豈謂本性有善有惡乎? 太宰之學, 不知心性爲何物, 激於宋儒, 並斥孟子, 謬妄甚矣.

子曰: "道不同, 不相爲謀."

補曰 望而由之曰道. 【《禮記》云: "望①道而行."】 有由先王之道者, 有由雜霸者, 有由隱怪者, 其所趨向不同, 則不可與謀事.

① 干: 新朝本·奎章本에는 '於'로 되어 있으나 《四部叢刊》本 《荀子》를 臺本으로 하여 校勘하였다.
① 望: 《禮記》〈表記〉에는 '鄕'으로 되어 있다.
6) 原文의 干·越을 唐의 楊倞의 注에서는 吳·越이라고 말하는 것과 같다고 하였다.
7) 太宰純, 《論語古訓外傳》15-26a.
8) 〈陽貨〉편에 나온다.
1) 《禮記》에 "望道而行(道를 바라보고 간다)"은 없고 "鄕道而行(道를 향해서 간다)"이 〈表記〉편에 있다.

◀만약 인성人性을 논한다면, 비록 교훈이 없더라도 또한 서로 다른 유가 아니다. 선악의 판별은 항상 가르치고 가르치지 아니한 뒤에 있는 것이니, 아마도 그 유를 먼저 구별해서는 안 될 듯싶다.

【인증】 순자: (남방의) 오吳·월越[6]과 (동방 또는 동북방의) 이夷·맥貊의 아이들이 태어날 때는 같은 울음소리를 내고 태어나는데, 성장하여 습속이 다른 것은 (후천적인) 교육이 그렇게 한 것이다. [《荀子》〈勸學篇〉에 나온다.]

○살펴보건대, 가르침이 있으면 습속이 다르지 아니하니, 이것이 유類가 없는 것이다.

○태재순: 주자는 인성人性이 모두 선하다고 여겼으니, 이는 맹자를 조술祖述하고 공자를 배반한 것이다.[7]

○살펴보건대, 맹자를 불신하면 이단異端이 아니겠는가? 공자가 "하우下愚는 옮기지 못한다"[8]라고 말한 것은, 그 식견이 우매하여 의義로 행동을 옮길 줄 모름을 이른 것이다. 어찌 본성에 선이 있고 악이 있겠는가? 태재순의 학學은 심성心性이 어떤 것인지를 알지 못하고 송유宋儒에게 과격하게 반대하다가 아울러 맹자까지 배척하였으니, 심히 잘못되고 망녕된 것이다.

공자는 말하기를 "도道가 같지 않으면 서로 일을 도모할 수 없다."라고 하였다.

○보충: 바라보고 그것을 말미암는 것을 도道라 한다. [《禮記》에 이르기를 "道를 향해서 간다"[1]라고 하였다.] 선왕先王의 도를 말미암는 자도 있고, 잡패雜覇를 말미암는 자도 있고, 은괴隱怪를 말미암는 자도 있으니, 그 추향趨向하는 바가 같지 않으면 함께 일을 도모할 수 없다.

朱子曰:"不同, 如善惡邪正之類."【陳云:"善惡, 謂君子·小人; 邪正, 謂吾道·異端."】

○案 魯之季氏, 齊之陳氏, 不可與謀也. 楚狂接輿·長沮·桀溺, 亦不可與謀也.

子曰:"辭達而已矣."

補曰 辭, 使臣專對之辭.
○朱子曰:"辭取達意而止."
引證〈聘禮記〉曰:"辭無常, 孫而說.【鄭云:"大夫使受命不受辭, 辭必順且說."】辭多則史, 少則不達.【太史·內史掌策書】辭苟足以達, 義之至也. 辭曰, '非禮也, 敢.' 對曰, '非禮也, 敢.'"
○案 大夫聘於隣國, 其國書謂之命, 前篇所謂'裨①諶草創之, 子産潤色之'者, 是也; 其到彼專對之語, 謂之辭, 若〈聘禮〉所言者, 是也.▶

---

① 裨: 新朝本·奎章本에는 '神'로 되어 있으나 《論語》〈憲問〉에 '裨諶'이라 하였으므로 이에 따라 바로잡는다.
2) 《論語集註大全》卷15〈衛靈公〉제15 小注에 나온다.
1) 策祝: 簡策에 쓴 祝文.
2) 이 《儀禮》〈聘禮〉편의 글은 鄭玄의 注에 의거하여 번역하였음.

○주자: '같지 않다(不同)'는 것은 선과 악, 사邪와 정正 같은 것이다. [陳櫟은 이르기를 "善惡은 君子와 小人을 가리키고, 邪正은 吾道와 異端을 가리킨다"라고 하였다.²⁾]

○살펴보건대, 노魯나라의 계씨季氏와 제齊나라의 진씨陳氏는 함께 일을 도모할 수 없고, 초楚나라의 광인狂人인 접여接輿와 장저長沮·걸익桀溺도 또한 함께 일을 도모할 수 없다.

공자는 말하기를 "(사신이 전대專對하는) 사辭는 뜻만 전달되면 그만이다."라고 하였다.

○보충: 사辭는 사신이 전대專對하는 사辭이다.
○주자: 사辭는 뜻만 전달되면 그만이다.
【인증】《의례》〈빙례〉: 사辭(사신이 專對하는 辭)에는 정해진 법식이 없으니, 공손하고 온화해야 한다. [鄭玄은 이르기를 "大夫의 使臣은 命(國書)만 받고 辭는 받지 않으며, 辭는 반드시 공순하고 온화해야 한다"라고 하였다.] 사辭가 (그 내용의 말이) 많으면 책축策祝¹⁾이 되고, 적으면 뜻을 전달하지 못한다. [太史·內史가 策書를 관장한다.] 사辭는 진실로 충분히 뜻을 전달할 수 있고, 그 뜻이 지극해야 한다. (빈賓이 주인에게 받지 않고) 사양하여 말하기를 "예가 아니니 감히 못합니다"라 하고, (빈이 주인의 물음에) 대답하여 말하기를 "예가 아니니 감히 못합니다"라 한다.²⁾

○살펴보건대, 대부大夫가 이웃나라에 빙문聘問할 때 가져가는 국서國書를 '명命'이라 하니, 전편前篇(〈憲問〉편)에서 이른바 '(정鄭나라는 외교문서를 작성할 때) 비침裨諶이 초고를 만들고, … 자산子産이 그것에 윤색을 하였다'라고 한 것이 바로 이것이며, 그 나라에 도착하여 대부가 전대專對하는 말을 '사辭'라 하니, 〈빙례聘禮〉에서 말한 것과 같은 것이 바로 이것이다.▶

◀然辭命有時乎通稱. 宋受魯弔, 曰: "孤實不敬, 天降之災." 而史家謂之 '公子御說之辭', 是也.【莊十一】

孔曰: "凡事莫過於實, 辭達則足矣, 不煩②文豔之辭."【朱子云: "不以富麗爲工."】

○案 辭之爲何物? 先儒未有明說. 考之經典, 有祈祝之辭,《周禮》〈大祝〉掌六祝之辭, 而〈金縢〉禱于三王, 史乃册祝曰 '惟爾元孫某以下', 是也. 二曰盟詛之辭,《周禮》詛祝作盟詛之載辭, 而《左傳》所載會盟之辭及東坡詩集所載鳳翔〈詛楚文〉, 是也. 三曰卜筮之辭,《左傳》所載令龜之辭【若楚王令龜云 '余尙得天下' 類】及《儀禮》所載命筮之辭, 是也.【見〈少牢〉·〈特牲〉】四曰婚姻之辭, 若〈士昏記〉所載納采問名之辭·納吉納徵請期之辭·醴辭·醮辭, 無非辭也.【此所謂辭無不腆】▶

---

② 煩: 新朝本에는 '順'으로 되어 있으나 奎章本에 따라 바로잡는다.
3) 孤: 諸侯가 자신을 謙稱할 때 쓰는 말이 둘이다. 하나는 寡人이고, 다른 하나는 孤이다. 평소에는 자신을 寡人(德이 적은 사람)이라고 謙辭를 쓰지만, 불행할 때는 孤라 한다. 孤는 부모를 잃은 슬픈 사람이란 뜻이다.
4) 公子 御說: 春秋時代 宋나라 公子. 閔公의 뒤를 이어 桓公이 됨.
5) 公子 御說이 만든 辭이다: 魯나라 使者가 가져온 魯 莊公의 國書(命)에 대해 宋 閔公이 보낸 答辭의 作者가 公子御說이라는 말이며, 여기《左傳》의 서술에 魯의 命과 宋의 辭가 通稱되어 있음을 例로 든 것이다.
6) 鳳翔: 地名. 지금의 陝西省 鳳翔縣이다.
7) 令龜: 龜卜할 때 卜의 목적을 龜에게 告하는 것.
8)《左傳》昭公 13년조에 나온다.
9) 命筮: 蓍草로 占을 칠 때 蓍卜을 맡은 筮人에게 命하는 것.
10)《儀禮》〈士昏禮〉와《禮記》〈郊特牲〉에 나오는 말이다.

◀그러나 사辭와 명命이 때로는 통칭될 때도 있으니, 송宋나라가 노魯나라의 조문을 받고 말하기를 "고孤[3]는 실로 불경하기 때문에 하늘이 재앙을 내린 것입니다"라고 한 것을, (그 뒤) 사가史家가 이 말을 가리켜 '(송나라) 공자公子 어열御說[4]이 만든 사辭이다'[5]라고 한 것이 바로 그것이다. [《左傳》莊公 11년조에 나온다.]

○공안국: 무릇 일은 실상에 지나치지 말아야 한다. 사辭는 뜻만 전달되면 족하니, 문식文飾하는 사辭로 번거롭게 하지 아니한다. [朱子는 이르기를 "(辭는) 풍부하고 아름다운 것을 잘 지은 글로 하지 않는다"라고 하였다.]

○살펴보건대, 사辭는 어떤 것인가? 선유先儒들은 이에 대해 분명한 설이 있지 않다. 경전을 고람하면 (사辭에는 첫째로) 기축祈祝의 사辭가 있으니, 《주례周禮》〈대축大祝〉에서는 대축大祝이 육축六祝의 사辭를 맡았고, 《서경書經》의 〈금등金縢〉에서는 삼왕三王(太王·王季·文王)을 기도할 때 태사太史가 이에 책축冊祝(策祝과 같은 말)하여 말하기를 "당신들의 원손元孫 아무개가 …"라고 한 것이 그 예이다. 둘째는 맹저盟詛의 사辭이니, 《주례》의 〈저축詛祝〉에 저축詛祝(周官의 이름, 春官에 속함)은 맹저의 재사載辭(맹약의 文辭)를 지었고, 《좌전》에 기재된 회맹의 사辭와 소동파蘇東坡의 시집에 실린 봉상鳳翔[6]의 〈저초문詛楚文〉이 그 예이다. 셋째는 복서卜筮의 사辭이니, 《좌전》에 기재된 영귀令龜[7]의 사辭 [楚王이 거북에게 告하기를 "나는 바라건대 천하를 얻고 싶다"[8]라고 하는 따위 같은 것이다.] 와 《의례》에 실려 있는 명서命筮[9]의 사辭가 그 예이다. [〈少牢饋食禮〉와 〈特牲饋食禮〉에 나타나 있다.] 넷째는 혼인婚姻의 사辭이니, 《의례》〈사혼례士昏禮〉에 실려 있는 납채納采 문명問名의 사辭와 납길納吉·납징納徵·청기請期의 사辭와 예사禮辭·초사醮辭 등이 사辭 아님이 없다. [이것이 所謂 (서로 인사하는) 辭에는 善하지 아니한 하찮은 말이 없다는 것이다.[10]]▶

衛靈公下

◀五日獄訟之辭,《周禮》〈小司寇〉謂之 '辭聽', 而〈呂刑〉所云 '明淸于單辭·兩辭', 是也.【《大學》所云 '無情者, 不得盡其辭'】辭之爲用, 不可殫指, 要之, 辭之爲體, 宜達意而止. 若繁縟辯博, 則有傷於誠實. 此章所謂 '辭達' 者, 有若通指諸辭而言之者然. 孔子曰: "我於辭命則不能." 孔子曰: "爲命, 裨諶草創之." 皆以〈聘禮〉辭命而言之, 則此所云 '辭達', 亦大夫專對之辭, 非他辭也. 近儒論此經, 皆以文章家詞句工拙而言之, 失之遠矣.【王弇州·袁中郞諸說, 見徐氏《講錄》】

師冕見, 及階, 子曰: "階也." 及席, 子曰: "席也." 皆坐, 子告之曰: "某在斯, 某在斯." 師冕出. 子張問曰: "與師言之道與?" 子曰: "然, 固相師之道也."

---

③ 裨: 新朝本·奎章本에는 '裨'로 되어 있으나 《論語》〈憲問〉에 따라 바로잡는다.
11)《孟子》〈公孫丑〉上에 나온다.
12) 王弇州: 1526~1590. 明代 文學家. 太倉人(지금의 江蘇省에 속함). 名은 世貞, 字는 元美. 弇州는 그의 號. 號로 鳳州·弇州山人·九友齋·五湖長을 쓰기도 한다. 官은 刑部主事·刑部尙書. 詩와 古文에 뛰어남. 李樊龍과 古文辭를 提唱하여 李王으로 竝稱되었으며, 뒤에 李樊龍과 함께 '後七子'의 首領이 됨. 저술로는 《弇山堂別集》·《觚不觚錄》·《弇州山人四部稿》·《王氏書苑》 등이 있다.
13) 袁中郞: 1568~1610. 明代 文學家. 湖廣公安人(지금의 湖北省에 속함). 名은 宏道, 號는 石公. 中郞은 그의 字. 官은 吏部郞中. 兄 宗道, 弟 中道와 함께 詩文에 才名이 있어 당시 사람들이 三袁이라 稱하였음. 저술로는 《袁中郞全集》이 있다.
14) 徐氏의 《講錄》: 淸代 徐乾學의 《通志堂經解》를 가리키는 것은 아닌지? 未詳.

◀다섯째는 옥송獄訟의 사辭이니, 《주례》〈소사구小司寇〉에서 말한 '사辭에 의해 판결한다'는 것과 《서경》〈여형呂刑〉에서 말한 '단사單辭(한쪽의 供述)와 양사兩辭(양쪽의 供述)에 밝고 맑다'는 것이 그 예이다. [《大學》의 이른바 '實情이 없는 자는 그 (거짓말의) 辭를 다할 수 없다'는 것이다.] 사辭가 쓰인 것을 다 지적할 수 없으나, 요컨대 사辭의 본체는 마땅히 뜻을 전달하면 그만이다. 만약 번거롭게 말이 많아지면 성실성에 손상이 있게 된다. 이 장章의 이른바 '사달辭達'이란 모든 '사辭'를 통틀어 지적하여 말한 듯한 그런 것이 있으나, 공자가 "나는 사명辭命에는 능하지 못하다"[11]라고 한 것과 또 공자가 "(정鄭나라는) 외교문서를 작성할 때 비침裨諶이 초고를 만들고,…"라고 한 것은 모두 《의례》〈빙례聘禮〉의 사명辭命으로써 말한 것이니, 이 경문에 말한 바 '사달辭達'도 역시 대부의 사신이 전대專對하는 사辭이며 그 밖의 다른 사辭가 아니다. 근세 유학자들이 이 경문을 논하면서 모두 문장가의 사구詞句의 공졸工拙을 가지고 말하였으니, 이는 심히 잘못되었다. [王弇州[12]와 袁中郞[13]의 諸說은 徐氏의 《講錄》[14]에 나타나 있다.]

소경인 악사 면冕이 (공자를) 뵈러 왔을 때 계단에 이르자 공자는 말하기를 "계단이요."라 하고, 자리에 이르자 공자는 말하기를 "자리요."라 하였으며, 모두 자리에 앉자 공자는 그에게 알려주기를 "아무개는 여기에 있고, 아무개는 여기에 있소."라고 하였다. 악사 면이 나가자 자장子張이 묻기를 "(이렇게 하는 것이 소경인) 악사와 더불어 말하는 도리입니까?" 하니, 공자는 말하기를 "그렇다. 이것이 본래 (소경인) 악사를 돕는 도리이다."라고 하였다.

朱子曰: "師, 樂師, 瞽者. 冕, 名."【胡云: "《周禮》樂師·太師[①], 皆以師名. 磬·鍾·笙·鎛·鞉·簫, 皆曰師."】

○邢曰: "見, 謂來見孔子."

○邢曰: "'皆坐'者, 孔子見瞽者必起, 弟子亦起. 冕旣登席而坐, 孔子及弟子亦皆坐."

○朱子曰: "再言某在斯, 歷舉在坐之人以詔之."【孔云: "歷告以坐中人姓字所在處."】

○補曰 子張問夫子答, 猶稱師者, 哀有疾, 不斥言其瞽也.

○馬曰: "相, 導也."

○[②]朱子曰: "古者瞽必有相."《周禮》〈眡瞭〉: "凡樂事相瞽." 鄭云: "相, 謂扶工."】

朱子曰: "相, 助也."

○案〈禮器〉曰: "樂有相步." 鄭注, 亦以爲扶工. 或曰: "相者, 杖也." 相之爲字, 從木從目, 象瞽人無目, 以杖爲目也.▶

---

① 太師: 新朝本·奎章本에는 빠져 있으나《論語集註大全》卷15〈衛靈公〉제15 小註에 따라 보충한다.
② ○: 新朝本·奎章本에는 없으나 문맥에 따라 보충한다.
1)《正義》15.
2) 同上.

○주자: 사師는 악사樂師이니, 소경(盲人)이다. 면冕은 이름이다. [胡寅은 이르기를 "《周禮》의 樂師·太師는 모두 師로써 이름을 붙였고, 磬·鐘·笙·鎛·韎·籥의 악기를 맡아 연주하고 가르치는 (磬師·鐘師·笙師·鎛師·韎師·籥師 같은) 사람도 모두 師라고 했다"라 하였다.]

○형병: 현見은 와서 공자를 뵙는 것을 이른다.[1]

○형병: '모두 앉는다(皆坐)'라는 것은 공자가 소경을 보고는 반드시 일어나고 제자들도 또한 일어났다가, (소경인 악사) 면冕이 자리에 올라앉자 공자와 제자들도 또한 모두 앉는 것이다.[2]

○주자: '아무개는 여기에 있다'고 두 번 말한 것은 자리에 앉아 있는 사람을 일일이 들어 말해준 것이다. [孔安國은 이르기를 "좌중에 있는 사람의 성명과 그 있는 곳을 일일이 말해준 것이다"라고 하였다.]

○보충: 자장子張이 묻고 공자가 답할 때도 오히려 사師라고 칭한 것은, 그가 병이 있는 것을 애처롭게 여기는 동시에 소경이라고 배척하여 말하지 않은 것이다.

○마융: 상相은 인도한다는 뜻이다.

○주자: 옛날에 소경은 반드시 돕는 이가 있었다. [《周禮》〈眡瞭〉에 "무릇 樂事에서는 瞽를 돕는다(凡樂事相瞽)"라고 하였는데, 鄭玄은 (注에서) 이르기를 "相은 일을 돕는 것(扶工)을 말한다"고 하였다.]

○주자: 상相은 돕는다는 뜻이다.

○살펴보건대,《예기》〈예기禮器〉에 "음악에는 (주악奏樂하는) 악공樂工을 돕는 이가 있다(樂有相步)"고 하였는데, 정현의 주注에는 또한 (상보相步를) 부공扶工(일을 돕는 것 또는 돕는 役)이라 하였고, 어떤 이는 "상相이란 지팡이이다"라고 하였다. 상相이라는 글자의 구조는 나무 목木 변에 눈 목目을 한 글자로서, 이는 맹인盲人이 눈이 없어 지팡이로써 눈을 삼음을 형상한 것이다.

衛靈公下

◀於是導瞽之人, 謂之相步; 於是導賓之人, 謂之儐相; 於是輔政之臣, 謂之相臣. 謂人主深居九重, 明有所不達, 專賴相臣輔導, 以扶其顚, 故謂之相也.

純曰: "樂師掌國學之政, 以教國子小舞. 周官以師名者多, 惟樂師專師名, 以其教國子也. 孔子敬師, 故起而迎也."

○駁曰 非也. 據〈鄕黨〉篇, 夫子本來敬瞽, 非以學樂也.

---

4) 《周禮》〈春官·樂師〉에 나오는 말이다.
5) 太宰純, 《論語古訓外傳》15-27a.

◀(그래서) 이에 맹인을 인도하여 돕는 사람을 상보相步라 하고, 이에 빈객을 인도하여 주인을 돕는 사람을 빈상儐相이라 하며, 이에 정사를 돕는 신하를 상신相臣이라 한다. 인주人主는 구중궁궐에 깊숙이 거처하고 있어 분명히 알지 못함이 있는데, 이를 오로지 상신相臣의 도움에 힘입어 그 전복될 위기를 부지扶持하기 때문에 이를 상相이라 한다.

○태재순: 악사樂師는 국학國學의 정사를 관장하여 국자國子(公卿大夫의 子弟)에게 소무小舞(幼少年期의 춤인 勺·象 등을 가리킴)를 가르친다.[4] 주周나라 관명官名에는 사師로써 이름을 붙인 것이 많은데, (그 가운데) 오직 악사樂師만은 오로지 사師의 이름으로 국자國子를 가르친 것이다. 공자는 악사樂師를 공경하였기 때문에 일어서서 맞이하였다.[5]

○반박: 아니다. 《논어》〈향당〉편에 근거하면 공자는 본래 소경을 공경하였으며, 음악을 배웠기 때문은 아니다.

季氏 第十六

季氏 第十六
【凡十三章】

洪曰:"此篇或以爲《齊論》."

○案《魯論》·《齊論》, 傳者不同, 經則不殊. 兩家所傳, 各爲全部, 非合《齊》·《魯》而爲一部《論語》也. 惟《齊論》有〈問王〉·〈知道〉二篇, 今所不傳, 餘二十篇, 《魯》·《齊》之所同. 豈得以〈季氏〉一篇, 特拈爲《齊論》乎?《魯論》者, 龔奮·夏侯勝·韋賢父子①·夏侯建·蕭望之等所傳, 以其本出於魯人, 故謂之《魯論》.《齊論》者, 王吉·宋②畸·王卿·貢禹·五鹿充宗·膠東 庸生之等所傳, 以其本出於齊人, 故謂之《齊論》.《古論》者, 孔壁所出, 孔安國作《訓解》, 馬融述之,【《古論》有兩〈子張〉, 爲二十一篇, 然其文皆同《魯論》】以其爲古文, 故謂之《古論》. 其實本一部也. 昔安昌侯 張禹, 參互《齊》·《魯》之說, 而包氏·周氏《章句》出焉.▶

---

① 韋賢父子: 新朝本·奎章本에는 '韋玄成父子'로 되어 있으나《論語注疏》〈論語注疏解經序〉에 '韋賢及子玄成'으로 되어 있으니, '韋賢父子'로 訂正하는 것이 옳다.
② 宋: 新朝本·奎章本에는 '朱'로 되어 있으나《論語注疏》〈論語注疏解經序〉에 따라 바로잡는다.
1) 洪氏: 南宋 때의 理學者 洪興祖. 鎭江 丹陽人(江蘇省). 字는 慶善, 號는 練塘. 官은 秘書省 正字·太常博士. 저술로는《周易通義》·《論語說》·《左氏通解》·《老莊本旨》·《楚辭考異》 등이 있다. 앞에 나왔음.
2) 龔奮·夏侯勝·韋賢의 父子·夏侯建·蕭望之: 모두 前漢 때의 經學家. 龔奮은 官이 常山의 都尉, 夏侯勝은 長信의 少府, 韋賢의 父子는 대를 이어서 丞相(아들은 玄成이다), 夏侯建은 太子少傅, 蕭望之는 前將軍.(《漢書》〈藝文志〉와《論語注疏》〈論語注疏解經序〉 참조.)
3) 王吉·宋畸·王卿·貢禹·五鹿充宗·膠東庸生: 모두 前漢 때의 經學家. 王吉은 官이 昌邑의 中尉, 宋畸는 少府, 貢禹는 御史大尉, 五鹿充宗은 尚書令, 王卿과 庸生(庸譚)은 仕宦을 하지 않았다.(《漢書》〈藝文志〉와《論語注疏》〈論語注疏解經序〉 참조.)
4) 包氏: 後漢의 包咸을 가리킴.

계씨 제십육
【모두 13장이다.】

○홍씨:[1] 이 편을 혹자는 《제론齊論》(齊나라 《論語》)이라고 한다.

○살펴보건대, 《노론魯論》과 《제론齊論》은 전한 자가 같지 않으나, 경문은 다르지 않다. 양가兩家에서 전한 것이 각각 전부를 한 책으로 한 것이며, 《제론》과 《노론》을 합하여 한 책의 《논어》로 한 것은 아니다. 오직 《제론》에는 〈문왕問王〉과 〈지도知道〉 두 편이 있었는데 지금은 전하지 않으며, 나머지 20편은 《노론》과 《제론》이 똑같은데, 어떻게 〈계씨季氏〉 한 편을 특별히 잡아내어서 《제론》이라 할 수 있겠는가? 《노론》은 공분龔奮·하후승夏侯勝·위현韋賢의 부자·하후건夏侯建·소망지蕭望之[2] 등이 전한 것으로, 그 본원이 노魯나라 사람에서 나왔기 때문에 이를 《노론》이라 하였고, 《제론》은 왕길王吉·송기宋畸·왕경王卿·공우貢禹·오록충종五鹿充宗·교동膠東의 용생庸生[3] 등이 전한 것으로, 그 본원이 제齊나라 사람에서 나왔기 때문에 이를 《제론》이라 하였으며, 《고론古論》(孔壁古文論語)은 공벽孔壁에서 나온 것으로, 공안국이 《논어공씨훈해論語孔氏訓解》를 짓고 마융이 《논어마씨훈설論語馬氏訓說》을 서술하였는데, [《古論》은 兩〈子張〉편이 있어 21편이 된다. 그러나 그 글은 모두 《魯論》과 같다.] 그것이 고문古文이기 때문에 이를 《고론》이라 하였으나, 그 실상은 본래 (내용이 같은) 한 책이다. 옛날에 안창후安昌侯 장우張禹는 《노론》·《제론》의 설을 이리저리 참고하였고, 포씨包氏[4]·주씨周氏는 《논어포씨장구論語包氏章句》·《논어주씨장구論語周氏章句》를 내놓았다.▶

季氏 第十六

◀漢末鄭玄, 以《魯論》爲之主, 而旁考《齊》·《古》二家, 爲之註. 陳羣·王肅·周生烈, 皆從鄭法, 而何晏爲之《集解》, 即此三《論》源委, 考之於兩漢·魏·晉〈儒林傳〉·〈藝文志〉, 已歷然明白. 今乃云'〈季氏〉一篇, 獨爲《齊論》', 豈不謬哉.? 其文體不同者, 記者各殊爾. 胡泳·金履祥竝述洪氏之說, 蓋考古之學疏矣.

金曰: "《齊論》章句, 頗多於《魯論》. 【見《漢書》】此篇首章, 句語甚多, 後章亦然, 故疑其文, 從《齊論》."

○駁曰 非也. 章句頗多者, 取一樣經文, 分合不同. 《魯論》一章, 《齊論》或分之爲二章, 故儒林所作章句之數, 多於《魯論》也.【分章訓解者, 當時謂之章句】若其經文, 原有增多, 則《漢書》必當云'文字多於《魯論》', 不得云章句多也. 且〈曾點浴沂〉之章, 〈堯曰曆③數〉之章, 亦句語甚多. 何不並謂之《齊論》也?

○案④ 邢氏謂'積章成篇, 積句成章', 原是謬解. 《魯論》有《包氏章句》·《周氏章句》, 如《尚書》之有《歐陽章句》·《大小夏侯章句》·《牟氏章句》. 《漢書》云'章句多於《魯論》'者, 謂章句分章之數, 多於《魯論》, 非文字有多小也.▶

③ 曆: 新朝本·奎章本에는 '歷'으로 되어 있으나 《論語》〈堯曰〉에 따라 바로잡는다.
④ 案: 新朝本·奎章本에는 없으나 문맥에 따라 보충한다.
5) 胡泳: 南宋 建昌人. 字는 伯量. 朱子의 弟子. 仕宦을 좋아하지 않고 학문에 매진. 世稱 洞源先生. 저술로 《四書衍說》이 있다.
6) 金履祥, 《論語集註考證》卷8〈季氏〉에 나온다.
7)〈曾點浴沂〉章: 《論語》〈先進〉편의 마지막 章을 가리킴.
8)〈堯曰曆數〉章: 《論語》〈堯曰〉편의 첫 章을 가리킴.
9)《論語注疏》〈論語注疏解經序·序解〉의 邢昺 疏에 나오는 말이다.
10) 牟氏: 前漢의 經學家인 周堪의 弟子 牟卿을 가리킴.

◀한漢 말기에 정현은《노론》을 주로 하고《제론》과《고론》이가二家를 방증으로 하여 주注를 내고, 진군陳羣·왕숙王肅·주생렬周生烈은 모두 정현의 법을 따르며, 하안은《논어집해論語集解》를 만들었으니, 곧 이《노론》·《제론》·《고론》세《논어》에 대한 시작과 끝의 내력은 양한兩漢·위魏·진晉의 〈유림전儒林傳〉과〈예문지〉를 고람하면 역연히 명백한데, 지금 여기에 '〈계씨季氏〉한 편은 오직《제론》이다'라고 한다면 어찌 잘못되지 아니하였겠는가? 그 문체文體가 같지 않은 것은 기록하는 자가 각각 달라서 그런 것이다. 호영胡泳[5]·김이상金履祥이 모두 홍흥조洪興祖의 설을 서술한 것은, 대개 옛것을 상고하는 학學이 정밀하지 못했기 때문일 것이다.

○김이상:《제론》의 장구는 꽤《노론》보다 많다. [《漢書》에 나타나 있다.] 이 편의 첫 장章은 구절의 말이 매우 많고, 뒷장도 역시 그러하기 때문에 그 글을 의심하여《제론》이라 하는 것이다.[6]

○반박: 아니다. 장구가 꽤 많은 것은 하나같이 똑같은 경문을 취하여 나누고 합한 것이 같지 않다.《노론》의 한 장章을《제론》은 나누어 두 장으로 하기도 하였기 때문에 유림儒林이 만든 장구章句의 수가《노론》보다 많은 것이다. [分章하여 訓解한 것을 당시에 章句라 하였다.] 만약 그 경문이 원래 더 많았다면《한서漢書》에 반드시 '문자가《노론》보다 많다'고 하였을 것이며 장구가 많다고 하지는 않았을 것이다. 또〈증점욕기曾點浴沂〉장[7]과〈요왈역수堯曰曆數〉장[8]도 또한 구절의 말이 매우 많은데, 어떻게 이를 함께《제론》이라 하지 않았는가?

○살펴보건대, 형병은 "장章을 쌓아 편篇을 이루고, 구句를 쌓아 장章을 이룬다"[9]고 하였는데, 이는 원래 잘못된 해석이다.《노론》에《포씨장구》와《주씨장구》가 있는 것은, 예를 들면《상서》에《구양장구歐陽章句》와《대소하후장구大小夏侯章句》와《모씨장구牟氏章句》[10]가 있는 것과 같다.《한서》에서 '장구가《노론》보다 많다'고 한 것은 분장分章한 장구의 수가《노론》보다 많다는 것이지, 문자가 많고 적음이 있다는 것이 아니다.▶

季氏 第十六

◀《漢書》謂'《尚書》今文·古文,其文字異者,七百有餘',若經文有不同,即謂之文字,不云章句也.

季氏將伐顓臾. 冉有·季路見於孔子曰:"季氏將有事於顓臾." 孔子曰:"求! 無乃爾是過與? 夫顓臾, 昔者先王以爲東蒙主, 且在邦域之中矣, 是社稷之臣也. 何以伐爲?" 冉有曰:"夫子欲之, 吾二臣者皆不欲也." 孔子曰:"求! 周任有言曰,'陳力就列, 不能者止.' 危而不持, 顛而不扶, 則將焉用彼相矣? 且爾言過矣, 虎·兕出於柙, 龜·玉毁於櫝中, 是誰之過與?"▶

◀《한서》에 '《상서》의 금문今文과 고문古文은 그 문자의 다른 것이 700여 군데이다'라고 하였으니, 만약 (《논어》도) 경문이 같지 않음이 있으면 곧 문자를 가리켜 말하지 장구를 말하지는 않았을 것이다.

계씨季氏가 전유顓臾를 치려고 하였다. 염유冉有와 계로季路가 공자를 뵙고 말하기를 "계씨가 장차 전유를 정벌하려고 합니다."라고 하였다. 공자는 말하기를 "구求야! 그것은 너의 잘못이 아닌가? 저 전유는 옛날에 선왕先王이 동몽산東蒙山의 제주祭主로 삼았고, 또 우리나라 영역 안에 있으니, 이는 바로 사직社稷의 신하이다. 어째서 정벌하려 하는가?"라고 하였다. 염유는 말하기를 "부자夫子(季氏를 가리킴)가 그렇게 하고자 하는 것이지만, 저희 두 사람은 모두 하고자 하지 않았습니다."라고 하였다. 공자는 말하기를 "구求야! 주임周任(옛 어진 史官)이 '재력材力에 알맞게 배치되어 벼슬에 나아가되, 능력이 없으면 그만둔다'라고 말하였다. 위태로운데도 붙잡아주지 않고, 넘어지는데도 부축하지 않는다면, 장차 어디에다 저런 상相(다산은 여기의 相을 家宰로 보았음)을 쓰겠는가? 또 네 말이 잘못되었다. 호랑이와 들소가 우리에서 뛰쳐나가고, 귀갑龜甲과 보옥이 궤 안에서 훼손되었다면, 이는 누구의 잘못이겠는가?"라고 하였다.▶

季氏 第十六

◂冉有曰: "今夫顓臾, 固而近於費. 今不取, 後世必爲子孫憂." 孔子曰: "求! 君子疾夫. 舍曰欲之, 而必爲之辭. 丘也聞有國有家者, 不患寡而患不均, 不患貧而患不安, 蓋均無貧, 和無寡, 安無傾. 夫如是, 故遠人不服, 則修文德以來之. 旣來之, 則安之. 今由與求也, 相夫子, 遠人不服, 而不能來也, 邦分崩離析, 而不能守也, 而謀動干戈於邦內. 吾恐季孫之憂, 不在顓臾, 而在蕭牆之內也.【皇本, '持'作'扶', '扶'作'持'】

孔曰: "顓臾, 伏羲之後, 風姓之國,【邢云: "僖二十一年《左傳》云, '任·宿·須句·顓臾, 風姓也, 實司太皥與有濟之祀.' 杜注云, '四國, 伏羲之後. 顓臾在泰山 南武陽縣東北.'"】本魯之附庸, 當時臣屬魯. ▸

---

1) 茶山은 孔安國처럼 "君子疾夫"에서 句를 끊고, "舍曰欲之, 而必爲之辭"에서는 '舍'를 '다만'이란 뜻으로 해석하였다. 이 구절에 대한 아래의 茶山의 주석을 참조.
2) 皇侃의《論語集解義疏》(新日版 中華書局 1985년 刊行本)에는 지금《論語》의 經文에 나와 있는 그대로 "危而不持, 顚而不扶"로 되어 있는데, 皇侃의 원래《論語集解義疏》에서는 "危而不扶, 顚而不持"로 되어 있었던 듯하다.
3) 太皥: 太昊라고도 함. 伏羲를 指稱함(杜預의 注).
4) 有濟: 濟水(川名)의 神.
5)《正義》16.

◀염유는 말하기를 "지금 저 전유는 (성곽이) 견고하고 비費 땅에 가까우니, 지금 취하지 않는다면 후세에 반드시 자손의 우환이 될 것입니다."라고 하였다. 공자는 말하기를 "구求야! 군자는 (그렇게 말하는 것을) 미워한다. 다만 그것을 탐냈다고 말할 뿐인데, 굳이 (다시) 다른 말을 꾸미느냐.[1] 내가 듣건대, 나라를 두었거나 집을 둔 자는 (백성이) 적은 것을 근심하지 않고 (빈부가) 고르지 못한 것을 근심하며, 가난한 것을 근심하지 않고 편안하지 못한 것을 근심한다고 하였다. 대개 고르면 가난함이 없고, 화목하면 적음이 없으며, 편안하면 (나라가) 기우는 일이 없다. 대저 이와 같기 때문에 먼 데 사람이 복종하지 않으면 문덕文德을 닦아 오게 하고, 이미 오게 했으면 그들을 편안하게 한다. 지금 유由와 구求는 부자夫子(季氏)를 돕고 있으면서 먼 데 사람이 복종하지 않아도 오게 하지 못하고, 나라가 무너지고 쪼개져도 이를 지키지 못하고 있다. 그런데도 나라 안에서 전쟁을 일으키려고 꾀하고 있으니, 나는 아마도 계손季孫의 근심이 전유顓臾에 있지 않고 담장 안에 있을까 두렵다."라고 하였다. [皇侃의 本에는 '持'가 '扶'로 되어 있고, '扶'가 '持'로 되어 있다.[2]]

○공안국: 전유顓臾는 복희씨伏羲氏의 후예로서 풍성風姓의 나라인데, [邢昺은 이르기를 "僖公 21년 《左傳》에 '任·宿·須句·顓臾는 風姓인데, (이들 風姓의 나라들이) 실제로 太皞[3]와 有濟[4]의 제사를 맡고 있었다'고 하였는데, 杜預의 注에 '네 나라는 伏羲氏의 후예이고, 顓臾는 泰山郡 南武陽縣 동북에 위치해 있다'고 했다"라 하였다.[5]] 본래 노魯나라의 부용국附庸國으로서 당시에 신하로 노나라에 속해 있었다.▶

季氏 第十六

◀【邢云: "春秋之時, 强凌弱, 衆暴寡, 故當此季氏之時, 顓臾已屬魯爲臣."】季氏貪其土地, 欲滅而取之. 冉有與季路爲季氏臣, 來告孔子.

○邢曰: "'將有事'者, 將有征伐之事."【純云: "成十三年《左傳》云, '國之大事, 在祀與戎.' 故凡言有事者, 非祀則戎也."】

○孔曰: "冉求爲季氏宰, 相其室, 爲之衆斂, 故孔子獨疑求敎之."【朱子云: "冉求尤用事, 故夫子獨責之."】

○孔曰: "使主祭蒙山."【邢云: "蒙山在東, 故曰東蒙." ○又云: "〈禹貢〉徐州云, '蒙·羽其藝.' 〈地理志〉云, 泰山 蒙陰縣, 蒙山在西南, 有祀. 顓臾國在蒙山下.'"】

○孔曰: "魯七百里之封,【邢云: "〈明堂位〉曰, '成王以周公有勳勞於天下, 是以封周公於曲阜, 地方七百里.'"】 顓臾爲附庸,【洪云: "《魯頌》曰, '奄有龜·蒙, 遂荒大東.' 又云, '乃命魯公, 俾侯於東, 錫之山川, 土田附庸.'"】 在其域中."【邢云: "在此七百里封域之中."】

○孔曰: "已屬魯, 爲社稷之臣, 何用滅之爲?"

---

6) 《正義》16.
7) 太宰純, 《論語古訓外傳》16-1b.
8) 《正義》16.
9) 同上.
10) 《詩經》〈魯頌·閟宮〉에 나온다.
11) 同上.
12) 《論語集註大全》卷16〈季氏〉제16 小註에 나온다.
13) 《正義》16.

◀[邢昺은 이르기를 "春秋時代에 强者가 弱者를 능멸하고 무리 많은 것이 무리 적은 것에 포학하게 하였기 때문에, 이 季氏의 때를 당하여 顓臾는 이미 魯나라에 속해 신하가 되었던 것이다"라고 하였다.[6]] 계씨가 그 땅을 탐내어 이를 멸하고 빼앗고자 하였다. 염유와 계로가 계씨의 가신이 되어 공자에게 와서 이를 고한 것이다.

○형병: '장유사將有事'란 장차 정벌하려고 하는 일이 있다는 말이다. [太宰純은 이르기를 "成公 13년 《左傳》에 '나라의 重大事는 祭祀와 전쟁이다'라고 하였다. 그러므로 무릇 일이 있다고 말하는 것은 제사가 아니면 전쟁이다"라고 하였다.[7]]

○공안국: 염구冉求가 계씨의 가재家宰가 되어 그의 집을 도와 세금을 거두어들였기 때문에, 공자는 유독 염구를 의심하여 그를 가르쳤다. [朱子는 이르기를 "冉求가 더욱 일을 주도하였기 때문에 공자는 유독 그를 꾸짖었던 것이다"라고 하였다.]

○공안국: 그로 하여금 몽산蒙山의 제사를 주제主祭하게 하였다. [邢昺은 이르기를 "蒙山이 동쪽에 있기 때문에 東蒙이라 한다"고 하였다. ○또 이르기를 "《尙書》〈禹貢〉편의 徐州에 '蒙山과 羽山은 곡식을 심을 수 있다'라 하였고, 《漢書》〈地理志〉에 '泰山郡 蒙陰縣에 蒙山은 西南에 위치해 있고 祭祀가 있으며, 顓臾國은 蒙山 밑에 있다'라 했다"고 하였다.[8]]

○공안국: 노魯나라는 사방 700리의 봉역封域이고, [邢昺은 이르기를 "《禮記》〈明堂位〉에 '成王이 周公을 천하에 勳功이 있다고 해서 이 때문에 周公을 曲阜에 봉하였는데, 땅이 사방 700里이다'라 했다"고 하였다.[9]] 전유顓臾는 노나라의 부용국附庸國이고, [洪興祖는 이르기를 "《詩經》〈魯頌〉에 '곧 龜山과 蒙山을 소유하여 드디어 極東까지 확장하다'[10]라 하였고, 또 '이에 魯公을 명하여 동쪽의 임금이 되게 하고, 山川과 土田과 附庸을 하사하다'[11]라 했다"고 하였다.[12]] 노나라 봉역封域 안에 있다. [邢昺은 이르기를 "이 (魯나라의) 700里 封域 안에 있다"고 하였다.[13]]

○공안국: 이미 노나라에 귀속되어 사직社稷의 신하가 되었는데, 무엇 때문에 멸망시키려고 하는가?

季氏 第十六

○朱子曰: "夫子, 指季孫." 【孔云: "歸咎於季氏."】
○馬曰: "周任, 古之良史." 【邢云: "周大夫也. 與史侯·臧文仲, 並古人立言之賢者也."】
○補曰 陳, 排布也. 列, 軍伍也. 布陳之法, 比其材力. 伍伍爲列. 【如馬之齊力】 力不足者, 不敢就列.
○補曰 危, 傾也. 【未及顚】 顚, 躓也. 輕扶曰持, 【挾護之】 緊持曰扶. 【保抱之】
○朱子曰: "相, 瞽者之相也."
○①補曰 家宰之謂之相, 本取瞽相之義, 故喩之以扶持也. 人之作惡, 如顚覆; 其匡救者, 如扶持.
○邢曰: "兕, 野牛." 《爾雅》云: "兕, 野牛." 郭璞云: "一角, 靑色, 重千斤." 《說文》云: "兕如野牛, 靑色, 其皮堅厚, 可制鎧." 《交州記》曰: "兕出九德, 有一角, 角長三尺餘, 形如馬鞭柄."

---

① ○: 新朝本·奎章本에는 없으나 문맥에 따라 보충한다.
14) 《正義》 16.
15) 《爾雅》 〈釋獸〉에 나온다.
16) 九德: 郡名. 지금의 安南 北境에 해당함.

○주자: 부자夫子는 계손季孫을 가리킨다. [孔安國은 "季氏에게 허물을 돌리다"라고 하였다.]

○마융: 주임周任은 옛 어진 사관史官이다. [邢昺은 이르기를 "(周任은) 周나라 大夫이다. 史佚·臧文仲과 함께 古人으로서 後世의 교훈이 될 말을 남길 수 있는 어진 사람이다"라고 하였다.[14]]

○보충: (진력취열陳力就列의) 진陳은 배포排布하는 것이고, 열列은 군오軍伍이다. 이는 군대의 포진법布陣法으로서 선비가 자신의 재력材力에 알맞게 배치되어 벼슬하는 것을 비유한다. 오오伍伍(5人씩 한 조가 되는 것)가 열列이 되고, [말이 힘을 함께 합쳐 수레를 끄는 것과 같다.] 힘이 부족한 자는 감히 대열에 나아가지 못한다.

○보충: 위危는 기울어지는 것이고, [넘어지는 데까지는 이르지 않은 것이다.] 전顚은 넘어지는 것이다. 가볍게 붙잡는 것을 지持라 하고, [곁에서 부축하여 보호하는 것이다.] 견고하게 붙잡는 것을 부扶라 한다. [보호하여 몸에 품어서 안는 것이다.]

○주자: 상相은 소경(장님)을 돕는 사람이다.

○보충: 가재家宰를 상相이라 말한 것은 본래 고상瞽相(소경을 돕는 사람 또는 소경의 지팡이)의 뜻에서 취한 것이다. 그러므로 이를 부扶와 지持라는 말에 비유하였다. 사람이 악한 짓을 하는 것은 전복顚覆과 같고, 바로잡아 구제하는 것은 부지扶持와 같다.

○형병: 시兕는 들소이다. [《爾雅》에 "兕는 들소이다"라 하였고,[15] 郭璞은 (注에서) "하나의 뿔에 靑色이며 무게는 千斤이다"라 하였다. 《說文》에 "兕는 들소와 같은데, 색은 靑色이며, 그 가죽은 단단하고 두터워 갑옷을 만들 수 있다"라 하였고, 《交州記》에 "兕는 九德[16]에서 出産되는데, 하나의 뿔에 그 길이가 3尺 남짓하며 형태는 말의 채찍 자루와 같다"고 하였다.]

○馬曰: "柙, 檻也.【邢云: "《說文》云, '柙, 檻也. 檻, 櫳也. 一曰圈, 以藏虎·兕.'"】 櫝, 匱也.【《說文》云】失虎毀玉, 豈非典守之過邪?"【邢云: "以喩主君有闕, 是輔相者之過也."】

○補曰 虎·兕, 喩季氏暴戾. 龜·玉, 喩季氏尊貴. 出而搏噬, 則守柙者之罪也. 毀而破壞, 則守櫝者之罪也. 明季氏行惡作孼, 則家相不得不任其咎.

○朱子曰: "固, 謂城郭完固."

○馬曰: "費, 季氏邑."

○邢曰: "後世必爲季氏子孫之憂."【朱子云: "此冉求之飾辭, 可見其實與季氏之謀矣."】

○孔曰: "疾如女之言."【至 '疾夫' 絶句】

○補曰 舍, 止也, 但也.【孟子曰: "舍皆取諸其宮中而用之."】但當曰欲之而已, 今必更作他辭.

○孔曰: "國, 諸侯. 家, 鄕大夫."

○朱子曰: "寡, 謂民少. 貧, 謂財乏. 均, 謂各得其分. 安, 謂上下相安."

---

17) 《正義》16.
18) 同上.
19) 孔安國은 "孔子曰, 求! 君子疾夫. 舍曰欲之, 而必爲之辭"라고 읽어, '君子疾夫'에다 句讀를 하여 "求야! 군자는 너의 말과 같은 것을 미워한다. 그 이로운 것을 탐냈다는 말을 버리고 다시 다른 말을 만들고 있으니 말이다"라고 해석하였다. 茶山도 '君子疾夫'에서 구두하여 해석하였으나, '舍曰' 이하의 해석이 孔安國과는 약간 다르다.
20) 《孟子》〈滕文公〉上에 나온다.

○마융: 합柙은 우리(檻)이고, [邢昺은 이르기를 "《說文》에 '柙은 檻이고, 檻은 櫳이다. 한편으로는 圈이라고도 하는데, 호랑이와 들소를 가두어둔다'고 했다"라 하였다.[17]]
독櫝은 궤匱이다. [《說文》에 그렇게 말하였다.] 호랑이를 잃고 옥을 훼손하였다면, 이것이 어찌 이를 맡아 지키던 자의 과실이 아니겠는가? [邢昺은 이르기를 "主君이 과실이 있으면 이는 보좌하는 相臣의 잘못임을 비유한 것이다"라고 하였다..[18]]
○보충: 호랑이와 들소는 계씨의 포려暴戾(몹시 난폭하고 도리에 거슬리는 행위)함을 비유한 것이고, 귀갑龜甲과 보옥은 계씨의 존귀함을 비유한 것이다. (호랑이와 들소가) 뛰쳐나가 (사람들을) 들이받고 물면 이는 우릿간을 지키던 자의 죄이며, (귀갑과 보옥을) 훼손하여 파괴하면 이는 궤짝을 지키던 자의 죄이다. 계씨가 악을 행해 죄를 짓는 것은 가상家相(家宰)이 그 허물을 지지 않을 수 없음을 밝힌 것이다.
○주자: 고固는 성곽이 완고한 것을 이른다.
○마융: 비費는 계씨의 읍邑이다.
○형병: 후세에 반드시 계씨 자손의 근심거리가 될 것이다. [朱子는 이르기를 "이는 冉求가 꾸민 말이지만, 그가 실제로 계씨의 모의에 참여한 것을 볼 수 있다"고 하였다.]
○공안국: 너의 말과 같은 것을 미워한다. ['疾夫'에 와서 句를 끊었다.[19]]
○보충: 사舍는 지止의 뜻이고, 단但의 뜻이다. [孟子는 말하기를 "다만 모두 그 집안에서 취하여 쓴다"고 하였다.[20]] (사왈욕지舍曰欲之, 이필위지사而必爲之辭라는 말은) 다만 마땅히 그것을 하고자 했다고 말해야 할 뿐인데, 지금 굳이 다시 다른 말을 만든다는 것이다.
○공안국: 국國은 제후이고, 가家는 경대부이다.
○주자: 과寡는 백성이 적은 것을 말하고, 빈貧은 재물이 궁핍한 것을 말하고, 균均은 각각 그 몫을 얻은 것을 말하고, 안安은 상하가 서로 편안한 것을 말한다.

季氏 第十六

○朱子曰: "季氏之欲取顓臾, 患寡與貧耳. 然是時季氏據國, 而魯君無民, 則不均矣. 君弱臣强, 互生嫌隙, 則不安矣."

○補曰 君·大夫·士, 其田祿有差, 而其儀物隨之有隆殺, 各得其分, 則所受均而財用不屈, 故無貧.

○補曰 人和, 則少可敵衆, 故無寡.

○朱子曰: "安則不相疑忌, 而無傾覆之患."

○朱子曰: "內治脩, 然後遠人服. 有不服, 則脩德以來之."

○補曰 脩文德, 謂敦孝悌, 興禮樂.

○補曰 安之, 謂不侵擾.

○補曰 遠人, 謂域外諸國.【如淮夷·徐戎·鄫·莒之屬】

○補曰 分崩, 如土之崩也. 離析, 如木之析也.

○[2]朱子曰: "謂四分公室,【昭五年】家臣屢叛."【昭十二年, 南蒯以費畔. 廿七年, 陽虎伐鄆. 定五年, 陽虎囚季桓子. 十二年, 公山不狃·叔孫輒, 率費人以襲魯】

---

② ○: 新朝本·奎章本에는 없으나 문맥에 따라 보충한다.
21) 南蒯: 春秋時代 魯나라 사람. 한때 季氏의 費邑의 宰가 되었다.
22) 公山不狃·叔孫輒: 둘 다 春秋時代 魯나라 사람. 公山不狃는 季氏의 家臣이고, 叔孫輒은 武叔의 庶子이다.

○주자: 계씨가 전유顓臾를 취하고자 한 것은 백성이 적고 재물이 궁핍한 것을 근심한 것이다. 그러나 이때 계씨가 나라를 점거하여 노나라 군주는 백성이 없었으니, 이는 고르지 못한 것이며, 군주가 약하고 신하가 강하여 서로 혐의와 틈이 생겼으니, 이는 편안하지 못한 것이다.
○보충: 군주와 대부와 사士는 그 전록田祿에 차등이 있으며, 그 의물儀物에도 따라서 후박厚薄이 있으니, 각각 그 분수의 몫을 얻으면 받는 바의 녹이 고르게 되어 재용財用이 부족하지 않으므로 가난함이 없을 것이다.
○보충: 사람이 화목하면 백성이 적어도 많은 수를 대적할 수 있으므로 적다고 할 수 없다.
○주자: 편안하면 서로 의심하고 시기하지 않아 기울어지고 넘어질 근심이 없다.
○주자: 나라 안의 다스림이 닦인 뒤에라야 먼 데 사람이 복종할 것이다. 복종하지 않으면 덕을 닦아서 그들을 오게 할 것이다.
○보충: 문덕文德을 닦는다는 것은 효제孝悌를 돈독하게 하고, 예악禮樂을 흥하게 하는 것을 말한다.
○보충: 편안하게 한다(安之)는 것은 침범하여 어지럽히지 않는 것을 말한다.
○보충: 먼 데 사람(遠人)이란 국경 밖의 여러 나라를 말한다. [淮夷·徐戎·鄖·莒 같은 나라들이다.]
○보충: 분붕分崩은 흙이 무너지는 것과 같고, 이석離析은 나무가 쪼개지는 것과 같다.
○주자: (분붕이석分崩離析은) 공실公室이 사분四分되어 [《左傳》昭公 5년조에 나온다.] 가신이 자주 배반한 것을 말한다. [昭公 12년에 南蒯[21]가 費 땅을 근거로 하여 반기를 들고, 27년에 陽虎가 鄆을 치고, 定公 5년에 陽虎가 季桓子를 잡아 가두고, 12년에 公山不狃와 叔孫輒[22]이 費 땅 사람들을 거느리고 魯나라를 습격하였다.]

○③補曰 此季氏之罪, 以不能匡救, 故罪二子.

○孔曰: "干, 楯也. 戈, 戟也."

○補曰 蕭牆, 家之垣也.《禮》曰: "蕭合黍稷, 臭陽達於牆屋."【謂蕭煙所及之牆】

○補曰 蕭牆之憂, 指由·求二子也. 二子方爲季氏之家臣, 在蕭牆之內, 不能爲懷遠綏邦之策, 而謀動無名之干戈, 是其主君之憂也.【孔子嚴責二子, 謂其興亂動兵之罪, 不但爲公室之罪人, 抑將爲季氏之罪人】

馬曰: "陳其才力, 度己所任, 以就其位."

○案 才力非可陳之物. 惟選徒編伍, 有比力之法, 周任取之, 以爲度德就位之比也.

包曰: "輔④相人者, 當能持危扶顚."

---

③ ○: 新朝本·奎章本에는 없으나 문맥에 따라 보충한다.
④ 輔: 新朝本에는 '補'로 되어 있으나 奎章本과《論語注疏》卷16〈季氏〉에 따라 바로잡는다.
23)《禮記》〈郊特牲〉에 나온다.
24) 比力法: 힘을 헤아려 대오를 편성하는 법.

○보충: 이는 계씨의 죄이지만 바로잡아 구제하지 못하였기 때문에 두 사람에게 죄를 준 것이다.
○공안국: 간干은 방패(楯)이고, 과戈는 창(戟)이다.
○보충: 소장蕭墻은 집의 담장이다. 《예기》에 이르기를 "쑥에 서직黍稷을 섞어 태우면 그 냄새가 위로 올라가 장옥牆屋 안에 퍼진다"[23]라고 하였다. [쑥의 연기가 퍼져 나간 담장을 말한다.]
○보충: 담장 안의 근심은 유由(季路)와 구求(冉有) 두 사람을 지칭한다. 두 사람이 바야흐로 계씨의 가신이 되어 그의 담장 안에 있으면서, 먼 데 사람을 포용하며 나라를 편안하게 하는 정책을 쓰지 못하고 명분 없는 전쟁을 일으키려고 모의하였으니, 이는 주군主君(여기서는 季氏)의 근심거리이다. [孔子가 두 사람을 嚴히 문책한 것은, 그들이 亂을 일으켜 군사를 동원하려고 한 죄가 비단 이것이 公室의 罪人이 될 뿐만 아니라, 또한 장차 季氏의 죄인이 되리라고 여겼기 때문이다.]
○마융: (진력취열陳力就列이란) 그 재력才力을 베풀고(陳其才力) 자기가 맡을 바를 헤아려 그 벼슬자리에 나아가는 것이다.
○살펴보건대, 재력才力은 베풀 수 있는 물건이 아니다. 오직 (군대에서) 병사를 뽑고 대오를 편성하는 데에 비력법比力法[24]이 있는데, 주임周任이 이를 취하여 덕을 헤아려 벼슬자리에 나아가는 것에 비유로 삼은 것이다.
○포함: 보좌하여 돕는 사람(輔相人)은 마땅히 능히 위태로울 때 붙잡아주고 넘어질 때 부축해 주어야 한다.

○案 輔⑤者, 持車之木,【兩旁木】所以備車之傾覆也. 相者, 導瞽之木,【瞽之杖】人導瞽, 亦曰相,《周禮》云】所以備瞽之顚覆也. 扶顚持危, 以喩繩愆糾謬, 匡救其惡, 不可作邦分崩說.

蔡曰: "持危扶顚, 只陳力之意. 下三句只是上文之意, 通此段俱作周任之言."

○駁曰 非也. '危而不持'以下, 是孔子之言.

○又案 隱六年云: "周任有言曰, '爲國家者見惡, 如農夫之務去草焉.'" 昭五年, 叔孫昭子卽位, 殺豎牛, 仲尼曰: "叔孫昭子之不勞, 不可能也.【不以立己爲功勞】周任有言曰, '爲政者, 不賞私勞, 不罰私怨.'"

考異 皇氏本, '持'作'扶', '扶'作'持'.

○純云: "皇本, 誤也.【饒云: "危未至於顚, 故持之. 顚則旣踣, 須扶起之."】《中庸》云, '治亂持危.'"

馬曰: "固, 謂城郭完堅, 兵甲利."

---

⑤ 輔: 新朝本에는 '補'로 되어 있으나 奎章本에 따라 바로잡는다.
25) 邦分崩의 說: 經文에 나오는 '나라가 무너지고 쪼개져도 이를 지키지 못한다(邦分崩離析而不能守也)'라는 글에 '扶顚持危'를 연관시킨다는 說이다.
26) 蔡淸,《四書蒙引》卷8에 나온다.
27) 叔孫昭子: 春秋時代 魯나라 사람. 叔孫豹의 庶子. 名은 婼, 昭子는 諡. 豹가 죽자 豎牛가 昭子를 세워 도왔다.
28) 豎牛: 春秋時代 魯나라 사람.
29)《論語集註大全》卷16〈季氏〉제16 小註에 나온다.
30) 太宰純,《論語古訓外傳》16-2a.

○살펴보건대, 보輔란 수레가 넘어지지 않게 붙잡아 주는 나무인데, [수레를 지탱하는 양쪽의 나무이다.] 수레의 경복傾覆에 대비하는 것이며, 상相이란 소경을 인도하는 나무인데, [소경의 지팡이이다.] 사람이 소경을 인도하는 것도 또한 상相이라 하고, [《周禮》에 그렇게 말하였다.] 소경의 전복顚覆에 대비하는 것이다. 넘어지는 것을 부축하고 위태로운 것을 붙잡아 주는 것은 허물을 고치고 잘못을 바로잡아 그 악을 광구匡救하는 것에 비유한 것이니, 이를 방분붕邦分崩의 설[25]에 연관지어서는 안 된다.

○채청: 위태로울 때 붙잡아 주고 넘어질 때 부축해 주는 것은 다만 '진력陳力한다'는 뜻이다. 아래 세 구절은 다만 이것이 위 글의 뜻이니, 이 단락은 모두 주임周任의 말이 되어야 한다.[26]

○반박: 아니다. '위태로운데도 붙잡아주지 않는다(危而不持)'고 하는 그 이하의 구절은 공자의 말이다.

○또 살펴보건대, (《좌전》) 은공隱公 6년에 "주임周任이 한 말에 '나라를 다스리는 자는 악을 보면 마치 농부가 애써 풀을 뽑듯이 한다'고 한 것이 있었다"라 하였고, 소공昭公 5년에 숙손소자叔孫昭子[27]가 즉위하여 수우豎牛[28]를 죽이니, 공자가 "숙손소자가 (수우의) 공로를 인정하지 않았는데, [자기를 세워준 것을 공로로 여기지 않았다.] 이런 일이 쉽게 될 수 있는 것은 아니다. 주임周任이 한 말에 '위정자는 사사로운 공로를 상주지 않고, 사사로운 원한을 벌하지 않는다'고 한 것이 있었다"라 하였다.

【고이】 황간의 본에는 '지持'가 '부扶'로 되어 있고, '부扶'가 '지持'로 되어 있다.

○태재순: 황간의 본은 잘못되었다. [饒雙峯은 이르기를 "'危'는 아직까지 '顚'에 이르지 않았기 때문에 이를 붙잡아주고(持之), '顚'은 이미 쓰러졌으니 모름지기 부축하여 일으켜야 한다"고 하였다.[29]] 《중용中庸》에 이르기를 "혼란한 나라를 다스려주고, 위태로운 나라를 붙들어 준다"고 하였다.[30]

○마융: 고固는 성곽이 완벽하고 견고하며 병갑兵甲이 예리한 것이다.

○案 '兵甲利'三字, 朱子刪之, 是也.

孔曰: "舍其貪利之說, 而更作他辭, 是所疾也."

○林希元曰: "'君子疾夫舍曰欲之', 直趕到 '而必⁶爲之辭', 作一句讀."
【見《存疑》】

○駁曰 非也.【邢疏亦似以十三字通作一句】悲之曰悲夫, 善之曰善夫.【見〈檀弓〉】孔注以疾夫絕句, 未嘗無據. 但 '舍曰'二字, 訓之曰 '舍其貪利'之說, 全不合理. 舍者, 止也.

包曰: "政教均平, 則不貧矣. 上下和同, 不患寡矣."

○吳省菴云: "均, 非財賦之有增也, 只是各享其所入, 便不見有貧. 和, 非人民之加益也, 只是各統其所屬, 便不見爲寡."

蔡曰: "文德, 仁義是也. 君君·臣臣·父父·子子之類."

○駁曰 非也. 仁義, 質也. 禮樂, 文也. 禮樂不興, 何以文矣?〈樂記〉云: "禮樂皆得, 謂之有德." 是文德也.

質疑 朱子曰: "遠人, 謂顓臾."

---

⑥ 必: 新朝本·奎章本에는 빠져 있으나《四書存疑》에 따라 보충한다.
31) 林希元: 明代의 學者. 福建省 同安人. 字는 懋貞, 號는 次崖. 官은 代理寺正. 蔡清에게 수학하였는데,《周易》을 좋아하였음. 저술로는《易經存疑》·《四書存疑》가 있다.
32) 皇侃의 本에는 '不患貧(가난을 근심하지 않는다)'이라고 되어 있음.
33) 吳省菴: 未詳.
34) 蔡清,《四書蒙引》卷8에 나온다.

○살펴보건대, '병갑이 예리하다(兵甲利)'는 세 글자를 주자가 삭제한 것은 옳다.

○공안국: 그 이로운 것을 탐냈다는 말을 버리고 다시 다른 말을 꾸며대니, 이를 미워한 것이다.

○임희원:[31] '군자질부사왈욕지君子疾夫舍曰欲之'에 바로 이어 '이필위지사而必爲之辭'까지를 한 구절로 만들어 읽어야 한다. [《四書存疑》에 나타나 있다.]

○반박: 아니다. [邢昺의 疏에도 또한 13字로써 모두 한 句로 한 듯하다.] 슬프게 여기는 것을 '비부悲夫'라 하고, 착하게 여기는 것을 '선부善夫'라 한다. [《禮記》〈檀弓〉에 나타나 있다.] 공안국의 주석에 '질부疾夫'에서 구句를 끊은 것은 일찍이 근거가 없었던 것이 아니다. 다만 '사왈舍曰' 두 자를 '그 이로운 것을 탐냈다는 말을 버리고'로 풀이하면, 전혀 이치에 합당하지 않다. '사舍'란 '다만'이란 뜻이다.

○포함: 정교政敎가 공평하면 가난하지 않고,[32] 상하가 화목하면 (백성이) 적은 것을 근심하지 않는다.

○오성암:[33] 균均이란 재물이 더 불어남이 있는 것이 아니라, 다만 각자가 그 수입되는 것을 누리게만 하면 가난함이 있는 것을 보지 못한다는 것이다. 화和란 인민이 더 많아지는 것이 아니라, 다만 각자가 그 소속되는 곳에 통솔되게만 하면 백성이 적다는 것을 보지 못한다는 것이다.

○채청: 문덕文德은 인仁과 의義가 바로 그것이다. 임금은 임금다워야 하고, 신하는 신하다워야 하고, 아비는 아비다워야 하고, 자식은 자식다워야 하는 행위 같은 것이다.[34]

○반박: 아니다. 인의仁義는 질박한 바탕(質)이고, 예악禮樂은 문식하는 문채(文)이다. 예악이 일어나지 않으면 어떻게 문채를 낼 수 있겠는가? 《예기》〈악기樂記〉에 이르기를 "예악이 모두 바르게 행해지면 이를 덕이 있는 군주라 한다"고 하였으니, 이것이 문덕文德이다.

【질의】 주자: 원인遠人은 전유顓臾를 말한다.

○案 遠人, 與邦內相照, 而顓臾旣在邦內, 則遠人非顓臾也.

○樂木亭云:"夫子所稱遠人, 當是指魯接壤之鄧·杞諸國言也."

孔曰:"民有異心曰分, 欲去曰崩, 不可會聚曰離析."

○案 此訓疑有所據.

鄭曰:"蕭之言肅也. 牆, 謂屛也. 君臣相見之禮, 至屛而加肅敬焉, 是以謂之蕭牆."

○案 蕭⑦牆爲肅敬之牆, 則茅屋爲矛戟之屋乎? 其義恐非.

鄭曰:"後季氏家臣陽虎, 果囚季桓子."

○蘇曰:"舊說以蕭牆之憂, 爲陽虎之難."

○蔡曰:"定五年, 陽虎始專季氏, 囚桓子. 至九年, 欲殺桓子, 不克而出奔齊. 前此者季氏之所爲, 惟虎之聽, 非二子之罪也. 定五年, 孔子年四十有七, 冉有少孔子二十有九歲. 蓋年十八而已, 未能相季氏也. 定公十二年, 子路爲季氏宰, 哀公十一年, 冉求爲季氏宰, 皆見於《春秋》, 則伐顓臾, 非陽貨出奔之前, 其在季康子之世歟?"

---

⑦ 蕭: 新朝本에는 '肅'으로 되어 있으나 奎章本에 따라 바로잡는다.
35) 樂木亭: 未詳.
36) 蔡淸, 《四書蒙引》卷8에 나온다.

○살펴보건대, 원인遠人은 나라 안과 서로 대조되는 것을 가리키는 말인데, 전유顓臾는 이미 나라 안에 있으니, 원인은 전유가 아니다.
○낙목정:³⁵⁾ 공자가 지칭한 원인遠人은, 마땅히 이는 노魯나라에 인접한 증鄫·기杞 등 여러 나라를 가리켜 말한 것이다.
○공안국: 백성들이 다른 마음을 품고 있는 것을 '분分'이라 하고, 떠나고자 하는 것을 '붕崩'이라 하며, (뿔뿔이 흩어져) 모일 수 없는 것을 '이석離析'이라 한다.
○살펴보건대, 이것은 근거가 있는 말인 듯하다.
○정현: '소蕭'는 '숙肅(엄숙하다)'이라는 뜻이고, '장牆'은 병屛(병풍 또는 담장)을 말한다. 군신君臣이 상견례할 때 (신하가 칸막이로 설치된) 병屛에 이르러서는 더욱 엄숙히 공경하는 것이니, 이 때문에 이를 소장蕭牆이라 한다.
○살펴보건대, 소장蕭牆을 숙경肅敬의 장牆이라고 한다면, 모옥茅屋을 모극矛戟의 옥屋이라 할 수 있겠는가? 그 뜻은 아마도 잘못인 듯하다.
○정현: 뒤에 와서 계씨季氏의 가신인 양호陽虎가 과연 계환자季桓子를 잡아 가두었던 것이다.
○소식: 구설舊說에는 소장蕭牆의 근심을 양호陽虎의 난으로 보았다.
○채청: 정공定公 5년(B.C. 505)에 양호는 비로소 계씨의 정사를 전단專斷하면서 계환자季桓子(季孫斯)를 가두었고, 9년에 이르러서는 계환자를 죽이려고 하였으나 이기지 못하고 제齊나라로 도망갔다. 이 이전에 계씨가 한 소행은 오직 양호의 말대로 하였으니, (자로와 염구) 두 사람의 죄가 아니다. 정공 5년은 공자의 나이가 47세였고, 염유冉有(冉求)는 공자보다 29세가 적었다. 대개 (이때 염유의) 나이가 18세가 될 뿐이었으니, 아직 계씨를 도울 수 없었다. 정공 12년에 자로子路가 계씨의 읍재邑宰가 되고, 애공哀公 11년(B.C. 484)에 염구冉求가 계씨의 읍재가 된 것은 모두 《춘추》에 나타나 있으니, 전유顓臾를 정벌한 것은 양화陽貨(陽虎)가 (제나라로) 도망가기 그 이전이 아닌 것이다. (어떻게) 그것이 계강자季康子가 집권하던 연간에 있었던 일이겠는가?³⁶⁾

季氏 第十六

○案 蔡說是也. 然陽虎之伐鄆, 在昭二十七年, 【時昭公居鄆, 陽虎與孟僖子伐之】陽虎之囚季桓子, 在定五年, 【時公山不狃以費畔】陽虎之盟三桓, 在定六年, 【盟之於周社】陽虎之作亂奔齊, 在定八年, 【時孔⑧子爲司寇】厥明年孔子攝政, 誅少正卯, 【定九年】厥明年會于夾谷, 孔子攝行相事, 【定十年】厥明年孔子爲大司寇, 【定十年】厥明年仲由爲季氏宰, 謀墮三都, 【定十二】此見於史傳者也. 季氏之謀伐顓臾, 若在墮費之後, 則冉有不應曰 '顓臾固而近於費, 今不取, 後世必爲子孫憂'. 其在墮費之先, 審矣, 豈在季康子之世乎? 意者, 陽虎奔齊之後, 孔子攝政之初, 二子同時作季氏宰, 有是問也. 季子然問: "仲由·冉求可謂大臣與?" 季子然, 乃季桓子之弟, 【見〈先進〉】而大臣之問, 明是新得二子, 而如得重寶之語, 其在攝政之初, 不亦明乎?

---

⑧ 孔: 新朝本·奎章本에는 '公'으로 되어 있으나 '孔子'가 옳으므로 바로잡는다.
37) 周社: 여기서는 魯나라 社稷의 社를 가리킴.
38) 少正卯: 春秋時代 魯나라 사람. 天下의 五大惡을 겸유한 惡人으로《孔子家語》〈始誅〉에 기록되어 있음.
39) 夾谷: 地名. 지금의 山東省 萊蕪縣의 남쪽에 있는 夾谷峪이다.
40) 三都: 魯의 三桓이 소유했던 都城. 季孫氏의 費와 孟孫氏의 成과 叔孫氏의 郈를 三都라 하였음.

○살펴보건대, 채청의 설이 옳다. 그러나 양호가 운읍鄆邑을 정벌한 것은 소공昭公 27년(B.C. 515)이고, [이때 昭公이 鄆邑에 있었는데, 陽虎가 孟僖子와 더불어 이를 정벌하였다.] 양호가 계환자를 가두었던 것은 정공 5년이고, [이때 公山不狃가 費邑을 근거로 하여 반란을 일으켰다.] 양호가 삼환씨三桓氏와 맹세를 한 것은 정공 6년이고, [周社³⁷⁾에서 맹세를 하였다.] 양호가 난을 일으켜 제齊나라로 도망간 것은 정공 8년이고, [이때 孔子는 司寇가 되었다.] 그 이듬해 공자는 섭정을 하여 소정묘少正卯³⁸⁾를 베었고, [定公 9년이다.] 그 이듬해 (제나라 군주와) 협곡夾谷³⁹⁾에서 회맹會盟할 때 공자는 정승의 일을 섭행攝行하였고, [定公 10년이다.] 그 이듬해 공자는 대사구大司寇가 되었고, [定公 11년이다.] 그 이듬해 중유仲由(子路)가 계씨의 읍재邑宰가 되어 삼도三都⁴⁰⁾를 무너뜨리려 꾀하였는데, [定公 12년이다.] 이것이 모두 사전史傳에 나타나 있다. 계씨가 전유顓臾를 정벌하려고 한 모의가 만약 비읍費邑을 무너뜨리려고 한 뒤에 있었다면, 염유가 "전유는 성곽이 견고하고 비읍에 가까우니, 지금 취하지 않는다면 후세에 반드시 자손의 우환이 될 것이다"라고 응답하지 않았을 것이니, (전유를 정벌하기로 모의한) 그것은 비읍을 무너뜨리기로 한 그 이전에 있었던 일임이 분명하다. (그러니) 어떻게 계강자季康子가 집권하던 연간에 있었던 일이겠는가? 생각건대, 양호가 제나라로 도망간 뒤 공자가 섭정하던 초기에, 두 사람은 동시에 계씨의 읍재邑宰가 되어 이 질문이 있었던 것이다. 계자연季子然이 (공자에게) 묻기를 "중유仲由와 염구冉求는 대신大臣이라 이를 만합니까?" 라 하였다. [〈先進〉편에 보인다.] 계자연은 바로 계환자의 아우이고, 대신이라 이를 만한지 물은 것은 분명히 새로 이 두 사람을 얻은 것은 마치 귀중한 보옥을 얻은 것과 같다는 말이니, 이는 그 일이 (공자가) 섭정하던 초기에 있었던 것임이 또한 명확하지 않은가?

質疑 朱子曰: "案《左傳》·《史記》, 二子仕季氏不同時, 此云爾者, 疑子路嘗從孔子, 自衛反魯, 再仕季氏, 不久而復之衛也."

○案 哀十一年, 冉有爲季氏宰, 與齊師戰于郊有功, 朱子之意, 盖據是也. 然詳玩季子然之語, 二子之仕於季氏, 必在季桓子之時, 則頗臾之問, 其在定九年·十年之際矣.

質疑 朱子曰: "言不均不和, 內變將作. 其後哀公果欲以越伐魯而去季氏."

○案 公宮在蕭牆之外, 越國在邦域之外, 豈可以哀公之以越伐魯爲蕭牆之憂乎? 況孔子之心, 先公室而後季氏, 以此懷憂, 恐無是理, 況哀公因此去位, 孫於邾而奔於越, 季氏則安然無事,【事見哀二十七年】此豈季孫之所當憂哉?

【질의】 주자:《좌전》과《사기》를 살펴보면, 두 사람이 계씨에게 벼슬한 것이 같은 시기가 아닌데, 여기에서 이렇게 말한 것은 아마도 자로가 일찍이 공자를 따라서 위衛나라에서 노魯나라로 돌아와 다시 계씨에게서 벼슬하다가 오래지 않아 다시 위나라로 간 듯하다.
○살펴보건대, 애공 11년에 염유는 계씨의 읍재邑宰가 되어 제나라의 군사와 교외에서 싸워 전공이 있었는데, 주자가 생각한 것은 대개 여기에 근거한 듯하다. 그러나 계자연의 말을 자세히 음미하면, 두 사람이 계씨에게 벼슬한 것은 반드시 계환자가 집권할 시기에 해당되니, 전유顓臾에 대한 질문은 정공定公 9년에서 10년 사이일 것이다.

【질의】 주자: 고르지 않고 화和하지 않으면 내부에 변란이 장차 일어날 것이라고 말한 것이다. 그 뒤에 애공哀公이 과연 월越의 군사로써 노魯를 쳐서 계씨를 제거하고자 하였다.
○살펴보건대, 공궁公宮은 소장蕭牆 밖에 있고, 월越나라도 (노魯)나라 밖에 있는데, 어떻게 애공이 월의 군사로써 노나라를 칠 것을 소장蕭牆의 근심으로 삼을 수 있겠는가? 하물며 공자의 마음은 (노나라의) 공실公室을 앞세우고 계씨를 뒤로 하였으니, 이 일로써 근심을 품었을 까닭이 아마도 없었을 것이며, 더구나 애공은 이 일 때문에 군주의 자리를 버리고 주邾로 도망갔다가 월越나라로 달아났으며, 계씨는 편안히 아무 일도 없었으니, [事實은《左傳》哀公 27년조에 나타나 있다.] 이것이 어찌 계손季孫이 근심할 일이겠는가?

季氏 第十六

季氏 (中①)

<u>孔子</u>曰: "天下有道, 則禮樂·征伐自天子出; 天下無道, 則禮樂·征伐自諸侯出. 自諸侯出, 盖十世希不失矣; 自大夫出, 五世希不失矣; 陪臣執國命, 三世希不失矣. 天下有道, 則政不在大夫. 天下有道, 則庶人不議."

<u>朱子</u>曰: "先王②之制, 諸侯不得變禮樂, 專征伐."【見〈王制〉】
○<u>補</u>曰 大夫, 諸侯之臣.
○<u>馬</u>曰: "陪, 重也, 謂家臣."
○<u>邢</u>曰: "執國命, 擅權執國之政令."
○<u>補</u>曰 希, 鮮也.【<u>孔</u>云: "希, 少也."】十世希不失矣, 謂天子失位; 五世希不失矣, 謂諸侯失位; 三世希不失矣, 謂大夫失位.

---

① 中: 新朝本·奎章本에는 빠져 있으나《論語古今註》의 다른 편은 '上下' 또는 '上中下'로 나누어 놓았으므로 편집 체제의 통일성을 위해 보충한다.
② 王: 新朝本에는 '生'으로 되어 있으나 奎章本에 따라 바로잡는다.
1)《正義》16.

계씨 (중)

공자는 말하기를 "천하에 도가 있으면 예악禮樂과 정벌征伐이 천자로부터 나오고, 천하에 도가 없으면 예악과 정벌이 제후로부터 나온다. 제후로부터 나오면 대개 10대 동안에 (천자가 자리를) 잃지 않음이 드물고, 대부로부터 나오면 5대 동안에 (제후가 자리를) 잃지 않음이 드물며, 배신陪臣(家臣)이 국명國命을 잡으면 3대 동안에 (대부가 자리를) 잃지 않음이 드물 것이다. 천하에 도가 있으면 정사가 대부에게 있지 않고, 천하에 도가 있으면 서인庶人들이 (시정施政에 대해) 논란하지 않는다."라고 하였다.

○주자: 선왕先王의 제도에 제후는 예악을 바꾸고 정벌을 멋대로 할 수 없다. [《禮記》〈王制〉에 나타나 있다.]
○보충: 대부는 제후의 신하이다.
○마융: 배陪는 중重(거듭되다. 大夫의 臣은 제후로부터 말하면 臣의 臣이다)의 뜻이니, 가신家臣을 이른다.
○형병: '국명을 잡는다(執國命)'란 권력을 멋대로 휘둘러 나라의 정명政命을 장악하는 것이다.[1]
○보충: 희希는 드물다(鮮)는 뜻이다. [孔安國은 "'希'는 적다는 뜻이다"라고 하였다.] 십세十世 동안 잃지 않음이 드물다는 것은 천자가 자리를 잃는다는 말이고, 오세五世 동안 잃지 않음이 드물다는 것은 제후가 자리를 잃는다는 말이며, 삼세三世 동안 잃지 않음이 드물다는 것은 대부가 자리를 잃는다는 말이다.

○朱子曰: "大約世數, 不過如此." 【吳云: "十世·五世·三世, 言其極大約不出此, 故稱盖以疑之."】

○補曰 天下有道, 則明天子在上, 故諸侯之臣, 亦不得專政.

○補曰 庶人不議, 謂游士議政, 不如戰國時.

孔曰: "周 幽王爲犬戎所殺, 平王東遷, 周始微弱. 諸侯自作禮樂, 專行征伐, 始於隱公. 至昭公十世失政, 死於乾侯矣."

○孔曰: "季文子初得政, 至桓子五世, 爲家臣陽虎所囚."

○馬曰: "陽虎爲季氏家臣, 至虎三世, 而出奔齊."

○駁曰 非也. 禮樂·征伐自諸侯出, 天子之憂也; 禮樂·征伐自大夫出, 諸侯之憂也. 即十世者, 天子之十世也; 五世者, 諸侯之五世也. 若如孔·馬之說, 則諸侯擅制者, 必十世而亡, 而天子晏然無事; 大夫擅政者, 必五世而亡, 而諸侯晏然無事; 家臣執命者, 必三世而亡, 而大夫晏然無事, 則是下之僭上, 乃天下國家之大慶, 孔子何爲而憂之也?

---

2) 《論語集註大全》卷16〈季氏〉제16 小註에 나온다.
3) 乾侯: 地名. 春秋時代 晉나라 邑. 지금의 河北省 成安縣의 東南.

○주자: 대략 세대 수가 이 정도에 지나지 않는다. [吳棫은 이르기를 "十世니 五世니 三世니 하는 것은 그 최대의 대략 世代 수가 여기에서 벗어나지 않음을 말한 것이기 때문에, 아마도 그럴 것이라고 여긴 것을 일컬은 말이다"라고 하였다.2)]

○보충: 천하에 도가 있으면 천자가 왕위에 있는 것이 분명하기 때문에, 제후로서의 신하가 또한 정사를 멋대로 할 수 없는 것이다.

○보충: '서인불의庶人不議'는 유세객遊說客이 시정施政을 논란하는 것이 전국시대戰國時代와 같지 않음을 가리킨 말이다.

○공안국: 주周나라 유왕幽王이 견융犬戎에게 피살되매 평왕平王이 동쪽으로 천도하였으니, 이때부터 주나라는 비로소 미약해졌다. 제후가 스스로 예악禮樂을 만들고 정벌을 멋대로 자행한 것은 은공隱公에서 시작되었고, 이것이 소공昭公에 이르러 10세 만에 정권을 잃고 건후乾侯3)에서 죽은 것이다.

○공안국: 계문자季文子가 처음으로 정권을 얻어, 이것이 계환자季桓子에 이르러 5세 만에 가신인 양호陽虎에게 구금되었다.

○마융: 양호는 계씨의 가신이 되었으나, 양호에 이르러 (가신) 3세 만에 제齊나라로 도망쳤다.

○반박: 아니다. 예악과 정벌이 제후로부터 나오는 것은 천자의 근심거리이고, 예악과 정벌이 대부로부터 나오는 것은 제후의 근심거리이니, 곧 10세란 천자의 10세이며, 5세란 제후의 5세이다. (그런데) 만약 공안국과 마융의 설과 같다면, 제후로서 제도를 천단擅斷한 자는 반드시 10세에 망하나 천자는 편안히 아무 일이 없다는 말이고, 대부로서 정사를 천단한 자는 반드시 5세에 망하나 제후는 편안히 아무 일이 없다는 말이며, 가신으로서 국명國命을 장악한 자는 반드시 3세에 망하나 대부는 평안히 아무 일이 없다는 말이니, 그렇다면 이는 아랫사람이 윗사람에게 참월僭越하는 것이 곧 천하 국가의 큰 경사인데, 공자는 무엇 때문에 이를 근심하였겠는가?▶

◀昭公死於乾侯, 豈魯 隱公變禮樂專征伐而致此乎? 桓子囚於陽虎, 豈季文子專政之罪乎? 陽虎執國命, 乃其本身, 狼狽奔齊, 何謂三世而出奔乎? 若以陽虎歷事季氏之三世, 而謂之三世, 則陽虎所事, 不過平子·桓子而已, 況彼諸侯·大夫, 皆以本身數其世代, 獨於家臣, 以主君而計之, 豈公論乎? 朱子於此, 謂'逆理愈甚, 故其失愈速', 誠如是也. 爲國家者, 但當坐信天理, 任其柄之下移, 孔子何爲而憂之也? 先儒之誤解此經者, 以下章有'三桓子孫'之語, 若爲大夫五世希不失之實證, 故沿誤如此. 然此章謂倒柄者必招禍, 下章明稔惡者不受福, 上章·下章, 義不相妨, 何必牽合之爲快乎?

○又按 孔子於此, 曰盖曰希, 則本是通論, 非有指定. 上溯夏·殷, 旁推齊·晉, 乃得本旨, 原不必曰周曰魯曰季曰孟.▶

◀소공昭公이 건후乾侯에서 죽은 것이 어찌 노魯 은공隱公이 예약을 바꾸고 정벌을 멋대로 자행하여 이 지경에 이른 것이겠는가? 계환자가 양호에게 구금된 것이 어찌 계문자가 정사를 멋대로 한 죄이겠는가? 양호가 국명을 손아귀에 넣은 것은 곧 그 자신이며, 낭패가 나서 제齊나라로 도망쳤는데 어찌 3세 만에 도망쳤다고 말할 수 있겠는가? 만약 양호가 계씨의 3세를 내리 섬긴 것으로써 이를 3세라고 말하더라도, 양호는 실제로 섬긴 바가 계평자季平子와 계환자뿐인데, 하물며 저 제후와 대부에게는 모두 그 자신으로써 세대를 계산하고 유독 가신에게만 주군主君을 섬긴 세대로써 이를 계산하고 있으니, 이것이 어찌 공평한 논의라 할 수 있겠는가? 주자는 이에 대하여 "리理를 거스르는 것이 심하면 심할수록 그 잃는 것이 더욱 빠르다"고 하였는데, 이는 참으로 그렇다. 나라를 다스리는 자는 다만 마땅히 앉아서 천리天理를 믿고 나라의 권병權柄이 아래로 옮겨지는 것을 맡겨 두어야만 할 텐데, 공자는 무엇 때문에 이를 근심하였겠는가? 선유先儒들이 이 경문을 잘못 해석한 것은, 이 아래의 장章에 '삼환자손三桓子孫'이란 말이 있는 것을 가지고 마치 대부가 5세 동안 자리를 잃지 않음이 드물다는 것의 실증으로 삼은 듯하기 때문에 이처럼 잘못 해석한 것이다. 그러나 이 장章의 뜻은 나라의 권병을 전도顚倒한 자는 반드시 화禍를 불러들인다는 내용을 말한 것이며, 아래 장은 악을 축적한 자는 복을 받지 못함을 밝힌 것이니, 위의 장과 아래의 장이 서로 뜻이 방해되지 아니하는데, 어찌 반드시 그 뜻을 견강부회함으로써 쾌함을 삼으려 하는가?

○또 살펴보건대, 공자가 이 경문에서 '대개(蓋)'나 '드물다(希)'고 말한 것은, 본래 이것이 통론적이며 어떤 특정적인 지적이 있는 것은 아니다. 위로 하夏·은殷을 소급하고 곁으로 제齊·진晉을 미루어 본다면, 곧 그 본뜻을 터득할 수 있으니, (공안국과 마융이 주석에서 말한 것처럼) 원래 굳이 이를 '주周'이니 '노魯'이니 '계季'이니 '맹孟'이니 하고 말할 필요가 없는 것이다.▶

季氏中

◀然苟欲指定, 則平王之後十餘世, 天王出居于狄泉,【即敬王】文公之後五世, 昭公卒于乾侯.【魯大夫擅政, 自襄仲始】季氏委政陽虎, 數世而被囚, 斯可以實孔子之言. 又何必曰自得而自失乎?【鄧潛谷云: "晉六卿·魯三家·齊田氏, 皆政自大夫出也."】

韓曰: "此義見仲尼作《春秋》之本也. 隱公攝政, 不書即位, 言不預一公之數也. 定書即位, 繼體當爲魯君. 自桓公至定公爲十世, 明矣. 深哉! 先儒莫之知也."

○駁曰 非也. 陋甚矣.

蔡曰: "國命, 畢竟是禮樂·征伐, 然旣出自諸侯·大夫, 則只爲侯國之事, 不復爲天子之器, 故只稱國命."【見《蒙引》】

○案 此說是.

孔曰: "無所非議."

○邢曰: "議, 謂謗訕. 言天下有道, 則上酌民言, 以爲政教, 所行皆是, 則庶人無有非毀謗議也."

---

4) 狄泉:《中文大辭典》에서는 泉의 이름이라 하는데, 所在地는 河南省 洛陽縣의 옛 洛陽城 안으로 되어 있음.
5) 襄仲: 春秋時代 魯나라 大夫. 莊公의 아들. 本名은 遂, 字는 仲, 諡는 襄. 僖公·文公 때 卿이 되었음. 文公이 卒한 뒤 太子 惡과 그 아우 視를 죽이고 庶長子 接을 세웠는데, 그가 宣公이다.
6) 鄧潛谷: 明代의 學者. 1529~1593. 字는 汝極, 名은 元錫, 潛谷은 그의 號. 江西省 南城人. 저술은《五經譯》·《三禮編譯》·《春秋通》·《潛學稿》등이 있다.
7)《論語筆解》卷 下에 나온다.
8) 蔡淸,《四書蒙引》卷8에 나온다.
9)《正義》16.

◀그러나 만약 그런 특정적인 것을 지적하려고 한다면, 주周 평왕平王 이후의 10여 세世 때에 천왕天王(周나라 왕을 지칭)이 적천狄泉[4]에 쫓겨나 있었고, [天王은 곧 敬王이다.] 노魯 문공文公 이후의 5세 때에 소공昭公이 건후乾侯에서 죽었으며, [魯의 大夫가 정사를 擅斷한 것은 襄仲[5]으로부터 시작하였다.] 계씨는 양호에게 정사를 맡기고 두서너 세世 만에 구금되었으니, 이것으로써 공자의 말을 실증할 수는 있다. (그러나) 또 어찌 어느 때부터 얻고 어느 때부터 잃었다고 꼭 말해야 하는가? [鄧潛谷[6]은 이르기를 "쯥나라 六卿과 魯나라 三家와 齊나라 田氏는 모두 정사가 大夫로부터 나왔다"라 하였다.]

○한유: 이 글의 내용에서 공자가《춘추》를 지은 근본 뜻을 알겠다. 은공隱公을 섭정攝政이라고 여겨 즉위卽位한 것을 기록하지 않았으니, 이는 (다른 공公들처럼) 한 공公으로서 그 수열數列에 넣지 못함을 말한 것이다. 바로 '즉위卽位'라고 써야 체통體統을 이어 당연히 노군魯君이 되는 것이다. (이렇게 볼 때 노나라는) 환공桓公부터 정공定公까지가 10세가 됨이 분명하다. 뜻이 깊도다! 선유들은 이를 알지 못하였다.[7]

○반박: 아니다. (주장이) 매우 고루하다.

○채청: 국명國命은 필경 이 예악과 정벌이다. 그러나 이것이 이미 제후와 대부로부터 나왔으면 이는 다만 제후국의 일이며, 다시는 천자의 기물器物이 될 수 없다. 그러므로 이를 다만 국명國命이라 일컬은 것이다. [《四書蒙引》에 나타나 있다.[8]]

○살펴보건대, 이 설은 옳다.

○공안국: ('불의不議'란) 비방하여 논의하는 바가 없다는 것이다.

○형병: 의議란 비방하는 것을 말한다. 천하에 도가 있으면 위에 있는 사람이 백성의 말을 참작하여 이를 정교政敎로 삼으니, 그 시행하는 바가 모두 옳으면 서민들은 헐뜯고 비방하는 일이 없다.[9]

○朱子曰: "上無失政, 則下無私議, 非箝其口使不敢言也."
○案 至治之世, 亦有誹謗之木, 何得云 '庶人不議' 乎? 道歸於一, 則處士不敢有橫議; 政出於一, 則庶人不敢以游談干國政. 下至戰國之世, 庶人游說諸侯, 與議國政, 孔子之時, 已有此敝, 故附言之.
李于鱗曰: "夫子之作《春秋》, 庶人而議者也. 盖謂天下無道, 政不在天子, 而在大夫, 故我議及于五世, 又議及于陪臣之三世云云耳."
○駁曰 非也. 夫子豈庶人耶?

孔子曰: "祿之去公室五世矣, 政逮於大夫四世矣. 故夫三桓之子孫, 微矣."

鄭曰: "言此之時, 魯 定公之初. 魯自東門襄仲殺文公之子赤而立宣公, 於是政在大夫, 爵祿不從君出, 至定公爲五世矣."【邢云: "五世, 謂宣公·成公·襄公·昭公·定公."】

---

10) 誹謗之木: 君主의 過失을 적어 놓는 나무.《大戴禮》〈保傅〉와《呂覽》〈自知〉등에 보면 古代에 나무를 다리 위에 세우고서 백성에게 정치의 過失을 적게 하여, 이것으로써 君主가 스스로 反省했다는 故事.
11) 李于鱗: 明代의 文學家. 歷城人. 名은 攀龍, 號는 滄溟, 于鱗은 그의 字. 訓詁學을 좋아하지 않았고, 詩에 能하였으며, 당시 吳維岳 등과 五子로 불렸다. 官은 河南按察使. 書室을 白雪堂이라 하였고, 저서로는《古今詩刪》·《李滄溟集》이 있다.
1) 三桓: 仲孫·叔孫·季孫이 모두 魯나라 桓公으로부터 태어났으므로 三桓이라 함. 仲孫은 뒤에 孟孫氏로 고쳤음.
2) 東門遂: 春秋時代 魯나라 大夫. 字가 襄仲이다.
3)《正義》16.

○주자: 위에서 실정이 없으면 아래에서는 (시정에 대해) 사사로이 논의함이 없는 것이지, 그 입에 재갈을 물려서 감히 말하지 못하게 하는 것이 아니다.

○살펴보건대, 가장 잘 다스려졌던 때에도 또한 비방의 나무(誹謗之木)[10]를 설치해 두었는데, 어떻게 '서인이 (시정에 대해) 논란하지 않는다'고 말할 수 있겠는가? 도道가 하나로 돌아가면 처사處士는 감히 횡의橫議가 있지 않고, 정령이 하나에서 나오면 서인은 감히 유세로써 국정에 간여하지 않는다. (그런데) 아래로 전국시대에 와서는 서인이 제후를 유세하고 국정에 참여하여 의논을 하였지만, 이는 공자 때에 이미 이런 폐단이 있었던 것이다. 그러므로 여기에 덧붙여 언급하였다.

○이우린:[11] 공자가 《춘추》를 지은 것은 서인庶人으로서 (정사의 행적을) 논의한 것이다. 대개 천하에 도가 없으면 정권이 천자에게 있지 않고 대부에게 있기 때문에, 나의 논의가 (대부에게는) 5세世까지 언급되었고 또 배신陪臣에게는 3세까지 언급되었다는 것을 말한다.

○반박: 아니다. 공자가 어찌 서인이겠는가?

季氏中

공자는 말하기를 "작록爵祿을 주는 권리가 공실公室(노나라의 군주를 가리킴)을 떠난 지 5세世이고, 정권이 대부의 손에 옮겨간 지 4세이다. 그러므로 삼환三桓[1]의 자손이 쇠해졌다."라고 하였다.

○정현: 이를 말한 시기는 노나라 정공定公의 초기이다. 노나라는 동문수東門遂[2] 양중襄仲이 문공文公의 아들 적赤을 죽이고 선공宣公을 세우고부터, 여기에서 정권은 대부에게 있고 작록은 군주에게서 나오지 않았으니, 이는 정공에 이르기까지 5세가 된다. [邢昺은 이르기를 "五世는 宣公·成公·襄公·昭公·定公을 말한다"고 하였다.[3]]

○朱子曰: "逮, 及也."

○補曰 四世, 三家之四世也. 宣公之世, 孟獻子【仲孫蔑】·叔孫莊叔【名得臣】·季文子【名行父】爲政於魯, 而至定公之世, 孟懿子【名何忌】·叔孫成子【名不敢】·季桓子【季孫斯】當國, 大約皆四世.【詳見下】

○孔①曰: "三桓, 謂仲孫·叔孫·季孫. 三卿皆出桓公, 故曰三桓也."【仲孫氏, 改其氏, 稱孟氏】

○補曰 微, 衰也. 三家至定公之世, 皆衰.

引證 昭二十五年《左傳》云 "樂祁曰, '魯君必出. 政在季氏三世矣,【杜云: "文子·武子·平子."○孔云: "不數悼子者, 悼子未爲卿而卒, 不執魯政."】魯君喪政四公矣.【杜云: "宣·成·襄·昭."】無民而能逞其志者, 未之有也.'"

○昭末年《左傳》云: "史墨曰, '季友有大功於魯,【立僖公】受費以爲上卿.【受費邑】至於文子·武子,【行父·宿】世增其業, 不廢舊績. 魯 文公薨, 而東門遂殺適立庶, 魯君於是乎失國,【失國柄】政在季氏, 於此君也四公矣.'"

---

① 孔: 新朝本·奎章本에는 '孔子'로 되어 있으나《論語注疏》卷16〈季氏〉에 따라 바로잡는다.
4) 樂祁: 春秋時代 宋나라 사람. 樂喜의 孫. 字는 子梁. 官은 司城. 宋나라 武公의 이름을 司空으로 하였기 때문에 이를 諱하여 宋에서는 司空을 司城이라 하였음.
5) 史墨: 春秋時代 晉나라 사람. 史官.
6) 季友: 春秋時代 魯 桓公의 末子.
7) 文公의 아들 赤을 죽이고 宣公을 세운 것을 가리킴.

○주자: 체逮는 미친다(及)는 뜻이다.

○보충: 4세는 삼가三家의 4세이다. 선공宣公 때 맹헌자孟獻子[仲孫蔑이다.]·숙손장숙叔孫莊叔[이름은 得臣이다.]·계문자季文子[이름은 行父이다.]가 노나라에서 정권을 행사하였고, 정공 때에 이르러 맹의자孟懿子[이름은 何忌이다.]·숙손성자叔孫成子[이름은 不敢이다.]·계환자季桓子[季孫斯이다.]가 나라의 권병權柄을 장악하였으니, 이것이 대략 모두 4세이다. [상세한 것은 아래에 나타나 있다.]

○공안국: 삼환三桓은 중손·숙손·계손을 가리키니, 삼경三卿이 모두 환공桓公에서 나왔기 때문에 삼환이라 한다. [仲孫氏는 그 氏를 고쳐 孟氏라고 일컬었다.]

○보충: 미微란 쇠하였다는 뜻이다. 삼가三家는 정공 때에 이르러 모두 쇠해졌다.

【인증】소공昭公 25년(B.C. 517)《좌전》에 이르기를 "악기樂祈[4]는 '노나라 군주가 (도리어) 반드시 쫓겨날 것이다. 정권이 계씨의 손에 넘어간 것이 삼세三世이고, [杜預는 이르기를 "(三世는) 季文子·季武子·季平子이다"라고 하였다. ○孔安國은 이르기를 "季悼子를 세지 않은 것은 悼子가 卿이 되지 못하고 죽어서 魯나라 정권을 잡지 못해서이다"라고 하였다.] 노나라 군주가 정권을 잃은 지는 사공四公이 된다. [杜預는 이르기를 "(四公은) 宣公·成公·襄公·昭公이다"라고 하였다.] 민심을 얻지 못하고서 그 뜻을 이룬 자는 있지 않다'고 했다"라 하였다.

○소공 말년(B.C. 510)《좌전》에 이르기를 "사묵史墨[5]은 '계우季友[6]가 노나라에 큰 공이 있어 [僖公을 세웠다.] 비읍費邑을 채읍으로 받고 상경上卿이 되었고, [費邑을 받았다.] 계문자·계무자 [文子는 이름이 行父이며, 武子는 이름이 宿이다.] 에 이르기까지 대대로 가업을 확장하여 예부터의 업적을 잃지 않았으며, 노魯 문공文公이 죽고 동문수東門遂(襄仲)가 적자를 죽이고 서자를 세워 임금으로 삼자,[7] 노나라 임금은 이에 나라를 잃고 [國權을 잃었다.] 정권은 계씨의 손에 넘어갔다. 이로부터 지금의 임금까지가 사공四公이다.▶

季氏中

473

◀民不知君, 何以得國? 是以爲君愼器與名, 不可以假人.'"
○《史記》〈魯世家〉曰: "文公卒, 襄仲立宣公. 魯由此公室卑, 三桓強."
○案 鄭註引東門襄仲, 本據史墨之言也.

事實 文十八年《左傳》云: "文公二妃敬嬴生宣公. 敬嬴嬖, 而私事襄仲.【公子遂】襄仲欲立之, 叔仲惠伯不可. 仲見齊侯而請之, 齊侯許之. 冬, 十月, 仲殺惡及視,【惡, 太子. 視, 其母弟】而立宣公. 夫人姜氏歸于齊, 哭而過市曰, '天乎! 仲爲不道, 殺適立庶.' 市人皆哭."
○案 此魯國一變之大機, 故史墨言之, 鄭玄用之, 朱子依之.

孔曰: "文子·武子·悼子·平子."【釋四世. ○純云: "此注, 皇本作'鄭玄曰'."】
○朱子曰: "季武子始專國政, 歷悼·平·桓子, 凡四世, 而爲家臣陽虎所執."

---

8) 叔仲惠伯: 春秋時代 魯나라 桓公의 아들. 名은 彭, 叔仲은 氏, 惠伯은 諡.
9) 夫人 姜氏: 齊나라 사람이며 魯나라 文公의 첫째 부인이다. 太子 惡과 그 아우인 視의 母.
10) 太宰純,《論語古訓外傳》16-7b.

◀백성들이 임금을 알지 못하니, 어떻게 나라를 가질 수 있겠는가? 이러하기 때문에 임금이 된 사람은 군위君位를 상징하는 기물器物과 이름을 중요시하여 남에게 빌려주어서는 안 된다'고 했다"라 하였다.

○《사기》〈노세가〉: 문공이 죽고 양중襄仲이 선공을 세웠다. 노나라는 이로부터 공실公室은 낮아지고 삼환三桓은 강해졌다.

○살펴보건대, 정현의 주석에 동문수東門遂 양중襄仲을 인용한 것은 본래 사묵史墨의 말에 근거한 것이다.

【사실】문공 18년(B.C. 609)《좌전》에 이르기를 "문공의 둘째 부인인 경영敬嬴이 선공을 낳았다. 경영은 (문공의) 총애가 깊었으나 사사로이 양중襄仲을 내 편으로 만들어 섬겼다. [(襄仲은) 公子 東門遂이다.] 양중이 선공을 세우고자 하니 숙중혜백叔仲惠伯[8]이 반대하거늘, 양중은 (제나라에 사신을 가서) 제후齊侯를 만나 선공을 세우고 싶다고 청하니, 제후가 이를 허락하였다. 겨울 10월에 양중이 악惡과 시視를 죽이고 [惡은 太子이고, 視는 同母의 아우이다.] 선공을 세웠다. 부인 강씨姜氏[9]가 제나라로 돌아가면서 (노나라 도성을 떠날 때) 슬프게 곡하면서 저자를 지나며 말하기를 '하늘이여! 양중이 무도하여 적자를 죽이고 서자를 세웠다'고 하니, 저자의 사람들이 모두 곡하였다"라고 하였다.

○살펴보건대, 이는 노나라가 한 번 변질된 큰 기틀이기 때문에 사묵史墨이 이를 언급하고, 정현이 이를 인용하며, 주자가 이에 의거하였다.

○공안국: (사세四世는) 계문자·무자武子·도자悼子·평자平子이다. [四世를 해석한 것이다. ○太宰純은 "이 孔安國의 注가 皇侃의 本에서는 '鄭玄曰'로 되어 있다"라고 하였다.[10]]

○주자: 계무자가 비로소 국정國政을 전횡한 뒤부터 도자·평자·환자를 거쳤으니 모두 사세四世이며, 환자는 가신인 양호陽虎에게 구금되었다.

○毛曰: "其四世何也? 曰文·武·平·桓也. 樂祁不云乎? 政在季氏三世矣, 謂文·武·平也. 其不及桓者, 以昭公時未有桓也. 孔安國以文·武·悼·平爲四世, 則多悼而少桓; 朱註以武·悼·平·桓爲四世, 則多悼而少文, 兩皆失之. 蓋武子之卒, 在昭之七年, 是時悼子先武卒, 而平子于是年, 即代武立, 悼子未嘗爲卿也. 未嘗爲卿, 則政不逮矣, 故政逮四世, 斷自文始而桓止, 不及悼子, 此無可疑者."

○案 孔子之意, 若單指季氏, 則當云 '政在季氏四世', 如樂祁之言, 可也. 烏得曰 '政逮於大夫' 乎? 獨季氏四世專權稔惡, 而三桓子孫並受其殃, 非怪事乎? 觀於 '三桓子孫' 一句, 政逮大夫之通指三家, 審矣.

○又按 季氏四世, 數悼數桓, 俱無不可,【以世系, 則孔之數悼, 是也. 以執政, 則毛之數桓, 是也】然獨數季氏, 本自疎謬, 三桓當並論也. ▶

---

11) 毛奇齡,《論語稽求篇》'祿之去公室' 章에 나온다.

○모기령: 사세四世는 누구누구를 말하느냐면, 계문자·무자·평자·환자를 말한다. 악기樂祈가 말하지 않았던가? '정권이 계씨의 손에 넘어간 것이 삼세三世이다'란 문자·무자·평자를 말한다. 계환자를 여기에 언급하지 않은 것은, 소공 때는 아직 환자가 있지 않았기 때문이다. 공안국의 말처럼 계문자·무자·도자·평자를 사세로 하면 계도자가 들어가고 계환자가 빠지며, 주자의 주석처럼 무자·도자·평자·환자를 사세로 하면 계도자가 들어가고 계문자가 빠지니, 두 사람의 설說은 모두 잘못된 것이다. 대개 계무자가 죽은 것은 소공昭公 7년(B.C. 535)이라고 여겨지니, 이때는 계도자가 무자에 앞서서 먼저 죽었고, 계평자가 이 해에 계무자의 뒤를 이어 서게 되었으며, 계도자는 일찍이 경卿이 된 일도 없다. 일찍이 경이 되지 못하면 정권이 그에게 미치지 않는다. 그러므로 정권이 사세四世에 미쳤다는 것은 단연코 계문자로부터 시작하여 계환자에서 그친 것이며 계도자에게 미치지 아니하였으니, 이는 의심할 수 없는 사실이다.[11]

季氏中

○살펴보건대, 공자의 (이 경문의) 뜻이 만약 다만 계씨만 가리킨 것이라면, 악기樂祈의 말처럼 당연히 '정권이 계씨의 손에 넘어간 것이 사세四世이다'라고 해야 하는 것이 옳을 텐데, 어째서 '정권이 대부의 손에 옮겨졌다'고 말할 수 있겠는가? 유독 계씨만이 4세에 걸쳐 권병權柄을 전횡하고 악을 축적한 것인데, 이에 삼환三桓의 자손이 모두 그 재앙을 받았다고 한다면 괴이한 일이 아니겠는가? '삼환자손三桓子孫'이라는 한 구절을 살펴보더라도, 정권이 대부의 손에 옮겨갔다는 것이 삼가三家를 통틀어 가리킨 것임이 분명하다.

○또 살펴보건대, 계씨의 4세에는 계도자와 계환자를 그 수에 넣어 세는 것은 모두 옳지 않은 것이 아니나, [世系로써 본다면 孔安國이 季悼子를 넣어 센 것이 옳고, 政權을 잡은 것으로써 본다면 毛奇齡이 季桓子를 넣어 센 것이 옳다.] 그러나 유독 계씨만을 (4세로) 세는 것은 본래 그 자체가 잘못된 것이니, 삼환을 당연히 함께 논해야 한다.

◀孟獻子【仲孫蔑】·孟莊子【仲孫速】·孟僖子【仲孫貜】·孟懿子【即何忌】, 孟氏亦四世也. 孟孝伯【仲孫羯】雖承莊子【莊子之庶子】, 與僖子·昭穆實同, 則四世而已. 叔孫莊叔【名得臣】·叔孫穆子【豹】·叔孫昭子【婼】·叔孫成子【名不敢】, 叔孫亦四世也. 叔孫宣伯【名僑如】雖承莊叔,【其長子】與穆子本是昆弟,【叔孫豹乃僑如之庶弟】則四世而已. 三桓之家, 自宣至定, 大約皆四世, 大夫四世, 非是之謂乎?【毛云: "從公室數, 則公適五世. 從大夫數, 則大夫適四世."】
○紘父云: "季氏四世, 當從毛氏之說."【鄭玄以此經爲定公之初者, 不數桓子也. 然定五年, 平子卒而桓子代立, 旋遭陽虎之辱, 則孔子此言, 當在②桓子之時】

孔曰: "三桓, 至哀公皆衰."
○駁曰 非也. 據樂祁·史墨之言, 公室五世, 明自宣公而數之, 則孔子言此, 必在定公之年, 孔何以忽言哀公乎? 若云孔子前知其兆, 至哀公而果驗, 則億則屢中, 豈聖人之所長乎? 據定公六年, 魯人侵鄭取匡, 而此時陽虎爲政, 頤指三桓, 惟意進退.▶

② 在: 新朝本에는 '左'로 되어 있으나 奎章本에 따라 바로잡는다.
12) 毛奇齡,《論語稽求篇》'祿之去公室' 章에 나온다.
13)《論語》〈先進〉편에 나온다.

478

◀맹헌자孟獻子[仲孫蔑이다.]·맹장자孟莊子[仲孫速이다.]·맹희자孟僖子[仲孫貜이다.]·맹의자孟懿子[곧 何忌이다.] 등 맹씨孟氏도 또한 4세이다. 맹효백孟孝伯[仲孫羯이다.]은 비록 맹장자를 계승하였으나, [孟莊子의 庶子이다.] 맹희자와는 소목昭穆이 실상 같으니 4세일 뿐이다. (그리고) 숙손장숙叔孫莊叔[이름은 得臣이다.]·숙손목자叔孫穆子[이름은 豹이다.]·숙손소자叔孫昭子[이름은 婼이다.]·숙손성자叔孫成子[이름은 不敢이다.] 등 숙손씨도 또한 4세이다. 숙손선백叔孫宣伯[이름은 僑如이다.]은 비록 숙손장숙을 계승하였으나, [叔孫莊叔의 長子이다.] 숙손목자와는 본시 형제이니 [叔孫豹는 곧 叔孫僑如의 庶弟이다.] 4세일 뿐이다. 삼환씨의 가문은 선공宣公에서 정공定公까지 대략 모두 4세이니, '대부사세大夫四世'란 이를 두고 말하는 것이 아니겠는가? [毛奇齡은 이르기를 "公室에서 셈하면 公은 다만 五世이고, 大夫에서 셈하면 大夫는 다만 四世이다"라고 하였다.[12]]

○이굉보: 계씨의 4세는 마땅히 모기령의 설을 따라야 한다. [鄭玄이 이 經文의 말을 定公의 초기에 해당하는 것이라고 한 것은 季桓子를 넣어 세지 않은 것이다. 그러나 定公 5년에 季平子가 죽고 계환자가 뒤를 이어 섰으며, 곧이어 陽虎의 치욕을 만났으니, 공자의 이 말은 계환자 때에 해당한다.]

○공안국: 삼환은 애공哀公 때에 와서 모두 쇠퇴하였다.

○반박: 아니다. 악기樂祈와 사묵史墨의 말에 근거하면, 공실의 5세는 분명히 선공으로부터 계산한 것이다. 그렇다면 공자의 이 말은 반드시 정공定公 연간에 있었던 것인데, 공안국은 왜 갑자기 애공哀公을 말하였는가? 만약 공자가 그러한 조짐을 미리 안 것이 애공에 이르러 과연 징험이 되었다고 말한다면, '헤아리면 자주 들어맞았다(億則屢中)'[13]는 것이 어찌 성인聖人(孔子)의 장점이겠는가? 정공 6년(B.C. 504)의 사적에 근거하면 노나라 사람이 정鄭나라를 침공하여 광匡 땅을 빼앗았는데, 이때 양호陽虎가 정사를 맡아서 삼환三桓을 마음대로 부리면서 오직 제 뜻대로 하였다.▶

季氏中

◀乃使季·孟入自南門, 出自東門, 使之得罪於鄰國, 【見《左傳》】其愚戆屠劣, 無復乃祖之風. 而至定十二年, 子路以區區家臣之力統率三桓, 令墮三都. 於是叔孫墮郈, 季孫墮費, 惟令是從, 莫之敢拒, 惟孟孫不墮郕邑, 而託身於公斂處父, 佯爲不知. 【見《左傳》】其衰相屓氣, 溢於簡策, 不獨陽虎之囚季孫爲可恥也, 奚待哀公之世而三桓③乃衰乎?

韓曰: "此重言定公時事也. 上文 '十世·五世·三世希不失' 者, 蓋汎言之耳. 此云 '祿去公室五世' 及下文云 '政逮於大夫四世', 皆指實事言也."

○駁曰 非也. 上章自一義也, 下章自一義也. 古今諸家, 皆連二章而觀之, 故其義相妨, 必各玩之乃善.

引證《漢書》〈五行志〉曰: "季氏萌于釐公, 而大于成公."

---

③ 桓: 新朝本에는 '世'로 되어 있으나 奎章本에 따라 바로잡는다.
14)《左傳》定公 6년조에 나온다.
15)《左傳》定公 12년조에 나온다.
16)《論語筆解》卷下〈季氏〉제16에 나온다.

◁(정나라를 침공하고 군사를 되돌릴 때 양호가 위衛나라의 허락도 없이) 이에 계손씨와 맹손씨로 하여금 (위나라의) 남문으로 들어가서 동문으로 나오게 하여 그들로 하여금 이웃나라에 죄를 얻게 하였으니, [《左傳》에 보인다.[14]] 이는 그 어리석고 용렬함이 다시는 그들 조상의 기풍이 없었다. 그리고 정공12년에 이르러서 자로子路가 구차스러운 가신家臣의 힘으로 삼환을 통솔하여 삼도三都(郈·費·成)를 무너뜨리게 하여, 숙손씨는 후읍郈邑을, 계손씨는 비읍費邑을 무너뜨려 오직 그의 명령에 복종하고 감히 항거하지는 못하였으나, 맹손씨만은 성읍成邑을 무너뜨리지 않고 몸을 공렴처보公斂處父에게 의탁하고 있으면서 이를 알지 못하는 척하였다. [《左傳》에 보인다.[15]] 이렇게 그 쇠퇴한 형상과 잔약한 기운은 간책簡策의 기록에 넘치니, 이는 비단 양호陽虎가 계손씨를 구금한 것을 수치스러운 것으로 삼을 뿐만이 아니다. 그런데 어떻게 애공哀公의 세대에 와서 삼환三桓이 이에 쇠퇴하였겠는가?

○한유: 이는 정공定公 때의 일을 거듭 말한 것이다. 위의 글 '10세·5세·3세 동안에 자리를 잃지 않음이 드물다'는 것은 대개 널리 말한 것이며, 여기의 글에서 "작록爵祿을 주는 권리가 공실公室을 떠난 지 5세이다"라고 한 것과 그 아래의 글 "정권이 대부의 손에 옮겨간 지 4세이다"라고 한 것은 모두 실제 있었던 일을 가리켜 말한 것이다.[16]

○반박: 아니다. 위의 장章은 (위의 장대로) 그 자체 하나의 뜻이고, 아래의 장은 (아래의 장대로) 그 자체 하나의 뜻이다. 고금의 여러 주석가들은 모두 두 장을 연관하여 보았기 때문에 그 뜻이 서로 어긋난 것이니, 이는 반드시 각각 따로 완미하는 것이 좋다.

【인증】《한서》〈오행지〉: 계씨의 세력은 이공釐公(魯나라 莊公의 末子) 때에 싹이 터서 성공成公 때에 커졌다.

季氏中

○張南軒曰: "魯自宣公, 三家始盛, 專制魯國之賦, 而祿去公室矣. 又一世而政悉移於大夫, 自成公以下, 爲國君者, 拱手聽命而已."

○盧東元《荷亭辨論》曰: "新·舊二註, 俱各有誤. 四世者, 公之四世, 卽成·襄·昭·定."

○毛曰: "祿去公室, 卽是政逮大夫. 未有去彼不之此而中立者, 盧氏欲去宣公, 以應四數, 而不知祿去政逮, 不分兩時."

○案 張南軒亦以四世爲公室之四世. 盧氏之說本起於此, 然祿去政逮之不在二時, 誠如毛氏之說. 四世者, 大夫之四世也. 文例正與樂祁之言酷似.【林希元云: "祿去公室, 政逮大夫, 互言之."】

引證 《春秋繁露》云: "'政逮於大夫四世矣', 蓋自文公以來之謂也."【〈玉杯〉篇】

○《漢書》〈食貨志〉云: "魯自文公以後, 祿去公室, 政在大夫."

○陳氏《經典④稽疑》曰: "祿之去公室五世, 卽文·宣·成·襄·昭五公."【去定公】

---

④ 典: 新朝本·奎章本에는 '傳'으로 되어 있으나 이하 인용문이 陳耀文의 《經典稽疑》卷上의 내용이므로 바로잡는다.

17) 《論語集註大全》卷16 〈季氏〉 제16 小註에 나온다.
18) 신구新舊 두 주석: 孔安國의 四世인 季文子·武子·悼子·平子와 朱子의 四世인 季武子·悼子·平子·桓子를 가리킴.
19) 毛奇齡, 《論語稽求篇》'祿之去公室' 章에 나온다.
20) 同上.
21) 林希元, 《四書存疑》에 나온다.
22) 陳氏: 明代의 學者인 陳耀文이다. 河南省 確山人. 字는 晦伯, 號는 筆山. 官은 陝西行太僕卿. 저술로는 《經典稽疑》·《正楊》·《天中記》·《花草粹編》 등이 있다.

○장남헌: 노魯나라는 선공宣公 때부터 삼가三家가 비로소 강성해져서 노나라의 부세를 전제專制하였고, 작록을 주는 권리가 공실公室을 떠나게 되었다. 또 1세 만에 국정이 모두 대부로 옮겨가, 성공成公부터 그 이하로 국군國君이 되는 자는 팔짱을 끼고 정령政令을 듣고만 있었을 뿐이다.[17]

○노동원《하정변론》: (사세四世에 대한) 신구新舊 두 주석[18]은 모두 각각 잘못이 있다. 사세四世란 공공의 사세이니, 곧 성공成公·양공襄公·소공昭公·정공定公이다.[19]

○모기령: '작록을 주는 권리가 공실을 떠났다(祿去公室)'는 것은 곧 '정권이 대부의 손에 옮겨갔다(政逮大夫)'는 것이다. 저기를 떠나서 여기에 오지 않고 중립中立하는 것은 있지 않다. 노동원은 선공宣公을 빼고 사세四世의 수효에 맞추고자 하기만 하고, 작록을 주는 권리가 공실을 떠난 것과 정권이 대부의 손에 옮겨간 것을 두 시기로 구분할 수 없음을 알지 못하였다.[20]

○살펴보건대, 장남헌張南軒도 또한 사세四世를 공실의 사세로 삼았다. 노동원盧東元의 설은 본래 여기에서 나왔으나, 작록을 주는 권리가 공실을 떠난 것과 정권이 대부의 손에 옮겨간 것을 두 시기로 구분할 수 없음은 진실로 모기령의 설과 같다. 사세四世란 대부의 사세이다. 그 문례文例는 바로 악기樂祈의 말과 매우 흡사하다. [林希元은 이르기를 "爵祿을 주는 권리가 公室을 떠난 것과 정권이 大夫의 손에 옮겨간 것을 서로 관련하여 말한 것이다"라고 하였다.[21]]

【인증】《춘추번로》: '정권이 대부의 손에 옮겨간 지가 사세四世이다'란 문공文公 이래부터임을 말한 것이다. [〈玉杯〉편에 나온다.]

○《한서》〈식화지〉: 노나라는 문공 이후부터 작록을 주는 권리가 공실에서 떠나고, 정권이 대부의 손에 있었다.

○진씨[22]의《경전계의》: 작록을 주는 권리가 공실에서 떠난 것이 5세라는 것은, 곧 문공·선공·성공·양공·소공 5세이다. [定公을 뺐다.]

483

○毛曰: "去定公, 則于樂祁·史墨所定世數, 皆不合矣."
○案 董仲舒·班固, 或稱 '文公以來', 或稱 '文公以後', 盖云文公以前, 祿在公室, 一自其後, 政在大夫也. 陳氏偏主此文, 乃欲自文公而數之, 豈不謬哉? 樂祁·史墨之言, 不可易也.

孔子曰: "益者三友, 損者三友. 友直, 友諒, 友多聞, 益矣. 友便辟, 友善柔, 友便佞, 損矣."【《說文》, '便佞' 之 '便' 作 '諞'】

補曰 直, 言行無曲者也. 諒, 貞信不渝者也.
○邢曰: "多聞, 謂博學."
○補曰 便, 安也, 習也. 辟, 邪也, 側也.【軟熟傾邪之貌】善, 好也. 柔, 順也.【不剛直之貌】
○鄭曰: "便, 辯也."【案,《爾雅》〈釋訓〉云: "便便①, 辯②也."】
○③補曰 佞, 口給也.

---

① 便: 新朝本에는 '使'로 되어 있으나 奎章本에 따라 바로잡는다.
② 辯: 新朝本·奎章本에는 '辨'으로 되어 있으나《爾雅》〈釋訓〉에 따라 바로잡는다.
③ ○: 新朝本·奎章本에는 없으나 문맥에 따라 보충한다.
23) 毛奇齡,《論語稽求篇》'祿之去公室' 章에 나온다.
1)《正義》16.
2) 便便은 辯이다: 何晏의《論語集解》에는 便便을 '言辨貌'라고 注를 하였고, 朱子의《論語集註》에는 便便을 '辯也'라고 注를 하였다.

○모기령: 정공을 빼면 악기樂祈·사묵史墨이 정하였던 세수世數에는 모두 합치되지 않는다.[23]

○살펴보건대, 동중서董仲舒와 반고班固는 '문공이래文公以來'라고 일컫기도 하고, 또 '문공이후文公以後'라고 일컫기도 했으니, 이는 대개 문공 이전에는 녹祿이 공실에 있었고, 하나같이 그 이후부터는 정권이 대부의 손에 있었다는 것을 말한다. 진씨陳氏는 다만 이 글만을 주로 하여 문공으로부터 (오세五世를) 셈하려고 했으니, 어찌 잘못이 아니겠는가? 악기와 사묵의 말은 바꿀 수 없다.

공자는 말하기를 "유익한 벗이 세 종류이며, 해로운 벗이 세 종류이다. 곧은 이를 벗하고, 신실한 이를 벗하고, 견문이 많은 이를 벗하면 유익하다. 편벽便辟한 자를 벗하고, 선유善柔한 자를 벗하고, 편녕便佞한 자를 벗하면 해롭다."라고 하였다. [《說文》에는 '便佞'의 '便' 字가 '諞'으로 되어 있다.]

○보충: 직直은 언행에 굽음이 없는 것이고, 양諒은 곧고 신실함이 변하지 않는 것이다.
○형병: 다문多聞은 박학博學을 이른다.[1]
○보충: 편便은 '편안하다' '익숙해지다'의 뜻이요, 벽辟은 '간사하다' '기울어지다'의 뜻이요, [傾邪에 익숙해진 모양이다.] 선善은 호호의 뜻이요, 유柔는 순순의 뜻이다. [剛直하지 못한 모양이다.]
○정현: 편便은 말을 잘한다(辯)는 뜻이다. [《爾雅》〈釋訓〉에 "便便은 辯이다"[2]라고 하였다.]
○보충: 영佞은 말재주를 부리는 것이다.

季氏 中

○袁曰: "益是增其所未能, 損是壞其所本有."【袁石公之言】

邢曰: "直, 謂正直. 諒, 謂誠信."

○荻曰: "諒·良同, 如'子諒'之諒. 〈樂記〉'易直子諒', 鄭玄讀如本字, 朱子據《韓詩外傳》, 讀子諒曰慈良."

○純曰: "諒, 謂見信於人也."【貞而不諒者, 君子之所以自行也. 友諒者, 愛人之諒也】

○案 諒者, 貞信堅固之意. 分而言之, 則貞·諒不同; 合而言之, 則貞·諒不殊, 如驕泰然也. 諸說皆未然.

馬曰: "便辟, 巧辟人之所忌, 以求容媚."

○朱子曰: "便④, 習熟也. 便辟, 謂習於威儀而不直."【胡云: "便, 順適也. 《書》注以爲足恭, 是也."】

○荻曰: "辟, 讀爲避."【從馬義】

○純曰: "辟, 音闢. 〈曲禮〉曰, '君若勞之, 則還辟.'【《釋文》云: "還辟, 逡巡也."】▶

---

④ 便: 新朝本에는 '朋'으로 되어 있으나 奎章本에 따라 바로잡는다.
3) 袁石公: 袁宏道(字는 中郞)이다. 앞에 나왔음.
4) 易直子諒: 易는 온화한 것이고, 直은 正直이고, 子는 慈愛이고, 諒은 信實이다.
5) 본래 글자대로 읽고: 鄭玄의 注에 보면 子의 뜻을 '不子之子'의 子의 뜻이라 하였으니, 역시 '子' 字의 뜻은 자식을 사랑하는 慈愛로 본 것이다.
6) 太宰純,《論語古訓外傳》16-8a.
7) 同上.
8) 便辟: 馬融은 便辟를 '편피'로 읽었다.
9)《書經》의 注:《書經》〈冏命〉편에 나오는 "無以巧言令色便辟側媚"라는 말 가운데 '便辟'에 대한 注를 가리킴.
10)《論語集註大全》卷16〈季氏〉제16 小註에 나온다.
11) 太宰純,《論語古訓外傳》16-9a.

○원씨: 익益이란 그 능하지 못한 바를 유익하게 채워 주는 것이고, 손損이란 그 본래 지니고 있던 바를 훼손시키는 것이다. [袁石公[3]의 말이다.]

○형병: 직直은 정직함을 이르고, 양諒은 성신誠信을 이른다.

○적생쌍송: 양諒은 양량(信實)과 같은 뜻이니, '자량子諒'이라 할 때의 '양諒'과 그 뜻이 같다. 《예기》〈악기樂記〉에 '이직자량易直子諒'[4]이란 말이 있는데, 정현은 본래 글자대로 읽고[5] 주자는 《한시외전韓詩外傳》에 근거하여 자량子諒을 자량慈良(慈愛와 信實)으로 읽었다.

○태재순: 양諒은 남에게 신실함을 보이는 것을 이른다.[6] ['곧되 무턱대고 信義만을 고집하지는 않는다'는 것은 君子가 스스로 행하는 것이고, '신실한 이를 벗한다'는 것은 사람의 신실함을 사랑하는 것이다.[7]]

○살펴보건대, 양諒이란 정직함과 신의가 견고하다는 뜻이다. 이를 나누어 말하면 정貞과 양諒의 뜻이 같지 않고, 합해서 말하면 정과 양의 뜻이 다르지 않으니, 문례文例를 들면 마치 교태驕泰와 같은 그런 것이다. (그런데) 여러 설들은 모두 그렇지 않다.

○마융: 편피便辟[8]는 사람이 꺼리는 것을 교묘하게 피해서 아첨하여 기용되기를 구하는 것이다.

○주자: 편便은 익숙함이다. 편벽便辟은 외모의 위의威儀에는 능숙하나 곧지 못한 것을 말한다. [胡寅은 이르기를 "便은 順適이다. 《書經》의 注[9]에 (便辟을) 너무 공손히 하는 것이라 여긴 것이 바로 이것이다"라고 하였다.[10]]

○적생쌍송: 벽辟을 여기서는 피避로 읽어야 한다. [馬融의 뜻을 따랐다.[11]]

○태재순: 벽辟은 음이 벽闢이다. 《예기》〈곡례曲禮〉에 "(다른 나라의) 임금이 만약 (사신으로 온) 자신을 위로하면 환벽還辟(뒷걸음질로 물러선다는 뜻)한다"라 하였고, [《經典釋文》에는 "還辟은 逡巡(뒷걸음질하다)이란 뜻이다"라고 하였다.]

▶

◁〈鄕黨〉篇包注曰, '躩, 盤辟貌.' 皆讀曰闢, 謂闢而去其處也. 且如行而當人, 己闢而去其處, 或回身却退, 此之謂辟. 要之, 便辟者, 諂媚趨走之狀也."

○案 馬注甚善. 疑兩京官學有所受也. 但一字之內, 無以盡含此義.【梅氏作〈冏命〉, 有'便辟側媚'句, 用此文也】

馬曰: "善柔, 面柔也."【邢云: "面柔, 和顔悅色, 以誘人者也."】

○純曰: "鄭玄《詩箋》云, '籧篨口柔, 戚施面柔.'"

○案 善柔之爲面柔, 意雖不差, 訓詁之體, 恐不然也.

考異 許愼《說文》云: "諞, 巧言也. 從言扁聲.〈周書〉曰, '截截善諞言.' 《論語》曰, '友諞佞.'"

○案 此必孔壁古文也.

朱子曰: "善柔, 謂工於媚悅而不諒. 便佞, 謂習於口語而無聞."

○蔡曰: "便辟, 威儀上便習也. 便佞, 口辭上便習也."【見《蒙引》】

---

12) 包咸의 注:《論語》〈鄕黨〉편에 나오는 '足躩如也'에 대한 包咸의 주석을 가리킴.
13) 太宰純,《論語古訓外傳》16-9a.
14)《正義》16.
15) 籧篨: 구부리지 못하는 不具者.
16) 戚施: 우러러보지 못하는 不具者. 꼽추.
17)《詩經》〈邶風·新臺〉편의 鄭玄〈箋〉에 나온다.
18) 太宰純,《論語古訓外傳》16-9a
19)《書經》〈秦誓〉에 나오는 말이다.
20) 孔壁古文: 前漢 武帝의 末年에 魯의 共王에 의해 발견된 孔子 舊宅의 壁 안에 있었던 古文의 經傳.
21) 蔡淸,《四書蒙引》卷8.

◀《논어》〈향당鄕黨〉편 포함의 주注[12]에는 "확축躩은 반벽모盤辟貌(발걸음을 머뭇거리면서 조심하는 모양)이다"라 하였으니, 모두 (벽辟을) 읽을 때는 그 음을 벽闢이라 하였고, (벽辟의) 뜻은 뒷걸음질하여 그 자리를 떠나는 것이다. 또 길을 가다가 남과 마주치면 자기가 뒷걸음질하여 그 자리를 떠나기도 하고 몸을 돌려 물러나기도 하니, 이를 벽辟이라 한다. 요컨대 편벽便辟이란 아첨하는 재빠른 동작이다.[13]

○살펴보건대, 마융의 주석이 매우 좋은데, 아마도 이는 전한前漢과 후한後漢의 관학官學에서 전수받은 바가 있는 듯하다. 다만 한 글자 안에 이러한 뜻을 다 포함할 수는 없다. [梅賾이《尙書》에서〈冏命〉편을 僞作하였는데, 거기에 '便辟側媚'라는 句가 있으니, 그것은 (《論語》의) 이 글을 취하여 쓴 것이다.]

○마융: 선유善柔는 면유面柔이다. [邢昺은 이르기를 "面柔는 顔色을 부드럽고 희색이 있게 하여 사람을 유혹하는 것이다"라고 하였다.[14]]

○태재순: 정현의《시전詩箋》에 이르기를 "'거제籧篨'[15]는 구유口柔로써 남의 안색을 보고 말을 꾸미며, '척시戚施'[16]는 면유面柔로써 남에게 자신을 낮추는데 얼굴빛을 부드럽게 한다"[17]라고 하였다.[18]

○살펴보건대, 선유善柔의 뜻을 면유面柔라고 하는 것은 그 뜻에서 볼 때는 비록 어긋나지 않으나, 훈고체訓詁體에서 볼 때는 아마도 그렇지 않은 듯하다.

【고이】 허신《설문》: 편諞은 교巧한 말이니, 언言 변에 소리는 편扁이다. 〈주서周書〉에는 "가볍게 교巧한 말을 잘한다(戳戳善諞言)"[19]라 하였고,《논어》에는 "편녕한 자를 벗한다(友諞佞)"라 하였다.

○살펴보건대, 이는 반드시 공벽고문孔壁古文[20]일 것이다.

○주자: 선유善柔는 아첨하여 기쁘게 하는 건 잘하지만 성실하지 못함을 이르고, 편녕便佞은 구변에만 익숙하고 견문이 없는 것을 이른다.

○채청: 편벽便辟은 외모의 위의威儀에 익숙함이고, 편녕便佞은 구변에 익숙함이다. [《四書蒙引》에 보인다.[21]]

季氏中

○案 蔡說非也. 且衛之祝鮀, 博識多聞, 以長衛侯,【見《左傳》】而孔子指之爲佞, 何必無聞者爲佞乎? 三益·三損, 本自錯落, 不必雙雙然比觀也. 下章亦然.

孔子曰: "益者三樂, 損者三樂. 樂節禮樂, 樂道人之善, 樂多賢友, 益矣. 樂驕樂, 樂佚游, 樂宴樂, 損矣."【皇本, '道'作'導'. ○樂, 並當音洛, 唯'禮樂'之樂, 音岳】

補曰 樂, 好也. 節, 謂辨其制度聲容之節.
○邢曰: "樂道人之善, 謂好稱人之美."
○補曰 驕樂, 傲物而肆氣.【孔云: "恃尊貴以自恣."】
○王曰: "佚游, 出入不節."
○補曰 宴樂, 酖飮以自荒.

---

22)《左傳》定公 4년조에 나온다.
1)《正義》16.

○살펴보건대, 채청의 설은 아니다. 또 위衛나라의 축타祝鮀는 박학하고 견문이 많아 회맹會盟 때 위나라 제후를 앞에 서게 하였는데, [《左傳》에 보인다.[22]] 공자는 그를 말재주 있는 자로 지적하였으니, 어떻게 반드시 견문이 없는 자를 말재주 있는 것으로 할 수 있겠는가? '세 가지 유익함(三益)'과 '세 가지 해로움(三損)'은 본래 그 자체 착락錯落이 있으니, 굳이 양쪽으로 갈라서 견줄 필요는 없는 것이다. 아래 장章도 또한 그러하다.

공자는 말하기를 "유익한 것이 세 가지 좋아함이요, 해로운 것이 세 가지 좋아함이다. 예악禮樂으로 절제하기를 좋아하고, 남의 선善을 말하기를 좋아하고, 어진 벗이 많음을 좋아하면 이는 유익한 것이다. 교락驕樂을 좋아하고, 일유佚遊를 좋아하고, 연락宴樂을 좋아하면 이는 해로운 것이다."라고 하였다. [皇侃의 본에는 '道'가 '導'로 되어 있다. ○'樂'에 대해서는 모두 마땅히 音을 '洛'으로 하며, 오직 ('樂節禮樂'이라고 한) 禮樂의 '樂'만 音을 '岳'으로 해야 한다.]

○보충: 낙樂은 좋아한다(好)는 뜻이고, 절節은 (예禮의) 제도와 (악樂의) 성용聲容에 대한 절도를 변별하는 것을 말한다.
○형병: 남의 아름다움을 칭찬하기를 좋아한다는 말이다.[1]
○보충: 교락驕樂은 남에게 오만하고 기세가 방자한 것이다. [孔安國은 이르기를 "尊貴함을 믿고 스스로 방자한 것이다"라고 하였다.]
○왕숙: 일유佚遊는 출입에 절도가 없는 것이다.
○보충: 술에 빠져서 스스로 방탕한 것이다.

陸氏《釋文》曰:"樂, 五教反."【謂'三樂'之樂】
○純曰:"古惟岳·洛二音, 後世乃有五教反. 三樂讀爲'憂樂'之樂, 則意味甚長, 五教反則無意味矣.
○案 純說極是.
何曰:"動得禮樂之節."【皇本, '動'下有'靜'字】
○邢曰:"凡所動作, 皆得禮樂之節."
○駁曰 非也. 禮樂之有節, 猶經傳之有章句也. 古者道術昭明, 不勞於經學, 學者所業, 惟節禮樂而已.
純曰:"'樂驕樂'二樂字, 上者意活, 下者意死. 下文'樂宴樂', 倣此. 此與《大學》'樂其樂, 利其利'同."
○案 說得精細.
孔曰:"宴樂, 沈荒淫瀆."【邢云:"沈者, 沈酗於酒也. 荒者, 廢所掌之職事也. 淫, 過也. 瀆, 媟慢也."】
○案 所言雜矣.

---

2) 陸德明,《經典釋文》卷第24〈論語音義〉에 나온다.
3) 太宰純,《論語古訓外傳》16-9b.
4) 邢昺의《論語正義》에는 何晏의 注가 '動得禮樂之節'로 되어 있는데 대해 皇侃의《論語集解義疏》에는 '動靜得禮樂之節'로 되어 있다는 말이다.
5)《正義》16.
6) 太宰純,《論語古訓外傳》16-10a.
7)《正義》16.

○육덕명《경전석문》: 요樂는 오五와 교敎의 반절음㸦切音이다.[2] ['三樂'의 '樂'를 가리킨다.]

○태재순: 옛날에는 오직 악岳과 낙洛의 두 음音뿐이었는데, 후세에 오五와 교敎의 반절음인 '요'가 있게 되었다. '삼락三樂'에 대해서는 읽을 때 우락憂樂의 낙樂으로 소리를 내면 의미가 매우 깊지만, 오五와 교敎의 반절음인 '요'로 읽으면 무미해진다.[3]

○살펴보건대, 태재순의 설이 지극히 옳다.

○하안: (절예악節禮樂은) 움직일 때 예악의 절도를 얻는 것이다. [皇侃의 본에는 '動' 밑에 '靜' 字가 있다.[4]]

○형병: 무릇 동작하는 바가 모두 예악의 절도를 얻은 것이다.[5]

○반박: 아니다. 예악에 절도가 있는 것은 마치 경전經傳에 장구章句가 있는 것과 같다. 옛날에는 도술道術이 밝아서 경학經學에 힘들지 않았고, 배우는 자로서 공부하는 것은 오직 예악으로 절제하는 것이었다.

○태재순: '낙교락樂驕樂'의 두 낙樂 자에서 위의 낙樂은 뜻이 살아 있고, 아래의 낙樂은 뜻이 죽어 있으며, 아래 글의 '낙연락樂宴樂'도 이와 같다. 이 (낙樂 자)는《대학大學》의 '그 즐거움을 즐거워하고, 그 이로움을 이로워한다(樂其樂, 利其利)'라는 것과 (낙樂 자의) 뜻이 같다.[6]

○살펴보건대, (태재순의) 설은 정밀하고 상세하다.

○공안국: 연락宴樂은 침황沈荒하고 음독淫瀆한 것이다. [邢昺은 이르기를 "沈이란 술에 빠지는 것이고, 荒이란 맡은 직책의 일을 荒廢시키는 것이고, 淫은 지나친 것이고, 瀆은 거만한 것이다"라고 하였다.[7]]

○살펴보건대, 말한 바가 잡다하다.

孔子曰: "侍於君子有三愆. 言未及之而言, 謂之躁; 言及之而不言, 謂之隱; 未見顏色而言, 謂之瞽."

朱子曰: "君子, 有德位之通稱."
○孔曰: "愆, 過也."
○鄭曰: "躁, 不安靜."
○孔曰: "隱匿不盡情實."
○朱子曰: "瞽, 無目, 不能察言觀色."
周曰: "未見君子顏色所趨向, 而便逆先意語者, 猶瞽也."
○駁曰 非也. '逆先意語'四字, 未安.
引證《韓詩外傳》曰: "禮恭然後可與言道之方, 辭順然後可與言道之理, 色從然後可與言道之極. 故未可與言而言謂之瞽, 可與言而不與之言① 謂之隱, 君子不瞽言, 謹慎其序."

---

① 謂之瞽, 可與言而不與之言: 新朝本·奎章本에는 '故未可與言而言'의 아래에 이 부분이 빠져 있으나, 《韓詩外傳》卷4에 따라 보충한다.

공자는 말하기를 "군자를 모실 때 세 가지 허물이 있기 쉽다. 말할 때가 아닌데 말하는 것을 조급하다고 하고, 말할 때가 되었는데도 말하지 않는 것을 숨긴다고 하고, 안색을 살피지 않고 말하는 것을 소경이라고 한다."라고 하였다.

○주자: 군자는 덕德과 지위가 있는 사람을 통칭한 것이다.
○공안국: 건愆은 허물이다.
○정현: 조躁는 안정安靜하지 못한 것이다.
○공안국: (은隱은) 숨겨서 실정을 다 말하지 않는 것이다.
○주자: 고瞽는 말을 살피고 안색을 보지 못하는 것이다.
○주생렬: 군자의 안색이 향하고 있는 바를 보지 못하고 곧 미리 그 뜻을 먼저 짐작하여 말하는 것은 소경과 같은 것이다.
○반박: 아니다. '미리 그 뜻을 먼저 짐작하여 말한다(逆先意語)'는 넉 자는 타당하지 못하다.
【인증】《한시외전》: 예의가 공손한 뒤에라야 더불어 도道의 방향을 말할 수 있고, 말이 순한 뒤에라야 더불어 도道의 이치를 말할 수 있으며, 얼굴빛이 누긋한 뒤에라야 더불어 도道의 극치를 말할 수 있다. 그러므로 더불어 말할 만하지 못한데 말하면 이를 소경(瞽)이라 하고, 더불어 말할 만한데 말하지 않으면 이를 숨긴다(隱)고 한다. 군자는 소경이 보지 않고 하는 말처럼 시시한 말을 하지 않으니, 이는 말하는 차례를 삼가고 신중히 하는 것이다.

孔子曰: "君子有三戒. 少之時, 血氣未定, 戒之在色; 及其壯也, 血氣方剛, 戒之在鬪; 及其老也, 血氣旣衰, 戒之在得."

朱子曰: "血氣, 形之所待以生者. 血陰而氣陽也."【馮①云: "血爲榮氣爲衛."】
○孔曰: "得, 貪得."
范曰: "君子養其志氣, 故不爲血氣所動."
○朱子曰: "以理勝氣, 則不爲血氣所使."
○純曰: "三者之戒, 何以乎? 曰禮義而已矣. 夫理者, 虛也, 無成形也; 血氣者, 實也. 以虛治實, 非先王之道也. 且理者, 善·惡皆有之. 少之思色, 壯之欲鬪, 老之貪得, 亦皆理也. 君子戒之, 以何理乎? 此可以知其不可也."
○案 范氏之所謂志, 朱子之所謂理, 皆道心之謂也. 禮義雖存, 我苟不以道心從之, 則何以行禮義哉? 且凡天下之物, 虛者貴, 實者賤, 無形者貴, 有形者賤. ▶

---

① 馮: 新朝本에는 '邢'으로 되어 있으나 奎章本과 《論語集註大全》 卷16 〈季氏〉의 小註에 따라 바로잡는다.
1) 榮衛는 醫學 用語로서 氣血의 作用을 말함. 一說에는 榮은 動脈, 衛는 靜脈의 血을 말함.
2) 太宰純, 《論語古訓外傳》 16-10b~11a.

공자는 말하기를 "군자는 세 가지 경계함이 있다. 젊을 때는 혈기가 안정되지 않았으니 색色을 경계하고, 장년에 이르러서는 혈기가 바야흐로 강하니 싸움을 경계하며, 노년에 이르러서는 혈기가 이미 쇠하였으니 욕심 부리는 것을 경계한다."라고 하였다.

○주자: 혈기血氣는 형체가 이에 의지해서 살아가는 것이다. 혈血은 음陰이고, 기氣는 양陽이다. [馮厚齋는 이르기를 "血은 榮이고, 氣는 衛이다"라고 하였다.[1)]

○공안국: 득得은 탐득貪得이다.

○범조우: 군자는 지기志氣를 기르기 때문에 혈기에 움직여지는 바가 되지 않는다.

○주자: 리理로써 기氣를 이기면 혈기에 부림을 당하는 바가 되지 않는다.

○태재순: 세 가지를 경계한 것은 무엇 때문이겠는가? 예의禮義 때문이다. 대저 리理란 공허하고 형태를 이룬 것이 없으며, 혈기血氣란 실재하는 형상이다. 허虛로써 실實을 다스리는 것은 선왕先王의 도가 아니다. 또 리理란 선악이 모두 이 리理를 두고 있다. 젊어서는 색色을 생각하고, 장년에는 싸우고 싶고, 노년에는 탐득貪得이 있는 것도 또한 모두 리理인 것이다. (그런데) 군자가 이를 경계하니, 무슨 이치인가? 이는 그 옳지 않음을 알 수 있는 것이다.[2)]

○살펴보건대, 범조우의 이른바 '지志'와 주자의 이른바 '리理'는 모두 도심道心을 두고 하는 말이다. 예의가 비록 존립해 있더라도 내가 진실로 도심道心으로써 이를 따르지 않으면 어떻게 예의를 행할 수 있겠는가? 또 무릇 천하의 사물은 허虛한 것이 귀하고 실實한 것이 천하며, 형체 없는 것이 귀하고 형체 있는 것이 천하다.▶

季氏 中

◀道德·仁義·禮法·政教, 皆以虛治實, 以無形御有形. 太宰全不知道理爲何物, 惟一反宋儒之說, 不亦妄乎?

湯若士云: "貪得是心, 與血氣何相關? 蓋其精華已斂, 旣無好色之心; 意氣甫平, 絶少爭雄之興, 故其心惟在于得."

○案 凡天地萬物之情, 實則思泄, 故每噴而出之; 虛則求益, 故每吸而入之. 此物之所自然, 物亦莫知其所以然也. 少之好色, 壯之善鬪, 是實而思泄者也. 老者血虛氣乏, 常思補益, 故其情愛飮食戀財物, 斯其可畏之機也.

孔子曰: "君子有三畏. 畏天命, 畏大人, 畏聖人之言. 小人不知天命而不畏也, 狎大人, 侮聖人之言."

補曰 畏, 恐懼也.
○何曰: "順吉逆凶, 天之命也."

---

3) 湯若士: 明代의 文學家. 臨川人. 字는 義仍, 名은 顯祖, 若士는 그의 號. 官은 南京太常博士·禮部主事 역임. 詞曲을 역구하였으며, 그가 창작한 戱曲 가운데 紫釵·還魂·南柯·邯鄲이 특히 推重되어 臨川의 四夢으로 불렸음. 저술로는 《玉茗堂集》이 있다.

◂도덕과 인의仁義와 예법과 정교政敎는 모두 허虛로써 실實을 다스리고, 무형無形으로써 유형有形을 다스리는 것이다. (그런데) 태재순은 전혀 도리道理가 어떠한 것인지를 알지 못하고 오직 한결같이 송유宋儒의 설만 반대하고 있으니, 또한 망녕되지 아니한가?

○탕약사:[3] 탐득貪得은 마음(心)인데 혈기와 무슨 상관이 있겠는가? 대개 정화精華가 이미 시들면 색色을 좋아하는 마음이 없어지고, 의기意氣가 겨우 평정되면 조금도 쟁웅지심爭雄之心이 일어나지 않는다. 그러므로 그 마음은 오직 탐득貪得에 있는 것이다.

○살펴보건대, 천지 만물의 본성은 꽉 차면 새어나가기를 생각하기 때문에 매양 뿜어내고, 텅 비면 채우기를 요구하기 때문에 매양 빨아들인다. 이는 만물이 스스로 그러한 것인데도 또한 만물은 그 소이연所以然을 알지 못한다. 젊어서는 색色을 생각하고 장년에는 싸움을 생각하니, 이는 꽉 차서 새어나가기를 생각하는 것이다. 노년에는 혈血이 허虛하고 기氣가 모자라 항상 보충하기를 생각하기 때문에, 그 심정은 음식을 좋아하고 재물에 애착을 가지는 것이니, 이는 두려워할 만한 기틀이다.

공자는 말하기를 "군자는 세 가지 두려워함이 있다. 천명天命을 두려워하고, 대인大人을 두려워하며, 성인聖人의 말을 두려워한다. 소인은 천명을 알지 못하여 두려워하지 않고, 대인에게 버릇없이 굴며, 성인의 말씀을 업신여긴다." 라고 하였다.

○보충: 외畏는 두려워하는 것이다.
○하안: 도를 따르면 길吉하고, 도를 거스르면 흉한 것이 하늘의 명(天命)이다.

○補曰 大人者, 人主也.
○補曰 聖人之言, 六經所載訓戒. 【純云: "聖人之言, 信而有徵, 故可畏也."】
○補曰 天命隱微若自然, 故小人不知.
○補曰 狎, 謂褻也. 嬖倖之臣, 忘天地之分, 故狎之. 【邢云: "狎, 謂慣忽."】
○補曰 聖人所言, 祥殃之戒, 必久而後驗, 故小人侮之. 【邢云: "侮, 謂輕慢."】

質疑 朱子曰: "畏者, 嚴憚之意也. 【蔡云: "非謂畏縮也."】天命者, 天所賦之正理也."
○林曰: "畏天命, 猶《大學》顧諟天之明命意." 【見《存疑》】
○蔡虛齋云: "畏者, 不敢失墜之意."
○案《中庸》曰: "天命之謂性."《大學》曰: "顧諟天之明命." 朱子以性爲理, 故遂以天命爲理也. 雖然, 賦於心性, 使之向善違惡, 固天命也. 曰監在茲, 以之福善禍淫, 亦天命也.《詩》·《書》所言天命, 豈可槩之曰 '本心之正理' 乎?

---

1) 太宰純,《論語古訓外傳》16-13a.
2)《正義》16.
3) 同上.
4) 蔡清,《四書蒙引》卷8에 나온다.
5) 同上.

○보충: 대인大人이란 인주人主(君主)이다.

○보충: 성인의 말은 육경六經에 실려 있는 훈계이다. [太宰純은 이르기를 "聖人의 말은 신실하고 徵驗이 있기 때문에 두려워할 만한 것이다"라고 하였다.[1)]

○보충: 천명은 스스로 그러하듯이 은미隱微하기 때문에 소인은 알지 못한다.

○보충: 압狎은 친압親狎함을 이르니, 총애를 받는 신하는 천지의 분수를 망각하기 때문에 (군주에게 버릇없이) 친압하게 되는 것이다. [邢昺은 이르기를 "狎은 가벼이 여기는 데에 익숙해진 것을 이른다"라고 하였다.[2)]

○보충: 성인聖人의 상서롭고 재앙이 되는 경계의 말은 반드시 오랜 뒤에 징험이 되기 때문에 소인이 이를 업신여기게 되는 것이다. [邢昺은 이르기를 "侮는 가볍게 보고 업신여기는 것을 말한다"라고 하였다.[3)]

【질의】주자: 외畏란 두려워서 꺼린다는 뜻이고, [蔡淸은 이르기를 "두려워 움츠리는 것을 이르는 것이 아니다"라고 하였다.[4)] 천명이란 하늘이 부여한 정리正理이다.

○임희원: '천명을 두려워하다(畏天命)'란《대학》의 '이 하늘의 밝은 명을 돌아보다(顧諟天之明命)'라는 뜻과 같다. [《四書存疑》에 나타나 있다.]

○채허재: 외畏란 감히 실추失墜시키지 못한다는 뜻이다.[5)]

○살펴보건대,《중용》에 "하늘이 명한 것을 성性이라 한다"고 하고,《대학》에 "이 하늘의 밝은 명을 돌아보다"라 하였는데, 주자는 성性을 리理라고 하였기 때문에 드디어 천명을 리理라고 한 것이다. 비록 그러나 심성心性에 부여하여 사람으로 하여금 선으로 향하고 악에서 떠나게 하는 것은 진실로 천명天命이고, 나날이 굽어 살펴 착한 사람에게 복을 주고 나쁜 자에게는 화를 내리는 것도 또한 천명이다.《시경》·《서경》에서 말한 천명을 어찌 이를 개괄하여 본심의 정리正理라고 말할 수 있겠는가?▶

季氏中

◀《詩》云: "畏天之威①, 于時保之." 若云 '畏心之理, 于時保之', 豈可通乎?〈康誥〉曰: "惟命不于常."《詩》云: "天命靡常."【〈文王〉篇】心之正理, 豈無常乎? 且畏者, 恐懼也, 恐不但嚴憚而已.

何曰: "大人, 卽聖人, 與天地合其德."

○侃曰: "見其含容而曰大人, 見其作敎正物而曰聖人也."

○純曰: "大人以位言.〈禮運〉云, '大人世及以爲禮.'【鄭云: "大人, 諸侯也."】《孟子》曰, '說②大人則藐之, 勿視其巍巍然.' 亦此大人也."

○案 純說是.

何曰: "深遠不可易知測, 聖人之言也."

○駁曰 非也. 天道昭禍福之理, 人主操刑賞之權, 聖人著祥殃之戒, 此君子之三畏也. 聖人或有位或無位, 其有位者, 固可畏也, 其無位者, 何必畏矣? 惟其所著祥殃之戒, 必徵必驗, 故不曰聖人, 而必曰聖人之言.

---

① 威: 新朝本·奎章本에는 '命'으로 되어 있으나《詩經》〈周頌·我將〉에 따라 바로잡는다.
② 說: 新朝本·奎章本에는 '見'으로 되어 있으나《孟子》〈盡心〉下에 따라 바로잡는다.
6)《義疏》8-234.
7) 太宰純,《論語古訓外傳》16-13b.

◀《시경》에 "하늘의 위엄을 두려워하여 이에 보전保全해 나가다(畏天之威, 于時保之)"라고 한 것을 만약에 "마음의 이치를 두려워하여 이에 보전해 나가다(畏心之理, 于時保之)"라고 한다면 어찌 통할 수 있겠는가?《서경》〈강고康誥〉에 "천명은 일정한 곳에 머물러 있지 않다(惟命不于常)"라 하고,《시경》에 "천명은 일정하지 않다(天命靡常)"라 하였는데, [〈大雅·文王〉편이다.] 마음의 정리正理가 어찌 무상無常이겠는가? 또 외畏란 공구恐懼한다는 뜻이니, 아마도 두려워서 꺼리는 것뿐만은 아닌 듯하다.

○하안: 대인은 곧 성인이니, 천지와 더불어 그 덕을 합한 사람이다.

○황간: 널리 포용하는 마음을 가진 인물을 평가하여 대인大人이라 하고, 교화를 일으키고 사람을 바르게 하는 인물을 평가하여 성인聖人이라 한다.[6]

○태재순: 대인은 지위로써 말하는 것이다.《예기》〈예운禮運〉편에 이르기를 "대인은 (그 지위를 자제에게) 대대로 전하는 것을 예禮로 삼는다"고 하였고, [鄭玄은 "大人은 諸侯이다"라고 하였다.] 맹자는 "대인에게 (자기 의견을) 말할 때는 가벼운 마음으로 대하고, (부귀富貴한 그 사람의) 높다란 모양을 보지 말아야 한다"고 하였으니, 이것도 또한 (지위를 말하는) 대인大人이다.[7]

○살펴보건대, 태재순의 설이 옳다.

○하안: 깊고 멀어서 쉽게 알고 헤아릴 수 없는 것이 성인의 말이다.

○반박: 아니다. 천도天道는 화복禍福의 이치를 밝히고, 인주人主는 형상刑賞의 권한을 잡고 있으며, 성인聖人은 상앙祥殃의 경계를 말로 나타내니, 이것이 군자의 삼외三畏이다. 성인은 혹 지위가 있기도 하고 지위가 없기도 한데, 지위가 있으면 진실로 두려워할 수 있으나 지위가 없으면 어떻게 반드시 두려워할 수 있겠는가? 그리고 오직 성인이 말로 나타낸 상서로움과 재앙에 대한 경계는 반드시 징험이 있어야 한다. 그러므로 성인聖人이라 하지 않고 꼭 '성인의 말(聖人之言)'이라고 한 것이다.

季氏 中

何曰: "天命恢疏, 故不知畏."

○邢曰: "老子《德經》曰, '天網恢恢, 疏而不失.'【皇亦云】言天之網羅, 恢恢疏遠, 刑淫賞善, 不失毫分也."

○案 理雖然矣, 小人之所以不知天命, 由其隱微而言, 不如依《中庸》作隱微說.

何曰: "直而不肆, 故狎之. 不可小知, 故侮之."

○駁曰 非也. 小人自愚耳.

朱子曰: "大人·聖言, 皆天命所當畏. 知畏天命, 則不得不畏之也."

○純曰: "朱子於此, 欲以上一句統下二句, 是合三不畏, 爲一不畏也, 非矣."

○案 朱子之說, 雖非詁訓之體, 理則如此, 純說妄矣.

引證 《春秋繁露》曰: "孔子曰, '君子有三畏. 畏天命, 畏大人, 畏聖人之言.' 彼豈無傷害於人, 如孔子徒畏之哉?【純云: "如當作而."】▶

---

8)《老子道德經》제73장에 나온다.
9)《義疏》8-235.
10)《正義》16.
11) 위의 한 구절: "小人不知天命而不畏也"라는 구절을 가리킴.
12) 太宰純,《論語古訓外傳》16-13b.
13) 太宰純,《論語古訓外傳》16-14a.

○하안: 천명은 회소恢疏(크고 엉성한 것)하기 때문에 그것을 두려워할 줄 모른다.

○형병: 노자老子는 〈덕경德經〉에서 "하늘의 그물은 눈이 크고 엉성해도 빠져나가게 하지 않는다"라고 하였으니,⁸⁾ [皇侃도 역시 그렇게 말하였다.⁹⁾] 이는 하늘의 그물이 눈이 크고 엉성해도 음탕한 자를 형벌하고 착한 사람을 포상하는 데는 털끝만치도 어긋남이 없다는 것을 말한다.¹⁰⁾

○살펴보건대, 이치는 비록 그렇더라도 소인이 천명을 알지 못하는 까닭은 (천명이) 은미隱微하기 때문에 한 말이다. 그러나《중용中庸》에서 말한 은미설隱微說을 따른 것 같지는 않다.

○하안: (대인은) 정직하면서 방자하지 않기 때문에 친압하여 가볍게 대하고, (성인은) 자잘한 일에 대해선 알지 못하기 때문에 가볍게 보고 업신여긴다.

○반박: 아니다. 소인은 스스로 어리석을 뿐이다.

○주자: 대인과 성인의 말은 모두 천명으로서 마땅히 두려워해야 할 바이다. 천명을 두려워할 줄 알면 두려워하지 않을 수 없다.

○태재순: 주자는 이 경문에서 위의 한 구절¹¹⁾로써 아래 두 구절을 통솔하려고 하였는데, 이는 삼불외三不畏를 합하여 일불외一不畏로 하려고 한 것이니, 잘못이다.¹²⁾

○살펴보건대, 주자의 설은 비록 고훈詁訓의 형태는 아니더라도 이치는 이와 같다. 태재순의 설은 망녕된 것이다.

【인증】《춘추번로》: 공자는 "군자는 세 가지 두려워함이 있으니, 천명天命을 두려워하고, 대인大人을 두려워하며, 성인의 말을 두려워한다"고 하였으니, 저 (천명과 대인과 성인의 말)들이 사람들에게 아무 상해도 주지 않는데도, 어찌 공자는 한갓 이를 두려워하였겠는가? [太宰純은 "'如'는 당연히 '而'가 되어야 한다"고 하였다.¹³⁾]▶

◀以此見天之不可不畏敬, 猶主上之不可不謹事. 不謹事主, 其禍來至顯; 不畏敬天, 其殃來至闇. 闇者, 不見其端若自然也. 故曰堂堂如天殃, 言必立校, 然而無聲,【純云: "然當作默."】潛而無形也. 由是觀之, 天殃與上罰所以別者, 闇與顯耳. 不然其來逮人, 殆無以異, 孔子同之, 具言可畏也. 天地神明之心與人事成敗之眞, 固莫之能見, 惟聖人能見之. 聖人者, 見人之所不見者也. 故聖人之言, 亦可畏也."【〈郊語〉篇】

孔子曰: "生而知之者, 上也; 學而知之者, 次也; 困而學之, 又其次也; 困而不學, 民斯爲下矣."

補曰 知者, 知道也. 生而知之者, 天欲爲斯民, 開物成務, 特出神聖之人也.

---

14) 매우 闇然한 현상으로 오게 된다: 모르는 사이에 닥쳐오는 것을 뜻한다.
15) 太宰純,《論語古訓外傳》16-14a.
1) 開物成務: 인간이 천하의 모든 事物과 禽獸·草木에 이르기까지 닫혀서 통하지 않는 것을 개통 발전시켜, 모든 사물의 그 당연한 기능을 성취 완성시키는 것을 이른다.《周易》〈繫辭傳〉上에 나오는 말인데, 朱子의《本義》에는 "開物成務, 謂使人卜筮, 以知吉凶而成事業"이라고 하였다.

◁이러한 면에서 볼 때 하늘을 외경畏敬하지 않을 수 없는 것은, 마치 임금을 삼가 섬기지 않을 수 없는 것과 같음을 알게 된다. 임금을 삼가 섬기지 않으면 그 화禍가 닥쳐오는 것이 매우 환하게 드러나는 반면, 하늘을 외경하지 않으면 그 재앙이 닥쳐오는 것은 매우 암연闇然한 현상으로 오게 된다.[14] 암闇이란 그 단서를 볼 수 없는 것이 마치 자연自然의 작용처럼 그런 것이다. 그러므로 당당하게 하늘의 재앙인 듯하다고 하여 말은 반드시 내세우지만, (그 재앙은) 잠잠히 아무 소리도 없고 [太宰純은 "'然'은 당연히 '黙'이 되어야 한다"고 하였다.[15]] 형태도 없는 것이다. 이로 말미암아 살펴본다면, 하늘이 내리는 재앙과 임금이 내리는 벌에서 그 구별되는 점은 암연闇然히 드러나지 않는 것과 환히 드러나는 것뿐이다. 그렇지 않다면 (화禍와 재앙이) 사람에게 와서 미치는 것은 거의 차이가 없기 때문에, 공자가 이를 같이 보고 다 함께 두려워할 만하다고 말한 것이다. 천지신명天地神明의 마음과 인사성패人事成敗의 진리는 (범인凡人은) 진실로 볼 수 없고, 오직 성인만이 이를 볼 수 있다. 성인이란 보통 사람이 보지 못하는 것을 보기 때문에, 성인의 말은 또한 두려워할 만한 것이다. [〈郊語〉편에 나온다.]

季氏中

공자는 말하기를 "태어나면서 아는 자는 상등이요, 배워서 아는 자는 그 다음이요, 막혀 곤란을 당해 배우는 자는 또 그 다음이다. 막혀 곤란을 당했는데도 배우지 않으면 이는 하등이 된다."라고 하였다.

○보충: 안다는 것은 도를 아는 것이다. 태어나면서 아는 자는 하늘이 이 백성을 위해 개물성무開物成務[1]하고자 하여 특별히 태어나게 한 신성한 사람이다.

○孔曰: "困, 謂有所不通." 【邢云: "本不好學, 因其行事有所困屈不通, 發憤而學之者."】

邢曰: "《左傳》昭七年, 三月, '公如楚. 鄭伯勞于師, 孟僖子爲介, 不能相儀. 及楚, 不能答郊勞. 九月, 公至自楚, 孟僖子病不能相禮, 乃講學之.' 是其困而學之者也."

○純曰: "僖子於是, 不惟躬講學之, 異日臨終, 遺言其屬大夫, 必使其二子事仲尼而學禮焉. 又〈晉語〉曰, '范獻子聘於魯, 問具山·敖山. 魯人以其鄕對, 獻子曰, {不爲具·敖乎?} 對曰, {先君獻·武之諱也.} 獻子歸, 徧戒①其所知曰, {人不可以不學. 吾適魯而名其二諱, 爲笑焉, 惟不學也.}' 又《左傳》, '晉侯使士會平王室, 定王享之.' ▶

---

① 戒: 新朝本·奎章本에는 '計'로 되어 있으나 《論語古訓外傳》 卷16〈季氏〉에 따라 바로잡는다.
2)《正義》16.
3) 孟僖子: 春秋時代 魯나라 大夫인 仲孫貜이다. 앞에 나왔음.
4)《正義》16.
5)《左傳》昭公 7년조에 이 기록이 있다.
6) 范獻子: 春秋時代 晉나라 大夫. 范宣子의 아들 士鞅이다.
7) 士會: 春秋時代 晉나라 大夫인 范武子이다.

○공안국: 곤困은 통하지 못하는 바가 있음을 이른다. [邢昺은 이르기를 "본래 學을 좋아하지 아니하면, 따라서 그 행하는 일도 困窮함이 있어 통하지 못하니 분발하여 배우는 것이다"라고 하였다.[2]]

○형병:《좌전》소공昭公 7년 3월조에 보면, "소공이 초楚나라에 갔다. (가다가) 정鄭나라 제후 정백鄭伯이 (정나라의 성문城門인) 사지량문師之梁門에서 그를 위로하는 대접을 하였다. 소공에게는 맹희자孟僖子[3]가 부사가 되어 따라갔으나 잘 도와 예를 행하지 못하였고, 또 초나라에 갔어도 초나라 사람이 교외에 나와 영접할 때도 제대로 답례를 하지 못하였다. 9월에 소공이 초나라에서 돌아오자 맹희자는 (예법을 몰라) 제대로 돕지 못한 것을 부끄럽게 여겨 곧 예를 강습하였다"는 기록이 있는데, 이것이 그 '곤이학지困而學之'이다.[4]

○태재순: 맹희자는 이에 예를 강습하였을 뿐만 아니라, 훗날 임종 때 그에게 소속되어 있는 대부에게 유언하여 반드시 그의 두 아들로 하여금 공자를 사사師事하여 예를 배우게 하였다.[5] 또《국어國語》〈진어晉語〉에 이르기를 "범헌자范獻子[6]가 노나라에 빙문聘問을 가서 구산具山과 오산敖山에 대해 물으니, 노인魯人(魯나라 제후를 가리킴)이 (산이 소재한) 그 고을 이름으로써 대답하거늘, 범헌자가 '어째서 구오具敖라고 하지 않는가?'라 하자, 대답하기를 '선군先君인 헌공獻公(名이 具)·무공武公(獻公의 아들이며 名이 敖)의 휘諱이기 때문이다'라고 하였다. 범헌자는 나라에 돌아와 널리 그가 아는 사람들에게 경계하여 말하기를 '사람은 배우지 않으면 안 된다. 나는 노나라에 가서 (노나라) 두 임금의 휘諱를 말하여 웃음거리가 된 것은 오직 배우지 못했기 때문이다'라 했다"고 하였다. 또《좌전》에 보면 "진晉나라 제후가 사회士會[7]를 시켜 주周나라 왕실을 편안하게 하니, 정왕定王이 그에게 연회를 베풀어주었다.▶

季氏中

509

◂原襄公相禮, 殽②烝, 武子私問其故. 王聞之, 召武子曰, {而弗聞乎? 王享有體薦, 宴有折俎. 公當享卿當宴, 王室之禮也.} 武子歸而講求典禮, 以脩晉國之法.'【宣六十】此亦困而學之者也.〈學記〉云, '敎然後知困, 知困然後能自強也.' 困字之義, 蓋可知矣."

○案 '學而知之'者, 自幼年蒙養以正者也. '困而學之'者, 幼年失學, 而中年發憤者也.

質疑 朱子曰: "人之氣質不同, 大約有此四等."

○案 生知者, 上也; 困而不學者, 下也. 然學③而后知者, 使其不學, 則亦將困也. 困而能學者, 使有蒙養, 則不待困也. 困而不學者, 使其發憤, 亦與知也. 困而不學, 故歸於下愚, 若其氣質本是下等, 豈可罪乎?▸

---

② 殽: 新朝本·奎章本에는 '肴'로 되어 있으나 《論語古訓外傳》 卷16 〈季氏〉에 따라 바로잡는다.
③ 學: 新朝本에는 빠져 있으나 奎章本에 따라 보충한다.
8) 太宰純, 《論語古訓外傳》 16-14b~15b.

◀(이때 주나라의 대부인) 원양공原襄公이 예를 도왔는데, (그가 연회의 음식에) 뼈가 붙은 절육切肉을 담아서 올려놓자 범무자范武子(士會)는 (뼈를 발라낸 고기를 올려놓는 것이 예가 아닌가 하여) 가만히 원양공에게 그 까닭을 물으니, 정왕은 그것을 듣고 범무자를 불러 말하기를 '너는 아직 듣지 못했는가? 왕이 제후에게 향연을 베풀 때는 뼈를 발라낸 고기를 사용하고, 제후의 신하에게 연회를 베풀 때는 뼈가 붙은 고기를 사용한다. 공公은 향享(公侯를 대접하는 향연)에 해당하고, 경卿은 연宴(卿大夫에게 베푸는 연회)에 해당하니, (이렇게 향享과 연宴을 달리하는) 이것이 왕실의 예禮이다'라고 하였다. 범무자는 나라에 돌아와 전례典禮를 연구하여 진晉나라의 예법을 정리하였다"라는 기록이 있으니, [《左傳》宣公 16년조에 나온다.] 이것도 또한 '곤이학지困而學之'이다. 《예기》〈학기學記〉편에 이르기를 "가르쳐 본 뒤에라야 자신의 막혀서 곤란한 데를 알고, 자신의 막혀서 곤란한 데를 안 뒤에라야 능히 스스로 학습에 힘을 쓰게 된다"고 하였으니, '곤困' 자의 의미는 대개 여기에서 알 수 있다.8)

○살펴보건대, '학이지지學而知之'란 어린 나이 때부터 바른 것으로써 길러 나가는 것이고, '곤이학지困而學之'란 어린 나이 때는 배움을 받지 않다가 중년에 와서 분발하는 것이다.

【질의】 주자: 사람의 기질은 같지 않아서 대략 이 네 가지 등급이 있다.

○살펴보건대, 태어나면서 아는 자는 상등이요, 막혀 곤란을 당했는데도 배우지 않는 자는 하등이다. 그러나 배운 뒤에 아는 자가 가령 배우지 않는다면 이 또한 장차 막혀 곤란을 당할 것이다. 막혀 곤란을 당해서 배우게 된 자가 가령 어려서부터 배움을 길렀다면 막혀 곤란함은 겪지 않을 것이다. 막혀 곤란을 당했는데도 배우지 않던 자도 가령 분발한다면 이도 또한 참여하여 알 수 있는 것이다. 막혀 곤란을 당했는데도 배우지 않기 때문에 하우下愚에 돌아가는 것을, 만약 기질氣質이 본래 하등이기 때문에 그렇다고 한다면 어떻게 (곤이불학困而不學을) 허물할 수 있겠는가?▶

季氏 中

◀孔子論其成效, 故分爲四等; 朱子以氣質言, 而亦分四等, 恐不然也. 若於相近之中, 細剖其等, 又何但十百層而已? 詳見〈性相近〉章.【貢受軒云: "夫子從來只說學, 不曾說氣質. 惟'上智與下愚不移', 正謂其不知學, 不能移耳."】

引證《中庸》曰: "或生而知之, 或學而知之, 或困而知之, 及其知之, 一也. 或安而行之, 或利而行之, 或勉强而行之, 及其成功, 一也."

---

9) 《論語》〈陽貨〉편 제2장에 있는 茶山의 주석을 가리킴.
10) 貢受軒: 未詳.

◀공자는 그 (노력의) 성효成效를 논하였기 때문에 이것이 사등분四等分이 되었고, 주자는 기질로써 말하여 또한 이를 사등분하였는데, 이는 아마도 그렇지 않은 듯하다. 만약 서로 가까운 사람의 성품 가운데서 이를 세분하여 등급을 한다면, 또 어찌 다만 10층 100층에 그치고 말겠는가? 상세한 것은 (나의) 〈성상근性相近〉장9)에 나타나 있다. [賁受軒10)은 이르기를 "孔子 이래로 다만 學에 관한 것만 말하고 일찍이 氣質을 말하지 않았다. '오직 上知와 下愚는 옮기지 못한다'는 것은, 바로 學을 알지 못하면 옮길 수 없음을 말한 것이다"라고 하였다.]

【인증】《중용》: 혹은 나면서부터 알기도 하고, 혹은 배워서 알기도 하고, 혹은 애써서 알기도 하는데, 그 앎에 이르러서는 똑같다. 혹은 편안히 행하기도 하고, 혹은 이롭게 여겨 행하기도 하고, 혹은 힘써서 행하기도 하는데, 그 성공함에 이르러서는 똑같다.

季氏
中

索引

ㄱ

가규賈逵 35 37
갈褐 105
갈이첨葛屺瞻 85 405
《강록講錄》 427
강씨姜氏 25 475
강현액 67
강희 69 361
거백옥蘧伯玉 173
거원蘧瑗 137
걸익桀溺 209
견융犬戎 465
《경설經說》 101
경영敬嬴 475
《경전계의經典稽疑》 121 123
《경전석문經典釋文》 91 99 149 313 487
계강자季康子 149 151 457 459
계로季路 439
계무자季武子 105
계우季友 473
계저季杼 35
계찰季札 137
계평자季平子 467
계환자季桓子 449 457
《고론古論》 435
《고사고古史考》 205
고수瞽瞍 409
고염무 39 135
고요 277
고조高祖 17
고중현 331
《곡량전穀梁傳》 117
곡영谷永 315 369
《곤학기문困學紀聞》 37
공렴처보公斂處父 65 481
공명가公明賈 95 97 99
공문자孔文子 251
공미公彌 105
공백료公伯寮 203 205 207
공분龔奮 435
공산불요公山不狃 449 459

공서公鉏 105
공손무지公孫無知 117 123
공손발公孫拔 97 99 145
공손술公孫述 91
공손지公孫枝 19 97
공손표公孫剽 301
公孫夏 57
공손휘公孫揮 51 55 401
貢受軒 513
공숙문자公叔文子 95 99 145 147
孔圉 251
《공양전公羊傳》 49 65 109
공우貢禹 435
공임孔壬 377
《공자가어孔子家語》 17 307
《공총자》 317 319
공회孔悝 87
郭璞 227
곽수서 67
관수자舘豎子 91
《관윤자》 41
《관자管子》 117 135
관중管仲 23 45 57 59 63 67 113 117 129 131
        133 135 139 143 285 403
《광운廣韻》 65
괴외蒯聵 161
《교주기交州記》 445
丘瓊山 231
구곤호 167
구범舅犯 109
歐陽脩 45
《구양장구歐陽章句》 437
《국어》 125 127 135 143
굴평屈平 123
《귀장역歸藏易》 35
규糾 113 115 117 121 123 125 131 133 139
금뢰琴牢 15
《급암전汲黯傳》 225
기夔 223 279
기棄 279
기오祁午 127

기자箕子 139 417
金履祥 151

ㄴ

낙목정 301
南剗 449
남궁경숙南宮敬叔 31
남궁괄南宮适 15 31 33 41
남궁도南宮絛 33
남궁열南宮閱 33
남궁우南宮牛 33
남궁장만南宮長萬 33
南子 151
노동원 59 397 483
《노론魯論》 125 139
《논어공씨훈해論語孔氏訓解》 435
《논어마씨훈설論語馬氏訓說》 435
《논어정의論語正義》 127
《논어주씨장구論語周氏章句》 435
《논어집주》 13 15 151 153 175 191 207 227 243 253 273 277 289 313 367
《논어집해論語集解》 19 153 249 367 437
《논어포씨장구論語包氏章句》 435
《老子》 19 195
《論語注疏》 213
《論語集註大全》 17
《論衡》 101

ㄷ

《檀弓箴誤》 99
단주丹朱 31 37
《당서唐書》 39
《대대례》 239
戴冕 39
《大明一統志》 219
《대소하후장구大小夏侯章句》 437
《대학》 273
《道德經》 197
도석궤 375
도이島夷 289
도자卓子 105

도척盜跖 419
《독서잡초讀書雜抄》 401
돌궐突厥 289
동단東丹 289
동방삭東方朔 225
동안우董安于 207
동중서董仲舒 159
동파董巴 331
두예杜預 35 121 205 219 315 373
두원개杜元凱 323
등기 123
등석鄧析 29
鄧潛谷 469

ㅁ

마맹하 43
馬謖 363
마원 91
마융 19 31 41 51 57 65 77 99 111 131 151 155 157 199 203 205 209 237 241 319 367 369 405 419 429 435 445 447 451 453 463 465 467 487 489
막힐鄭頡 289
만보상萬寶常 225
梅賾 313 323 329
매중진梅仲眞 323
맹공작孟公綽 71 77 79 367
맹명孟明 97
맹의자孟懿子 473 479
맹자孟子 25 113 207 225 363 397 421 503
《맹자孟子》 205 273 409
맹헌자孟獻子 205
맹획猛獲 33
맹효백孟孝伯 479
맹희자孟僖子 33 479 509
면룡 427 429
《모씨장구牟氏章句》 437
《모씨전毛氏箋》 47
모용수慕容垂 379
몽고蒙古 289
무왕武王 139

무정武丁 229 231
무제武帝 315
문공文公 111
《문선》 349
문왕文王 201 215
聞人氏 43
문자지文子枝 97
미생尾生 417
미생묘微生畝 189 191
미자微子 139
미자하彌子瑕 299

ㅂ

박소薄昭 119
반고班固 191
防叔 103
白公勝 57
백리해百里奚 211
백유伯有 61
백이伯夷 211 213
백적白翟 143
백희伯姬 417
범녕范甯 127
범순부范淳夫(范祖禹) 15
범악창范諤昌 177
범엽 171
范增 377
범헌자范獻子 509
변장자卞莊子 77 79 81 91
복건服虔 323
복희伏羲 215
부견苻堅 379
부여夫餘 289
부차夫差 163
비간比干 359
《㚔倉》 65
비침裨諶 49 51 55 61 423 427

ㅅ

《사기》 17 115 125 127 141 145 175 179 249 253 255 259 261 265 315 461 475

《사기정의史記正義》 205
사마상여司馬相如 53
사마온공司馬溫公(司馬光) 15
사마표司馬彪 331
司馬礦戾 401
사묵史墨 473 475 479 485
사상채謝上蔡 45
《四書蒙引》 345
《사서비고》 65
《四書存疑》 455
사어취史魚鰍 299
사옥史玉 141
사추史鰌 101
사하駟夏 59
사회士會 509
史侯 445
산융山戎 143
《삼례도三禮圖》 331
삼정설三正說 313
삼증설三證說 17
삼통설三統說 315
《尙書說》 283
徐蓋 217
《書經》 19 321 487
《서설書說(尙書古訓)》 231
서자명 217
《서전書傳》 281
徐鉉 125
《석회》 397
《釋誨》 175
선퀘 101 145 147
설契 279
설공泄公 91
《說文》 31 185 287 445 447 485
《說文箋》 125
薛方山 377
薛宣 369
《설원》 123 139
섭공葉公 171
葉夢得 41
성자당成子當 97

《세본世本》 97
세숙世叔 49 51
소강少康 33 35
소강절邵康節 315
蘇東坡 63 425
소련少連 213
소망지蕭望之 435
소백小白 115 117 119 121 123 137 143
수식 49 257 337 457
邵雍 313
소자계 55
소정묘少正卯 459
소진蘇秦 187
소하蕭何 53
《소학小學》 15
소홀召忽 115 117 119 129 133 137 139 141
손림보孫林父 173
손무자孫武子 159
손문자孫文子 299
손월봉 235
송기宋畸 435
《宋書》 39
송잠실 215
宋朝 151
수垂 279
수戍 147
수우豎牛 453
숙궁叔弓 383
숙손목자叔孫穆子 479
숙손선백叔孫宣伯 479
숙손소자叔孫昭子 453 479
숙손장숙叔孫莊叔 473 479
叔孫輒 449
숙손표叔孫豹 325
숙제叔齊 213
숙중혜백叔仲惠伯 475
순舜 201 215
순경荀卿 57
순식荀息 135
《순자》 63 121
시視 475

《시경》 47 61 83 191 197 237 269 327 335 339 365 377 409 411 501 503
《諡法》 97
《시전詩箋》 489
신申 59
신농神農 215
晨門 213 217 219
신불해申不害 29
《신서》 91 285
신유辛有 141
신풍申豊 105
심교문 67

ㅇ
악惡 475
악기樂祈 473 477 479 483 485
《樂書》 221
악영제樂嬰齊 93
《안씨가훈》 171
안연顔淵 23 69 161 307 359
안영晏嬰 59 145
안자顔子 309 311
안촉顔斶 201
안특진 395
안환자晏桓子 25
안회顔回 13 317
양소良霄 385
楊時 67
양주楊朱 219
襄仲 469 471 473 475
양혜왕梁惠王 335
양호陽虎 65 457 465 475 479 481
양화陽貨 27 363 457
어열御說 425
《여람》 125
《여복지輿服志》 331
여불위呂不韋 29
여상呂尙 285
여애女艾 35
역射 165
《역경易經》 21 53 95 177 211 279 339 383 393

색인_519

397
《역전易傳》 249
《열녀전烈女傳》 341
염구冉求 77 79 81 443 457 459
《염철론鹽鐵論》 65
영邳 161
영공靈公 149
영무자甯武子 13
영식甯殖 173
《영락대전永樂大全》 313
영희甯喜 301
예羿 31 35 37 41 43 195
《예도禮圖》 327
《예전도禮殿圖》 175
오吳 31 33 35 37 39 41 43 53 195
오록충종五鹿充宗 435
오무장 147
오사伍奢 135
오성암 455
吳棫 58
완침阮諶 331
王介州 427
왕경王卿 435
왕관도 75 407
왕규王珪 137
왕길王吉 435
왕손가王孫賈 149
왕숙 71 133 185 275 337 361 381 383 395 399 437 491
왕신민汪信民 15
왕약생 381
왕양명 357
왕응린 37 175
王逸 37
왕초당 15 307
王充 101
왕필 213
王顯甫 43
왕희지 263
요堯 35 37
요澆 35 37 39 41 43 53

요승암 219
요쌍봉 27 73 191 193 239 337 357
용龍 279
용봉龍逢 407
우禹 13 31 35 41 43 125 153 195 215 249 279 369
우중虞仲 213
우춘우 233
《우형지虞衡志》 141
《운주운注》 65
袁石公 487
원양공原襄公 511
원양原壤 237 239
袁中郞 427
원헌原憲 11 15 17 19 23 179
《월절서》 123
위강魏絳 127
《위고역僞古易》 399
위료옹魏了翁 313
위소韋昭 119
위징魏徵 137
위표 369
위현韋賢 435
유기 143
유길游吉 51
유소劉昭 369
유안劉安 37
유왕幽王 465
劉定公 131
유정진 27
유하혜柳下惠 213
유향 91 285 315
유흠劉歆 315
陸德明 149
육무관 365
陸游 347
《윤문자》 123
윤임경 101 143
윤차尹次 141
윤화정尹和靖(尹焞) 15
을희乙喜 341

應劭 131 141
의봉인儀封人 213 219
의상지회衣裳之會 117 127
이공釐公 481
이굉보 479
伊藤維楨 93
이선李善 349
《爾雅》 223
夷吾 19 117
이우린 471
이욱 213
이윤伊尹 285 329
이일夷逸 213
이충 395
이탁오 129
익益 153
임당任棠 217
임희원 455

ㅈ

자가子家 25
자고子羔 15
자공子貢 17 23 69 89 131 179 267 269 305 307 363
자교子蟜 301
자로子路 23 77 79 109 115 129 139 171 207 217 233 253 263 275 457 481
자백子伯 301
자백계씨子伯季氏 145
자복경백子服景伯 203 205 207
자복하子服何 203
子騆 57
자사子思 17 317
자산子産 49 51 55 57 59 63 65 351 385 401 403 417 423
子常 59
자서子西 57 59 61 63
자우子羽 49 51 55
자장子張 285
자피子皮 301
자하子夏 335

《잠부론》 179
장가臧賈 107
張南軒 243
장량張良 225
장무중臧武仲 77 79 81 91 103 109
장문중臧文仲 341
장빙 401
장손흘臧孫紇 77 89
장우張禹 435
장위臧爲 107
장이 91
장자 385
《莊子》 67 173 341
장저長沮 209 213
장창臧倉 207
장화張華 185
장횡거 215
재신梓慎 313 315
재아宰我 363
적赤 471
적생쌍송 23 67 71 93 219 221 235 293 295 365 373 415 487
《戰國策》 79 201
전금展禽 341 343
전성자상田成子常 121
《傳習錄》 357
전유顓臾 439 441 443 449 455 457 459 461
田恒 41
전희展喜 123
접여 213
《정삭고正朔考》 313
정자 119 137
정전백수자庭前柏樹子 273
제곡帝嚳 35 37
《제론齊論》 435
제아諸兒 121
제이겸 207
조괄 225
조귀曹劌 349
조말曹沫 109
조맹趙孟 61

조문자趙文子 127
조사趙奢 225
曹宣 39
조순손趙順孫 17 85
조이도晁以道 399
좌사左思 385
《좌씨지종》 123
주朱 97
주紂 139
주공周公 93 215 285 325 327
주래봉 295
주렴계周濂溪 315
《周禮》 51 57 149 203 221 289 291 309 321 325 401 429 453
주생렬 77 437 495
《주역周易》 177
《주역본의周易本義》 399
주임周任 439 445 451 453
《朱子語類》 15
주장朱張 213
《죽서기년》 37 39
중손열仲孫閱 33
중손확仲孫貜 33
중숙어仲叔圉 59 149 151
《중용》 273
중이重耳 25 135
중헌仲憲 15
증자曾子 15 177 267 269
《知新日錄》 219
직稷 31 43 155 195
진공장 349
진군陳羣 437
진력 151 173
진사원陳士元 65
《陳書》 39
《진서晉書》 39
진시황秦始皇 339
진잠실 407
진항陳亢 15
斟尋 37

ㅊ

참위사설讖緯邪說 315
채각헌蔡覺軒 337
蔡邕 175
채중랑蔡中郞 225
채청 41 69 85 87 89 345 387 453 455 457 459 469 489 491
채희 39
철정석 339
첩輒 161
《초사楚辭》 35 37 125
초주譙周 205
추역산 261
축석림 369
축타祝鮀 59 149 151 325 491
《춘추번로春秋繁露》 315
《춘추설春秋說(春秋考徵)》 231
칠국七國의 난亂 281
칠조개漆雕開 15

ㅌ

탕곽림 167
탕湯 215
탕약사 499
태공太公 211
《태극도太極圖》 315
大叔疾 251
태재순 25 31 47 65 93 99 103 109 151 153 167 181 185 187 193 201 205 207 215 219 241 257 261 263 265 311 349 353 355 361 421 431 453 487 489 493 497 499 503 505 509
투의신鬪宜申 59

ㅍ

패공沛公 377
《패휴집》 67
포숙아鮑叔牙 117
포함 27 189 191 213 215 219 223 241 243 289 295 297 327 353 359 361 367 369 371 373 395 451 455 489